BÍBLIA
PALAVRA DE DEUS

Coleção **Biblioteca de Estudos Bíblicos**

- *Argonautas do deserto*, Philippe Wajdenbaum
- *Arrogância das nações (A): A carta aos Romanos à sombra do Império*, Neil Elliott
- *Bíblia sem mitos (A): Uma introdução crítica*, Eduardo Arens
- *Bíblia, palavra de Deus: Curso de introdução à Sagrada Escritura*, Valerio Mannucci
- *Chave para a Bíblia: A revelação, a promessa, a realização*, Wilfrid John Harrington
- *Compreender o Antigo Testamento: Um projeto que se tornou promessa*, Gilles Drolet
- *Da religião bíblica ao judaísmo rabínico: Origens da religião de Israel e seus desdobramentos na história do povo judeu*, Donizete Scardelai
- *Escriba Esdras e o judaísmo (O): Um estudo sobre Esdras à luz da tradição*, Donizete Scardelai
- *Evangelhos apócrifos*, Luigi Moraldi
- *Jesus do povo (O): Trajetórias no cristianismo primitivo*, Robin Scroggs
- *Jesus e a sociedade de seu tempo*, Juan Mateos; Fernando Camacho
- *Jesus e as estruturas de seu tempo*, Émile Morin
- *Jesus e as testemunhas oculares: Os evangelhos como testemunhos de testemunhas oculares*, Richard Bauckham
- *Jesus segundo o judaísmo*, Beatrice Bruteau (org.)
- *Libertando Paulo: A justiça de Deus e a política do apóstolo*, Neil Elliott
- *Liturgia judaica: Fontes, estrutura, orações e festas*, Carmine Di Sante
- *Loucura de Deus (A): O Cristo de João*, Alberto Maggi
- *Memorial de Deus (O): História, memória e a experiência do divino no Antigo Israel*, Mark Stratton John Matthew Smith
- *Origem da Bíblia (A): Um guia para os perplexos*, Lee Martin McDonald
- *Para ler o apóstolo Paulo*, Chantal Reynier
- *Paulo e o dom*, John M. G. Barclay
- *Teologia do apóstolo Paulo (A)*, James D. G. Dunn
- *Vocabulário teológico do evangelho de São João*, Juan Mateos; Juan Barreto

VALÉRIO MANNUCCI

BÍBLIA
PALAVRA DE DEUS

Curso de introdução à Sagrada Escritura

Apresentação de
L. Alonso Schökel, sj

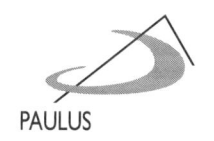

PAULUS

Dados Internacionais de Catalogação na Publicação (CIP)
(Câmara Brasileira do Livro, SP, Brasil)

M246b Mannucci, Valerio, 1932-
Bíblia, palavra de Deus; curso de introdução à Sagrada Escritura / Valerio Mannucci; apresentação de L. Alonso Schökel; [tradução Luiz João Gaio; revisão literária e exegética Anacleto Alvarez]. — São Paulo: Paulus, 1985.
(Biblioteca de estudos bíblicos)

Bibliografia.
ISBN 978-85-349-2063-6

1. Bíblia — Crítica e interpretação 2. Bíblia — Estudo 3. Bíblia — Livros — texto I. Título. II. Título: Curso de introdução à Sagrada Escritura.

CDD-220.6
-220.07
85-1883 -268.62

Índice para catálogo sistemático:
1. Bíblia: Catequese: Métodos de instrução religiosa 268.62
2. Bíblia: Estudo e ensino 220.07
3. Bíblia: Interpretação e crítica 220.6
4. Catequese bíblica: Métodos de instrução religiosa 268.62
5. Ensino bíblico: 220.07

Título original
Bibbia come parola di Dio
Introduzione generale alla sacra Scrittura
© Editrice Queriniana, Brescia, 1983

Tradução
Luiz João Gaio

Revisão literária e exegética
Pe. Anacleto Alvarez

Impressão e acabamento
PAULUS

Seja um leitor preferencial **PAULUS**.
Cadastre-se e receba informações sobre nossos lançamentos e nossas promoções: **paulus.com.br/cadastro**
Televendas: **(11) 3789-4000 / 0800 16 40 11**

MISTO
Papel produzido a partir de fontes responsáveis
FSC® C108975

1ª edição, 1986
4ª reimpressão, 2019

© PAULUS – 1986

Rua Francisco Cruz, 229 • 04117-091 São Paulo (Brasil)
Tel. (11) 5087-3700
editorial@paulus.com.br • paulus.com.br

ISBN 978-85-349-2063-6

APRESENTAÇÃO

Escrever o prólogo para o livro de um aluno é sentir-se um pouco como avô, ou como ser padrinho de batismo de um neto. Momento de perigo este, pois pode levar ao sentimentalismo, procurando no rebento traços semelhantes à própria fisionomia, como pode também levar a recordações nostálgicas. Será preciso esforçar-se por olhar com serena distância, não como um aposentado mas como alguém que prossegue ativamente na sua carreira de escritor.

Um livro de "Introdução geral à Escritura" publicado em 1981 não pode subtrair-se à condição de aparecer quinze anos depois do Concílio Vaticano II. Os livros de Introdução geral à Escritura haviam adquirido, antes daquela data, uma cristalização, ou seja, uma fisionomia estável: harmônica e orgânica nos casos bons, rígida e artificial nos maus. O que fazer depois daquele evento eclesial? Continuar a repetir, como se nada tivesse acontecido, ou progredir sob o estímulo do novo?

Alguns tentaram prolongar o novo e até enriquecê-lo seguindo por novos caminhos de reflexão. Em quinze anos nasceram algumas idéias novas e difundiram-se em diversos campos; mas não chegaram a fundir-se num corpo orgânico, capaz de formar tradição. Vem-me à mente o discurso conciliar de Dom Neophitos Edelby, e não conheço nenhuma obra que tenha desenvolvido sistematicamente as suas intuições teológicas.

Outro caminho era o de comentar a Constituição conciliar *Dei Verbum*, e isto foi feito em várias línguas e de diversas formas. Escreveram-se comentários literários e também literalistas. Praticou-se também a reflexão crítica, entendendo por 'crítica' a distância capaz de avaliar sem faltar ao respeito. Um comentário crítico ao texto conciliar podia indicar a presença de idéias conhecidas e já aceitas, podia indicar o novo em contraste com posições antes comuns, incluído o que restava a fazer, como também indicar portas e caminhos abertos para prosseguir o caminho. Semelhante comentário deixava de ser literal para levantar vôo e ampliar a visão. Como atesta o *Elenchus Biblicus* do P. Nober, nos anos que se sucederam ao Concílio floresceram comentários à *Dei Verbum* literários ou críticos, breves ou extensos. Tiveram sua difusão e parece que se esgotaram. Quero dizer que se esgotaram as edições e exauriu-se de fato também o gênero; como se fosse um produto menos didático ou pouco comercial. Não sei até que ponto ainda se lêem aqueles livros publicados há dez ou doze anos.

Daquilo que eu disse a respeito dos textos escritos e publicados não se deve separar a difusão e quase tradição oral de muitos professores que nos anos depois do Concílio se dedicaram ao ensino ou renovaram aquele que estavam praticando ou se uniram ao movimento bíblico. Todos juntos realizaram um trabalho meritório de difusão do Magistério conciliar da Igreja. Sem dúvida, esta tradição oral de tantos colaboradores foi um fator decisivo do esplêndido renascimento bíblico na Igreja católica.

O caráter didático de um lado, o momento da publicação do outro, condicionam o trabalho sem limitá-lo. Comecemos pela arquitetura geral. Se tomarmos um tratado clássico, por exemplo o excelente *Institutiones Biblicae* (PIB, última edição de 1951) e o confrontarmos com o de Mannucci, apreciaremos a mudança da disposição da matéria e a ampliação do conteúdo teológico:

> Palavra de Deus como Revelação palavra humana
> revelação através da história
> Transmissão da Palavra
> a formação dos livros da Bíblia
> línguas bíblicas e texto bíblico

Apresentação

Inspiração
  fato e natureza
  extensão
  efeito: inerrância
  critério

Cânon
  História do cânon do AT e NT
  Livros apócrifos

Interpretação
  Noemática. Sentidos bíblicos: literal, típico, plenior
  Heurística
  dados internos e externos
  gêneros literários
  Proforística

A Bíblia Palavra de Deus
  testemunhos do AT e do NT
  Inspiração: ação do Espírito
  história da teologia da Inspiração

Cânon
  do AT e do NT na tradição judaica e cristã
  Discussões protestantes recentes
  A verdade da Bíblia

Interpretação da Escritura
  Apanhado histórico
  O problema hermenêutico atual
  a hermenêutica na teologia contemporânea protestante e católica os sentidos bíblicos.
  A Escritura na vida da Igreja

    A Constituição conciliar ditou a colocação do tema no contexto mais amplo da Revelação e da sua transmissão (cap. 1 e 2 da *Dei Verbum).* Estudos pós-conciliares sugeriram dar maior importância ao tema da palavra em si mesma e na sua relação com a história. Adquire amplidão nova a exposição do problema hermenêutico atual, que o tratado de 1951 nem sequer imaginava. Em outras palavras, o tratado de Mannucci se apresenta, já na sua arquitetura, muito mais aberto à teologia e a algumas ciências modernas do homem.
    Pede-se a um tratadista capacidade de sintetizar e organizar, habilidade na formulação. Se acrescentar reflexões pessoais e o tom pessoal às outras reflexões, sua voz ressoará com mais autoridade. Creio que o autor se saiu bem.
    E como incorporar os elementos novos? — Ou dando a palavra ou resumindo o pensamento dos outros. Na melhor das hipóteses o expositor conseguirá mostrar um processo evolutivo, no pior será um informante eclético. Portanto, informar colocando ordem e clareza em materiais efervescentes já é esforço válido e contribuição meritória. Mannucci dá a palavra sem discriminações, não procura pôr de acordo os que discordam, conduz a discussão com tato, intervém resumindo e orientando. A última parte do livro, aquela sobre a interpretação da Escritu-

ra talvez seja a mais valiosa sob este aspecto. Trata-se de um terreno em vias de exploração, e embrenhar-se nele mete medo. Muitos sentiram a necessidade de possuir em linguagem acessível e com a clareza de um tratado aquele capítulo difícil e transcendental da hermenêutica bíblica. A exposição anterior de G. Savoca prestou seus serviços. Mannucci conseguiu concluir seu tratado com aqueles valiosos capítulos finais.

E agora o livro, gerado e dado à luz com fadigas vitais, separa-se do autor para chegar às mãos de alunos e professores. Um avô não sentimental deseja ao livro um acolhimento igualmente vital por parte dos professores: que o coloquem de novo na tradição oral do ensino e façam dele um colaborador na difusão e assimilação dos ensinamentos conciliares.

Um livro é uma parada na vida. Que prossiga o movimento para frente!

Luís Alonso Schökel, SJ
Decano do Pontifício Instituto Bíblico

PREFÁCIO À PRIMEIRA EDIÇÃO

A Luz jamais vem a nós sozinha.
Traz sempre consigo uma companheira,
cujo nome é Alegria.
(Das *Aventuras da Sabedoria*)

Por que um novo manual de *Instrução geral à Sagrada Escritura*?
Quem, como no meu caso, ensinou esta disciplina nos Seminários e nos Institutos de Teologia desde os anos 60, teve que sintonizar-se com a virada conciliar do Vaticano II. Creio que o fiz com o entusiasmo daquela esplêndida estação, graça singular para quem a viveu. Os manuais pré-conciliares, ainda que ótimos sob muitos pontos de vista (por exemplo, na área bíblica italiana, os volumes de Höpfl-Leloir, Perrella-Vagaggini, Spadafora-Romeo-Frangipane, Bonatti-Martini etc.), mostram-se mais ou menos inadequados em comparação com a nova visão da Constituição dogmática "Dei Verbum", consagração oficial da renovação bíblica no campo católico, confiante abertura às novas tendências das ciências bíblicas e da reflexão teológica com o mistério da Bíblia.
Na Itália, o manual de Bonatti, em sua terceira edição de 1968, foi reelaborado por Carlos M. Martini — hoje Arcebispo de Milão — nos tratados sobre a inspiração e sobre a hermenêutica, retocado naqueles do texto e do cânon. Talvez continue sendo o melhor manual, embora nele convivam a colocação pré-conciliar e aquela conciliar. Apareceu depois, em 1975, o precioso volume *Os livros de Deus,* sob a direção de Carlos M. Martini

e Luciano Pacômio, ao qual este livro com freqüência se refere. Porém, mais do que um manual, tratava-se de uma coletânea de ótimas contribuições "monográficas" que nem sempre esgotam os temas de uma "Introdução geral", nem estão homogeneamente relacionadas entre si, apesar dos textos de ligação dos orientadores.

Assim julguei prestar útil serviço a professores e alunos, traduzindo num manual a experiência de quinze anos de ensino do curso de "Introdução geral" no Estudo Teológico Florentino. O trabalho conserva todos os riscos de uma *empresa,* dada a variedade de temas tratados, e visto que cada um requer precisa e específica competência. Mas sobretudo num manual é costume, por motivos óbvios de concurso de competências, aproveitar também a experiência dos colegas biblistas e teólogos, tanto católicos como protestantes. Sua voz ressoa com freqüência em minhas páginas e suas contribuições são citadas, de forma mais ou menos abreviada, especialmente na nota 1 de cada capítulo, com os dados bibliográficos completos na bibliografia geral. Em particular, o antigo mestre Pe. Luís Alonso Schökel SJ, Decano do Pontifício Instituto Bíblico, guiou-me com preciosos conselhos e honrou o volume com sua Apresentação. A ele meu agradecimento todo pessoal.

A "Dei Verbum" do Vaticano II foi o ponto de referência primário do meu trabalho, que constitui, sob muitos aspectos, uma espécie de comentário dela. Já seria um grande prêmio para a minha fadiga se estas páginas despertassem nos estudantes de Teologia o desejo de ler e meditar mais atentamente aquela grande Constituição dogmática sobre a Palavra de Deus, consultando nas bibliotecas seus muitos comentários já há tempo esgotados, percorrendo as etapas realmente aventurosas nos *Acta et Documenta* (antepraeparatoria-praeparatoria) e sobretudo nos *Acta Synodalia* do Concílio Vaticano II.

Um manual tem seu gênero literário quanto à linguagem. Se às vezes — e não apenas na página introdutória de cada uma das cinco partes — me afastei dessa linguagem, é porque estou convencido de que todo discurso de crentes sobre *A Bíblia como Palavra de Deus para nós* deve não só "informar", mas também "exprimir" e "apelar": "Com efeito, nos Livros Sagrados, o Pai que está nos céus vem amorosamente ao encontro dos seus filhos, *a conversar com eles..." (DV* 21).

Prefácio à primeira edição

Aos leitores do livro, estudantes que se preparam para o ministério de Presbíteros, leigos que sempre mais numerosos se abrem ao estudo da Bíblia, pessoas em busca da Palavra que ilumine o caminho da vida e da história, desejo que estas páginas levem não apenas um suplemento de "saber" mas também "alegria de viver".

Valério Mannucci

Estudo Teológico Florentino
Florença - 24 de setembro de 1980
25º aniversário de meu Presbiterato

PREFÁCIO À SEGUNDA EDIÇÃO

Em poucos meses esgotou-se a primeira edição deste livro, sinal evidente do interesse que suscitou o novo volume de "Introdução geral à Sagrada Escritura" depois do Concílio Vaticano II.

A urgência de ter que publicar rapidamente a segunda edição, além do pequeno número de recensões até aqui disponíveis, não me permitem fazer aquelas revisões e aquelas melhorias que a própria crítica certamente poderá aconselhar-me.

Valério Mannucci

Florença, 1 de novembro de 1981
Festa de todos os Santos

PRIMEIRA PARTE

A PALAVRA DE DEUS

A biografia do homem é, no fundo, uma biografia da palavra. Com seu respirar o homem é ser vivo, com seu caminhar é ser móvel, com seu bater, é ser forte. Apenas com sua palavra, sobretudo aquela dirigida ao outro, o homem se torna ser pessoal, inteiramente homem.
A palavra autêntica é mistério, porque tem no ser sua fonte original. Os profetas e poetas — mas todo homem tem um pouco de profeta e poeta — são os pastores do ser. Conhecem bem as fronteiras do ser, de onde jorra a vida misteriosa da palavra: "Nada explicas, ó poeta, mas através de ti todas as coisas se tornam explicáveis" (P. Claudel). "Eu não invento, descubro" (Ch. Peguy). Através das palavras o homem penetra no sentido das coisas, dá-lhes nome, humaniza-as, comunica-as.
A palavra invoca a audição. Na biografia da palavra entram o falar e o escutar. Diante da palavra do outro, o ser mais profundo do homem tem um frêmito: "Eu dormia, mas meu coração velava. Um ruído! É meu amado que bate... Ao ouvir sua voz as entranhas me estremecem" (Ct 5,2-4). A audição da palavra dá início à grande aventura, a busca do outro (Ct 3,1-3), que a todos confraterniza: "Para onde foi teu amado, para que o possamos buscar contigo?" (Ct 6,1).
O homem é um ser essencialmente visitado, e a palavra é a casa de sua hospitalidade. Quem sabe guardar palavras autênticas torna-se morada e até mesmo ícone para as coisas, os eventos, as pessoas que o visitam, preparando-se assim para hospedar o Poeta absoluto, Deus. A biografia do homem, ou da sua palavra, é um crescimento, até que o homem se identifique com a Palavra que Deus pronunciou a seu respeito. Aquela Palavra está à nossa porta e bate; se abrirmos, ela entrará e ceará conosco (Ap 3,20).

1

O MUNDO DA PALAVRA HUMANA[1]

Um capítulo dedicado à *palavra humana* pareceu-me o início oportuno e coerente de uma "Introdução teológica à Bíblia". A profissão da fé cristã na Bíblia, com efeito, não diz simplesmente: *"Deus falou na Sagrada Escritura"*, mas: "Deus falou na Sagrada Escritura *por meio de homens e de maneira humana" (DV* 12). A história da Bíblia é história da Palavra de Deus aos homens: "Deus, que muitas vezes e de muitos modos falou, outrora, aos Pais pelos profetas, agora nestes dias que são os últimos, falou-nos por meio de seu Filho..." (Hb 1,1-2). O AT e o NT não fizeram outra coisa senão descrever-nos o itinerário da Palavra de Deus, a qual: cria o mundo (Gn 1), chama Abraão (Gn 12,1ss) e Moisés (Ex 3,7ss), leva a termo a promessa da terra (Js 1,1ss;21,43-45), "é dirigida aos profetas" de Israel (Os 1,1; Jr 1,2 etc.), assume o rosto de homem em Jesus de Nazaré (Jo 1,1-14), "difunde-se, cresce e se afirma com força" com a dilatação da Igreja apostólica (At 6,7;12,24;19,20), regula o fim deste universo e o início do novo mundo (Ap 19,11-16;21,1ss).

Mas em nenhum lugar da Bíblia encontramos a Palavra de Deus *diretamente.* Em toda parte ela nos é dada através deste ou daquele homem, sempre segundo a maneira e a linguagem humana; e o relato do diálogo de Deus com os seus interlocutores

---

1 *Bibliografia*

L. Alonso Schökel, *La Parola ispirata,* pp. 103-155; K. Bühler, *Sprachtheorie;* R. Duval, *Parole, Expression, Silence,* pp. 226-260; G. Gusdorf, *Filosofia del linguaggio;* M. Heidegger, *In cammino verso il linguaggio;* B. Mondin, *O homem, quem é ele?,* Ed. Paulinas, São Paulo.

escolhidos é redigido inteiramente por homens. O antigo Israel confessava o seu estupor, porque tinha "ouvido a voz de Deus no meio do fogo e do alto do céu" (Dt 4,32-36). O estupor se torna vertigem para o novo Israel, chamado a experimentar a inaudita aproximação entre "a Palavra de Deus que era no princípio, estava junto de Deus, era Deus" (Jo 1,1) e "a Palavra de Deus que se fez carne" (Jo 1,14); entre "o que era no princípio", "a vida eterna que estava junto ao Pai", e "a Palavra da vida que ouvimos, que vimos com os nossos olhos, que contemplamos, que as nossas mãos tocaram" (1Jo 1,1-4).

Precisamente nisto manifestou-se "a admirável 'condescendência' de Deus e a sua inefável benignidade": "Com efeito, as palavras de Deus, expressas em línguas humanas, tornaram-se intimamente semelhantes à linguagem humana, como outrora o Verbo do Eterno Pai, tomando a carne da fraqueza humana, se tornou semelhante aos homens" *(DV* 13). O caráter autenticamente humano das Sagradas Escrituras, já por si só, revela o profundo segredo de Deus que é a sua "filantropia" (Tt 3,4). Deus ama os homens. Falando na sua linguagem, Deus se comunica com eles, se faz compreender e, ao mesmo tempo, restitui à linguagem humana a sua veridicidade.

1. "HOMO LOQUENS"

Não sabemos se a definição do *homem* como *animal que fala*[2] é a mais exata com relação às outras. Talvez seja a mais decisiva, a que compreende a todas. A palavra é o limiar de ingresso no mundo humano.

Falar, dar um nome, é de certa forma *chamar à existência,* tirar do nada. Enquanto o homem não toma a palavra, a realidade intrínseca do mundo permanece ali, não só sem serventia, mas sem significado real. Nietzsche chamava os homens de gênio "nomeadores": "Eles vêem alguma coisa que ainda não tem nome,

---

[2] Assim pensa M. Heidegger: "Segundo a tradição antiga, nós, precisamente nós, somos os seres que estão em condições de falar e que por isso possuímos a linguagem. Nem a faculdade de falar é no homem apenas *uma* capacidade que se coloque ao lado das outras, no mesmo plano das outras. Pelo contrário, é *a* faculdade que faz do homem um homem. Este traço é o próprio perfil do seu ser. O homem não seria homem se não lhe fosse concedido falar, dizer: 'é' — ininterruptamente, por todo motivo e em referência a todas as coisas, de várias formas, na maioria das vezes calando. Enquanto a linguagem concede isto, o ser do homem se fundamenta na linguagem. Por isso, desde o início nós estamos na linguagem e com a linguagem" (*o.c.,* p. 189).

embora todos a tenham sob os olhos".[3] O Adão bíblico penetra o ser de cada animal para dar-lhe um nome; os animais estão ali, criados por Deus, mas não são reais enquanto o homem não os "nomeia" (cf. Gn 2,19-20). Embora posterior à criação, a imposição do nome é um "ato da atividade ordenadora com a qual o homem se apodera espiritualmente das criaturas, objetivando-as diante de si".[4] Por isso, mediante a palavra, o homem penetra no emaranhado do mundo e com ela orienta sua inclinação interior a conhecer, interpretar, aprofundar, ordenar, destinar.

Mas isto não basta. Através da palavra, o homem passa a morar em si mesmo e de certa forma *se apropria de si*. Falando, ele se aventura em seu universo interior que é confuso, indistinto, múltiplo, feito de enigmas e de incertezas; falando, ele procura sua "autocompreensão", sempre necessitada de ulterior busca. É este o *mistério* do ser-homem, nunca totalmente esgotado e expresso. Ele tem necessidade da disciplina da palavra para compreender-se e exprimir-se, embora permanecendo na convicção — sob pena de morte do ser e da palavra — de que o ser (a vida) não suporta sedimentação na palavra, como não suporta no ter: "A palavra é sempre uma realidade por defeito com relação ao ser autêntico. ... Não existe a *última palavra* na afirmação pessoal, aquém do momento último da existência própria".[5]

Por fim — é o aspecto mais conhecido — a palavra permite ao homem a sua inserção no mundo das relações humanas e sociais, possibilita-lhe a *comunicação* com o outro. Mas também neste âmbito a palavra humana exprime — ou deveria exprimir — não uma "física", mas uma "meta-física" das relações. A possível contrafação da palavra não acontece apenas quando a palavra se torna 'mentira', mas também — e é o perigo mais grave — quando ela não coincide mais com o valor e se torna 'rótulo'. Se as palavras não refletirem e não colocarem em ação a dinamicidade criativa da relação, se as palavras não forem continuamente retomadas e atualizadas, elas estarão destinadas a degradar-se. A dignidade e autenticidade do homem chamam-no a viver responsavelmente a "sua hora" também na linguagem. Do contrário, o real continuará seu curso fora da órbita da linguagem, que tem a tarefa de configurar, ordenar e destinar o real. A palavra ocultaria apenas o silêncio, o silêncio de morte.

3 Cit. in G. Gusdorf, *o.c.*, p. 42.
4 G. Von Rad, *Genesi*, Paideia, Brescia, 1978 2ª ed., p. 102.
5 G. Gusdorf, *o.c.*, pp. 46-49. É claro que, para um cristão, esta última palavra é, na realidade, a 'penúltima', porque somente a Deus e a seu projeto meta-histórico sobre o homem, compete a Palavra definitiva.

2. AS TRÊS FUNÇÕES DA PALAVRA

Da "biografia da palavra" que acabamos de esboçar emergem as *três características* principais da linguagem humana: a primeira, em relação com a natureza, com o mundo e com a história, é a *informação;* a segunda, em relação a si mesmo, é a *expressão;* a terceira, em relação aos outros, é o *apelo*.[6] Na realidade da linguagem, estas três funções não se encontram no estado puro, sempre e exatamente diferentes uma da outra. Geralmente elas "funcionam enleadas, reciprocamente condicionadas; o que podemos fazer diante de uma unidade de linguagem é distinguir o seu caráter de *símbolo* (informação, apresentação), de *sintoma* (expressão de interioridade), de *sinal (apelo a outro)*".[7] Saber distinguir e captar as três funções da palavra na sua especificidade é muito importante para compreender a Palavra de Deus na Bíblia, que com freqüência empobrecemos reduzindo-a a uma pura informação. Deus assumiu a palavra humana na integridade e totalidade de suas manifestações.

a. A palavra é "informação"

A palavra informa sobre fatos, acontecimentos, coisas, geralmente empregando um verbo no indicativo e na terceira pessoa. Das três funções, esta é a mais objetiva e é própria sobretudo[8] da ciência, da didática, da historiografia.

Na linguagem das *ciências* exatas, o que prevalece é o valor objetivo de informação. Aqui, a linguagem se torna formulário técnico e rigoroso, à qual somente os iniciados têm acesso.

Também na linguagem da *didática* prevalece a informação objetiva; mas todo docente sabe muito bem que não pode prescindir daquela dimensão 'formativa', portanto interpessoal, que todo ensinamento deve pôr em ação. A função didática ou doutrinal da palavra, com sua boa dose de linguagem 'técnica', é fundamental na própria Revelação bíblica. Embora no contexto mais amplo e rico de palavra interpessoal para fins de uma comu-

---

6 Cf. B. Mondin, *o.c.*, pp. 158-167.
7 L. Alonso Schökel, *o.c.*, p. 119
8 Aqui se prescinde da linguagem puramente *utilitária*, à qual recorre o *homo faber* para as suas necessidades diárias. Aqui se trata de uma informação 'neutra', na qual os lugares comuns substituem a 'pessoa'. Para conversar sobre comida ou sobre o tempo, não há necessidade que intervenha a pessoa; e neste tipo de palavras é fácil a compreensão mútua, precisamente porque as pessoas nada têm a dizer-se!

nhão de vida, ela possui o dado objetivo de verdades reveladas, oferecidas ao assentimento intelectual.

Por fim, a linguagem da *historiografia*, onde o "narrar" não pode esgotar-se na pura apresentação dos fatos e dos acontecimentos (= crônica), recuperados com uma rigorosa crítica histórica, mas deve asumi-los e propô-los em sua inteligibilidade interior, no seu significado, nas suas conexões, na sua finalidade. O autêntico historiador não prescinde, em seu trabalho, de uma certa dose de subjetividade positiva: a palavra, que dá vida ao fato narrado, é 'sua' *(expressão)* e convoca o leitor *(apelo)*.

b. A palavra é "expressão"

Todo homem que fala *se exprime,* diz alguma coisa de si mesmo que não conjugue verbos na primeira pessoa. Um rosto totalmente inexpressivo não seria mais um rosto humano. Uma palavra que não exprimisse mais nada do íntimo ser daquele que fala, seria antecâmara da morte.[9] Também para comunicar-se e 'informar' o homem deve, em certa medida, *exprimir-se*, ou seja, pôr em movimento o seu ser, correr o risco da saída de si, dispondo-se a um desmascaramento mínimo de sua interioridade.

Todavia, existem situações-limite em que a dimensão 'expressiva' da palavra predomina. Quase todas as variedades do *grito,* que exprimem de mil maneiras surpresa, alegria, medo. Assim as *confissões,* quando o namorado não pode deixar de gritar a sua felicidade, o convertido a sua fé, o perseguido e o oprimido o seu desespero. Assim o mundo multiforme da *lírica* e da *poesia*, ali onde o poeta vive o eterno desacordo de conjugar a linguagem comum, necessária para comunicar-se, com a palavra 'nova' que vai captar os insondáveis e inexprimíveis recursos do ser, aquele original e criativo da pessoa, aquele fecundo da natureza, da vida e da história.

---

[9] "Para que desapareça a necessidade de se exprimir, é preciso que seja atingido o próprio prazer de viver: 'Não tenho mais grande curiosidade por aquilo que a vida possa trazer-me, afirma em uma das suas últimas páginas André Gide. Disse mais ou menos bem o que julgava dever dizer, e agora tenho medo de repetir-me...'. E o grande escritor, constatando que não tinha mais nada a dizer, levanta o problema do suicídio. Assim todo velho se prepara para a morte treinando-se para o silêncio definitivo. O homem vivo, escritor ou não, tem sempre algo a dizer, como um contributo à realidade do mundo, no qual tem a tarefa de se afirmar" (G. Gusdorf, o.c., p. 71).

c. A palavra é "apelo"

O homem fala 'o' mundo, faz emergir o ser e o devir, mas não fala 'ao' mundo. A palavra humana, por sua natureza, busca o outro, tem a paixão pelo outro, porque o homem é 'relação'. Mais uma vez, o Adão bíblico é emblemático. Dá um nome aos animais, mas não fala aos animais; criado para "estar com", o homem busca um "tu" que lhe seja semelhante (Gn 2,18), um "tu" capaz de compreender e acolher a exigência interior de *dar-se* livremente. Vive para o encontro e a comunicação, Vive de encontro e comunicação. A palavra é o *traço-de-união* por excelência entre o "eu" e o "tu", princípio original de toda comunhão renovada.

A função 'apelativa' da palavra predomina em algumas formas literárias típicas, como o "chamamento", a "vocação", a "ordem" etc. Mas, no fundo, está oculta dentro de toda palavra, até nas formas mais puras de expressão. O simples fato de quebrar o silêncio, talvez com um grito de angústia ou mediante um cântico sem palavras, é sempre um dirigir-se a alguém, tomá-lo como testemunha, chamá-lo. Até mesmo a recusa mais nítida e consciente da comunicação implica, no fundo, a nostalgia da comunicação como valor, oculta a busca de uma comunicação autêntica.

3. A PALAVRA É CRIATIVA

Assim a palavra, direta ou indiretamente, é sempre 'apelo' a outro e exige, por sua natureza, uma resposta. Será assentimento ou recusa, admiração estupefacta ou ironia que afasta, a palavra não poderá deixar de provocar uma livre ressonância no 'tu' que é intimamente tocado. Longe de ser *nur Schall und Rauch (apenas som e sopro)*, a palavra pessoal possui uma força criativa, toca, prende, liberta. Algo da transcendência do ser-homem manifesta-se e comunica-se nela.

A palavra dá a cada um a revelação de si na relação recíproca com o outro. O homem se faz 'eu' no diálogo com um 'tu': "Na reciprocidade do falar e do escutar atualizam-se em mim possibilidades adormecidas: toda palavra, proferida ou ouvida, tem a possibilidade de um despertar, talvez a descoberta de um valor a cujo apelo eu não era sensível".[10]

10 G. Gusdorf, *o.c.*, p. 68. Ele cita (*ibid.*, p. 69) o testemunho de Wagner que num período doloroso de sua vida escrevia a um confidente: "Privado de todo estímulo exterior, reduzido a alimentar-me sempre de minha própria

Na reciprocidade do "eu" e do "tu", a palavra tende a criar a unidade do "nós", aquela autêntica comunidade, bem diferente da coletividade de massa que não é união, mas amontoado.[11]

Enfim, a palavra humana está aberta ao futuro da história que nela se preanuncia; ela espera e provoca este futuro. Para usar uma expressão de J. Moltmann, a palavra "chama o que promete do ainda-não-ser do futuro ao ser do presente".[12] Ela se torna força motora no devir da história (ver cap. 3).

4. A LINGUAGEM DA AMIZADE E DO AMOR

É na linguagem da amizade e do amor que a tríplice função da palavra encontra a sua mais alta síntese. Salva a individualidade irrepetível do eu e o tu, através de uma comunicação sempre mais livre e em vista de uma comunhão de vida mais profunda e não só de idéias, amigos e esposos se falam e encontram no mistério da palavra mútua a fonte pura de seu coexistir dinâmico.

Na amizade e no amor, o mesmo dilema entre 'expressão' e 'comunicação' — quanto mais me exprimo mais dificilmente me comunico — se encaminha para uma solução real. No encontro de amizade com o outro, o amigo não teme realizar o tremendo trabalho de libertar o sentido secreto do seu ser, aquele profundo 'eu' que é "encantamento indizível, autenticidade de um pensamento rebelde a toda formulação, efusão mística, poesia pura".[13]

---

substância, tenho necessidade, para poder conservar uma parte mínima de minha energia vital, das mais ativas e encorajadoras relações com o exterior: de onde me viria, finalmente, o desejo de comunicar o que se agita nas mais íntimas fibras do meu ser, se encontrasse em toda parte o silêncio em torno de mim?" (*Cartas a Hans Von Bulow*, 1928).

11 Vêm à memória as palavras atualíssimas de M. Buber: "Quem, nestas coletividades de massa que se misturam marchando, ainda sabe o que é a comunidade para a qual julga caminhar? A coletividade não é união, mas amontoado: indivíduos colocados ao lado de indivíduos, armados juntos, treinados juntos; entre homem e homem há apenas a quantidade de vida suficiente para incitar o passo de marcha (...) A preocupação desta época pela coletividade é a fuga da prova de uma verdadeira comunidade das pessoas individuais, do diálogo vital no coração do mundo que exige compromisso de toda pessoa (...) Diálogo e monólogo se calam. Sem Ti, mas também sem Mim, os homens amontoados, os da esquerda que querem abolir a memória e os da direita que querem regulá-la, grupos separados e inimigos, marcham para o abismo comum" (M. Buber, *Il principio dialogico*, Comunità, Milão, 1958, pp. 141-143).
12 J. Moltmann, *Prospettive della Teologia*, p. 126.
13 G. Gusdorf, *o.c.*, p. 56.

E, depois de ter comunicado livremente o seu eu e de tê-lo oferecido ao livre acolhimento do outro, o amigo pode recomeçar o itinerário nunca definitivo da descoberta de si e do outro, da recíproca comunicação, do mútuo acolhimento.

Na amizade e no amor, também a objetividade de informação e a exata precisão dos termos perdem peso diante das ulteriores possibilidades que se abrem à expressão e à comunicação interpessoais. Meias-palavras, alusões, silêncios, olhares, podem dizer muito mais do que muitas palavras exatíssimas. Neste 'estar' diante do outro, a magia da presença se une à eficácia própria da palavra e carrega de encanto a mínima palavra.

Na palavra da amizade e do amor, "cada qual dá ao outro a hospitalidade essencial, o melhor de si; cada qual reconhece o outro, e recebe dele aquele mesmo reconhecimento, sem o qual a existência humana é impossível".[14] Vem à memória o elogio que santo Agostinho faz à amizade: "Duas coisas são necessárias neste mundo: a vida e a amizade. Deus criou o homem para que ele exista e viva: eis a vida. Mas para que o homem não esteja só, a amizade também é uma exigência da vida";[15] e ainda: "Se não temos amigos, nenhuma coisa neste mundo nos parecerá amável".[16]

Na amizade e no amor, o "nós" da comunhão pode ter a amplidão de todo o universo, tudo pode transfigurar e renovar. O mundo surge como "novo espaço que não é simplesmente 'dado' mas nasce como 'função' (e âmbito) da livre autodoação (...). A nossa presença no mundo, também o nosso próximo, aqueles que desde há muito conhecemos, mudam à luz do amor".[17]

Por fim, na amizade e no amor acontece uma prelibação antecipada do Tudo do Ser, da realização definitiva. Poderíamos

14 G. Gusdorf, *o.c.*, p. 69.
15 *Sermão* 16, 1 da coleção 'Denis': PL 46, 870.
16 *Carta* 130, 2, 4. Vamos transcrever todo o trecho: "No caso em que existissem em abundância as riquezas, que não nos acontecesse nenhuma perda de filhos ou do cônjuge, que fôssemos sempre sadios de corpo, que habitássemos na pátria preservada de desgraças, mas convivessem conosco indivíduos perversos entre os quais não houvesse ninguém em quem confiar e dos quais não devêssemos temer e suportar enganos, fraudes, iras, discórdias, insídias, não é verdade que todos estes bens se tornariam amargos e insuportáveis e que nenhuma alegria e doçura experimentaríamos neles? Porque, se não temos amigos, nenhuma coisa deste mundo nos parecerá amável" (Santo Agostinho, *Le Lettere*, vol. II, Città Nuova, Roma 1971, p. 77).
17 L. Boros, *Il Dio presente*, Queriniana, Brescia 1968, pp. 21-23; leia-se toda a meditação dedicada ao *Amor* (pp. 15-27).

dizer que o "eu" e o "tu", tornados "nós" na amizade, tocam o invisível e intocável "Tu" divino. Foi o que parece ter experimentado Agostinho e sua mãe Mônica naquela íntima e amigável conversa em Ostia Tiberina, evocada nas *Confissões:*

"Ao aproximar-se do dia em que devia sair desta vida, dia conhecido a ti, desconhecido a nós, aconteceu, por obra tua, creio, segundo os teus misteriosos desígnios, que nos encontrássemos ela e eu sozinhos, apoiados numa janela que dava para o jardim da casa que nos hospedava, lá junto a Ostia Tiberina, longe dos rumores da multidão, procurando restaurar-nos da fadiga de uma longa viagem e tendo em vista a travessia do mar. Conversávamos, pois, sozinhos com grande doçura (...). Buscávamos entre nós a presença da verdade, que és tu, procurando entender qual seria a vida eterna dos santos (...). Abrimos avidamente a boca do coração ao jato supremo de tua fonte, a fonte da vida (...). Elevando-nos com o mais ardente ímpeto de amor para o próprio Ser, percorremos todas as coisas corpóreas e o próprio céu (...). E ainda subindo acima de nós mesmos com a consideração, exaltação, admiração das tuas obras, chegamos às nossas almas e superamos também estas para alcançar a região da abundância inexaurível, onde apascentas Israel para sempre com a pastagem da verdade, e onde a vida é a Sabedoria (...). *E enquanto falávamos dela e nos sentíamos atraídos por ela, pudemos captá-la um pouco com o ímpeto total da mente, e suspirando deixamos ali presas as primícias do espírito,* para tornar a descer depois ao som vazio das nossas bocas, onde a palavra tem princípio e fim".[18]

---

18 Santo Agostinho, *Confissões,* 9, 10, 23-24. Veja o o comentário de L. Boros, *Incontrare Dio nell'uomo,* Queriniana, Brescia 1971, pp. 60-74 (meditação sobre a *Amizade*). Ainda sobre a amizade, cf. são Gregório Nazianzeno, *Discursos* 43, 15-21 (*Em louvor de Basílio Magno*): PG 513-524.

2

A PALAVRA AMIGA DE DEUS[1]

A *DV* do Concílio Vaticano II fala nestes termos da Revelação:

"Em virtude desta Revelação, Deus invisível (cf. Cl 1,15; 1Tm 1,17), na riqueza do seu amor, fala aos homens como a amigos (cf. Ex 33,11; Jo 15,14-15) e conversa com eles (cf. Br 3,38), para os convidar e admitir a participarem de sua própria vida" *(DV 2)*.

Portanto, o ditado conciliar, e aquele bíblico sobre o qual o Magistério se funda, descrevem a Revelação de Deus com a categoria da *palavra*, mais ainda, do *diálogo amigável*. Querendo revelar-se, Deus falou aos homens e usou a linguagem humana da amizade com vistas a uma finalidade precisa que é uma comunhão de vida. O lugar que reservamos no capítulo 1 ao tema da palavra humana, com particular atenção à linguagem da amizade e do amor, assume agora significado mais claro.

1. *Bibliografia*

L. Alonso Schökel, *La Parola ispirata*, pp. 15-39; H. Fries-R. Latourelle, La rivelazione, in *Mysterium Salutis*, vol. 1, pp. 225-339; Cl. Geffré, *Esquise d'une Théologie de la Révelation*, in AA. VV., *La Révélation*, pp. 171-205; R. Latourelle, *Teologia da revelação*, Edições Paulinas, São Paulo; H. de Lubac, Commentaire du préambule et du chapitre I, in AA. VV., *La Révélation divine*, tom. I, pp. 157-302; G. Ruggieri, *Rivelazione*, in DTI, vol. 3, pp. 148-166 (cf. Id., *Rivelazione*, in *NDT*, 1332-1352); N. Schiffers-K. Rahner-H. Fries, *Rivelazione*, in *SM*, vol. 7, pp. 191-226; outros Comentários à *Dei Verbum* (cf. Bibliografia geral).

1. O CONCEITO DE REVELAÇÃO NOS CONCÍLIOS VATICANO I E VATICANO II

Para compreender melhor o desenvolvimento que o conceito de Revelação teve na compreensão da Igreja neste último século, transcrevo em sinopse os textos da Const. *Dei Filius* do Vaticano I e da Const. *Dei Verbum* do Vaticano II, referentes à Revelação.

Vaticano I *(Dei Filius,* cap. 2)
"A mesma santa mãe Igreja guarda e ensina que Deus, princípio e fim de todas as coisas, pode ser conhecido com certeza com a luz natural da razão humana a partir das coisas criadas: "Com efeito, as suas perfeições invisíveis tornaram-se inteligíveis desde a criação do mundo através das suas obras" (Rm 1,20); mas que aprouve à sua sabedoria e bondade revelar a si mesmo e os eternos decretos de sua vontade por outra via — sobrenatural —, visto que o apóstolo afirma: "Muitas vezes e de modos diversos falou Deus, outrora, aos Pais pelos profetas; agora, nestes dias que são os últimos, falou por meio de seu Filho" (Hb 1,1-2). Deve-se a esta divina revelação, se as verdades que por sua natureza não são inacessíveis à razão humana na ordem divina, na presente condição do gênero humano, podem ser conhecidas por todos facilmente, com absoluta certeza e sem erro algum. Todavia, não é por este motivo que a Revelação, absolutamente falando, é necessá-

Vaticano II *(Dei Verbum,* 2,6)
"Aprouve a Deus, na sua bondade e sabedoria, revelar-se a si mesmo e dar a conhecer o mistério de sua vontade (cf. Ef 1, 9), mediante o qual os homens, por meio de Cristo, Verbo encarnado, têm acesso no Espírito Santo ao Pai e se tornam participantes da natureza divina (cf. Ef 2,18; 2Pd 1,4). Em virtude desta Revelação, Deus invisível (cf. Cl 1,15; 1Tm 1,17), na riqueza de seu amor, fala aos homens como a amigos (cf. Ex 33, 11; Jo 15,14-15) e conversa com eles (cf. Br 3,38), para os convidar e admitir a participarem da sua própria vida. Esta economia da Revelação executa-se por meio de ações e palavras intimamente relacionadas entre si, de tal maneira que as obras, realizadas por Deus na história da salvação, manifestam e corroboram a doutrina e as realidades significadas pelas palavras, enquanto as palavras declaram as obras e o mistério nelas contido. Porém, a verdade profunda, tanto a respeito de Deus como a respeito da salvação dos homens, manifesta-

ria; mas porque Deus, em sua infinita bondade, ordenou o homem a um fim sobrenatural, isto é, à participação dos bens divinos que superam totalmente as possibilidades da inteligência humana. "Com efeito, o que os olhos não viram, os ouvidos não ouviram e o coração do homem não percebeu, isto Deus preparou para aqueles que o amam" (1Cor 2,9). Esta revelação sobrenatural, segundo a fé de toda a Igreja, ilustrada pelo sagrado Sínodo de Trento, está contida nos livros escritos e na tradição não escrita, que, ouvida da boca do próprio Cristo pelos apóstolos, ou transmitida como que de mão em mão pelos mesmos apóstolos por inspiração do Espírito Santo chegou até nós" (CE 761s; cf. FC 23s).

-se-nos por meio desta Revelação na pessoa de Cristo, que é simultaneamente, o mediador e a plenitude de toda a Revelação *(DV 2)*.
Deus, criando e conservando todas as coisas pelo Verbo (cf. Jo 1,3). oferece aos homens um testemunho perene de si mesmo na criação (cf. Rm 1,19-20) e, além disso, decidindo abrir o caminho da salvação sobrenatural, manifestou-se a si mesmo desde o princípio, aos nossos primeiros pais. Depois da queda destes, juntamente com a promessa dum resgate deu-lhes a esperança da salvação (cf. Gn 3,15) e cuidou continuamente do gênero humano, para dar a vida eterna a todos aqueles que, perseverando na prática das boas obras, procuram a salvação (cf. Rm 2,6-7). No devido tempo, chamou Abraão, para fazer dele um grande povo (...) *(DV)* 3), (...) *(DV 4-5)*.
Pela Revelação divina quis Deus manifestar-se e comunicar-se a si mesmo e os decretos eternos da sua vontade a respeito da salvação dos homens, "para fazer participar dos bens divinos, que superam absolutamente a capacidade da inteligência humana" (Vat. I). Este sagrado Concílio professa que "Deus, princípio e fim de todas as coisas, pode ser conhecido com certeza pela luz natural da razão, a partir das criaturas" (cf. Rm 1,20); mas

ensina também que deve atribuir-se à Revelação "poderem todos os homens, mesmo na presente condição do gênero humano, conhecer com facilidade, firme certeza e sem mistura de erro o que, nas realidades divinas, não é de si inacessível à razão humana" (Vat. I) *(DV 6)*.

Da comparação dos dois textos conciliares surgem algumas diferenças dignas de relevo.

a. *Relação entre revelação sobrenatural e natural* — O Vaticano I parte da revelação natural e da possibilidade do conhecimento de Deus (o Concílio fala de *conhecimento*, não de *demonstração)* à luz da razão humana, para chegar depois à revelação sobrenatural. Ele defendia a primeira[2] contra os que humilhavam a razão humana negando-lhe toda possibilidade de chegar, por via ascendente, ao conhecimento de Deus; defendia a segunda, contra os que concedendo à razão humana plena autonomia e plena suficiência, reduziam a revelação cristã à realidade puramente imanente ao homem.

A perspectiva do Vaticano II é de certa forma inversa. O Concílio começa logo falando da revelação pessoal e histórica de Deus que culmina em Jesus Cristo *(DV 2-4)*, como também da fé como resposta adequada à revelação sobrenatural *(DV 5)*, assegurando assim, desde o início, o caráter específico da revelação e da fé bíblico-cristãs; de outro lado, a ausência de um contexto apologético de defesa contra erros doutrinais permite ao Vaticano II oferecer-nos uma teologia mais expositiva do mistério e dos conteúdos da revelação sobrenatural. Somente no fim do capítulo I, a *DV* 6[3] recupera o dado do Vaticano I sobre a revelação natural e sobre a possibilidade que o homem tem de conhecer a Deus, uma recuperação indubitavelmente importante

---

[2] Para as diversas formas de erros doutrinais contra os quais o Vaticano I coloca a sua teologia defensiva, cf. R. Latourelle, *Teologia da Revelação*, Edições Paulinas, São Paulo, 1973.

[3] A sua formulação e mais ainda o seu lugar no cap. I na Constituição *DV* tiveram no Concílio um longo e difícil itinerário: cf. H. de Lubac, *o.c.*, pp. 263-272.

para o nosso tempo, quando se pensa no pretenso caráter científico do ateísmo contemporâneo.

b. *Aprouve a Deus...* — Deve-se sublinhar também que o Vaticano II, além de inverter a perspectiva das duas revelações, permite entender melhor a distinção e a unidade entre criação-revelação natural, de um lado, e a revelação sobrenatural, de outro. No Vaticano I, e na *DV* 6 que o cita, as duas revelações são dialeticamente enlaçadas mediante a afirmação da necessidade moral, nas condições atuais da história salvífica, de uma revelação sobrenatural também para as verdades que não são de si inacessíveis à razão humana; e o *Aprouve a Deus* na "Dei Filius" tem um preciso e legítimo matiz, isto é, o de sublinhar o contraste entre o *esforço* religioso do homem em busca de Deus (cf. At 17,26-31) e o *dom* de Deus ao homem revelando a si mesmo em Jesus Cristo. Na *DV* do Vaticano II, pelo contrário, o *Aprouve a Deus* abre o discurso com a revelação e acentua a livre e gratuita iniciativa de Deus no seu ato de revelar-se: a Revelação é graça! Além disto, a *DV* 3, "com a sua centralidade cristológica... permite entender melhor a unidade e a distinção entre criação e revelação. A distinção é descrita mediante um *insuper (além disso)*, como emergência de uma novidade com relação ao horizonte anterior. A unidade, ao contrário, é dada pela criação no Verbo":[4] visto que a criação se verificou no Verbo, ela possui uma intrínseca destinação cristológica.

c. *Revelar a si mesmo e manifestar o mistério de sua vontade...* — Quanto ao *objeto* da Revelação, a *DV* segue o Vaticano I ("Revelar a *si mesmo...*"): a Revelação, antes de fazer conhecer alguma coisa, se coloca diante de Alguém, o Deus vivo em Jesus Cristo. Todavia, a *DV substitui* a palavra *decretos* pelo termo paulino o *mistério de sua vontade*: com isto quer-se evocar todo o desígnio salvífico desvendado e realizado em Jesus Cristo (caráter cristocêntrico da Revelação: ver cap. 3), e sublinhar a unidade entre Revelação e Salvação, que depois é expressa pela proposição que segue: "mediante o qual os homens... têm acesso ao Pai e são tornados participantes da natureza divina".

d. *Com efeito, com esta Revelação, Deus invisível no seu grande amor fala aos homens como a amigos...* — Não há vestígio disto no Vaticano I. Alguns padres do concílio Vaticano II obser-

---

4 G. Ruggieri, *o.c.*, p. 162.

varam que talvez fosse excessivo dizer que "Deus fala aos homens como a amigos" e teriam preferido a expressão "como a filhos", conforme um uso mais freqüente na Bíblia; [5] mas a fórmula "como a amigos", também bíblica, permaneceu no texto definitivo. Ela exprime de maneira estupenda aquela ressonância personalista e amiga de toda a Revelação bíblica que a *DV* reproduz também no último capítulo: "nos livros sagrados, com efeito, o Pai que está nos céus vem amorosamente ao encontro dos seus filhos, a conversar com eles" (n. 21).

e. *Esta Revelação executa-se por meio de ações e palavras intimamente relacionadas...* — Segundo o Vaticano I, o objeto formal da revelação é o ensinamento por parte de Deus das verdades que superam a capacidade natural da razão humana. Os acontecimentos fundadores da *história da salvação* formalmente não fazem parte da revelação, constituem apenas a ocasião da manifestação do conteúdo da revelação; Cristo como acontecimento histórico que realiza a revelação não ocupa mais do que um lugar secundário. Para a *DV,* ao contrário. a revelação se realiza *por ações e palavras:* é a Palavra de Deus, mas também e inseparavelmente acontecimento, manifestação e desenvolvimento de desígnio de Deus na história (ver cap. 3).

2. A BÍBLIA, TESTEMUNHA DO CARÁTER DIALÓGICO-AMIGÁVEL DA REVELAÇÃO

A *DV,* apresentando a Revelação como uma "conversa" de Deus com os homens devida à iniciativa do seu amor, exprime-se com as palavras de são Bernardo,[6] e — mais extensamente — parece ter-se inspirado numa página da Encíclica *Ecclesiam Suam* de Paulo VI.[7] Mas as únicas citações que ele apresenta para

5 Cf. H. de Lubac, *o.c.,* p. 172; *Acta Synodalia,* vol. IV, pars I, p. 342 e pars V, p. 683.

6 "Ego arbitror praecipuam invisibili Deo fuisse causam, quod voluit in carne videri, et cum hominibus homo conversari, ut carnalium videlicet, qui nisi carnaliter amari non poterant, cunctas primo ad suae carnis salutarem amorem affectiones retraheret, atque ita gradatim ad amorem perduceret spiritualem" (*In Cantica, Sermo* 20, 6: PL 183, 870B).

7 "A revelação, que é a relação sobrenatural que Deus mesmo assumiu a iniciativa de instaurar com a humanidade, pode ser representada como um diálogo no qual o Verbo de Deus se exprime com a Encarnação e depois com o Evangelho. O colóquio paterno e santo introduzido entre Deus e o homem por causa do pecado original, é maravilhosamente retomado no curso da história. A história da salvação narra precisamente este longo e variado diálogo que parte de Deus e mantém com o homem uma conversação variada

sufragar o caráter dialógico-amigável da Revelação são tiradas da Bíblia. Vamos examiná-las brevemente.

— Ex 33,11: *"O Senhor falava com Moisés face a face, como um homem fala com seu amigo".*

Moisés não é apenas o mediador do êxodo e da aliança; é o personagem-tipo em cuja experiência se realiza e se exprime o projeto de Deus sobre Israel, mais ainda, sobre todo homem. Os diversos "êxodos" de Moisés escondem também o itinerário espiritual e o testemunho de todo crente. "Saindo para ver seus irmãos oprimidos" (Ex 2,11) num gesto generoso de solidariedade, o *primeiro* Moisés, *procurado* pelo faraó, foge para o deserto (Ex 2,15), descobre a presença de Deus na sarça que arde, mas não se consome (símbolo de sua própria vida?) e no meio do fogo ouve a voz de Deus que lhe confia a missão do Êxodo de libertação e o conforta com Sua presença: "Agora vai... Faze sair do Egito o meu povo... *Eu estarei contigo"* (Ex 33,10-12). É este *segundo* Moisés que liberta Israel e o conduz ao Sinai fumegante, para que todo um povo ouça a voz de Deus no meio do fogo (Ex 19-24). Mas uma terceira experiência o espera: na "tenda de reunião" ele entra sozinho para conhecer aquele Deus que "lhe falava face a face, como um homem fala com seu amigo" (Ex 3,11). O escritor bíblico, talvez o *Javista,* procurou exprimir a inexprimível intimidade de Deus com Moisés com a categoria do diálogo amigável, veículo da mais profunda comunhão.[8] E Moisés, sustentado e encorajado por aquele diálogo amigo, põe-se a caminho para o último "êxodo", gritando: "Senhor! Faze-me ver a Tua face, a Tua glória" (Ex 33,18-23). Moisés, líder da libertação, tem sede de contemplação. Levará ao túmulo uma dupla nostalgia: a terra e o rosto pessoal de Deus.

— Br 3,38: *"A Sabedoria apareceu sobre a terra e no meio dos homens conviveu".*

Na época do livro de Baruc (início do séc. II a.C.) a Sabedoria ainda não tem um rosto humano. É "o livro dos decretos de Deus, a lei que subsiste nos séculos" (Br 4,1), em resumo, é a Palavra-Revelação que Deus comunicou aos filhos de Abraão (cf. Br 3,37), para que eles por sua vez a dessem aos filhos de Adão. Convivendo com seu povo, Deus quis entreter-se e *conversar com*

---

e maravilhosa. É nesta conversa de Cristo com os homens (Br 3,38) que Deus faz compreender alguma coisa de si mesmo, o mistério da sua vida, absolutamente una na sua essência, trina nas Pessoas: é aqui que ele diz como quer ser conhecido; ele é Amor, e como tal quer ser honrado e servido. O nosso mandamento supremo é amor. O diálogo se torna pleno e confiante: a criança é convidada a ele, o místico nele se perde..." (*AAS* 56, 1964, p. 632).

todos os homens. Será Jesus Cristo em pessoa esta Sabedoria de Deus que apareceu definitivamente sobre a terra,[9] será Ele "a nova tenda de reunião" da esperança mosaica: "E o Verbo (a Palavra) se fez carne e veio morar *(eskenosen,* lit. = plantou sua tenda) entre nós e nós vimos a sua Glória" (Jo 1,14).

— Jo 15,14-15: *"Vós sois meus amigos... Não mais vos chamo servos, mas chamo-vos amigos".*

Em Jesus Cristo, o rosto invisível de Deus tornou-se visível: "Filipe, quem me vê, vê o Pai" (Jo 14,8-9; cf. 1,18), e a Palavra de Deus se fez carne (1,14), tornou-se presença e diálogo amigável com os homens. Crer em Jesus Cristo significa, para o Evangelho de João, *seguir Jesus,* a exemplo dos dois primeiros discípulos dos quais se lê em Jo 1,38-39: "foram atrás de Jesus", "viram onde ele morava" e "ficaram junto dele".[10] A hora do encontro e da conversa com Jesus é "a hora décima", isto é, a hora da realização e da arribação definitivas para a inquietante *busca* de todo homem.[11] Aquele primeiro encontro dá início a uma prolongada história de diálogo entre Jesus e os discípulos, culminando com os discursos da última Ceia (Jo 13,17). Os discípulos tornaram-se realmente "os amigos de Jesus" em virtude da sua livre e gratuita escolha, garantida pelo ato supremo do seu *ágape* que é a oferta da sua vida por amor. Para os discípulos, tornados "amigos", não existem mais segredos: Jesus comunicou-lhes toda a Revelação (14,6-7) e, mediante o dom do Espírito Santo, fará com que a compreendam (14,25-26;16,12-15).

A estes textos poderíamos acrescentar Is 41,8, ali onde Deus chama Abraão "meu amigo". Com efeito, a aventura da Palavra de Deus com os homens começa com Abraão, para cuja memória o narrador *Javista* havia tomado a estupenda e fascinante liberdade de apresentar-nos um Deus que "não pode manter oculto seu projeto a Abraão" (Gn 18,17), e chega mesmo a aceitar o convite para "reconfortar o coração" e "comer" segundo o modo humano fora da tenda (cf. Gn 18,1-8). A história bíblica abre-se com uma dupla saudade: Deus tem saudade do homem, e Abraão

---

8 Cf. G. Auzou, *Dalla servitù al servizio* (*Il libro dell'esodo*). Dehoniane, Bolonha 1975, p. 273).
9 O texto de Br 3,38 é freqüentemente citado pelos Padres da Igreja, que nele vêem uma figura do mistério da Encarnação; e o NT identifica a Sabedoria com Cristo, única e autêntica Palavra de Deus: cf. P. E. Bonnard, *La sagesse en personne annoncée et venue: Jésus Christi,* Du Cerf, Paris, 1966.
10 Cf. V. Mannucci, *Evangelo di Giovanni,* in *ER,* vol. 2, col. 1471.
11 Cf. R. Bultmann, *Das Evangelium des Johannes,* Göttingen, 1964, 18ª ed. p. 70.

tem saudade do Deus único, do Absoluto. Em Abraão "amigo de Deus" e "pai dos crentes", todos os homens são convidados ao relacionamento amistoso com Deus. Também nisto — para usar a expressão de Pio XII — "os cristãos são espiritualmente semitas".

3. O DITADO DA "DEI VERBUM"

Por isso, foi na própria Bíblia que o concílio Vaticano II foi buscar o caráter interpessoal, existencial, dinâmico e oblativo da Revelação-Palavra de Deus, conseguindo assim a necessária integração ao conceito bastante estático e redutivo de Revelação que os manuais de teologia tinham herdado dos Escolásticos. "Seguindo são Tomás, eles afirmam que falar é manifestar o próprio pensamento a alguém por meio de sinais. Acentua-se a manifestação do pensamento realizado pela palavra e a participação de conhecimento que ela realiza".[12] Mas intenção de ensinar verdades que o homem sozinho não pode conhecer, não esgota o projeto revelador de Deus. Deus não é apenas um "Mestre" que ensina.

Revelando-se, Deus *fala* a linguagem da amizade e do amor:
— Deus *chama,* convoca, interpela os homens (função *apelativa* da palavra); os crentes que ouvem, acolhem e vivem a Palavra de Deus são os *kletòi,*[13] isto é, os *chamados;* a comunidade dos crentes é a *Ekklesìa,* a assembléia dos convocados.
— Deus *narra, interpreta* o homem, a existência e a história, *ensina* (função informativa da palavra). Assim a Palavra de Deus se torna juízo, ameaça, promessa, consolação, ensinamento. Ela se faz também manifestação do homem a si mesmo, torna-se "autocompreensão", visto que "nem só de pão vive o homem, mas de toda Palavra que sai da boca de Deus" (Dt 8,3). Em outras palavras, o homem conhece a si mesmo e a plenitude do seu ser e do seu destino não por aquilo que ele mesmo produz, procura ou obtém através da própria experiência ativa, mas ouvindo a Palavra de Deus.[14]

---

12 R. Latourelle, *Teologia da Revelação,* Edições Paulinas, São Paulo, 1973.
13 Assim chama os cristãos o apóstolo Paulo: cf. Rm 1,6.7;8,28; 1Cor 1,2.24 etc.
14 Este caráter 'antropológico' da Revelação é difusamente expresso pela *Gaudium et Spes* do Vaticano II: cf. R. Latourelle, in *Mysterium Salutis,* vol. 1, pp. 248s.

— Deus *se exprime, fala de si,* revela aos homens a si mesmo e a sua vida íntima (função *expressiva* da palavra), para convidá-los e admiti-los à *comunhão de vida* com ele. Não fala de longe, mas chega bem perto: usa o nome de *Iahweh*, ou seja, *Aquele que está ali,* que *está presente,* que *está com;*[15] é o *Emanuel, Deus conosco.* A aventura milenar da Palavra de Deus (cf. Hb 1,1-2) chega a um *Homem* que é *a Palavra de Deus tornada carne* (Jo 1,14a), *a Tenda* na qual Deus habita (Jo 1,14b) e se entretém com a família humana: a Palavra de Deus se chama *Jesus* (= *Iahweh salva).*

Já o *Proêmio* da *Dei Verbum,* fazendo próprias as palavras de João: "Anunciamo-vos esta vida eterna, que estava junto ao Pai e que nos apareceu; o que vimos e ouvimos vo-lo anunciamos para que estejais também em comunhão conosco. E a nossa comunhão é com o Pai e com seu Filho Jesus Cristo" (1Jo 1,2-3), contém em germe tudo o que o primeiro capítulo da Constituição afirma sobre a Revelação. Encontram-se ali claramente indicados o objeto, o modo, a transmissão e a finalidade da Revelação de Deus.

a. O *objeto* — É "a vida eterna", que para João é o mais radical dos atributos de Deus: o "eterna" evoca "não uma velhice sem fim, mas uma incorruptível juventude".[16] Tal vida não é separável da "luz" (Jo 1,4), que em João é sinônimo de "Revelação". Ora, vida e luz são idênticas à "Palavra" que "no princípio já existia, estava junto de Deus, era Deus" (Jo 1,1). O objeto da divina Revelação, quer se chame "Dei Verbum" quer "Vida eterna", é portanto o próprio Deus que se abre aos homens e se comunica com eles como "verdade e vida".

b. O *modo* — A Vida eterna de Deus *manifestou-se a nós em Cristo Jesus,* o qual revela Deus não só com as palavras, mas também com sua própria presença ativa, com todo o seu ser (cf. *DV* 4). A presença do Verbo de Deus encarnado é algo mais do que um puro ensinamento doutrinal. Nele a Palavra de Deus se fez não só "ouvir", mas também "ver" e "tocar". Jesus Cristo é a definitiva *Teofania* do Pai.

c. A *transmissão* — O anúncio de João é um testamento; tal é também o anúncio da Igreja, fundado no testemunho dos após-

---

15 Segundo a interpretação mais provável do nome de Iahweh, revelado por Deus a Moisés (Ex 3,13-15): cf. G. Auzou, o.c., pp. 130-135; M. Noth, *Esodo,* Paideia, Brescia 1977, p. 56.
16 L. Bouyer, *Il quarto Vangelo,* Borla, Turim, 1964, p. 52.

tolos. Antes de ser "mestra", a Igreja é "discípula"; antes de "anunciar a palavra de Deus", a Igreja se coloca "em religiosa escuta" da mesma; antes de "comunicar a vida", a Igreja a "recebe". Como diz a *DV* 8: "A Igreja perpetua e transmite tudo o que ela é, tudo o que ela crê"; e os instrumentos de sua Tradição são: "sua doutrina, sua vida, seu culto".

d. A *finalidade última* — Ela é expressa pela primeira carta de João e pelo Proêmio da "Dei Verbum" em termos de *koinonìa*, de *comunhão* com o Pai e com seu Filho Jesus Cristo: é esta a Vida eterna manifestada e dada aos homens pelo Verbo feito carne. Mas tudo isto não é uma questão privada, confiada ao relacionamento privado de cada pessoa com a Revelação. O encontro com Cristo, "Verbum Dei", passa através do seu Sacramento que é a Igreja, sinal visível e eficaz da comunhão dos homens com Deus e de sua comunhão fraterna (cf. LG 1). São João não escreve: "Anunciamos a vida eterna... para que também vós tenhais comunhão com o Pai..."; mas: "...para que também vós tenhais comunhão *conosco*", e acrescenta: "e *a nossa comunhão* seja com o Pai e com o seu Filho Jesus Cristo".[17] O anúncio da Palavra edifica a Igreja, comunidade dos filhos de Deus (cf. AG 1), e a torna sacramento de comunhão com Deus para todo o gênero humano.

4. REVELAÇÃO E ALIANÇA

Visto que a Revelação é o diálogo entre Deus e a humanidade com vistas a uma comunhão de vida que a Bíblia chama *Aliança,* as etapas que escondem a história progressiva da Aliança rimam também os termos do diálogo revelador entre Deus e o homem.

Desde que Deus dirigiu a Adão a primeira palavra-interrogação: "Onde estás?" (Gn 3,9), a definição bíblica do homem está

17 Já santo Agostinho comentava: "Nesta passagem nós mesmos somos retratados e designados. Verifique-se, pois, em nós aquela bem-aventurança que o Senhor preanunciou para as futuras gerações; permaneçamos firmemente apegados à aquilo que não vemos, porque eles que viram no-lo atestam. 'A fim de que — afirma João — também vós tenhais parte conosco'. O que há de extraordinário em fazer parte da sociedade dos homens? Não tenhas pressa em fazer a objeção; considera o que ele acrescenta: 'E a vida eterna seja em comunhão com Deus Pai e Jesus Cristo seu Filho. Escrevemo-vos estas coisas para que a vossa alegria seja plena'. Precisamente na vida em comum, precisamente na caridade e na unidade, João afirma que há a plenitude da alegria" (*Commento all'Epistola ai Parti di S. Giovanni*, I, 3, in "Opere di S. Agostino", vol. XXIV, Città Nuova, Roma 1968, p. 1643).

nesta interrogação: "O projeto bíblico refere-se ao homem interpelado; a economia bíblica situa o Tu do homem frente ao EU de Deus... A insistente pergunta de Deus não é indício de agressividade, de ciúme ou de ódio, mas o sinal do amor de Deus que tem necessidade do homem para construir a sua obra, isto é, realizar a Cidade humana de Deus".[18]

Deus diz:	O povo responde:
"Vós sois meus servos" (Lv 25,42)	"Tu és nosso Senhor" (Sl 8,2.10)
"Eu sou o vosso Rei" (Ez 20,33)	"Deus é o nosso Rei" (Is 33,22)
"Vós sois as minhas testemunhas" (Is 43,10;44,8).	"Tu és o nosso criador" (Is 45,7)

Mas, à medida que a aliança se aprofunda, assumindo como símbolo o amor conjugal, os dois *parceiros* (Deus e o povo) encaminham-se para um diálogo entre 'iguais'. Eles são "amantes" e, chamando-se, invocam-se com termos iguais. O diálogo se torna harmonioso e paralelo:

Deus diz:	O povo responde:
"Eu vos amo..." (Jr 31,2; Ml 1,2)	"Amai a Deus, amantes de Deus" (Sl 31,24;97,10).
"O meu Amado é para mim"	"e eu para Ele" (Ct 2,16)
"Eu te farei minha esposa para sempre"	"e tu me chamarás meu Marido" (Os 2,18-20).

Mas no fundo, nem mesmo neste ponto se detém o dinamismo progressivo da Revelação de Deus e da resposta do homem. É precisamente o amor conjugal que, informando a aliança, a torna dinâmica. A "relação-participação de vida" entre os esposos modifica-se e se aprofunda incessantemente no interior de um amor estável: "Os degraus do amor, a espera e a plenitude de um encontro, a saudade da separação, a nostalgia de ter-se conhecido ontem e o desejo de reencontrar-se amanhã: ali estão outros tantos ritmos que inserem a participação dos esposos num perpétuo

---

18 A. Neher, Existence biblique et histoire, in *L'existence juive*, p. 28.

devir".[19] A aliança, assumindo o símbolo do amor conjugal, não deixa de ser "história", mas ainda, assume sempre mais o significado de uma filosofia existencial da história, que é a patética tragédia de um amor conjugal e das suas vicissitudes. A Revelação bíblica, longe de ser apenas informação doutrinal e ditado ético, torna-se participação num destino comum do Divino e do Humano.

5. CONSEQÜÊNCIAS PARA A LEITURA E A COMPREENSÃO DA BÍBLIA

Queremos sublinhar aqui *algumas* qualidades que toda leitura da Bíblia deve possuir para ser fiel à natureza dialógica, interpessoal da Revelação (ver cap. 19).

a. A Bíblia não é redutível à pura função informativa

Se a Revelação se assemelha inteiramente à linguagem humana — com exceção do erro — e assume todas as suas três funções (ver cap. 1), não se pode ler a Bíblia com uma leitura que reduza o Livro Sagrado em vários milhares de proposições, resumindo verdades que só se impõe ao assentimento intelectual. "Não é legítimo extirpar todos os elementos-emocionais e tudo o que faz apelo a uma resposta nossa. É preciso ler a Sagrada Escritura como obra de linguagem total, na plenitude de sua função, a obra em que Deus me fala".[20] Para sufragar tal afirmação, L. Alonso Schökel aduz como exemplo dois textos bíblicos, não redutíveis à pura função 'informativa', sob pena de mortificação de sua mensagem: Os 11,1-9 e Rm 7,14-25.

É claro que a passagem de Oséias, na qual Deus fala na primeira pessoa, quer proclamar o amor de Deus para com seu povo. Mas os versículos de Oséias põem em ação também as outras funções da linguagem, porque neles Deus *se exprime* e *me impressiona*. Se a página do profeta deixa o leitor frio e indiferente, embora tendo-lhe permitido ler nela a afirmação do amor de Deus por Israel, quer dizer que não soube lê-la.

Quando são Paulo em Rm 7 descreve pateticamente, e na primeira pessoa, a luta interior que se trava no coração do homem, ali onde coexistem não pacificamente a 'cidade de Deus' e a 'cidade de Satanás', aquele vigoroso crescendo literário expri-

---
19 A. Neher, *o.c.*, p. 31.
20 L. Alonso Schökel, *o.c.*, p. 121.

me muito mais do que a simples verdade da fratura interior do homem. Paulo não quer simplesmente 'informar', se, à pergunta quase desesperada: "Infeliz de mim! Quem me libertará deste corpo de morte?" (v. 24), ele responde não com uma fria proposição como dá a entender a versão latina da *Vulgata* ("Libertar-me-á a Graça de Deus por meio de Jesus Cristo nosso Senhor"), mas com um grito de libertação: "Sejam dadas graças a Deus por meio de Jesus Cristo nosso Senhor!" (texto grego). Para Paulo é evidente que a graça de Deus em Jesus Cristo pode libertar; e isto é também implicitamente afirmado. Mas ele já fez experiência de tal libertação e agradece a Deus. Paulo não se limita a anunciar: ele exclama, reza, grita, exprime-se e nos impressiona.

É bem verdade que nem todas as páginas da Bíblia são deste tipo. O importante é não aproximar-se da página bíblica com a preocupação exclusiva de entender seus enunciados: "O que podemos e devemos fazer diante da unidade de linguagem é distinguir o seu caráter de *símbolo* (informação, representação), de *sintoma* (expressão da interioridade), de *sinal* (apelo a outro)".[21]

b. O primado da "audição"

Se a Revelação é Palavra pessoal de Deus, se o centro da Revelação não é uma verdade abstrata ou apenas um complexo de verdades conceituais, mas uma Pessoa que me (nos) fala, me busca, me chama e convida, então a Palavra de Deus deve antes de tudo *ser ouvida*. A espiritualidade bíblica é primariamente espiritualidade de audição de um interlocutor presente. *Shemá Israel, Escuta Israel* (Dt 6,4). "Escutai, hoje, a voz de Deus" (Sl 95,8): a Bíblia quer um povo, quer todo crente *à escuta*. "O ouvir do homem é a sua resposta à revelação da palavra e por isso representa substancialmente a forma pela qual a religião bíblica se apropria da revelação divina".[22] Por isso Salomão deu prova de grande sabedoria quando elevou sua oração a Deus, não para obter uma longa vida, o reino ou a morte dos seus inimigos, mas para que lhe fosse dado *"um coração disponível à audição"* (cf. 1Rs 3,9-12). A audição é a primeira atitude do diálogo. Também no diálogo misterioso de Deus com os homens pede-se-nos que sejamos *ouvintes atentos:* uma atenção não só à mensagem, mas a *quem pronuncia a mensagem.*[23] Um

---

21 *Ibid.*, p. 119.
22 Verbete *Akouo*, in *GLNT*, vol. I, col. 583.
23 Sobre a originalidade do ato de *escutar*, como abertura ao ser e à pessoa antes ainda e mais ainda do que às palavras, cf. M. Heidegger, *Essere*

pouco à maneira de Maria Madalena que, precisamente na sua atenção ao jardineiro e no modo pelo qual a chamava pelo nome, conseguiu perceber a presença do Senhor, reconhecer o Mestre, compreender a mensagem (cf. Jo 20,11-18).

c. Leitura sapiencial

"O termo *sapiencial* indica que o escopo da *leitura* (da Bíblia) não é tanto uma 'ciência', isto é, um conhecimento intelectualmente elaborado, quanto uma 'sabedoria', ou seja, um conhecimento vital, saboreado, que põe em ação todas as faculdades do homem e desemboca naquela 'fé obediente' de que fala Paulo, a qual é consentimento, abandono, compromisso que empenha toda a vida".[24] Acontece isto também no diálogo da amizade e do amor, que penetra o íntimo das pessoas e abarca a totalidade de sua vida: uma comunhão de corações, de objetivos, de projetos, de vida. E os Evangelhos são explícitos em condenar quem pretendesse a comunhão com Deus, escopo da Revelação, em termos intimistas e apenas intelectuais. A pessoa é "irmão, irmã e mãe para Cristo" — são estes os termos pelos quais Cristo exprime a comunhão dos crentes com ele —, se estiver disposta a "*fazer* a vontade do Pai celeste" (cf. Mt 12,46-50).

d. O Magistério da Igreja a serviço da Palavra de Deus

Se a Revelação fosse redutível a uma pura e simples exposição de doutrinas (função informativo-doutrinal da Palavra), o ensinamento do Magistério da Igreja seria superior à Palavra de Deus pelo simples fato de que a Igreja, nas suas definições dogmáticas como também em seu ensinamento ordinário, exprime as verdades reveladas através de conceitos e formulações mais precisos, mais distintos e elaborados. Neste caso, a Bíblia não passaria de um modelo arcaico das verdades reveladas hoje exprimíveis mais adequadamente, um modelo não mais necessário.

Pelo contrário, o Concílio Vaticano II reafirmou a permanente transcendência da Palavra de Deus sobre o Magistério da Igreja: "O Magistério não é superior à Palavra de Deus, mas está a serviço dela" *(DV* 10). Tal superioridade não é devida apenas

---

e tempo, pp. 195-203; Id., *In cammino verso il linguaggio,* pp. 199-200; R. Duval, *Parole, Expression, Silence,* pp. 250-257.
   24 M. Magrassi, La Biblia nella vita della Chiesa, in AA. VV., *I libri di Dio,* p. 617.

A palavra amiga de Deus

ao fato de que os enunciados dogmáticos não são, em si mesmos, nem revelados nem inspirados, mas também ao fato de que esses enunciados, mesmo tomados em sua totalidade, nunca reproduzem por completo a Palavra de Deus que é inesgotável, nunca totalmente sondável porque é Palavra viva e pessoal de Deus.

"A Igreja, no decurso dos séculos, caminha continuamente para a plenitude da verdade divina, até que nela se realizem as palavras de Deus"*(DV* 8); ela nunca deixa de ser "discípula" da Palavra de Deus *(DV* 1), nem interrompe — enquanto está sobre a terra — este itinerário de compreensão sempre mais profunda da transcendente Palavra de Deus, a fim de levar a cabo sua função "magisterial" de "expor fielmente a Palavra de Deus" *(DV* 10) aos homens de todas as gerações (ver cap. 18). Todas as formas, também as mais solenes, de que pode revestir-se o ensinamento da Igreja, têm portanto uma função subordinada com relação àquela da Palavra de Deus e da expressão que a Palavra de Deus se deu na Revelação escrita (Bíblia): isto é, a função de tornar visível e legível algo da "Forma primeira".[25]

Dom Neófito Edelby, Arcebispo de Edessa, na sua intervenção no Concílio Vaticano II de 5 de outubro de 1964 (ver cap. 18, A, 4), propôs como "último — mas não mínimo — princípio" de interpretação da Sagrada Escritura *"o senso do mistério"*:

> Com efeito, Deus que se revela é o "Deus absconditus". A Revelação não deve fazer-nos esquecer a dimensão abissal da vida de Deus, Uno e Trino, que o povo crente vive, mas de forma alguma pode esgotar. A Igreja oriental afirma que a Revelação é antes de tudo 'apophatica', isto é,

---

[25] "Por mais perfeita que possa ser, pois, a forma lingüística de uma definição da Igreja, de um cânon conciliar e assim por diante, esta forma tão acurada não pode ser admirada e apreciada em si mesma, porque está unicamente ao serviço da forma de Cristo que ela quer conservar e guardar. Por motivos de praxe pastoral, o anúncio eclesial deve possuir o máximo de clareza, e isto também em vista da situação histórico-eclesial e teológica em que se coloca, mas esta clareza não faz concorrência à forma e à formulação da Escritura. Ela não substitui, não tem a pretensão de exprimir de maneira melhor, mais completa e moderna a que a escritura disse de maneira ingênua, fragmentária, popular e não científica, essencialmente condicionada pelo tempo e por isso necessitada de reforma. As expressões magisteriais encontram-se em outro plano. Elas são interpretação e não fundação da revelação, não tendem a um sistema expressivo que pudesse estar em condições de substituir, totalmente ou em parte, a Escritura ... Elas não fazem outra coisa senão remeter a algo que é diferente daquilo que elas são, algo que as supera essencialmente e está colocado no plano da revelação divina" (H. Urs von Balthasar, *Gloria*, vol. 1, p. 520).

uma realidade que se vive no mistério antes ainda de ser proclamada por palavras. Esta nota 'apophatica' da Revelação é na Igreja o fundamento de todas aquelas riquezas da tradição, que estão sempre vivas. E uma das causas das dificuldades que a teologia experimentou nestes últimos séculos consiste precisamente no fato de que os teólogos quiseram encerrar o Mistério em fórmulas. Pelo contrário, a plenitude do Mistério ultrapassa não apenas a formulação teológica, mas também os limites da letra da Sagrada Escritura".[26]

---

26 *Acta Synodalia*, vol. III, pars III, p. 308.

3

REVELAÇÃO NA HISTÓRIA E ATRAVÉS DA HISTÓRIA[1]

O Deus da revelação bíblica é o *Deus que age*.[2] Para comunicar-se com os homens não basta a palavra da amizade e do amor. Ele põe em ação uma presença operante. Deus *se revela agindo*. O homem contemporâneo se interessa pela história como protagonista: dar-lhe um sentido, orientá-la para um futuro de justiça e de paz é a sua tarefa. O Deus da Bíblia não nega nem atenua esta responsabilidade. Agindo na história dos homens, Deus a assume como uma aventura comum; infunde coragem e confiança ao empreendimento humano que procura dar um sentido à história, precisamente porque esta já recebeu um sentido de Seu agir. Por isso, não se trata de um perene êxodo destinado a abortar no cimo de um emblemático monte Fasga (cf. Dt 34,1-7), fora de uma terra prometida tangível apenas com um olhar utópico. O "será" da pacificação messiânica é sem dúvida um futuro, mas um futuro real porque ancorado na promessa indefectível de Deus e no seu agir eficaz em companhia dos homens. Portanto não se trata de fábula ou quimera, mas de um chamado à serie-

1. *Bibliografia*

L. Alonso Schökel, *Il dinamismo della tradizione*, cap. III, *La storia rivelatrice e la sua interpretazione;* A. Beni, *Teologia Fondamentale*, pp. 27-51; O. Cullmann, *Cristo e il tempo;* Id., *Il mistero della redenzione nella storia;* P. Grelot, *Sens chrétien de l'Ancien Testament;* H. de Lubac, *Commentaire du préambule et du chapitre I*, in AA. VV., *La Révélation divine*, tomo I, pp. 175-272; V. Mannucci, *Storia della salvezza*, in ER, vol. 5, col. 1355-1387; W. Pannenberg, *Rivelazione come storia;* G. von Rod, *Teologia dell' A.T.*, vol. I, *Teologia delle tradizioni storiche d'Israele*; G. E. Wright, *God Who acts*.

2 G. E. Wright, o.c.

dade de uma comum aventura na história, também em sua dimensão presente.

Se alguém quisesse fundar o sentido da história unicamente no agir *autônomo* do homem não encontraria a revelação bíblica. Iria traí-la também aquele que, em nome da Bíblia, se comprometesse na história negando sua dimensão trans-histórica, porque a salvação cristã vai além da história (ver cap. 18, B, 5). Traição não menor seria a daquele que considerasse o Deus da Bíblia estranho ao caminhar da história. No hebraísmo e no cristianismo, "revelação" e "salvação" só têm sentido "na" história e "através" da história.

1. HISTÓRIA E REVELAÇÃO

"Nós *vimos, ouvimos e tocamos o Verbo* da Vida", dizia o apóstolo João (cf. 1Jo 1,1-4). A Revelação, afirma o Concílio, realizou-se *gestis verbisque*, com eventos e palavras:[3]

> "Esta economia da Revelação executa-se por meio de ações e palavras intimamente relacionadas entre si, de tal maneira que as obras, realizadas por Deus na história da salvação, manifestam e corroboram a doutrina e as realidades significadas pelas palavras, enquanto as palavras declaram as obras e o mistério nelas contido. Porém, a verdade profunda, tanto a respeito de Deus como a respeito da salvação dos homens, manifesta-se-nos por meio desta Revelação na pessoa de Cristo, que é simultaneamente o mediador e a plenitude de toda a Revelação" (DV 2).

É a primeira vez que um documento do Magistério solene descreve assim a economia da Revelação, ancorando-a decididamente numa dimensão *histórica*. A apresentação habitual dos manuais de Teologia pré-conciliar não só privilegiava na revelação o aspecto doutrinal (as *palavras*) com prejuízo da *história* e dos *eventos,* mas até opunha a revelação sobrenatural feita "per ver-

---

[3] A quem propunha substituir *gestis* com *factis*, a relação no n. 2 do "textus denuo emendatus", no dia 20 de setembro de 1965, respondia: "Vocabulum *gesta* est magis personale ac traditionale" (*Acta Synodalia*, vol. IV, pars I, p. 342). Normalmente, as versões da *DV* traduzem o *gesta* latino com *eventos;* todavia seria mais exato traduzir com *as gestas* (= as ações gloriosas e memoráveis), que tem uma ressonância mais pessoal e evoca os "magnalia Dei" da história bíblica.

ba" (através de palavras) à revelação natural feita "per facta" (através dos fatos).[4]

É até curioso que no passado se chegasse a opor nestes termos os dois tipos de revelação. Se há uma característica do discurso bíblico sobre a revelação, esta é seu caráter essencialmente "histórico". Deus se fez conhecer através da experiência histórica da sua presença. A *palavra (dabár* em hebraico) do Deus vivo é sempre ativa: opera a salvação na história; desvenda o misterioso desígnio de Deus no curso da história e nela faz conhecer a sua face; compromete o homem, julga-o, salva-o apelando para a fé. A história de Deus com o seu povo é uma história que fala.

Antes de comunicar os dez mandamentos ("as dez palavras"), Deus pronuncia o seu nome *Iahweh* diante do povo: "Eu sou Iahweh (o Senhor), teu Deus" (Ex 20,2a); e prossegue dizendo: "Aquele que te fez sair do país do Egito, da condição de escravidão" (Ex 20,2b). Por isso, para explicar o nome de Iahweh não se apela para uma natureza de Deus misteriosamente oculta, mas para a ação divina da libertação do Egito que acabara de se realizar. Neste evento histórico Deus se manifestou ao seu povo como *Iahweh,* isto é: "Aquele que está ali, que está presente, está para, está com" (ver cap. 2, nota 15). Deus está presente *com* Moisés e *com* o povo *para* libertá-lo da escravidão e torná-lo livre para servir-se reciprocamente numa renovada solidariedade da vida e da história. Nestes termos Deus quer fazer-se conhecer por seu povo.

Podemos encontrar a mesma teologia no anúncio dos *profetas,* arautos do encontro histórico de Deus com Israel. No fim de seus oráculos encontra-se freqüentemente a fórmula: "...e conhecereis que eu sou Iahweh" (cf. Is 49,26;60,16; Ez 6,10;7,4.9. 27;13,9.14.21.23;25,7.17 etc.). Deus se revela na ação histórica sobre Israel: como juiz presente durante terríveis catástrofes, mas também — para além desta zona de morte e em virtude de sua fidelidade à antiga promessa — como Aquele que ajuda o povo a despertar para a nova vida.

Com o NT aparece ainda mais evidente que o centro da revelação é Um só: não uma profunda *gnose,* mas uma pessoa histórica. Todo o discurso do NT é sobre o *Homem Jesus de Nazaré* e sobre seus atos, para atestar que ele — homem verdadeiro no meio da história dos homens — é a palavra definitiva de Deus

---

4 Por exemplo, Ch. Pesch (*Praelectiones dogmaticae,* vol. I, Herder, Friburgo Br., § 151, p. 109) escrevia: "Revelatio naturalis fit per facta, revelatio supernaturalis per verba".

(cf. Jo 1,1-18; 1Jo 1,1-4;4,2-3). E como se preocupam os evangelistas e os outros escritores do NT para que esta palavra não seja entendida como um mito fora do tempo! Eles insistem em querer estabelecer a genuína essência histórica dessa Palavra e em indicá-la como realização última e suprema da Palavra anteriormente proclamada por Deus aos patriarcas e aos profetas.

Também o Apocalipse de João é "Revelação de Jesus Cristo que Deus lhe concedeu para que mostrasse aos seus servos *as coisas que devem acontecer* muito em breve (Ap 1,1.19;4,1). As "visões" do Apocalipse não desvendam uma 'verdade' que diante da realidade "temporal" se apresenta como "eterna"; são o anúncio de uma história, aquela decisiva dos homens e do mundo, já inscrita na vida de Jesus Cristo e da Igreja primitiva perseguida e que com dificuldade se põe a caminho para a Jerusalém celeste, para os céus novos e a terra nova.

Certamente, como veremos mais adiante, dizer que Deus se revela na história não significa afirmar que a história é automática, clara e simplesmente Revelação de Deus. Se assim fosse, conhecer a Revelação equivaleria a um puro processo de interpretação da história. Precisamente o centro da Revelação, que é a pessoa de Jesus de Nazaré, demonstra que a história não é sem mais revelação. A derrota *humana* de Jesus na cruz, considerada em si mesma, é apenas loucura e escândalo. Se nos é concedido encontrar ali um sentido profundo, é apenas porque o evento--ocultamento é precedido e seguido de uma Palavra explicativa e ao mesmo tempo criadora de sentido: é a Palavra-Promessa que através do selo da Ressurreição nos restitui o Ressuscitado, o Vivente, Aquele que vem, Aquele cuja vitória teve e ainda terá a última palavra. Por isso a história sozinha como evento isolado não é reveladora; reveladora é a história acompanhada de uma Palavra, pronunciada na história com plenitude de poderes e que sabe ser muito mais do que uma simples interpretação da história.

2. A RELAÇÃO MÚLTIPLA ENTRE REVELAÇÃO E HISTÓRIA

Para compreender melhor a doutrina conciliar e verificar sua novidade, vejamos antes de mais nada as diversas relações da Revelação com a história.

a. A Revelação pode ser localizada e datada

É um fato que, em 242 casos em que se usa no AT a expressão "a Palavra de Deus", em ao menos 214 isto significa uma comunicação feita por Deus *a um profeta* ou dirigida ao povo *por meio de um profeta*. A Palavra de Deus surpreende um homem histórico — o profeta — num lugar preciso, num tempo determinado, cuja história política e religiosa é brevemente delineada. Leia-se, por exemplo, a vocação do profeta Jeremias (1,1-3), ou aquela de João Batista, último profeta do AT (Lc 3,1-2). Não é o mito e sim a história que constitui o *cenário* da Revelação bíblica. Um homem concreto, Jesus de Nazaré, nascido na Palestina sob o imperador César Augusto no início de nossa era (Lc 2,1), ingressando na vida pública sob o seu sucessor Tibério César (Lc 3,1) e, por fim, justiçado pelo procurador imperial Pôncio Pilatos (Lc 23; Jo 18,19), tem a ousadia de apresentar-se como a Revelação definitiva de Deus aos homens.

Se alguém ainda tivesse saudade da concepção de tipo grego, segundo a qual a ordem da verdade e das essências é irredutível à ordem da existência, dos fatos e da história, se escandalizaria diante da palavra bíblica.

"Do ponto de vista grego, há muitas particularidades, muitos nomes próprios, muita geografia, muitas datas, muita história nos livros de Israel para que se possa encontrar ali uma metafísica. Muitas coisas contingentes: a verdade é necessária. Muitas coisas sensíveis: a verdade é abstrata. Muitas pessoas particulares: a verdade não olha o rosto de ninguém. Muita geografia: a verdade está fora do espaço. Muitos acontecimentos históricos: a verdade está fora do tempo. Muitas realidades particulares: a verdade é universal. ... Todos os nossos hábitos intelectuais herdados do pensamento grego opõem-se a esta passagem através do existente para ensinar uma verdade, a este *nascimento* da verdade, a esta manifestação da verdade "em" e "através" de uma realidade particular, existente e concreta. Este método — que é o método da Encarnação — entra em choque com o dualismo profundo e congênito do nosso pensamento: separação irredutível entre o que pertence à ordem das essências, o inteligível, e o que pertence à ordem do fato, do existente, que é contingente e absurdo. ... Ora, precisamente a Escritura é *uma metafísica e uma teologia sob as aparências do relato histórico*".[5]

b. A Revelação tem como objeto não verdades abstratas, mas eventos concretos

A mesma palavra humana é criativa, dizíamos (ver cap. 1, 3). Quem pronuncia palavras, põe em movimento potências; algo que não existia começou a ser, em virtude da palavra pronunciada.

Também o Deus da Revelação bíblica é um "Deus que age"; mediante a sua Palavra, Deus fala e cria (cf. Gn 1). Não apenas a criação cósmica e humana, mas também os próprios acontecimentos importantes da história da salvação são efeito da Palavra de Deus (cf. Is 55,10-11). Josué pôde conduzir a bom termo a aventura de Moisés, porque a Palavra de Deus é eficaz e faz história: "Assim, pois, deu Iahweh aos filhos de Israel toda a terra que havia jurado dar a seus pais. Tomaram posse dela e nela se estabeleceram... De todas as maravilhosas *palavras* (hebraico: *debarim*) que Iahweh fizera à casa de Israel, nenhuma falhou: tudo se cumpriu" (Js 2,43.45).

Estes eventos históricos, criados pela Palavra de Deus, são também o conteúdo da fé. Se a Revelação se concretiza em fatos, a fé, como resposta à Revelação, os proclama e os narra. O credo de Israel (Dt 26,5-9) é um "credo histórico",[6] relato de uma aventura: desde Jacó, o arameu errante, até o dom da terra prometida. O credo apostólico na boca de Pedro no seu discurso a Cornélio (At 10,34-43) é, sem dúvida, o anúncio da "Palavra que Deus enviou aos filhos de Israel", mas esta palavra se resolve num relato daquilo "que aconteceu em toda a Judéia, começando pela Galiléia, depois do batismo pregado por João; isto é, como Deus consagrou no Espírito Santo e no poder a Jesus de Nazaré, que passou fazendo o bem e curando a todos..." Jesus Cristo, ungido de Espírito Santo, fez o bem, pregou, foi morto, Deus o ressuscitou, apareceu-nos e de tudo isso nós somos testemunhas: este é o Credo de Pedro. No discurso de Antioquia (At 13,16-31) Paulo não exprime de outra forma sua fé: através do anel "Davi", soldam-se os fatos do AT (vv. 17-22) e as realizações de Jesus Salvador (vv. 23-31). A "Boa Nova" anunciada por Paulo (v. 32) é o relato, em síntese, de toda a história salvífica.

5 Cl. Tresmontant, *Essai sur la pensée hébraïque*, pp. 69-70.
6 Cf. G. von Rad, *o.c.*, pp. 150ss.

Todavia, a profissão de fé do judeu e do cristão (também o credo das Igrejas cristãs, em suas várias formulações, tem sempre um andamento histórico) não se limita a afirmar a *historicidade* daqueles fatos, como se quisesse simplesmente afirmar: "Estes eventos realmente aconteceram; creio nisto". A fé parte da historicidade dos fatos e os pressupõe; mas ela os proclama em seu *significado revelador* e em seu alcance salvífico.[7] Visto que Deus se revela através daqueles acontecimentos (ver adiante n. 3), por seu acolhimento mediante a fé muda a compreensão de Deus, do homem, do sentido da existência e da história, muda a condução da vida e da história. Só se consegue compreender o tema da história quando se está aberto para entender a interpelação exigente da história.[8]

c. A Revelação consegue credibilidade através de alguns eventos

No discurso de Pentecostes, Pedro apresenta Jesus de Nazaré com estas palavras: "Jesus de Nazaré foi por Deus *aprovado* entre vós *com milagres, prodígios e sinais* que Deus operou por meio dele entre vós, como bem sabeis" (At 2,22). O fato é tomado aqui naquilo que se costuma dizer o *valor apologético* do milagre, bem conhecido também na revelação veterotestamentária: toda uma série de prodígios-sinais, por exemplo, tende a acreditar a missão divina de Moisés junto ao povo e junto ao faraó (cf. Ex 7,8-12,36). O mesmo Jesus apelou para a função apologética da cura do paralítico em Cafarnaum, como prova de que Deus lhe havia concedido o poder de perdoar os pecados (cf. Mc 2,1-12).

O valor apologético dos milagres, que constituía o interesse quase exclusivo dos manuais teológicos pré-conciliares, é bíblico e deve ser mantido; mas ele não esgota a relação entre fatos e Revelação, e a própria hermenêutica apologética do milagre[9]

---

7 É a distinção entre *historisch* e *geschichtlich* introduzida por Heidegger, retomada por Bultmann e que entrou no vocabulário corrente da teologia também católica. Possível na língua alemã, torna-se problemática na língua portuguesa: o *historisch* qualifica o *fato* como tal, como realmente aconteceu, e poderia ser traduzido com "histórico", relativo à "história"; o *geschichtlich*, pelo contrário, qualifica o fato na sua *significatividade*: há quem o traduza por "historial", relativo à "historialidade-historicidade".

8 "Somente se temos consciência de sermos movidos pelas forças históricas, não como observadores neutros, e somente se estivermos prontos a escutar a *exigência* da história, compreenderemos aquilo de que se trata na história" (R. Bultmann, *Gesù*, p. 100).

9 L. Alonso Schökel (*o.c.*, p. 70s.) escreve: "Uma consideração apologética (do milagre), quando é integrada na totalidade da teologia, é necessária; uma análise apologética dos milagres e das profecias pode manifestar uma

deve ser aprofundada. O que interessa à Bíblia não é o "prodigioso" pelo prodigioso que obrigue o homem ao assentimento, mas que o deixaria em sua impotência; também Jesus o refutou (cf. a tentação sobre o pináculo do templo, em Mt 4,5-7 e Lc 4,9-12). Os milagres do AT e do Evangelho são constantemente de certo tipo, isto é, exprimem uma salvação, uma cura, um levar ao estado de plenitude e de vida o que jazia numa situação de enfermidade, de sofrimento, de escravidão, de morte. Os milagres não fazem apelo para qualquer tipo de "admiração", mas para aquela "admiração" que atinge o homem em sua profunda dimensão de ser histórico em busca de sentido e de salvação. Os milagres não são uma demonstração arbitrária da onipotência de Deus, mas estão dentro do contexto da história sagrada da promessa salvífica. Eles evidenciam que é atualmente operante o senhorio de Deus, o seu poder escatológico de cura e de salvação, e por isso convalidam (aspecto 'apologético') os detentores históricos desta promessa: patriarcas, profetas, Jesus Cristo. "Se eu expulso os demônios por virtude do Espírito de Deus, certamente é porque chegou a vós o Reino de Deus" (Mt 12,28 = Lc 11,20): o Reino de Deus anunciado por Jesus é, neste caso, a libertação do domínio de Satanás; o milagre não é somente prodígio, mas é sinal do Reino presente, demonstração prática de uma palavra-promessa.[10]

3. A HISTÓRIA É REVELADORA

A própria análise dos fatos como 'conteúdo' e como 'prova' da Revelação nos abriu a última perspectiva da relação entre Revelação e história. As "gestas" dos patriarcas, dos profetas, de Jesus Cristo são em si mesmas reveladoras, portadoras de sentido e de salvação. Deus fala, revela salvação e a comunica através daquelas "gestas". A história é reveladora.

Além do que dizíamos no início (ver n. 1), devemos prestar atenção a alguns dados bíblicos:

— Na Bíblia, além da dialética: "Deus fala — o homem escuta", temos também a outra: "Deus fez ver — o homem deve

---

parte do sentido de tais fatos. O perigo nasce quando a atitude apologética tende a tornar-se dominante ou exclusiva, ditando leis à reflexão teológica...". Sobre a polivalência do milagre, cf. R. Latourelle, *Teologia da Revelação*, Ed. Paulinas, S. Paulo; L. Monden, *Miracoli di Gesù*, e J. B. Metz, in SM, vol. 5, pp. 292-304.
10 Cf. V. Mannucci, *Gesù Cristo*, in ER, vol. 3, col. 56-61 (*I miracoli e la proclamazione del Regno*).

reconhecer" (cf. Dt 5,24;11,7;29,1.2; Sl 98,1-3 etc.). No Sl 111,2 lê-se: "Grandes são as obras do Senhor, dignas de serem *investigadas* por aqueles que o amam", onde *investigar* traduz o verbo hebraico *darash*, característico do estudo, da pesquisa, da investigação aprofundada da Palavra de Deus. As obras do Senhor são dignas de pesquisa, porque são ricas de significado e por isso levam ao louvor do Senhor. Este seu significado funda o tema da "recordação dos prodígios" do Senhor (Sl 111,4) na tradição oral, no livro sagrado, na programação litúrgica. Lembram-se as obras do Senhor para abrir-se ao significado que elas encerram para todas as gerações de crentes.

— Entre as muitas leis dadas por Deus a Israel está também a *lex narrandi* (ver cap. 4,2-3): "O que nós ouvimos e conhecemos, o que nos contaram nossos pais, não o esconderemos aos seus filhos; nós o contaremos à geração seguinte: os louvores de Iahweh e seu poder, e as maravilhas que realizou" (Sl 78,3-7). O povo de Deus deve *narrar* a história passada, porque ela revela e compromete o seu presente e seu futuro; e o *esquecer* as obras de Deus é pecado e fonte de pecados (Sl 106,7.13.21), porque não se trata de simples esquecimento de fatos de crônica, mas do esquecimento de Deus, que se revela e salva agindo na história.

— Quão rico seja o potencial de significado das "gestas" divinas na história, mostra-o a teologia do milagre no Evangelho de João.[11] Para Jesus, os milagres fazem parte das *obras* que ele realiza; todavia não as chama "minhas obras", mas sempre "as obras daquele que me enviou" (Jo 5,36;9,3;10,25.32), visto que é o Pai que age em Jesus e através de Jesus, revelando-o como seu Filho e revelando a si mesmo como o Deus da salvação. Pelo mesmo motivo, o evangelista João privilegia (cf. Jo 2,11;12,37; 20,30 etc.), para os milagres de Jesus, o termo *sinais (semeia)*: uma indicação que deixa entrever no milagre a realidade oculta da pessoa e da obra do Pai em Jesus e à qual remete. O *sinal* não é apenas uma garantia de autenticidade da missão divina de Jesus, mas também e sobretudo *epifania (manifestação* esplêndida) *da Presença (doxa, glória)* do Pai no Filho, atuação simbólica da sua obra de salvação. É luta vitoriosa contra o "príncipe das trevas" *(luz* para o cego de nascença) e "o homicida desde o início" *(ressurreição* de Lázaro); é símbolo prefigurativo da reali-

---

[11] Cf. R. Schnackenburg, *Il Vangelo di Giovanni*, primeira parte, Paideia, Brescia 1974, pp. 476-493 (Excursus quarto: *I "segni" giovannei*); R. E. Brown, *Giovanni — Commento al Vangelo spirituale*, vol. 2, Cittadella, Assis 1979, pp. 1472-1481 (Apêndice terceiro: *Segni e opere*).

zação escatológica *(vinho* do eterno banquete de núpcias, *água viva* da vida eterna, ressurreição para a *vida eterna)*. Todavia, os milagres e toda a obra de Jesus se tornam *sinais* significativos para os homens só quando são atravessados por aquele "ver" da fé, típico de João,[12] que é um penetrar os fatos para encontrar a realidade profunda, criadora do sentido. É precisamente a Revelação bíblica nas gestas e através das gestas de Deus com os homens que exigem a estupenda pedagogia do "ver", que em João é sinônimo de "crer".

4. GESTA E PALAVRAS INTIMAMENTE CONEXAS

As gestas de Deus e de Jesus Cristo chegaram a nós através da tradição (ver cap. 4). Não tratamos diretamente e de maneira imediata dos fatos, só lidamos com testemunhos de fatos, isto é, com *relatos*. Uma "palavra" os interpretou e transmitiu. A Bíblia é o relato e a interpretação para nós da aventura de Deus com os homens na história e através da história.

A história, já dissemos, não é clara e simplesmente Revelação de Deus. Nem os feitos humanos são imediatamente auto--significantes. O homem certamente revela a si mesmo através dos seus gestos mais do que com suas palavras; o agir humano é significativo da pessoa, visto que é a pessoa que se exprime no agir. Mas é também verdade que as ações humanas são extremamente ambíguas, isto é, passíveis de muitos sentidos e de muitas interpretações. Não estamos em condições de interpretar em termos certos os atos dos outros, os porquês, as intenções, o sentido daquilo que fazem; e com freqüência foge-nos o sentido dos nossos próprios gestos. Também quando o fato humano é autêntico, isto é, fruto da escolha livre e responsável, ele permanece profunda e *positivamente ambíguo*, em razão de sua *densidade* e *unicidade*.[13] Na vivência humana exprime-se o mistério daquela irrepetível pessoa, mistério nunca totalmente sondável e exprimível nem mesmo pelo próprio eu. Além disso, todo gesto humano, quando não é banal, tem sempre a novidade e a unicidade da pessoa: nenhum modelo pré-constituído, ainda que seja fruto da experiência dos gestos anteriores, o aprisiona e esgota.

---

12 Cf. D. Mollat, *Saint Jean maître spirituel*, Beauchesne, Paris 1976, pp. 85-93; Id., *Jean l'évangeliste (Saint)*, in "Dictionnaire de Spiritualité", tomo VIII, col. 217-220.
13 Cf. L. Alonso Schökel, *o.c.*, pp. 85-89.

Como se resolve então a positiva ambigüidade do agir? Às vezes um fato isolado, inserido numa série de eventos semelhantes (nunca idênticos!), assume significado. Um exemplo da Bíblia: Deus salvou uma vez, depois salva ainda, mais ainda, salva de geração em geração; então todo ato de salvação, inserido numa série constante, revela que a "fidelidade misericordiosa *(hesed)* de Deus *é eterna*" (Sl 136), está presente em todo ato e o transcende. Às vezes — como acontece na vida — verificam-se viradas decisivas que iluminam retrospectivamente eventos distantes, que antes pareciam isolados e sem significado e agora se revelam finalizados por aquela escolha ou aquela finalização, e por isso significativos. Um exemplo da Bíblia: a entrada na terra prometida ilumina definitivamente o perigoso e ambivalente êxodo do Egito: "Deus fez-nos sair de lá (do Egito) *para* conduzir-nos ao país que aos nossos pais havia jurado dar-nos" (Dt 6,23), e não "para fazer-nos morrer de fome no deserto" (Ex 16,3).

a. Gesta e palavras

Mas o meio ordinário para resolver a ambigüidade dos eventos humanos (e divinos) é a *palavra* que os interpreta. A vida e a história dos homens têm os seus intérpretes, os seus 'carismáticos'. Alguns homens possuem por natureza o faro do sentido, *privilegiados pastores do ser* — como dizia Heidegger — que ouvem o chamado da profundidade do ser e lhe respondem com uma palavra que o interpreta e o decifra. São os poetas, os artistas, os grandes narradores, os grandes maestros. Outros podem aprender esta pedagogia do "ver dentro" os fatos, amando e estudando os fatos: é o caso do historiador, do sociólogo, do pedagogo. E todos os homens são — ou deveriam ser — um pouco poetas, artistas, historiadores, sociólogos e psicólogos.

A Revelação bíblica assumiu também esta dimensão humana, que é um aspecto da encarnação: a palavra, intérprete dos fatos. A *profecia* é essencialmente interpretação do ponto de vista de Deus dos grandes gestos, positivamente ambíguos, da história da salvação. A tradição judaica compreendeu muito bem isto ao dar o nome de "profetas anteriores" à grande "história deuteronomista" que compreende os livros de Josué, Juízes, 1 e 2 Samuel, 1 e 2 Reis. A profecia é história interpretada; narrando a história, ela descobre e manifesta o sentido de Deus nos eventos de Israel, relaciona a história do passado com o que deve ou deveria ser no presente, com o que acontecerá no futuro.

b. "Primeiro" a palavra, "depois" o evento

A interpretação dos fatos acontece na revelação, como de resto na vida e na história dos homens, mediante uma palavra que *precede* o fato e manifesta a intenção e o sentido daquilo que alguém se propõe realizar, ou *segue* o evento e o interpreta no seu significado conforme a intenção do agente.[14]

A palavra *antes* do fato pode assumir o caráter de *predição* em sentido estrito (cf. 2Reis 19,5-37), de *chamado e missão* (cf. Gn 12,1ss; Ex 3,7-12), de *ordem* (cf. Os 3,1-5).

A palavra *depois* do fato é *proclamação* (cf. Dt 26,3.5-10; Ex 12,1-14), é *explicação* (cf. Jo 13,12-20), é *meditação* (medita-se o fato para compreendê-lo e recolher todas as suas interpelações: cf. Jr 32), é sobretudo *relato*. A Bíblia inteira, em última análise, é a interpretação da *historia salutis* em forma de relato.

O *relatar* é uma das formas elementares à disposição do homem para interpretar os eventos. Trata-se de narração e interpretação dos fatos, e não de pura e muda crônica: "O que nos parece uma narração 'objetiva' é na realidade um colossal trabalho de seleção de dados importantes e significativos; isto consiste em unir e concatenar pequenos eventos, atribuir peso e importância a diferentes momentos e personagens, escolher protagonistas e antagonistas e distribuir papéis secundários, assumir uma atitude de interesse, paixão ou distância (tanto o interesse quanto a distância são atitudes do sujeito, ainda que o positivismo tenha ingenuamente pensado que a distância ou a neutralidade não fossem tais)".[15] A narração não só interpreta, mas desempenha também o papel de expor e representar: "A boa narração, aquela que chamamos 'poética' em sentido amplo, torna os fatos vivos e presentes; dessa forma, salvando a distância temporal, cria uma contemporaneidade ideal, e oferece os fatos para uma reflexão ulterior".[16]

Se é esta a tarefa do narrar-interpretar, compreende-se por que não uma só, mas *várias palavras narrativas* se referem ao mesmo evento, ou aos mesmos eventos para interpretá-los e representá-los. As quatro tradições que confluíram no Pentateuco e os quatro Evangelhos (ver cap. 5) não são mais do que um exemplo desta múltipla e nunca totalmente realizada abordagem dos eventos da história salvífica, inesgotáveis (para nós) no seu signi-

---

14 Cf. *ibid.*, pp. 89-93.
15 *Ibid.*, pp. 91-92.
16 *Ibid.*, p. 92.

ficado. Uma quinta palavra e um *quinto Evangelho,* embora não inspirados, estão sempre em busca de autor. A *historia salutis* espera ser reinterpretada, representada e vivida por todas as gerações de crentes, em cada época de sua história (ver cap. 18).

c. Relação íntima e orgânica

A Revelação acontece "com eventos e palavras *intimamente relacionados*",[17] e a *DV* 2 prossegue explicando brevemente a estreita dependência e o serviço recíproco do "evento" e da "palavra" na estrutura sacramental da Revelação: "...de tal modo que as obras, realizadas por Deus na história da salvação, manifestam e corroboram a doutrina e as realidades significadas pelas palavras, enquanto as palavras declaram as obras e o mistério nelas contido". Em outras palavras, o evento que já é em si mesmo revelador, dá solidez e consistência à palavra, e o sentido dos eventos chega à maturação na palavra. Tomemos um exemplo do AT e do NT.

A libertação da escravidão do Egito (o êxodo) manifesta a intervenção de Iahweh salvador e a própria Salvação, e confirma a promessa feita por Deus a Moisés de querer salvar seu povo; de outro lado, sem a palavra de Moisés que em nome de Deus interpreta o êxodo como a primeira etapa de um longo caminho para a aliança do Sinai e para a terra prometida, aquele evento não teria sido tão rico de significado a ponto de constituir o fundamento da religião de Israel e marcar toda a sua história como também sua interpretação. Assim a ressurreição de Jesus Cristo, que já em si mesma exprime o seu soberano domínio sobre a morte e sobre a vida, confirma a verdade do seu testemunho e da sua missão como Filho do Pai vindo libertar o homem do pecado e da morte; de outro lado, será a palavra da tradição apostólica que nos dirá que a ressurreição de Cristo não é apenas um milagre, mas também a entronização de Jesus como Messias e Senhor, de conformidade com as Escrituras (cf., por exemplo, At 2,22-36).

Todavia, semelhante interação entre "evento" e "palavra" na dinâmica do processo revelador não deve ser entendida apenas em seu aspecto funcional, com o objetivo de uma significatividade mais clara. Se assim fosse, o acento na "palavra" ou na

---

17 A relação ao n. 2 do "textus denuo emendatus", de 20 setembro de 1965, diz: "Gestis verbisque inter se connexis: ut exprimatus ea non posse distingui, sed mutuam habere prioritatem et compenetrationem" (*Acta Synodalia,* vol. III, pars III, p. 75).

"história" poderia levar de novo a uma unilateralização exclusiva de uma ou de outra no conceito de revelação e acabar nas "teologias da Palavra", em antítese às "teologias da história da salvação". História e *Querigma* estão intrinsecamente relacionados e dialeticamente interagentes: só podemos chegar ao evento salvífico através da interpretação das testemunhas, mas também é verdade que podemos compreender a interpretação e portanto a revelação, só referindo-nos ao próprio fato, cujo sentido lhe é imanente e não lhe provém do intérprete como de um agente externo. História e *Querigma* estão intimamente relacionados porque ambos juntos exprimem *a única e idêntica Palavra de Deus* que, de um lado, realiza os desígnios de Deus na história, e, de outro, se traduz em palavras humanas nos lábios dos enviados de Deus, seus intérpretes. O *dabar Iahweh* (Palavra de Deus) tem um duplo e inseparável valor: *significa* e *realiza* salvação. O "Dicere Dei est facere" de são Tomás (In 2Cor 3,2,1) pode ser invertido: "Facere Dei est dicere".[18] O *dabar* hebraico não é um *logos* no sentido clássico da língua grega profana, isto é, uma palavra-pensada, mas é *evento* (cf. *dabar* em Gn 15,1;18,14;20,8; 21,1 etc.; *rēma* em Lc 1,37.65;2,15.17.19.51), além de *palavra*. E, também como palavra, o *dabar* literalmente *de-signa,* faz sinal, anuncia o destino, compromete um futuro, diz, não tanto o que as coisas são quanto a razão pela qual existem, o que serão (cf. o *nome novo* para indicar um destino novo, uma nova história em Gn 17,5; Jo 1,42; Mt 16,18s). O nexo intrínseco e ontológico entre evento e palavra alcança o seu ápice na plenitude dos tempos da Revelação, quando "a Palavra de Deus" preexistente, que "era no princípio", "estava junto de Deus", "era Deus", "era vida e luz dos homens", "tornou-se carne e armou sua tenda entre os homens" (Jo 1,1-14). Jesus Cristo, realização do Mistério de Deus", ou do misterioso desígnio divino de revelação e salvação, é ao mesmo tempo dom e revelação do dom, ação redentora e anúncio da redenção, mistério como ato de presença salvífica e mistério proposto à fé.

No fundo, é esta diferente concepção da *palavra* que faz do hebreu e do cristão um sujeito responsável mais do que um sujeito pensante. A palavra bíblico-cristã quer obediência, mais do que reflexão. O grego reflete sobre uma teoria; o judeu-cristão obedece à verdade que aconteceu e que é proposta e interpretada para que nele aconteça de novo: ele tem a tarefa de "fazer a verdade" (Jo 3,21).

18 H. de Lubac, *o.c.*, p. 177.

d. Gesta, palavras e presença salvífica

A conexão entre evento e palavra leva à ligação entre Revelação e salvação. O prólogo da *DV* fala de *praeconium salutis (anúncio de salvação);* todo o primeiro capítulo, de várias maneiras, relaciona intimamente a Revelação e o seu escopo, ou a *manifestação* e o *dom* que Deus faz de si mesmo (ver a insistente terminologia da *salvação* no cap. I da *DV).* O ponto de concentração da Revelação, que é Cristo, significa "realização da obra de salvação", "isto é, que Deus está conosco para libertar-nos das trevas do pecado e da morte e ressuscitar-nos para a vida eterna".

Para usar as palavras de são Bernardo, Deus realmente: "Dando revelat, et revelando dat".[19] O dom é Revelação, e a Revelação é dom. O "Verbum Dei" é também "Verbum salutis" (At 13,26), é "Verbum veritatis, evangelium salutis vestrae" (Ef 1,13). São Paulo bem podia dizer aos cristãos de Corinto: "In Christo Jesu per evangelium ego vos genui" (1Cor 4,15); e, visto que o próprio Cristo é "Dei virtus et Dei sapientia" (1Cor 1,24), também o evangelho é "virtus Dei in salutem omni credenti" (Rm 1,16). Deus age e, agindo, se revela ao homem com a finalidade de uni-lo a si e comunicar-lhe sua própria vida, isto é, com o escopo de *salvá-lo: ...propter nos homines et propter nostram salutem* (Símbolo niceno-constantinopolitano).

5. CARÁTER CRISTOCÊNTRICO E TRINITÁRIO DA REVELAÇÃO

A *DV* realiza uma espécie de "concentração cristológica" ao descrever a Revelação: Jesus Cristo é "ao mesmo tempo mediador e plenitude de toda a revelação" *(DV* 2). É "o mediador", porque é o último enviado do Pai, o Caminho escolhido por Deus para comunicar a Verdade e a Vida (cf. Jo 14,6); é "a plenitude", não só porque nele o Pai se revela definitivamente, mas também porque ele é ao mesmo tempo o mensageiro e o conteúdo da mensagem, o revelador e o revelado, o revelador "ao qual" se deve dar crédito e a Verdade pessoal revelada "na qual" se deve crer. É ele "o mistério da vontade" do Pai (Ef 1,9), que "aprouve ao Pai revelar, juntamente consigo mesmo" (cf. *DV* 2); em Jesus Cristo a revelação alcança a sua *realização* e a sua *perfeição:* "...revelationem complendo perficit" *(DV* 4).

---

19 São Bernardo, *In Cantica canticorum, Sermo* 8,5: PL 183, 812B.

Todavia, tal concentração cristológica não faz da revelação um *puro* cristocentrismo, nem muito menos um "cristonomismo",[20] porque está integrada na DV numa *dimensão Trinitária*. O movimento da revelação parte de Deus Pai, chega a nós por meio de Jesus Cristo e nos consegue o acesso à comunhão de Deus no Espírito Santo *(DV* 2). Além disso, Jesus Cristo, plenitude da revelação, é a Palavra do Pai, "fala as palavras de Deus", "realiza a obra que lhe é confiada pelo Pai", revela o rosto do Pai *("Ipse, quem qui videt, videt et Patrem"*: Jo 14,9 e *DV* 4):"A face *(prosopon)* de Deus é o Logos, pelo qual Deus se faz ver e conhecer".[21] Por fim, Jesus Cristo "realiza e completa a revelação mediante o envio do Espírito Santo" *(DV* 4), que é obra de Jesus, seu último gesto terreno. A função do Espírito, como nos diz o Evangelho de João, é a de dar o conhecimento de Cristo, de introduzir "dentro de sua verdade completa", de convencer e refutar o mundo com relação a Jesus, de explicitar o mistério de Cristo na consciência dos crentes e de fazer-lhes sentir os efeitos de seu poder (cf. Jo 14,26;16,12-13).

6. O PROGRESSO DA REVELAÇÃO. REVELAÇÃO E SALVAÇÃO DEFINITIVAS?

Se a Revelação se realiza "na" história e "através" da história, então quer dizer que existe uma *história da Revelação* e que o tempo da Revelação é também a medida de seu *progresso*.

A *DV* afirma em várias ocasiões e de diversos modos o caráter histórico-progressivo da revelação bíblica. Descreve suas etapas mais importantes, até Jesus Cristo que "realiza e completa *(complendo perficit)* a revelação" e "leva a termo *(consummat)* a obra de salvação" *(DV* 3-4); fala da "admirável 'condescendência' da eterna Sabedoria", que "adaptou a sua linguagem" à natureza humana *(DV* 13); afirma que "os livros do AT, embora contenham também coisas imperfeitas e temporárias *(imperfecta et temporanea)*, contudo demonstram uma verdadeira pedagogia divina" *(DV* 15); lê-se ali que "a palavra de Deus... se apresenta e manifesta na sua força de maneira eminente nos escritos do NT" *(DV* 17), e que "entre todas as Escrituras, também no NT, os Evangelhos merecidamente sobressaem..." *(DV* 18). Isto signi-

---

20 Cf. H. de Lubac, *o.c.*, p. 183s.
21 S. Clemente Alex., *Pedagogo* 1, 57, 2; PG 8, 320 (*Il Protrettico. Il Pedagogo*, sob a direção de M. G. Bianco, UTET, Turim 1971, p. 242).

fica que na Revelação bíblica, precisamente porque "histórica", há lugar para um verdadeiro desenvolvimento, não apenas no NT com relação ao AT, mas também no interior do AT.[22] As grandes verdades sobre Deus, sobre o homem, sobre a salvação-redenção, sobre a aliança entre Deus e o seu povo, sobre a Igreja-povo de Deus etc...,[23] se aprofundam e se purificam no decurso da Revelação histórica (ver cap. 15, as repercussões disto sobre o problema da *Verdade da Escritura*).

Por isso a história da revelação é uma *economia*, um desígnio, uma *teleologia*, isto é, caminha para um ponto culminante e definitivo, que é Jesus Cristo e o NT na sua inteireza. Mas em que sentido deve ser entendido este caráter definitivo da revelação? A *DV* 4 afirma: "Portanto, a economia cristã, como nova e definitiva aliança, jamais passará, não se há de esperar nenhuma outra Revelação *pública* antes da gloriosa manifestação de nosso Senhor Jesus Cristo (cf. 1Tm 6,14; Tt 2,13).

No fundo, é a questão já levantada pelo Batista com relação a Jesus: "És tu aquele que deve vir, ou devemos esperar outro?" (Mt 11,2). E Jesus respondeu que nele se haviam realizado as promessas relativas "Àquele que deve vir" (cf. Mt 11,4ss). Em Jesus Cristo a história da Revelação chegou ao seu termo, e, em sentido estrito, também a história da salvação se realizou *("opus salutare consummat")*. O NT não é simplesmente um "segundo Testamento", que poderia ser seguido de um 'terceiro' ou um 'quarto': é, como diz o Concílio, *aliança nova e definitiva*. A Revelação "crística" não pode aceitar acréscimos humanos, nem substituições, nem abolições. "Ninguém pode pôr um fundamento diferente daquele que ali já se encontra, que é Jesus Cristo" (1Cor 3,11). "Em nenhum outro há salvação; pois não há sob o céu outro nome dado aos homens pelo qual devemos ser salvos" (At 4,12). Isto significa fazer uma "distinção fundamental entre revelação e tradição, entre origem e seguimento, entre fonte e fluxo, entre constituição normativa e continuação, entre determinante e determinado. Com isto exprime-se mais uma vez o caráter absolutamente único e irrepetível da revelação que se realizou em Jesus Cristo e na sua obra, a qual não possibilita mais nenhum novo início de revelação no sentido de uma manifestação pessoal

---

[22] Cf. Th. C. Vriezen, *An Outline of Old Testament theology*, Basil Blackwell, Oxford 1960, pp. 12-38 (*The historical character of the Old Testament revelation; fundamental and factual observations*).

[23] O leitor pode seguir a trajetória destes e outros temas num dicionário de teologia bíblica: *GLNT* (G. Kittel); *DTB* (X. Léon Dufour); *DB* (J. McKenzie) etc.

de Deus, mas só uma tradição mediante a qual é transmitido o início, e um desenvolvimento que leva à compreensão real da 'plenitude original', segundo a sua altitude, a sua latitude, a sua longitude e profundidade. Todo futuro é o futuro da revelação realizada em Jesus Cristo".[24]

O Concílio Vaticano II não quis acolher a fórmula tradicional: "A Revelação se encerrou com a morte dos apóstolos", cujo teor literal encontrava dificuldades entre os teólogos. Em vez disso, ao termo "revelação" acrescentou o adjetivo *pública*, não querendo excluir sucessivas revelações *privadas*.[25] Sobretudo, distingiu a *revelação* definitiva, feita aos homens em sua condição terrena e temporal, da *manifestação* do Senhor glorioso no fim dos tempos, que é de natureza diversa (daqui a escolha do termo "manifestação" e não "revelação") e é objeto de espera.

Mas, dito isto, deve-se afirmar logo que o caráter definitivo da revelação-economia cristã, longe de ser incompatível com um *desenvolvimento* de compreensão e de atuação, comporta-o e o exige, como diz o cap. II da *Dei Verbum* sobre a Tradição. O mistério de Cristo é fecundo e não cessa de iluminar as situações sempre mutáveis da história dos homens: "Semper novum, quod semper innovat mentes, nec unquam vetus, quod in perpetuum non marcescit".[26] A Tradição não é a guarda de um depósito passado em forma de museu, nem a contemplação intemporal da verdade revelada, mas confronto constante da Verdade revelada com os acontecimentos do mundo por vir, com as diversas culturas dos povos; é verificação do poder explícito das verdades de fé no contexto mutável da história; é compreensão do homem, da sua natureza, do seu destino e da sua história nas situações mais diversas, à luz da indefectível *história salutis* revelada por Deus (ver cap. 18).

7. CONSEQÜÊNCIAS TEOLÓGICAS E PASTORAIS

Da dimensão histórica da Revelação, nos termos que acabamos de delinear, derivam conseqüências teológico-pastorais de importância notável. Indiquemos algumas.

---

24 H. Fries, in *Mysterium salutis*, vol. I, p. 327.
25 Cf. H. de Lubac, *o.c.*, p. 231-233 (breve história da discussão do problema no Concílio).
26 São Bernardo, *In vigilia nativitatis Domini, Sermo* 6, 6; PL 193, 112A.

a. Uma teologia mais histórica

Visto que a Revelação aconteceu "na" história e "através" da história, também a teologia — enquanto reflexão sobre o dado revelado — deve ser mais histórica, mais narrativa. Para compreender quem é o Deus de Abraão, Isaac e Jacó, para compreender quem é Jesus Cristo, devo antes de tudo *narrar* as grandes *gestas* do Deus bíblico e do supremo Revelador Jesus Cristo em toda a extensão da história da salvação: é o que faz, em resumo, a *DV* nos nn. 3.4.14.17. Para compreender o que é a Igreja, devo antes de tudo tomar conhecimento sobre sua história primitiva e fontal, aquela narrada pelos Atos dos Apóstolos e no epistolário do NT. Mais ainda, deverei dedicar-me a uma leitura da história bimilenar da Igreja para conhecer as maneiras concretas nas quais o povo de Deus, no decurso dos séculos, traduziu na sua vida, nas suas escolhas e nas suas intuições, como também na sua reflexão e no seu ensinamento, o desígnio salvífico de Deus revelado e realizado em Jesus Cristo.

Construir uma teologia "concreta e histórica", "centrada na história da salvação",[27] não significa querer negligenciar o aspecto doutrinal e científico da reflexão teológica. Significa, ao contrário, recompor também na teologia uma síntese entre evento e palavra, entre história e reflexão, entre vida e pensamento (ver cap. 19, 3).

b. Uma fé obediente na vida

Crer não significa simplesmente admitir uma ou mais doutrinas, aderir a uma ou mais verdades sob a autoridade de Deus revelador, mas é também — e sobretudo — pronunciar e viver um *Amém*, um *Sim* que compromete todo o homem, conhecimento e amor, em alegre e real obediência a Deus: "A Deus que revela é devida 'a obediência da fé' (Rm 16, 26; cf. Rm 1,5; 2Cor 10,5-6), com a qual o homem se abandona livremente a

---

27 Numa audiência reservada aos Observadores acatólicos durante a segunda sessão do Concílio, no dia 17 de outubro de 1963, ao desejo expresso em tal sentido pelo Presidente Dr. Skydsgaard, Paulo VI respondia textualmente: "Estes desenvolvimentos que vós desejais de uma 'teologia concreta e histórica', 'centrada na história da salvação', de boa vontade os subscrevemos de nossa parte e a sugestão nos parece totalmente digna de ser estudada e aprofundada. A Igreja católica já possui as instituições, que nada impediria de especializarem-se melhor neste gênero de pesquisas, salva também a possibilidade de criar uma instituição nova para esta finalidade, desde que as circunstâncias o sugiram" (AAS 55 [1963] 880).

Deus, prestando-lhe 'o pleno obséquio do intelecto e da vontade' e prestando voluntário assentimento à sua Revelação" *(DV* 5).

Visto que Deus age na história e se revela através da história, a fé — como resposta à Palavra de Deus — tem na vida e na história um dos seus lugares privilegiados. A fé é também, como afirmava Kierkegaard, "aprofundamento da existência"; ou então, como diz Moltmann, "não é apenas um juízo histórico de verificação, mas um juízo de adesão à *promissio* que é inerente a este evento (a ressurreição de Jesus Cristo) e um juízo de rejeição de toda realidade que ainda não corresponda à *promissio*".[28] O tema será retomado no cap. 18.

c. Experiência de fé e compreensão da Palavra

Se a Revelação é manifestação e palavra de Deus através de gestos-eventos que mudam o curso da vida e da história, então é preciso acolher e experimentar a mensagem revelada, se realmente quisermos compreendê-la. Não pode haver verdadeira "lectio divina" da Escritura ali onde não há existência de fé, ou ao menos não se busca uma experimentação da realidade nova pela qual a Palavra de Deus apela, guia e sustenta. "A experiência dada por um conhecimento mais profundo das coisas espirituais" é — segundo a *DV* 8 — um dos fatores do desenvolvimento e do crescimento da compreensão na Igreja da Tradição de origem apostólica.[29] De resto, Jesus afirmou: "A minha doutrina não é minha, mas daquele que me enviou. *Se alguém estiver disposto a fazer a sua vontade, conhecerá* se esta doutrina vem de Deus, ou se eu falo por mim mesmo" (Jo 7,16-17). Deste

---

28 J. Moltmann, *Prospettive della teologia*, p. 147; cf. Id., *Teologia della Speranza*, pp.13-16 (*La Speranza della fede*).

29 O "textus emendatus" da Comissão doutrinal falava, no n. 8 da *Dei Verbum*, de *"ex intima spiritualium rerum experientia"*. A frase foi criticada por alguns padres do Concílio, porque parecia uma evocação direta a algo heterodoxo: o senso religioso modernista. O "textus denuo emendatus" da mesma Comissão, para evitar toda sombra de subjetivismo, modificou a expressão em "ex intima spiritualium rerum *quam experiuntur intelligentia"*. Por isso, no texto definitivo da DV 8, embora conjugada com a categoria da "inteligencia", permaneceu a categoria da "experiência", aliás já presente na Encíclica "Ecclesiam Suam" de Paulo VI: "O mistério da Igreja não é uma verdade que possa ser contida dentro dos limites da ciência teológica, mas deve passar para a própria vida prática; tanto que os fiéis, antes de terem dela uma clara noção intelectual, podem conhecer esta verdade através da *experiência* que lhes é conatural" (AAS 56 [1964] 624). Sobre a história e a discussão da frase em questão da DV 8, cf. U. Betti, *La Rivelazione divina nella Chiesa*, pp. 136.157.158.231.

ponto de vista, Semmerloth com razão descreve a Igreja como "a comunidade dos que ouvem a Palavra de Deus para pô-la em prática e a põem em prática para melhor compreendê-la".[30] A Igreja, para compreender o Cristo Revelador e Salvador e anunciá-lo ao mundo, deve viver evangelicamente, deve fazer experiências de Evangelho (ver cap. 18, B, 3).

d. Existência e história reveladoras?

Se a história bíblica foi o âmbito da Revelação, deve-se afirmar também que a existência e a história presente são, de certa forma, reveladoras. Deus fala também no meio da existência de cada um e através dos grandes eventos da história contemporânea, desde que saibamos ler a vida e a história com os critérios que a história da salvação, profeticamente interpretada na Bíblia, nos oferece. A história de Israel e a história de Jesus Cristo são o paradigma, como uma grande 'tipologia' da nossa existência e da nossa história, que somos chamados a compreender e a viver como *historia salutis*. Leia-se, a este propósito, o Salmo 66: antes de tudo uma liturgia comunitária de ação de graças, que rememora as obras estupendas de Deus no passado, centradas na passagem do mar (vv. 5-7); depois um hino de graças pela libertação recente (vv. 8-12); por fim, cessado o cântico da assembléia, toma a palavra uma pessoa para cantar a própria experiência da misericórdia salvadora de Deus (vv. 16-20): "Vinde, ouvi, vós todos que temeis a Deus, e narrarei *o que fez em mim (Deus)*" (v. 16). Vêm à memória as palavras de Maria: "Minha alma glorifica o Senhor..., porque olhou para a humildade de sua serva... *Grandes coisas fez em mim o Onipotente* e Santo é seu nome" (Lc 1,46-49). Realmente, "Deus se revela ao homem na própria vida: entrando nela, configurando-a, dando-lhe sentido... À luz da experiência histórica e da palavra que a acompanha, o homem está em condições de compreender o sentido de um evento pessoal. A sua vida se torna reveladora para si e para os outros".[31]

e. Os "sinais dos tempos"

A teologia dos "sinais dos tempos" se baseia no dado bíblico que a história é lugar e meio da Revelação de Deus e do seu apelo. O que valia para Israel, ao qual Deus censurou a incapa-

---

30 O. Semmerloth, *Teologia della Parola*, pp. 148-149.
31 L. Alonso Schökel, *o.c.*, p. 96.

cidade de ler os sinais dos tempos (cf. Lc 12,54-56), e para a comunidade cristã primitiva à qual Lucas se dirigia, vale para a Igreja de hoje, de sempre. O Concílio Vaticano II ensinou claramente: "É dever permanente da Igreja perscrutar os sinais dos tempos e interpretá-los à luz do Evangelho. ... Com efeito, é preciso conhecer e compreender o mundo em que vivemos como também as suas expectativas, as suas aspirações e a sua índole freqüentemente dramáticas" *(GS 4)*; e ainda: "O Povo de Deus, movido pela fé, pela qual crê ser conduzido pelo Espírito do Senhor, que enche o universo, procura discernir nos acontecimentos, nas exigências e nas aspirações de que participa juntamente com os outros homens do nosso tempo, quais são os *verdadeiros* sinais da presença e do desígnio de Deus" *(GS 11)*.

A história inteira até a sua realização escatológica assumiu o valor de *epifania do divino* e os "sinais dos tempos" constituem sua emergência privilegiada. Mas, como identificá-los, como lê-los? O *primeiro* e fundamental *critério* de leitura é a Sagrada Escritura. É com seu metro que os crentes podem e devem medir os eventos da história contemporânea, para captar seu valor e apelo divino, para compreender se tais eventos estão na direção da história da salvação ou na direção oposta. O *segundo critério* é o de *verificação eclesial*, ao qual toda leitura dos sinais dos tempos deve sujeitar-se. Isto é, devemos confrontar a nossa interpretação pessoal dos eventos com a dos irmãos na fé, e sobretudo com aqueles (os bispos) que, na Igreja, têm a tarefa e o carisma de guiar-nos com autoridade na leitura dos sinais dos tempos. Com uma constante atitude, necessária a *todos:* estar prontos a ser questionados pelo Espírito de Deus, libérrimo e ininterruptamente operante na história, sem a pretensão de termos conseguido a intuição definitiva da verdade.

SEGUNDA PARTE

A TRANSMISSÃO DA PALAVRA DE DEUS

"*Nós não podemos nem queremos conhecer uma revelação diferente daquela que nos foi transmitida*".[1] *A Palavra de Deus é, para nós que a recebemos, a Palavra que nos foi transmitida de maneira autoritativa.*

A DV 1 começava com estas palavras: "Aprouve a Deus, na sua bondade e sabedoria, revelar-se a si mesmo e manifestar o mistério de sua vontade..."; o cap. II atribui "a transmissão da divina revelação" à mesma gratuita disposição divina: "Com suma benignidade, Deus dispôs que o que ele havia revelado para a salvação de todos os povos permanecesse para sempre íntegro e fosse transmitido a todas as gerações" (DV 7). Se a Revelação fosse a comunicação direta, imediata de Deus e de seu projeto salvífico a cada homem individualmente, só se falaria de Revelação. Pelo contrário (ver cap. 3), a Revelação bíblico-cristã pode e deve ser localizada e datada, porque — de fato — Deus quis revelar-se a um povo particular, num período de história bem preciso e delimitado, que culmina em Jesus de Nazaré. Somente para algumas testemunhas o Verbum salutis *foi uma Revelação* imediata, *e somente a partir deles aprouve a Deus fazer chegar a todos os homens a Palavra da salvação.*

Por isso o conceito de Revelação bíblica, precisamente porque revelação numa história particular e através dela, inclui o conceito de tradição, *de transmissão. Realmente, nós não podemos nem queremos conhecer uma revelação diversa daquela que nos foi transmitida. Dela partimos para sermos sujeitos ativos de uma tradição viva em gestos e palavras, para o* hoje *do homem e da história.*

---

1 G. Gloege, *cit.*, in **Mysterium salutis**, vol. I, p. 341, nota 1.

4
A TRADIÇÃO NO TEMPO DO AT E DO NT[1]

Como no evento da "Revelação-palavra" e da "Revelação--história", também no evento da Tradição a economia de Deus assume o modelo humano. O *homo loquens* é também *homo socialis* e *homo culturalis:* por isso, *homo tradens.*

1. A TRADIÇÃO, ESTRUTURA HUMANA E ESTRUTURA DA RELIGIÃO

Nós não vivemos isolados. Fazemos parte de um mundo. A tradição, entendida aqui no sentido mais amplo, é um aspecto da lei geral segundo a qual os homens são dependentes uns dos outros, devem fazer algo uns pelos outros. "Esta estrutura de interdependência humana ou de mediação fraterna é uma característica perene e profunda da condição humana em primeiro lugar, e depois da condição cristã. Nós vivemos num mundo".[2] Um ser pode dar-se a morte, mas não pode dar-se a vida. Sozinho,

---

1. *Bibliografia*
M. Adriani, *Tradizione*, in ER, vol. 5, col. 1848-1852; T. Citrini, *Tradizione*, in *DTI*, vol. 3, pp. 448-463; Y. M. Congar, *La tradizione e le tradizioni*, vol. 2, Paoline, Roma, 1965; J. R. Geiselmann, La tradition, in AA. VV., *Questions Théologiques aujourd'hui*, tom. I, pp. 95-148; Id., *Tradizione*, in *DT*, vol. III, pp. 521-532; P. Grelot, *Tradizione*, in *DTB*, col. 1294-1301; P. Lengsfeld, La tradizione nel tempo costitutivo della rivelazione, in *Mysterium salutis*, vol. I, pp. 341-401; K. Rahner — J. Ratzinger, *Rivelazione e Tradizione*, Morcelliana, Brescia, 1970; K. H. Weger, *Tradizione*, in *SM*, vol. 8, col. 398-410.
2 Y. M. Congar, *o.c.*, vol. 2 (*Saggio teologico*), p. 22.

não pode vir ao mundo, crescer, educar-se; sozinho não pode satisfazer suas mais elementares necessidades, e muito menos realizar as suas aspirações mais elevadas. Todo homem é *homo socialis*.

O *homo socialis* é também *homo culturalis*. Entendemos, aqui, por "cultura", "o ambiente artificial, secundário que o homem sobrepõe ao natural. Ele compreende a linguagem, os hábitos, as idéias, as crenças, os costumes, a organização social, os produtos hereditários, os processos técnicos, os valores": se "a cultura é uma herança social que o indivíduo recebe e transmite",[3] então a tradição é necessariamente inerente a toda cultura. M. Heidegger, evidenciando a historicidade do homem, sublinhou ao mesmo tempo a dependência do homem da "existência transmitida", que lhe oferece possibilidades de compreensão que influem não só em suas decisões práticas, mas também em sua própria *autocompreensão* fundamental;[4] H. G. Gadamer (ver cap. 17) reabilitou a tradição e a autoridade numa hermenêutica filosófica.

A multiforme tradição, ligada ao homem enquanto "homo socialis-culturalis", é também necessariamente *tradição religiosa:* religião e tradição estão por sua natureza relacionadas, sendo a religião um fenômeno social. Onde há *religio,* pais e filhos se encontram juntos, se reúnem em determinados lugares "sagrados" e em precisos tempos "sagrados" para realizar os próprios ritos de culto, para exprimir e comunicar seu sentido profundo: mitos e doutrinas arcanos. O constante repetir-se do rito (o que o rito contém, isto é, mitos e doutrinas) já é transmissão da religião no tempo e verificação de sua continuidade através da sucessão das gerações. Mas, na base da tradição como instrução de conservação da *religio,* está a experiência originária do sagrado. A tradição é "iteração assídua e fiel da entrega original da verdade ou da lei ou do dogma... O fato religioso básico é e permanece o evento da abertura, da comunicação divina no *happening* extraordinário e irrepetível da teofania, no seu comunicar com a margem humana através da figura sintética e representativa do soberano, do sumo sacerdote, do chefe, do profeta. ... Mas aquele evento não permanece isolado, isto é, o fato religioso não se consuma num *apax legómenon,* mas está destinado, segundo o próprio preceito divino, confessado ou apenas aludido, a correr no tempo numa seqüência de pontos, de trâmites qualificados, isto

3 H. R. Nierburn, *Christ and Culture*, Harper, Nova Iorque, 1956, pp. 32s.
4 Cf. M. Heidegger, *Essere e tempo,* pp. 458-463.

é, a série de consignações e passagens, de nível a nível, através de uma escala coerente porque religiosamente autorizada em virtude do caráter hierático conferido pelo próprio *tradere*".[5]

Esta tradição religiosa, como *vehiculum, vis tradens* verdadeira e própria da verdade religiosa, vive no entrelaçamento de *duas formas:* tradição *oral* e tradição *escrita*. A consciência religiosa antiga percebeu-as sempre em sua relação recíproca e complementar: de um lado, a dimensão tradicionalista como ato ininterrupto de conservação não estática, não inerte, mas de propulsão assídua do bem precioso da revelação, para tutela e garantia de sua disponibilidade e função sempre plena e atual (tradição *oral*); e, de outro lado, o caráter em última análise apologético e portanto a sua estreita e até mesmo íntima relação com a ortodoxia (tradição *escrita*).[6] É o caso não apenas do hebraísmo e do cristianismo, mas também de outras grandes religiões: pense-se no islamismo, no hinduísmo, no budismo.[7]

2. A TRADIÇÃO NA RELIGIÃO DE ISRAEL

Na religião de Israel, como já vimos (ver cap. 3), a tradição não é apenas um dado de fato:

> O que nós ouvimos e conhecemos,
> o que nos contaram nossos pais,
> não o esconderemos aos seus filhos;
> nós o contaremos à geração seguinte:
> os louvores de Iahweh e o seu poder,
> e as maravilhas que realizou" (Sl 78,3-4);

é uma lei, um imperativo de Deus *(lex narrandi):*

> Ele firmou um testemunho em Jacó
> e colocou uma lei em Israel,
> ordenando a nossos pais
> que os transmitissem aos seus filhos,
> para que a geração seguinte os conhecesse,
> os filhos que iriam nascer:
> Que se levantem e contem aos seus filhos,

---

[5] M. Adriani, *o.c.,* col. 1849.
[6] Cf. M. Adriani, *ibid.*
[7] Cf. os respectivos verbetes em *ER,* vol. 1 e 3.

para que ponham em Deus sua confiança,
não se esqueçam dos feitos de Deus
e observem os seus mandamentos" (Sl 78,5-6).

A história das intervenções de Deus e das respostas de Israel é confiada a uma memória viva, para que todos os filhos de Israel se entreguem confiantes a Deus e à observância dos seus mandamentos.

Tradição *oral-vital* e tradição *escrita,* são as duas formas desta memória viva que liga reciprocamente as gerações de Israel a uma história de salvação a qual, ao mesmo tempo, as atravessa e as transcende. É aquisição comum da crítica bíblica contemporânea (ver cap. 5) que a composição literária dos livros do AT, como os possuímos, foi precedida de uma longa história, tanto de tradições orais, como de unidades literárias menores. Mais ainda, depois que as tradições foram postas por escrito e paralelamente às Sagradas Escrituras, perdura uma tradição viva que a seu modo continua a dos séculos passados, embora — em linha de direito — não possa pretender a mesma autoridade normativa da Escritura. Ela é eminentemente tradição *interpretativa,* a serviço da atualidade da Revelação escrita, com a tarefa de desenvolver suas virtualidades e fazer surgir sua contemporaneidade (ver cap. 18).

Querendo sintetizar o significado e o caráter da tradição de Israel, poderíamos dizer:

a. Trata-se de uma tradição *viva* que se exprime de formas variadas e mutáveis: tradição oral, unidades literárias menores (confissões, hinos, sagas, ditos), tradições escritas (tradições J, E, D, P para o Pentateuco e tradições proféticas: ver o cap. 5), redação definitiva do livro, tradições interpretativas atualizadas que se alimentam da Sagrada Escritura e a acompanham.

b. O *ambiente* desta multiforme tradição é a vida do povo de Deus nos seus vários ambientes, estruturas e manifestações, sobre a *família* (cf. Dt 4,10;7,6.20-25;31,13); o culto (cf. Ex 13, 8.14) em torno dos *santuários* e, a partir do tempo de Salomão, em torno do *Templo;* a *corte* do rei.

c. O *conteúdo* da tradição é determinado desde o início "pela consciência da aliança com Iahweh; depois é enriquecido, graças ao repetir-se das intervenções de Deus no meio de seu povo (apesar das quedas, das infidelidades e punições); sofre reinterpretações de diferentes tipos (material histórico, profético, hinos de louvor, salmos sapienciais) e, depois da fixação escrita, transmite sobretudo a exegese autêntica dos escribas".[8]

d. A tradição combina dois caracteres complementares. "De um lado, a *estabilidade:* os seus elementos fundamentais são fixos, em matéria de crenças, de direito, de culto (monoteísmo, doutrina da aliança, usos provenientes dos patriarcas e lei mosaica etc.); de outro lado, o *progresso:* a própria revelação se desenvolve, à medida que novos enviados divinos completam a obra dos seus predecessores em função das necessidades concretas do seu tempo".[9] A tradição de Israel, pois, vive entre dois pólos que não podem ser isolados: a "conservação-fidelidade" às origens, e o "progresso-crescimento" ligados ao desenvolvimento da revelação e à sua atualização na vida e na história.

3. A TRADIÇÃO NAS ORIGENS CRISTÃS

A *lex narrandi* perpetua-se no tempo da revelação neotestamentária. Ela envolve a autêntica revelação de Israel e a nova e definitiva revelação trazida por Jesus Cristo, realização da antiga Palavra.

Sem dúvida, Jesus se apresenta como acusador e opositor decidido dos abusos da tradição puramente humana, ainda que chamada "tradição dos antigos": "Abandonais o mandamento de Deus, apegando-vos à tradição dos homens. E dizia-lhes: Sabeis muito bem desprezar o mandamento de Deus para observar a vossa tradição" (Mc 7,8-9). E mostra isto aos fariseus e doutores da lei com um exemplo concreto, a tradição do voto do *Korbán* (Mc 7,10-13) que acabava por trair o mandamento divino do amor para com os pais e para com o próximo.

Nem por isso Jesus é inimigo da autêntica tradição de Israel, fixada na "lei e nos profetas" (cf. Mt 5,17-19). Também não condena a tradição interpretativa da Escritura (cf. Mc 1,44), incluída a dos fariseus: "Fazei e observai tudo quanto vos disserem, mas não façais segundo as suas obras, porque dizem e não fazem" (Mt 23,3).

---

8 P. Lengsfeld, *o.c.*, pp. 369-370.
9 P. Grelot, *o.c.*, col. 1295.

a. A tradição "de Jesus"

Todavia, com suas palavras e gestos Jesus dá origem a uma *tradição nova*. Radicalmente nova é a interpretação da Escritura dada por Jesus: "Lei e tradição, fechadas e absolutizadas até então como objetivo da realização de uma vida religiosa, são abertas em duas direções: para a vontade originária e total de Deus, assim como era "desde o início" (Mc 10,6), e para o coração do homem, que é propriamente tocado e significado pela lei e pela tradição (Mc 7,14-23)".[10]

Mas a novidade substancial de Jesus é outra: o seu agir e o seu pregar constituem o *início* de uma nova tradição. Jesus tem a consciência precisa de ser o portador definitivo da Revelação e da salvação, e como tal fala e age (cf. cap. 8, B, 1, a). O *eu vos digo*, proposto por Jesus como antítese à lei (Mt 5,21ss), usado imperativamente nas curas (Mc 2,11;9,25), nas palavras de envio em missão (Mt 10,16) e nas expressões de conforto (Lc 22,52), unido à consciência de falar com autoridade (Mc 1,27), prepara a revolucionária reivindicação de Jesus, segundo a qual a salvação ou a condenação dos homens se decidem segundo a posição que eles assumem com relação a ele (Mt 10,32s e par.).

A esta multiforme e ao mesmo tempo unívoca consciência messiânica de Jesus, devemos unir alguns fatos que podem ser reconduzidos ao Jesus histórico: a forma fixa (e por isso facilmente memorizável) dada por Jesus às suas palavras; o chamamento dos apóstolos e dos discípulos; o fato da missão autoritativa que lhes é confiada já antes da ressurreição; a ordem de pregar. Destes fatos só podemos tirar uma conclusão: Jesus é o iniciador de uma nova tradição, em gestos e palavras, que chegou até nós, cujas características são a formação consciente de uma tradição e a ordem autoritativa de transmiti-la.[11] Em sentido verdadeiro e histórico, *no princípio era Jesus de Nazaré e a tradição de Jesus*.

b. A tradição dos Apóstolos "sobre Jesus"

Com a ressurreição de Jesus Cristo e com o Pentecostes tem início a pregação pós-pascal dos apóstolos e dos discípulos, e — com ela — *a tradição sobre Jesus*.

---

10 P. Lengsfeld, *o.c.*, p. 377.
11 Cf. H. Schürmann, *La tradizione dei detti di Gesù*, Paideia, Brescia, 1966.

O método da "História das formas" permitiu recuperar criticamente o fenômeno da tradição e o ambiente de sua formação com relação ao material literário que depois confluiu nos Evangelhos escritos (ver cap. 5). Não somente o Evangelho *de* Jesus mas também o Evangelho *sobre* Jesus foi vivido e pregado, antes de ser posto por escrito. As coletâneas evangélicas fixam substancialmente uma tradição já existente que é a tradição *de Jesus;* mas "conservam sempre o caráter de pregação" *(DV* 19), e por isso traduzem e interpretam aquela tradição com base em determinadas exigências dos pregadores e das comunidades, como, por exemplo, a missão, a catequese, a liturgia, a polêmica.

A continuidade e o desenvolvimento entre as duas tradições *(de* Jesus e *sobre* Jesus) está fundada no fato de que "os Apóstolos depois da Ascensão do Senhor, transmitiram aos seus ouvintes o que ele tinha dito e feito, com aquela mais plena inteligência de que eles, doutrinados por aqueles feitos gloriosos de Cristo e iluminados pelo Espírito de verdade (cf. Jo 14,26;16,13), gozavam" *(DV* 19). O conteúdo da *biforme* (oral-vital e escrita) tradição sobre Jesus é qualitativamente o mesmo: a tradição se distingue da Escritura, não porque não se comporia só de palavra, mas porque *não é escrita.* Sobre a relação entre *Escritura* e *Tradição,* com duas formas não materialmente, mas formalmente distintas da Revelação (ver cap. 13, 4, b. 1).

c. A tradição da Igreja apostólica

O Evangelho "de Jesus" e "sobre Jesus" não é separável da tradição autoritativa que se forma na Igreja apostólica e tem como conteúdo a doutrina, a vida e o culto da mesma Igreja apostólica. Os apóstolos receberam do próprio Jesus a missão autoritativa, sustentada pelo influxo do Espírito de Jesus ressuscitado e vivo, de dar testemunho à *paradosis* de Jesus Cristo, de conservá-la, explicá-la, aplicá-la às novas situações.

O apóstolo João exprime esta continuidade entre a tradição "de Jesus" e a tradição "da Igreja apostólica" nos termos da *fidelidade àquilo que foi desde o início* (cf. 1Jo 2,24;3,11); e o serviço de "testemunho" dos apóstolos se torna necessário, a fim de que os crentes mantenham a comunhão "com os apóstolos" e — por intermédio deles — com o Pai e com seu Filho Jesus Cristo (cf. 1Jo 1,1-3).

O apóstolo Paulo apela para as tradições *recebidas* e *transmitidas* (cf. 1Cor 11,23;15,3). Ele que sabe ter recebido sua missão diretamente de Jesus Cristo (cf. Gl 1,12), pode escrever aos cristãos de Corinto: "Cristo fala em mim, Ele que não é fraco mas poderoso no meio de vós" (2Cor 13,3), e escrever aos Tessalonicenses "por terdes acolhido a sua Palavra, que vos pregamos não como palavra humana, mas como na verdade é, a Palavra de Deus que está produzindo efeito entre vós" (1Ts 2,13).

Nas *cartas pastorais*, o termo *paradosis* é substituído pelo de *paratheke* (= *depósito* confiado). Já é tempo de luta contra os falsos doutores que apoiavam sua doutrina em falsas tradições ocultas; compreende-se então a oportunidade de evitar o termo *paradosis* e a necessidade, por parte dos ministros ordenados mediante a imposição das mãos, de "guardar o depósito" (1Tm 6,20; 2Tm 1,13s), que é a tradição apostólica. "Ele não pode mais receber elementos verdadeiramente novos: a revelação está encerrada. O seu desenvolvimento na história da Igreja é de outro tipo; não faz mais do que explicitar as virtualidades encerradas no depósito apostólico".[12] Somente os apóstolos, na qualidade de testemunhas da ressurreição de Jesus Cristo, são *sujeitos* de tradição em sentido estrito; os seus sucessores são estabelecidos pelos apóstolos *ao serviço* da tradição apostólica.

4. TRADIÇÃO NO AT E NO NT EM CONFRONTO

Do confronto entre as duas tradições, emergem algumas notas comuns: uma tradição *viva, biforme* (oral-vital e escrita), com caracteres de *estabilidade* e de *crescimento*. Porém, são ainda mais importantes as *diferenças,* que derivam sobretudo da diferente pretensão religiosa que caracteriza as duas correntes de tradições:[13]

a. As tradições veterotestamentárias vivem da promessa feita uma vez e das intervenções de Deus já experimentadas, e esperam para o futuro o vértice historicamente experimentável da intervenção divina. A tradição neotestamentária, ao contrário, sabe que o vértice da ação de Deus está no passado: o Messias já veio, é Jesus Cristo ressuscitado e Senhor, do qual se espera o retorno glorioso no fim dos tempos.

b. Por isso a tradição neotestamentária tem caráter *definitivo:* surge no início da era definitiva e implica a pretensão de

---
12 P. Grelot, *o.c.*, col. 1229s.
13 Sintetizo com as próprias palavras de P. Lengsfeld (*o.c.*, pp. 394-400).

anunciar de maneira irrevogável e definitiva a revelação de Deus, de modo que todo anúncio ulterior deve brotar do testemunho originário divino-apostólico e estar em sintonia com ele. Mas possui também uma singular eficácia: a *paradosis* da Nova Aliança tem a força de realizar o que as suas palavras dizem e anunciam, comunica ao *crente* a realidade anunciada na mensagem. Isto acontece, não por força própria, mas em virtude do Senhor ressuscitado, que no seu Espírito Santo continua a estar presente e operante.

c. Enquanto a tradição judaico-rabínica é caracterizada pela cessação do Espírito e pela substituição dos profetas pelos peritos da Lei, a *paradosis* de Cristo Jesus continua a ser sustentada, também depois da morte dos apóstolos, pelo influxo do Espírito na Igreja de Jesus Cristo. A responsabilidade última da comunicação e da pureza da *paradosis* não repousa nos transmissores humanos, mas no Senhor Ressuscitado e no outro Paráclito, o seu Espírito Santo (Jo 14,16), no qual e mediante o qual se realiza também no futuro toda verdadeira tradição (cf. *DV* 8).

5
A BÍBLIA É A MEMÓRIA ESCRITA DO POVO DE DEUS[1]

Já vimos no capítulo anterior que a tradição religiosa vive no entrelaçamento de duas formas, complementares entre si: tradição *oral-vital* e tradição *escrita*. É desta segunda forma privilegiada ou "especial" *(DV* 8) da tradição bíblica que quero falar.

Um povo não começa sua história escrevendo livros. Primeiro se vive e depois se escreve para recordar o que se viveu e oferecê-lo como lição de vida às futuras gerações. Os livros são a "memória" privilegiada dos povos. Também o povo de Deus, o antigo e o novo Israel, fixaram a sua história e a sua experiência numa memória escrita: a Bíblia. Judeus e cristãos abrem aqueles livros para ler e escutar aquela Palavra de Deus que abalou os fundamentos da história humana, imprimindo-lhe uma direção irresistível e um significado definitivo. A Palavra de Deus encontra-se, naquelas páginas tão humanas, revelada e ao mesmo tempo escondida. A Revelação divina, para os crentes, está para a Sagrada Escritura, como a realidade-evento está para a notícia que a torna conhecida.

Mas a Bíblia não é um livro caído do céu. Os muçulmanos é que pensam assim com relação ao seu livro sagrado, o *Corão*, ditado a Maomé do primeiro ao último capítulo (Sûra) por um anjo, que não faz mais do que ater-se a um celeste arquétipo escrito

---

1 *Bibliografia*
Ver "Bibliografia geral", *Introduzioni speciali ai libri dell'AT e del NT*.

A Bíblia é a memória escrita do povo de Deus

que traz o nome de "Mesa guardada".[2] Os judeus e os cristãos pensam de outro modo com relação ao seu livro sagrado. A Bíblia não foi ditada por nenhum anjo, mas foi escrita por várias dezenas de autores, homens verdadeiros, alguns conhecidos e a maioria desconhecida, no decurso de mais de dez séculos. Tantos e tão diversos autores tiveram em comum a preocupação de narrar e testemunhar os feitos milenares do seu povo, que Deus tinha escolhido como "Seu povo".

Todavia, a história da transformação literária dos livros do AT não é tarefa fácil. Os ambientes, os autores, as épocas dos livros com freqüência constituem problema; ao lado de conclusões críticas certas, às vezes só se pode confiar em soluções prováveis ou possíveis. O balanço da crítica literária ao qual nos referimos nesta síntese parece hoje substancialmente fidedigno. Os posteriores cursos de Sagrada Escritura explicarão ao estudante os dados literários aqui apenas acenados; sobretudo enfrentarão os problemas de *crítica histórica* levantados pelas tradições sobre os Patriarcas ou sobre o Êxodo de Moisés,[3] dos quais prescindimos. O objetivo deste capítulo é demonstrar a íntima relação entre o devir de uma história, o progresso de sua compreensão e o aparecimento de uma memória, inicialmente oral-vital e depois escrita. O 'gênero literário' do capítulo é narrativo: quer narrar as grandes linhas da História da Salvação no seu tornar-se memória escrita na Bíblia.

A) COMO SE FORMOU O ANTIGO TESTAMENTO

1. DE ABRAÃO A MOISÉS

Tudo começou com Abraão, peregrino de Deus. A sua migração da Mesopotâmia para a terra de Canaã pode parecer, aos olhos do historiador, bastante normal. No século XIX ou XVIII a.C., para clãs de semi-nômades como aquele de Abraão, a existência às margens dos grandes impérios mesopotâmicos tornava-

---

2 Cf. *Corão, Sûra* III, 6-7: "Não há Deus fora dele, o Poderoso, o Sábio. Ele é aquele que te enviou do alto o Livro" (*Il Corano*, sob a direção de M. M. Moreno, UTET, Turim, 1967, p. 60).

3 Cf. J. Bright, *História de Israel*, Ed. Paulinas, São Paulo, 1980; S. Herrmann, *Storia di Israele*, pp. 31-41.65-84; R. de Vaux, *Histoire ancienne d'Israel. Des origines à l'installation en Canaan*, pp. 155-440.

-se sempre mais problemática; e a busca de pastagens tranqüilas podia levar o patriarca de Ur a Harã, depois a Hebron em Canaã.

Mas todo autêntico "chamado" lê de outra forma a própria existência, também nos seus mil condicionamentos imponderáveis. O encaminhar-se de Abraão foi "resposta" ao *apelo* de Deus (Gn 12,1ss). Quando ele acontece — e pode acontecer nos mais diferentes locais e na maioria das vezes não documentáveis exteriormente — o coração do crente é regenerado, a sua existência sai transformada. Esta sem dúvida é documentável e permanece ali como sinal oferecido aos olhos da fé.

Os patriarcas Abraão, Isaac e Jacó contam ao cair da tarde, fora da tenda, as suas aventuras. Os filhos ouvem da boca dos pais uma história viva e pitoresca e aprendem uma sublime lição: a sua vida e a sua história estão nas mãos de Deus, guiadas por Ele para um grande futuro que interessa toda a família humana. Estas tradições orais já carregadas de inspiração religiosa e ricas de promessas, que ainda hoje se podem reconhecer em algumas páginas do *Gênesis,* constituem possivelmente a mais antiga etapa da complexa e multissecular formação do AT.

A família de Jacó se transfere de Canaã para o Egito, onde o filho José foi elevado às honras da corte faraônica, então dirigida pelos hicsos de raça semita (dominação dos hicsos: de 1720 a 1552 a.C.). Depois, por diversos séculos, cai o silêncio. Às vezes a história parece deter-se, especialmente quando tudo parece ir bem. O *encaminhar-se* de Abraão, o antigo patriarca, pareceu não ter mais importância para o clã dos israelitas, pacificamente assentados no rico delta do Nilo.

Mas, nos inícios do século XIII a.C. aconteceu uma crise salutar. Os novos faraós, não mais semitas, condenam à escravidão os estrangeiros descendentes de Jacó. Ainda um "chamado", de nome Moisés, torna a ouvir no deserto a voz do Deus dos Pais, que reacende nele e nos irmãos hebreus perseguidos a sede da liberdade. Êxodo foi o de Abraão; Êxodo é, mais ainda, o de Moisés, que desta vez guia não um clã, mas todo um povo através das difíceis sendas da liberdade: libertados de imposições externas para servir livremente a Deus e a sua promessa de salvação universal. Estamos na altura do ano 1250 a.C.

As antigas tradições orais sobre os feitos dos patriarcas enriquecem-se com um grande capítulo: o relato popular e épico das sevícias dos carrascos egípcios contra os israelitas e a exaltadora libertação dos hebreus do Egito, sob a direção de Moisés. O Deus dos Pais rompeu seu silêncio; e Moisés arrancou-lhe o nome:

Iahweh, que significa "Aquele que está ali, que está presente" para agir e levar a termo a promessa antiga. É lançada uma ponte através de longos séculos: o Deus de Moisés é o mesmo Deus de Abraão, de Isaac e de Jacó. Deus "passou" para salvar, Israel "passa" da escravidão à liberdade. É a primeira *Páscoa*, que significa *passagem*.

Moisés guia os libertados através do deserto até o Sinai, onde Israel vive uma experiência decisiva. Um povo inteiro ouve a voz de Deus, que através de Moisés é convocado a fazer um *Pacto*, uma *Aliança* (Ex 19,24). Deus quer ser "o Deus de Israel", para fazer de Israel "o povo de Deus". Um Pacto requer um *documento escrito*, e Moisés o redige como testemunho de um compromisso comunitário e oficial. Na estrutura do documento da Aliança[4] estão as bases para a urdidura de toda a *Torá* (o Pentateuco): uma *história* de eleição e de salvação gratuita da parte de Deus; a *lei* como resposta obediente a Deus que realizou a salvação; o *rito* que sela o Pacto; as *bênçãos* e as *maldições*, dependendo da observância ou não do Pacto.

Moisés morre no monte Nebo em terra de Moab, defronte de Jericó, com uma dupla nostalgia: ver o rosto de Deus (Ex 33, 18ss) e tocar a terra prometida. Deve contentar-se em contemplá-la de longe (Dt 34).

2. DE JOSUÉ A SALOMÃO

Josué recolhe a herança de Moisés. Transpõe o rio Jordão e leva a cabo a conquista da terra de Canaã (de 1220 a 1200

---

[4] As pesquisas modernas demonstraram que no âmbito da Ásia Menor até o Egito, do século XIV até o século VIII a.C., existia um gênero especial de pacto com uma formulação semelhante ao documento da Aliança: os chamados "tratados de vassalagem". Trata-se de acordos entre um Senhor e os povos por ele subjugados. O esquema contratual nele usado, e que se tornou conhecido sobretudo pelo arquivo hitita de Boghazkôi, é o seguinte: *a.* preâmbulo (nomes e títulos do Rei); *b.* prólogo histórico (os benefícios do Rei com relação ao vassalo); *c.* obrigações impostas ao vassalo; *d.* cláusulas referentes à conservação do *documento escrito* do pacto e a sua periódica leitura pública; *e.* invocação dos deuses como testemunhas; *f.* bênçãos e maldições ligadas à observância ou à infração do pacto. Não é difícil identificar a mesma estrutura fundamental no Pacto sinaítico do Êxodo: preâmbulo e prólogo histórico (Ex 20,2); obrigações = decálogo (Ex 20,3-17); o documento escrito do pacto (Ex 24,3-7) e a sua releitura (Dt 31,9-13.24-28); o sacrifício que sela a aliança (Ex 24,8). O esquema é ainda mais evidente na renovação da Aliança em Siquém (Js 24). Cf. J. McCarthy, *Treaty and Covenant: A Study in Form in the Ancient Oriental Documents and in the Old Testament*. "Analecta Biblica" 21 a, P.I.B., Roma 1978 (nova edição completamente reelaborada da I ed. de 1963); McCarthy-Mendenhall-Smend, *Per una Teologia del Pacto nell'AT*, Marietti, Turim 1975; J. Bright, *o.c.*, pp. 134-137.149-151.

a.C.). Em torno dos antigos Santuários transmitem-se relatos que exaltam alguns episódios da conquista da terra (encontrarão lugar no livro de *Josué)*, mas também outros menos gloriosos referentes aos tempos sucessivos (serão recolhidos no livro dos *Juízes)*. A própria legislação se vai desenvolvendo, como aplicação da lei fundamental dada por Moisés no Sinai e de conformidade com a nova situação de um povo que se tornou sedentário.

Com o advento da monarquia inicia-se a história oficial de Israel, e ali já surgem documentos extra-bíblicos. Saul, o primeiro rei (1030-1010), acabou tragicamente, Davi (ca. 1010-970), conquistou Jerusalém e fez dela a capital do Reino. Salomão (970 ca. 931) construiu o magnífico templo e favoreceu o crescimento cultural de Israel. O Estado cria os seus analistas e os seus arquivos onde irão buscar informação historiadores e comentadores dos tempos posteriores. Páginas belíssimas sobre as aventuras de Saul, a ascensão de Davi ao trono e o reino de Salomão confluirão mais tarde em dois livros de *Samuel* e em 1 *Reis* (cap. 1-11).

No fim do reinado de Salomão, um dos peritos narradores do AT — que os críticos chamam *Javista* (sigla J) porque também o Deus da criação traz em seu relato o nome de Iahweh) — faz com que a memória religiosa de Israel dê um salto formidável. Na base de antigas tradições orais, de passagens poéticas já escritas, e relendo criticamente os mitos cosmogônicos das culturas circunvizinhas, o J redige uma "História da salvação" que, partindo da criação e atravessando a história dos Patriarcas e de Moisés, chega até o ingresso na terra de Canaã. Analogamente, um século mais tarde, um autor desconhecido — que os críticos chamam *Eloísta* (sigla E) do nome *Eloim* dado a Deus nos seus relatos — recolheu as tradições orais de Abraão até Josué, que se haviam cristalizado nas tribos do norte depois da divisão dos dois reinos.

A alma poética dos hebreus, que já se havia exprimido em cânticos épicos (por exemplo, o cântico de Moisés" em Ex 15, o "livro do Justo" citado em Js 10,12-13, o "cântico de Débora" Jz 5, etc.) canta hinos religiosos: a composição do livro dos *Salmos*, iniciada com Davi, terminará no século II a.C.

À maneira dos Sábios das áreas culturais do Crescente Fértil, também os Escribas régios israelitas se exercitam nas máximas sapienciais: forma-se assim a parte central do livro dos *Provérbios* (cap. 10-29), cuja última redação terá lugar depois do exílio babilônico.

Em 931, o magnífico Rei Salomão morre, e Israel se divide em dois reinos. O do norte, com a Samaria, dura mais ou menos dois séculos (931-721 a.c.); o do sul, tendo como capital Jerusalém, lhe sobreviverá por cento e cinqüenta anos, até 587, quando Jerusalém será assediada por Nabucodonosor e destruída juntamente com o Templo. Israel é deportado para a Babilônia.

3. OS PROFETAS PRÉ-EXÍLICOS

Sobre os dois troncos de Israel dividido vigiavam homens novos e extraordinários, os Profetas, dos quais o mundo — para usar as palavras de Hb 11,33-38 — não era digno. Arautos de Deus e das exigências radicais do seu Pacto, os Profetas são "agarrados" por Deus e por Deus enviados a Israel a fim de pô-lo em guarda contra a ruptura do Pacto, para ameaçá-lo e propor-lhe um "ultimatum". À luz da história passada eles interpretam o presente, o *hoje* de sua história. Como a sentinela de Isaías (cf. Is 21,11-12), o profeta tem a tarefa de anunciar a noite profunda (o juízo), mas também os primeiros albores da aurora (a salvação). O Pacto pode ser rompido por Israel, mas a promessa de Deus permanece porque é indefectível. O olhar do profeta enxerga longe no futuro da salvação, até a salvação messiânica.

Elias e Eliseu, profetas não escritores (séc. X a.C.), pregam no norte. Palavras e gestos dos dois lêem-se no 1 e 2 livro dos *Reis*: um grande afresco literário, o "livro de Elias" (1Rs 17-22; 2Rs 1-2); um fascinante livro de "Fioretti", o "ciclo de Eliseu" (2Rs 2,19-8,15).

A partir do século VIII, até o exílio babilônico, as vozes dos *Profetas escritores* descem como lava incandescente sobre a história de Israel. No norte, *Amós e Oséias;* no sul, *Isaías* (Is 1-39) e *Jeremias* entre os profetas "maiores", *Miquéias, Sofonias, Naum, Habacuc* entre os "menores". Estes profetas pronunciam oralmente seus oráculos, às vezes os redigem por escrito. Mas, em geral, os atuais livros dos profetas são obra de discípulos ou de redatores, que recolheram sucessivamente os oráculos do Profeta mestre.

No decurso do século VII foi fixada por escrito a parte central do atual *Deuteronômio* (Dt 12-26: o chamado "código deuteronômico"), que reapresenta a *Torá* de Moisés na base das antigas tradições e à luz da teologia pregada pelos profetas. A idéia-mãe subjacente é a da Aliança, dom gratuito de Deus e ao mesmo tempo apelo que exige fidelidade responsável por parte de Israel na vida e na história. Israel é salvo, isto é, pode descansar na terra que lhe foi dada por Deus, enquanto permanecer fiel ao Pacto; mas, logo que Israel se tornar infiel, as maldições da Aliança começarão a produzir o seu efeito e a ruína se abaterá sobre Israel. As etapas da progressiva ruína são: a divisão dos dois reinos (931), a queda da Samaria e do reino do norte (721), a queda de Jerusalém, o fim do reino de Judá com o conseqüente exílio babilônico (587). É esta a teologia que inspirará a *obra deuteronomística* (como a chamam os críticos), e que compreende os livros de *Josué, Juízes,* 1 e 2 *Samuel,* 1 e 2 *Reis.* A longa história da ocupação da terra até o exílio da Babilônia é repensada e depois redigida segundo as categorias da interpretação da história típica do *Deuteronômio,* com base nas preexistentes tradições orais e escritas, como também de documentos oficiais de arquivo. A obra deuteronomística teria sido composta na metade do século VI, durante o exílio babilônico: uma espécie de balanço da catástrofe.

4. O PERÍODO DO EXÍLIO DA BABILÔNIA

No exílio, que constituiu a mais grave crise de sua história, Israel volta a meditar sobre seu passado, única grandeza que permaneceu num presente que se tornou mesquinho, rico apenas em lágrimas, nem sequer aliviado pelos "Cânticos de Sião" que é impossível entoar em terra estranha (cf. Sl 137). A conversão de Israel nestes cento e cinquenta anos foi antes de tudo este seu reconciliar-se com a memória do passado. Israel se torna mais do que nunca escritor.

A história deuteronômica, como já dissemos, permite-lhe compreender a sucessão impressionante das suas ruínas, até o exílio. Os círculos sacerdotais, na base das mais antigas tradições Javista e Eloísta (esta segunda, emigrada para Judá depois da queda da Samaria em 721, praticamente se havia fundido com a tradição Javista), reescrevem no exílio a antiga história, da criação à morte de Moisés, naquela que os críticos do Pentateuco chamam a *tradição sacerdotal* (a sigla P deriva do termo alemão *Priesterkodex = códice sacerdotal).* Eles mostram um interesse particular pelo sábado, pela circuncisão e Páscoa, cuja observância não só era possível aos israelitas também em terra de escravidão, mas sobretudo salvaguardava a sua identidade étnico-religiosa. Recolhem também, relendo e atualizando, uma quantidade enorme de leis e costumes prevalentemente cultuais (cf. Ex 25-31.35-39 e todo o *Levítico*). O Tabernáculo do deserto é descrito como o protótipo do Templo distante e destruído; sacerdócio, sacrifício, festas anuais, ano sabático e jubileu são reapresentados como pedras miliárias da reconstrução da comunidade santa.

Os círculos sacerdotais são assistidos e sustentados por um Profeta, ele também sacerdote, *Ezequiel*. A sua longa profecia escrita inicia-se com a visão da Glória de Deus que abandona o templo e a cidade de Jerusalém em direção ao oriente: é o sinal do exílio; mas termina com a visão da volta da Glória do Senhor à cidade santa e ao templo: é o sinal da volta, da iminente libertação. A esperança floresce no coração dos exilados. E outro profeta, o Dêutero-Isaías (assim chamado porque os seus oráculos em Is 40-55 são incorporados ao atual livro de Isaías), pouco antes do edito do Rei persa Ciro (538 a.C.), canta com acento lírico a iminente volta de Israel à pátria, como se fosse um novo e mais exaltador êxodo.

Ao fim do exílio pertencem também as *Lamentações*, ditas "de Jeremias", que evocam a dor, o arrependimento e a humildade de Israel diante das ruínas da cidade santa.

5. O PERÍODO DO JUDAÍSMO

A volta dos exilados a Jerusalém, em 538, teve estremecimentos de embriaguez onírica: "A boca se nos encheu de riso, e a língua de alegres canções" (Sl 126,1-3). Mas a restauração política e religiosa de Israel, de volta à pátria, foi mais problemática do que se podia prever. Passaram-se decênios antes de se reconstruir o templo; e, apenas construído, os velhos não puderam deixar de ter saudades do esplendor perdido do antigo (cf. Esd 3,12-13; Ag 2,3). Serão reedificados os muros da cidade para a defesa dos inimigos externos, mas uma verdadeira independência política jamais será conseguida. Pela própria história e por sua vocação, Israel deverá procurar e encontrar outras bases, diferentes das estruturas políticas. Torna-se uma *comunidade* prevalentemente *religiosa:* assim nasce o *Judaísmo*.[5] A comuni-

---

[5] Por *Judaísmo* entende-se a religião e a cultura do povo hebreu como foram se definindo a partir do tempo pós-exílico até o surgimento do cristianismo e que tiveram as suas pilastras na Lei, nas Instituições (a primeira delas, o Templo) e na espera escatológico-apocalíptica.

dade dos repatriados recebe a sua organização estável do Governador *Neemias* e de *Esdras*, sacerdote e escriba, no decurso do século V a. C.; mas não lhe faltou o apoio de algumas vozes proféticas: *Ageu, Zacarias* (cap. 1-8), o *Trito-Isaías* (Is 56-66), *Abdias, Joel, Malaquias,* o *Dêutero-Zacarias* (cap. 9-14).

É este o período em que a maior parte dos livros do AT recebe a redação definitiva; em torno do Livro Sagrado procura-se reconstruir a comunidade religiosa. Com a fusão das quatro tradições já existente (J, E, D, P) e tomando como base o traçado histórico da tradição P, um ou mais redatores deram vida ao atual *Pentateuco,* isto é, o conjunto dos primeiros cinco livros do AT: *Gênesis, Êxodo, Números, Levítico* e *Deuteronômio.* No fim do século V a.C. nasce a chamada *obra do Cronista,* que compreende o 1 e 2 livro das *Crônicas,* os livros de *Esdras* e *Neemias,* e abraça — como conjunto literário — o período mais longo da história sagrada: da criação (1Cr 1-9 é uma série de genealogias, de Adão a Davi) à reconstrução do templo depois do exílio e à restauração do judaísmo. A intenção de fazer história não está ausente no Cronista, mas ele quer antes de tudo dar uma justificação aos fundamentos da vida judaica: a Lei (que para ele é já Pentateuco), as instituições (que tem como ponto de apoio o culto e o sacerdócio hierárquico de Jerusalém), a esperança (centrada no Messias Davídico). Os próprios escritos dos profetas, pré-exílicos e do exílio, sofrem retoques e integrações por obra de redatores.

Depois do exílio desenvolve-se a *literatura sapiencial.* A coleção dos *Salmos* e dos *Provérbios* completa-se em torno dos antigos núcleos. Escrevem-se os livros de *Jó, Eclesiastes* (ou *Coélet),* o *Cântico dos Cânticos,* o *Eclesiástico* (ou *Sirac).* O livro da *Sabedoria,* o último livro por ordem de composição, é escrito em grego pelo ano de 50 a.C.

Surge também o gênero literário chamado *Midraxe,* que é uma utilização livre das tradições e dos dados da história antiga, com a finalidade de edificar e instruir para a vida, exprimir temas e tendências. É o caso de *Tobias, Ester, Judite, Jonas* e, talvez, também o de *Rute.*

6. O HELENISMO

Com o fim do regime persa, começa o último período da história do AT: o *Helenismo*.[6] A violenta perseguição religiosa de Antíoco IV Epífanes provoca o glorioso levante dos Macabeus (167-135 a.c.): testemunhas desta época heróica para a fé de Israel são 1 e 2 livro dos *Macabeus*. Os tempos de crise, como este, são fecundos para a *literatura apocalíptica,* que gosta de lançar o olhar para além das possibilidades da história decididamente frustradora. Temos um exemplo na segunda parte do livro de *Daniel* (cap. 7-12), que anuncia — mediante visões — o triunfo de Deus sobre todos os inimigos de Israel.

Entretanto, há muito tempo a voz dos profetas estava extinta. O último, o *Dêutero-Zacarias* — que escreve pelo fim do século IV —, já previa o fim de um profetismo, já desacreditado (Zc 13,2-3). *Amós,* no século VIII, já havia preanunciado os dias obscuros nos quais Israel "cambaleará de um mar para outro mar, errará de norte ao levante, para procurar a palavra de Iahweh, mas não a encontrará" (Am 8,12). E Israel se lamenta agora da ausência de profetas: "Já não existem mais sinais, não existem mais profetas, e dentre nós ninguém sabe até quando..." (Sl 74,9). Sem o conforto e o sustento da palavra do profeta, tudo se torna incerto e difícil (cf. 1Mc 4,46;9,27;14,41). Depois que "os profetas se puseram a dormir" (apócrifo *Apocalipse de Baruc sir.* 8,3), os judeus crêem que Deus fala somente através do "eco da sua voz" *(batqôl* = eco), pobre sucedâneo da Sua Palavra.[7]

B) COMO SE FORMOU O NOVO TESTAMENTO

Depois de longo silêncio, finalmente "A Palavra de Deus desceu sobre João, filho de Zacarias, no deserto" (Lc 3,2). João Batista é o último profeta do AT, enviado por Deus "para preparar o caminho do Senhor" (Lc 3,3-6), para "dar testemunho da

---

[6] Por "Helenismo" entende-se o período histórico que — referido à área mediterrânea — vai da morte de Alexandre Magno (323 a.C.) à batalha de Áccio (31 a.C.) e representa o instante de fusão da civilização helênica com aquela do Oriente Próximo.

[7] J. Bonsirven, *Textes Rabbiniques des deux premiers siècles chrétiens* PIB, Roma 1955, parágrafo 1500.

Palavra de Deus que se faz carne" em Jesus de Nazaré (Jo 1,6-8. 15.19.34). Estamos mais ou menos nos anos 28-30 da era cristã.

1. JESUS DE NAZARÉ

O novo Rabi de Nazaré, depois de receber o batismo das mãos de João, dá início ao seu ministério de Messias Salvador. Age e fala. Suas palavras e os milagres que realiza impressionam as multidões e os chefes dos judeus. Agia e falava com uma *autoridade* (cf. Mc 1,22.27;2,12) jamais conhecida num profeta. Perdoava todos os pecadores, sem distinção; e levantava perante o povo graves questões referentes a Deus e aos irmãos. Abria o coração dos discípulos, chamados por ele a segui-lo, à novidade da sua pessoa e comprometia sua vida na construção do Reino de Deus.

Começou falando assim: "Completou-se o tempo. Chegou o Reino de Deus. Convertei-vos e crede no Evangelho" (Mc 1,15). O Reino de Deus é duas coisas ao mesmo tempo: a presença de Deus como ação salvífica na história presente (= *soberania* de Deus), mas também o estado final escatológico que porá fim ao velho mundo, dominado pelo pecado e pela morte, e inaugurará o mundo novo da Ressurreição universal, também *cósmica* (= *reino* de Deus). A soberania de Deus é para o presente, convoca e compromete no presente; ouve-se mediante a fé; esta liberta do mal e liberta para o bem. O Reino de Deus (juízo final, Parusia do Senhor, nova criação) é para o futuro, é "adventus". Todavia, não há descontinuidade total: o que no mundo futuro será plenamente visível e transparente, já aqui está em ação, ocultamente.

Jesus de Nazaré não se limita a narrar as "parábolas do Reino". Sua pessoa e sua vida constituem, sozinhas, uma impressionante parábola do Reino: "O Reino de Deus já está no meio de vós!" (Lc 17,21). Sua vida é logo e coerentemente marcada pelo efeito do "choque", como se vê em Mc 2,1-3,6. São cinco histórias perturbadoras que obrigam as testemunhas presentes a tomar posição: o perdão dos pecados ao paralítico, a refeição com os publicanos e pecadores, a defesa dos discípulos que não jejuam e que colhem espigas em dia de sábado, uma cura em dia de sábado. A conclusão das cinco histórias antecipa aquela que será o fim: "Ao se retirarem, os fariseus com os herodianos imediatamente conspiraram contra ele sobre como o matariam" (Mc 3,6). Sobretudo dele, o *Profeta*, o mundo não era digno (cf. Hb 11,38).

A fé cristã é também adesão não fácil ao modo imprevisível, escandaloso (para os homens!) de inaugurar o Reino por parte de Jesus.

Jesus *devia* morrer, rejeitado e crucificado pelos chefes do povo, como ele mesmo tinha anunciado (cf. Mc 8,31-33;9,30-32); mas tinha acrescentado que "depois de três dias ressuscitaria dos mortos". A ressurreição confirmou definitivamente aos olhos dos discípulos a verdade das palavras de Jesus e de toda a sua missão, como enviado de Deus e Messias de Israel, como Senhor vivo. Os discípulos, fortalecidos pelas aparições de Jesus ressuscitado e iluminados por seu Espírito no Pentecostes, proclamam agora com total franqueza a sua fé: Jesus não é apenas o Cristo, isto é, o Messias, mas é o Senhor e Salvador único, é o Filho de Deus feito homem. Muitos entre os judeus acreditaram em Jesus Cristo e a Igreja se desenvolveu rapidamente; mas a maioria recusou Jesus e a Igreja nascente. O apóstolo Paulo, também ele israelita, chamado por Cristo a levar o Evangelho além dos limites da Palestina, nos centros mais importantes do mundo greco-romano, deu à rejeição de Israel o nome de "mistério" (Rm 11,25): também ele, pois, misterioso projeto divino de salvação universal.

2. A PREGAÇÃO DOS APÓSTOLOS. OS ESCRITOS DE PAULO

No início, a pregação dos apóstolos foi apenas oral (ver cap. 4). As Sagradas Escrituras para os apóstolos e para os cristãos, como para Jesus, inicialmente eram as mesmas de Israel, isto é, o AT. O órgão de transmissão da mensagem cristã é a Igreja, hierarquicamente estruturada em torno dos doze apóstolos tendo como chefe Pedro, juntamente com sua tradição viva: exemplos de vida, culto e instituições.

Todavia, os primeiros escritos cristãos não demoraram a aparecer, como testemunhas e instrumentos daquela viva tradição. Os primeiros textos são do apóstolo Paulo, que envia diversas cartas às comunidades por ele fundadas, ou com as quais quer estabelecer uma comunhão. Entre os anos 50 e 60: 1 e 2 *Tessalonicenses,* 1 e 2 *Coríntios, Filipenses* (outros a colocam entre as "cartas da prisão"), *Gálatas* e *Romanos.* De 61 a 63, enquanto Paulo é prisioneiro em Roma, as "cartas da prisão": *Colossenses, Efésios, Filêmon.* Uma última série de cartas tem como destinatários pessoas particulares, isto é, pastores de almas: daqui o título de "cartas pastorais" dado a 1 e 2 *Timóteo,* a *Tito.* Estamos nos anos 63-67, se estas cartas são de Paulo. Mas a crítica descobre nelas evidentes diferenças de linguagem e de estilo com relação às cartas anteriores do Apóstolo, como também uma diferente situação história e eclesiológica (ver cap. 14), que melhor se adapta ao último decênio do século I: um discípulo poderia ter utilizado alguns apontamentos de Paulo.

O conjunto do epistolário paulino dá testemunho de como o Evangelho transforma pessoas e comunidades. O leitor fica preso: as esperanças das comunidades nascentes, suas realizações, os conflitos internos e o confronto constante com as religiões e as culturas externas são, no fundo, os mesmos da Igreja de sempre, também da nossa.

A carta aos *Hebreus*, obra de um discípulo de Paulo pouco antes da destruição de Jerusalém em 70, desenvolve uma grandiosa tese sobre a universal mediação sacerdotal de Cristo e infunde coragem aos cristãos, tentados de apostasia.

3. OS EVANGELHOS SINÓTICOS

A redação definitiva dos três primeiros evangelhos, *Marcos, Mateus* e *Lucas,* assinala outro período literário que vai do ano 65 ao ano 80 d.C. A Igreja se difunde amplamente no mundo e se distancia sempre mais dos dias do Jesus de Nazaré e do Pentecostes; a única memória oral e vital dilui-se no tempo e corre o risco de desfigurar a figura, a mensagem e o mistério de Jesus Cristo; torna-se necessário um ponto de referência escrito, essencial. Nascem assim os evangelhos de *Marcos, Mateus* e *Lucas,* chamados Evangelhos *Sinóticos* porque, colocados em colunas paralelas, podem ser lidos com um só olhar que descobre suas semelhanças e divergências. A conformidade substancial de seu conteúdo explica-se em razão da comum tradição oral, homogênea e bem estruturada que precedeu a redação dos Evangelhos, como também mediante o emprego de fontes escritas comuns e a dependência de *Mt* e *Lc* com relação a *Marcos*. As diferenças são devidas tanto à diferente personalidade e ao respectivo ponto de vista dos evangelistas, como as diferentes situações e problemáticas das comunidades, destinatárias dos escritos evangélicos (cf. *VD* 19).

O Evangelho de *Marcos* foi escrito a cristãos provenientes do paganismo. Com uma linguagem de narrador popular e um estilo vivo e pitoresco que põe o leitor em contato imediato com os *fatos,* objeto privilegiado do seu relato, o evangelista se propõe desvendar progressivamente o mistério de "Jesus Cristo, *Filho de Deus"* (Mc 1,1), culminando na paixão que o revela tal ao centurião pagão (Mc 15,39). Falou-se de Marcos como o *Evangelho do catecúmeno:* um guia para aproximá-lo gradualmente do "mistério do Reino de Deus" (Mc 4,11), num itinerário não fácil de fé e de seguimento, à imitação dos doze.

O Evangelho de Mateus foi escrito para judeus-cristãos e apresenta Jesus como o Messias preanunciado pelas Escrituras hebraicas: Jesus é o *Emanuel,* isto é, *Deus conosco,* afirmação que abre (Mt 1,23) e encerra (Mt 28,20: *Eu estou convosco)* este Evangelho. Convencido de que o verdadeiro judeu é, paradoxalmente, aquele que se faz cristão e entra na *Ekklesia,* Mateus é o único evangelista que põe na boca de Jesus a palavra *Igreja* (Mt 16,18 e 18,17). Ao narrar as palavras de Jesus, agrupadas em cinco grandes discursos, pensa continuamente na vida da comunidade: um Evangelho que poderíamos chamar o *Evangelho do catequista,* uma longa catequese que guia os cristãos a formar a comunidade e traça para eles um código de vida comunitária.

O Evangelho de *Lucas* tem sua singularidade no fato de ser o primeiro quadro do díptico lucano: o *Evangelho,* que é o tempo de Jesus e a história de Jesus, e os *Atos dos Apóstolos,* que são o tempo da Igreja, a história da Igreja. Quando Lucas escreve, já está amadurecido o sentimento de uma Igreja que se estende na história da salvação e está comprometida na obra da evangelização e conversão. O seu Evangelho convida a Igreja a confrontar-se com a *solidez* (a *asphaleia* de Lc 1,4) das origens, ou com a autêntica tradição de Jesus, a única a assegurar uma verdadeira contemporaneidade da Igreja em toda época da história. O Jesus de Lucas é o *Senhor* e *Salvador* de todos os homens, um Cristo *misericordioso* em perene busca dos pecadores, dos pobres, dos excluídos; mas a sua misericórdia não atenua as exigências radicais do Evangelho, particularmente sublinhadas por Lucas, que o crente deve traduzir na vida de *todo dia* (Lc 9,23). Depois do Evangelho do catecúmeno e do catequista, teremos com Lucas o *Evangelho do cristão testemunha no mundo.*[8]

Os *Atos dos Apóstolos* são uma continuação do Evangelho. A Boa Nova de Jesus Salvador de todos os homens torna-se a Boa Nova da salvação anunciada e testemunhada pela Igreja

---

8 Cf. C. M. Martini, in AA.VV., *Problemi e prospettive di Teol. Fond.,* pp. 85-91.

apostólica junto a todos os povos então conhecidos. Os Atos são uma obra aberta, um livro cuja conclusão não é um fim: o apóstolo Paulo está preso em Roma, confinado numa casa "com um soldado de guarda..., amarrado com uma corrente" (At 28,16.20), mas "anuncia o Reino de Deus e ensina as coisas referentes ao Senhor Jesus Cristo, com toda franqueza e sem impedimentos" (At 28,31). A antinomia de Paulo, prisioneiro mas evangelizador, é a perene antinomia salutar da Igreja.

4. AS CARTAS CATÓLICAS

Outros escritos apostólicos (carta de *Tiago*, de *Judas*, 1 e 2 de *Pedro*, 1, 2 e 3 de *João*) foram agrupados, depois do século IV, sob a denominação de *Cartas católicas*, isto é, universais, porque destinadas não a comunidades particulares, mas aos cristãos em geral. São mensagens, em forma de carta, de Apóstolos e de homens de seu círculo que toda geração de crentes deve acolher e viver: a fé deve ser verificada nas obras *(Tiago);* os falsos doutores já estão julgados *(Judas);* devemos estar prontos a responder a todo aquele que nos pedir a razão da esperança que está em nós *(1 Pedro);* viver na esperança do dia do Senhor *(2 Pedro);* viver no amor e amar na verdade (1, 2 e 3 de *João).* Quanto a *2 Pedro*, a crítica é concorde em atribuí-la a um discípulo do apóstolo, que escreve no fim do século I ou no início do século II (ver cap. 9,3).

5. OS ESCRITOS JOANINOS

A obra chamada joanina encerra a coleção dos escritos do NT. Além das *Cartas* já mencionadas, a tradição desde o seu início atribuiu ao apóstolo João o *quarto Evangelho,* um escrito amadurecido ao longo de sucessivas redações que, contudo, deixaram viva e intacta a marca da testemunha ocular, o apóstolo João, seu primeiro autor. A forte personalidade dele e de sua tradição, paralela, mas independente com relação àquela que confluiu nos Sinóticos; o novo contexto cultural e eclesial em que se desenvolve a tradição de João; uma reflexão cristológica mais madura só possível no fim do século I: tudo isto explica suficientemente a diversidade do Evangelho de João, que Clemente Alexandrino chamou o *Evangelho espiritual*. Poderia ser chamado

Evangelho do crente *contemplativo,* chegado a uma experiência cristã madura.

Na vida tão profundamente humana de Jesus de Nazaré (a *sarx*-carne do Verbo), que culmina na paixão e morte que constituem a sua *hora,* torna-se visível e tangível a *glória de Deus,* ou a Presença da verdade e da vida que são de Deus e descem de Deus através do Verbo encarnado e se oferecem ao acolhimento da fé. João se dirige expressamente ao leitor desconhecido, chamando-o a entrar no jogo dramático da opção pró ou contra Jesus: "Jesus fez, diante de seus discípulos, muitos outros sinais ainda, que não se acham escritos neste livro. Estes, porém, foram escritos para crerdes que Jesus é o Cristo, o Filho de Deus, e para que, crendo, tenhais a vida em seu nome" (Jo 20,30s). Lendo o quarto Evangelho, tem-se a impressão de assistir a um prolongado processo, produzido pela revelação progressiva em eventos e palavras de Jesus, revelação que põe os espectadores em estado de alerta e de contraste e conclui-se com um *juízo (krisis),* isto é, com uma separação: a incredulidade culpada dos "judeus", de um lado, e, de outro, a fé dos "discípulos". Mas o progresso continua; os contemporâneos de Jesus representaram todos os homens de todos os tempos, em cujo ânimo aquele mesmo drama continua a compor-se e a resolver-se. A palavra de Jesus não deixa nenhum homem como era antes, mas obriga-o a mostrar sem compromissos o seu verdadeiro rosto, julga-o na mesma hora (cf. Jo 3,19;12,31). A fé ou a incredulidade culpada antecipam o juízo final.[9]

Por fim, o *Apocalipse*. O autor do livro chama-se *João* (Ap 1,1.9;22,8), mas a assinatura pode também ser fruto de um recurso à pseudonímia, típica do gênero literário apocalíptico: quem escreve gosta de relacionar-se idealmente com uma célebre figura, com a qual sente particular afinidade. Com efeito, se alguns temas do Apocalipse se relacionam com o quarto Evangelho, a sua língua (sem considerar o estilo) afasta-se completamente dele. Tudo faz pensar num discípulo do Apóstolo João, intérprete apocalíptico no seu tempo do grande mestre.

O Apocalipse é um *livro profético* (Ap 1,3;22,7) singular, escrito numa linguagem simbólico-misteriosa que busca despertar a consciência da Igreja no tempo difícil da perseguição sob Domiciano, mas também fugir do controle dos perseguidores e da censura. No ambiente privilegiado da assembléia litúrgica — um

---

9 Cf. V. Mannucci, *Evangelo di Giovanni,* in ER, vol. 2, col. 1442-1483.

lê e os outros escutam, como se diz em Ap 1,3 — a Igreja é urgentemente chamada à conversão e à purificação (cf. Ap 2-3); assim purificada, estará em condições de "compreender do ponto de vista de Deus as coisas que devem acontecer" (cf. Ap 4,1), isto é, compreender a sua obra na história da salvação (Ap 4-20). O "livro selado", que o Cordeiro imolado, mas vitorioso abre e lê para a Igreja, traça as linhas do seu compromisso na história: a Igreja peregrina no mundo, testemunha e mártir num perpétuo itinerário pascal, caminha para a Nova Jerusalém, a Nova Cidade de Deus e dos homens (Ap 21-22).

Concluindo — Era minha intenção, como dizia no início do capítulo, mostrar que o devir da Bíblia corre paralelo ao devir da história do antigo e do novo Israel. Procurei identificar — e a síntese impunha certa dose de aproximação — as principais pistas de uma história, de uma tradição oral e de uma memória escrita, entre si intimamente relacionadas. O estudante de teologia nos sucessivos cursos de Sagrada Escritura, e o leitor através do estudo pessoal (cf. Bibliografia na nota 1), encontrarão meios para aprofundar a história bíblica, a formação literária dos grandes conjuntos e de cada um dos livros da Bíblia, sobretudo a mensagem religiosa de uma história "profética", que desafia o hoje da Igreja e do mundo.

# 6

A LINGUAGEM HUMANA DA BÍBLIA[1]

Portanto, a Bíblia não caiu do céu. É a memória escrita do Antigo e Novo Israel, a caminho no tempo e na história, e — como tal — é em primeiro lugar e em toda a sua amplidão *palavra humana*. Também o historiador não crente pode servir-se da Bíblia como de uma fonte literária para a história da civilização e das religiões do Oriente Médio, no último milênio antes da era cristã e do primeiro século desta.

A Bíblia não é um único livro, mas uma pequena biblioteca de volumes. O leitor que a toma em mãos defronta-se com uma verdadeira coletânea de livros, tão diversos uns dos outros tanto pela forma como pelo conteúdo. Encontra ali: relatos em prosa; códigos de leis; provérbios e máximas morais; epistolários; poesia lírica e dramática; um gênero de literatura que pode definir-se como "profética"; uma literatura litúrgica expressamente destinada ao culto.

Mais ainda, se o leitor for crente e se aproximar da Bíblia como *Palavra de Deus*, esta lhe parecerá tão humana a ponto de ser motivo de escândalo. Imperfeições, lacunas, limites científi-

---

1 *Bibliografia*
Além das obras de "Introdução especial aos livros do AT e NT" (ver "Bibliografia geral"), L. Alonso Schökel, *La Parola Ispirata;* Id., *Il dinamismo della tradizione*, pp. 121-157; Id., *Poésie hébraïque*, in *DBS*, vol. VIII, col. 47-90; Auzou. *La Parole de Dieu*, pp. 88-163; J. Barr, *Semantica del linguaggio biblico*, Il Mulino, Bolonha 1968; P. Grelot, *La Bible Parole de Dieu*, pp. 82-96; L. Pacomio, Il linguaggio letterario della Biblia, in AA. VV., *I Libri di Dio*, pp. 553-592.

cos, filosóficos e também religiosos de alguns textos; caráter desconcertante de uma historiografia tão distante das exigências críticas modernas; estranheza de tantos traços que parecem folclóricos e legendários; nível moral notavelmente atrasado de certos gestos e costumes; inexatidões cronológicas ou topográficas; divergência na transmissão das próprias palavras de Jesus etc. Como conciliar estes dados com a verdade da Palavra de Deus e com a inerrância-verdade da Escritura, justa e incessantemente afirmada pela Igreja (ver cap. 15)? É realmente difícil, senão impossível, pegar em flagrante o Espírito Santo com o método da investigação histórica: a inspiração da Bíblia não é o resultado de uma pesquisa científica. "Bíblia: Palavra de Deus em palavra humana" (G. Lohfing), "A Bíblia: palavra humana e mensagem de Deus" (J. Levie), "A Palavra de Deus em linguagem humana" (P. Grelot), "A interpretação popular da Bíblia" (C. Mesters): são alguns modos de exprimir o mistério da Bíblia. A *Dei Verbum* aproxima-o do mistério do Verbo encarnado: "As palavras de Deus, expressas em línguas humanas, tornaram-se intimamente semelhantes à linguagem humana, como outrora o Verbo do Eterno Pai, tomando a carne da fraqueza humana, se tornou semelhante aos homens" (DV 13). Fidelidade ao mistério da Bíblia significa, antes de mais nada, tomar consciência de sua *humanidade*, sob pena de nos tornarmos biblicamente "monofisitas". A palavra humana, na Bíblia, não foi "absorvida" pela Palavra de Deus, mas "assumida"; não se encontra a Palavra de Deus a não ser "tocando" e "atravessando" toda a espessura da palavra humana.

1. AS LÍNGUAS DA BÍBLIA[2]

A Bíblia fala três línguas: o *hebraico,* o *aramaico* e o *grego.*

Em hebraico foi escrito quase todo o AT. Algumas secções de livros, nas edições hebraicas da Bíblia, foram escritas em *aramaico;* precisamente: Esd 4,8-6,18;7,12-26; Dn 2,4-7,28; duas palavras em Gn 31,47 e uma frase em Jr 10,11. Em grego foram escritos originariamente *Sabedoria* e *2 Macabeus.* Além disto, existem livros, ou partes de livros, cujos textos originais — prova-

---

[2] P. Auvray-P. Poulain-A. Blaise, *Le lingue sacre,* Paoline, Catania 1959; A. Díez Macho, verbete 'Aramaico', in *Enciclopedia della Biblia,* vol. 1, LDC, Turim-Leumann, col. 643-654; P. Boccaccio, verbete 'Ebraico biblico', *ibid.,* vol. 2, col. 1076-1088.

velmente em hebraico — se perderam ou só chegaram a nós em antigas versões gregas: 1 *Macabeus, Judite, Tobias,* algumas secções de *Daniel* (Dn 3,24-90;13-14) e os acréscimos gregos de *Ester* (no início, antes de 1,1; depois 3,13; depois 4,17; nos primeiros dois versículos do capítulo 5; depois 8,12 e no fim do texto hebraico, depois de 10,3).

Numa situação particular encontra-se o livro do *Eclesiástico* (chamado também livro de Jesus ben-Sirac ou *Sirac),* que se apresenta a si mesmo como versão grega do hebraico (cf. Prólogo do livro). O texto original hebraico, que se perdeu desde os tempos de são Jerônimo, foi reencontrado em dois terços em 1896 e em 1931 na *Geniza* do Cairo; outros fragmentos do original hebraico foram encontrados em Qumran e em Massada. Também em Qumran vieram à luz pequenos fragmentos de um manuscrito em hebraico e de três manuscritos em aramaico do livro de Tobias.

Todo o *Novo Testamento* foi escrito em *grego.*[3]

A *língua*[4] não é apenas um sistema convencional de sinais usados num grupo social com vistas à comunicação. Ela é sobretudo um modelo interpretativo do real e, como tal, configura as características espirituais de um povo, a sua sensibilidade com relação às coisas, reflete e supõe um certo enfoque do mundo e da existência: numa palavra, é expressão da cultura de um povo. Conseqüentemente, as *diversas* línguas constituem modos realmente *diversos* com que os povos se representam a realidade. Também é verdade que, entre as diversas línguas, a comunicação permanece possível, visto que o espírito humano é o mesmo em toda parte; mas "as línguas não são por isto menos irredutíveis umas às outras, porque os diferentes aspectos da exigência humana são percebidos e traduzidos de maneira diversa: tanto que, para compreender-se de uma a outra língua, é sempre necessário um difícil esforço de separação de si e de compreensão do outro".[5]

Poder-se-á dizer: "Existem as traduções!"; mas toda tradução comporta necessariamente uma certa alteração da página escrita do autor. Sempre se perderá alguma coisa do sentido que

---

[3] Os testemunhos antigos (de Pápias, Ireneu Orígenes e Eusébio) sobre o Evangelho de *Mateus* escrito originariamente em aramaico, hoje são redimensionados pela crítica (ver "Bibliografia geral", *Introduções especiais aos livros do NT).* Que existisse uma coleção de palavras e discursos de Jesus em aramaico, é sumamente provável; mas deve-se também reconhecer que o Mt grego é escrito num grego muito perfeito, que dificilmente pode ser, ainda que só em parte, uma simples tradução do aramaico.
[4] Cf. C. Molari, *Linguaggio,* in *NDT,* pp. 778-814.
[5] P. Grelot, *o.c.,* p. 91.

o escritor colocou em suas palavras e, de outro lado, sempre entrará no texto traduzido algo do mundo cultural do tradutor. Toda tradução da Bíblia é apenas um subsídio, decididamente necessário, mas apenas um "subsídio"; e ninguém pode afirmar que conhece a fundo a obra literária se não souber lê-la na língua original.[6] Tomemos um exemplo do AT, que mostra como toda tradução é necessariamente imperfeita. Is 5,1-7 é uma canção que Deus canta ao seu povo, a canção do amor desiludido. O profeta Isaías toma parte na festa dos vindimadores e se improvisa como menestrel, entoando em nome do esposo o cântico sobre a vinha. O inocente idílio com que havia começado (vv. 1-12a) transforma-se em acusação (vv. 2b-6) lançada em rosto aos ouvintes presentes (v. 7). E um trágico jogo de palavras encerra a canção--parábola: o amado esperava *justiça* (hebraico *misphat*), e eis o *derramamento de sangue* (hebraico *mispáh*); esperava *retidão* (hebraico *sedaqà*), e eis *gritos de oprimidos* (hebraico *se'aqà*). O jogo de palavras, as engenhosas alterações do texto isaiano dificilmente podem transparecer numa versão.

Não é minha intenção fazer uma *história* (gênese e desenvolvimento) das línguas bíblicas; preocupo-me apenas em sublinhar algumas características que fazem transparecer um modelo cultural diferente do nosso e que devemos conhecer se quisermos abrir-nos o acesso ao mundo da Bíblia.

a. O hebraico[7]

O hebraico é uma língua semítica alfabética. Como em todas as línguas semíticas, a sua estrutura fundamental é a *palavra-raiz*, composta de três *consoantes*, que exprime o significado básico de todas as palavras derivadas. Estas se constroem mediante o acréscimo de prefixos e/ou de sufixos; isto vale tanto para os verbos como para os substantivos e adjetivos. A escritura arcaica do hebraico possuía só consoantes. Foram os rabinos da Alta Idade Média que inventaram um sistema de pontos-vogais, usados no texto das Bíblias hebraicas correntes (ver cap. 7), para facilitar sua leitura.

O hebraico é uma língua simples, não rica nem diferenciada quanto ao vocabulário e à sintaxe como as nossas línguas. Embo-

---

6 J. Scharbert (*La Biblia — Storia, autori, messaggio*, pp. 191-193) lamenta que o estudo das línguas bíblicas, sobretudo o hebraico, não seja mais obrigatório nas escolas de teologia. O tom parece excessivo, mas o lamento do autor merece atenção.

7 Cf. P. Auvray, *L'ebraico e l'aramaico*, in *Le Lingue sacre*, cit., pp. 30-46.

ra possuindo conjunções subordinativas (por exemplo, *ki, 'asher* = já que, a fim de que; *'im, lu* = por temor de, para que não, se; *lule* = se... não; etc.), o hebraico serve-se sobretudo da coordenação: o leitor deve suprir adivinhando os matizes sugeridos pelo contexto. Por exemplo, Gn 7,6: "Noé tinha 600 anos quando aconteceu o dilúvio" (literalmente: "Noé tinha 600 anos e aconteceu o dilúvio"); Gn 18,13: "É possível que eu dê à luz, sendo já velha?" (literalmente: "É possível que eu dê à luz, e eu estou velha?").

O hebraico possui adjetivos: exemplo, *gadol* = grande; *qoton* = pequeno; *kabed* = pesado etc.; todavia, o adjetivo é frequentemente substituído por um complemento do nome: "o lugar de santidade" *(meqom haqqodesh)* para dizer "o lugar santo"; "rei de clemência" *(malke hesed)* para dizer "rei clemente"; "uma casa de eternidade" *(bet 'olam)* para dizer "uma casa eterna".

Em hebraico falta a forma do comparativo, que é expresso não modificando a forma do adjetivo, mas unicamente com uma construção que indica o confronto, isto é, antepondo ao termo de comparação a preposição *min*. Por exemplo, "maior do que todo o povo" diz-se: "grande *mais que (min)* todo o povo"; "mais numerosas do que a areia do mar" diz-se: "numerosas *mais que (min)* a areia do mar". O superlativo relativo não existe e as soluções são diversas repetindo o adjetivo (o "tríplice Santo", de Isaías 6,3 = "Santíssimo"); com uma construção no genitivo ("O Cântico dos Cânticos" = "O mais belo Cântico"); colocando o artigo antes do adjetivo atributo ("O jovem dos seus filhos" = "o mais jovem dos seus filhos"; "a bela das mulheres" = "a mais bela das mulheres").

Característico é também o uso do infinito para reforçar o sentido de um verbo: exemplo, Gn 2,17 ("morrer morrerás", para dizer "certamente morrerás"; uma expressão análoga encontra-se em Lc 22,15: literalmente "com desejo desejei", para dizer "desejei ardentemente". Também o advérbio é raro em hebraico, e às vezes é substituído por um verbo quase-auxiliar. Assim, para traduzir o nosso "ainda" usa-se o verbo hebraico *shub* = retornar: exemplo, para dizer "ele ainda escavou", diz-se "ele voltou e escavou" *(wayyashab wayyahpor:* Gn 26,18); para dizer "Ela será de novo" diz-se "e ela voltará e será" *(weshaba wehayeta:* Is 6,13).

As palavras abstratas são raras, geralmente substituídas por plurais concretos: "coisas perversas" *(tahpukot)* para indicar "perversidade", "coisas velhas" *(zequnim)* para indicar "velhice", "coisas jovens" *(ne'urim)* para indicar juventude. Pense-se na palavra *"dereq"*, cujo primeiro sentido é "via", "caminho", mas depois passa a significar a "atividade", o "modo de agir", o "modo de pensar", a "regra de vida"; e neste sentido se encontra frequentemente também no NT (grego *odos).* Todos recordam o início do Eclesiastes: "Vaidade das vaidades — diz Coélet —, vaidade das vaidades, tudo é vaidade" (1,2). Mas em hebraico a palavra usada para "vaidade" é *hebel,* que significa "sopro", "névoa leve", em resumo, algo que se desfaz e some.

O *verbo hebraico* é rico, porque pode exprimir os matizes e os diversos aspectos do verbo; é pobre, porque não inclui todos os nossos tempos e nossos modos. Tomemos, por exemplo, o verbo *qatal = matar.* Nesta única raiz "triliteral" há matéria para três formas diversas: forma *simples* (matar), forma *intensiva* (massacrar) e forma *causativa* (fazer morrer). Cada uma destas pode ser conjugada não só no ativo *(qatal, qittel, hiqtil:* as três formas acima mencionadas), mas também no passivo *(niqtal, quttal, hoqtal)* e no reflexivo *(niqtal,* e *hitqattel).* Mas na realidade nos encontramos diante de apenas sete formas, porque o "causativo, reflexivo" não existe, e o "simples passivo", se existiu, desapareceu para ser substituído pelo reflexivo. Como se vê, da primeira forma "simples" — que exprime da maneira mais elementar a ação ou o estado significado pela raiz — derivam as outras seis formas, mediante um desenvolvimento da raiz: ou pela duplicação de um dos três radicais (intensivo, ativo e passivo), ou pelo acréscimo de uma sílaba (ativo causativo, passivo causativo, reflexivo simples e intensivo), e pela mudança de vogal (todas as formas).

Uma vez reconhecidas as sete formas verbais do hebraico, a conjugação é uma coisa fácil: ela compreende dois tempos no modo indicativo, um imperativo, um duplo infinito e um particípio. Os dois tempos do indicativo são chamados *perfeito* e *imperfeito.* Um indica a ação *perfeita* ou completa, o outro a ação *imperfeita* ou incompleta; mas exprimem-se indiretamente outros pontos de vista: ação *instantânea* e *única* (perfeito), ou ação *duradoura* ou *repetida* (imperfeito).

Todavia o hebraico, embora rico em matizes nos seus "verbos", dá de maneira muito incerta o tempo em que a ação ou o estado são considerados. Por isso com freqüência não se compreende bem — ou não logo — se o autor fala do presente, do passado ou do futuro. As gramáticas às vezes falam de um "passado" (a propósito do "perfeito") e de um "presente" ou de um "futuro" (a propósito do "imperfeito"), mas isto não é completamente certo. Há casos freqüentes que contradizem esta terminologia: exemplo Jó 1,5: "Assim *fazia (ya'ase:* é um imperfeito, mas que indica uma ação no passado) Jó todos os dias".

b. O aramaico

O aramaico é estreitamente aparentado com o hebraico, também ele classificado como língua semítica norte-ocidental; mas não é, como às vezes se pensa, uma forma corrompida da língua hebraica, que os hebreus teriam trazido consigo de volta do exílio babilônico. A língua aramaica é uma língua *original* como o hebraico, mais arcaica sob certos aspectos mas claramente mais evoluída sob outros.

Foi a língua das tribos nômades que durante o segundo milênio antes de Cristo invadiram, em etapas sucessivas, a alta Mesopotâmia e a Síria, e no primeiro milênio, sob o nome de caldeus, a Babilônia meridional. Estes "arameus" serviam de intermediários no comércio entre a Mesopotâmia, a Ásia Menor e as costas do Mediterrâneo; assim sua língua tornou-se a língua comercial internacional, e — a partir da metade do primeiro milênio — a língua das chancelarias e dos diplomatas.

A partir do exílio — não apenas em Babilônia, mas também na pátria — os hebreus falam o aramaico ao lado de sua própria língua materna hebraica; mas depois do exílio, o aramaico acabou por suplantar o hebraico que ficou sendo língua da tradição, da literatura sagrada e da liturgia. O aramaico foi também a língua materna de Jesus, dos apóstolos e da primeira Igreja de Jerusalém; é precisamente este dialeto aramaico que está na base das palavras de Jesus e que nos foram transmitidas pelos Evangelhos somente em língua grega.

Nas suas características lingüísticas, o aramaico é muito semelhante ao hebraico.

c. O grego bíblico

O grego da Bíblia distingue-se sob certos aspectos da língua dos clássicos gregos. Trata-se de um estágio de desenvolvimento tardio do grego, que a partir da época de Alexandre Magno, ou seja, a partir da metade do século IV a.C., em toda a bacia oriental do mediterrâneo tornou-se a língua comumente falada e escrita: a *koiné*.

Com relação ao grego clássico, sobretudo do ponto de vista da sintaxe, o grego da "koiné" tende à simplificação e à supressão das dificuldades: coordenação freqüentemente preferida à subordinação; frases mais breves; estilo direto; certa liberdade levada até a licenças linguísticas.

Todavia, o grego bíblico não é a "koiné" pura e simples, mas uma *koiné semitizada*. Com efeito, recebeu dos escritores bíblicos e de seu ambiente uma "forma mentis" e uma bagagem de idéias, de imagens e de procedimentos típicos da língua hebraica-aramaica. Encontram-se freqüentes hebraísmo como "ele falou dizendo"; "e aconteceu que"; "filhos da luz"; "vaso de eleição"; vocábulos tomados diretamente do aramaico, como: *"gehenna, satan, sabbat, amen"*. Vocábulos gregos assumem um sentido novo: "cálice" para indicar "sorte", "língua" para indicar "nação", "caminho" para indicar "doutrina" etc.; ou então os vocábulos gregos se carregam de valores novos e especificamente cristãos, como: "justiça, graça, paz, amor, glória, redenção, crer, carne, espírito, dia" etc...[8]

2. O GÊNIO HEBRAICO

Já vimos que a língua é um modelo interpretativo da realidade, expressão das características espirituais de um povo, numa palavra, da sua *cultura*. Portanto, a distância do leitor moderno da Bíblia não é apenas distância da língua, mas de cultura. A Bíblia, incluído o Novo Testamento, é um livro oriental, o seu clima psicológico e cultural, o seu ambiente de nascimento e de evolução são semitas. Se o homem ocidental — como é cada um de nós — quiser compreender a Bíblia, terá que despojar-se de sua mentalidade, deverá realizar uma espécie de "conversão" psicológica e cultural, uma espécie de reaclimatação.

Entendamos bem. Aqui não se trata de canonizar uma língua e uma cultura particulares como alternativa, por exemplo, à nossa cultura ou mentalidade ocidentais, como também não se trata de canonizar o gênio hebraico como alternativa ao gênio grego. A passagem do hebraico ou do aramaico ao grego, realizado já com a versão grega Setenta (ver cap.

[8] Cf. os vários "Dicionários bíblicos": *GLNT* (G. Kittel), *DB* (J. McKenzie), *DTB* (X. Léon Dufour), etc.

A linguagem humana da Bíblia

7) e ainda mais com o Novo Testamento, demonstra que o desígnio bíblico da salvação era susceptível de tradução e de expressão em todas as línguas e nas respectivas culturas. Se alguém opusesse excessivamente o pensamento hebraico ao pensamento grego a ponto de identificar a Revelação com o primeiro, entraria num caminho errado e num beco sem saída. Baste pensar na antropologia bíblica e nas suas implicações quanto à imortalidade da alma e à ressurreição dos corpos. Certamente, uma antropologia que quisesse fundar-se no "corpo" e na "alma" entendidos como realidades heterogêneas e antagônicas no homem, se orientaria em sentido oposto à antropologia da Revelação bíblica do AT e do NT, a qual tem na unidade compósita e concreta do homem um dos seus traços característicos. Mas esta unidade resiste mesmo quando a linguagem-cultura de tipo helenístico entra expressamente no livro da *Sabedoria* escrito em grego, e — embora de maneira mais velada — em certos trechos de Paulo.

Ademais, é precisamente esta *não hipostatização* da unidade compósita do homem *somente* na linguagem de cunho semítico (a qual acabaria assumindo um valor universal e absoluto, que na realidade não tem) que torna possível a releitura que a tradição tomista — na esteira da concepção aristotélica do homem — fez do dado bíblico, assumindo a terminologia, de tendência dualística, de "alma" e "corpo", mas sublinhando sempre e fortemente a unidade concreta do homem.[9]

A propósito da sobrevivência e subsistência da "alma" depois da morte — para dar um exemplo — o recente documento da Sagrada Congregação para a doutrina da fé sobre "Algumas questões referentes à escatologia", escreve:

"A Igreja afirma a sobrevivência e a subsistência, depois da morte, de um elemento espiritual, o qual é dotado de consciência e vontade, de modo tal que o *eu* humano subsista. Para designar tal elemento, a Igreja usa a palavra "alma", consagrada pelo uso da Sagrada Escritura e pela Tradição. Sem ignorar que este termo assume na Bíblia diversos significados, ela julga contudo que não existe nenhuma séria razão para rejeitá-lo e considera, além disso, que é absoluta-

---

[9] Cf. H. W. Wolff, *Antropologia dell'Antico Testamento*, Queriniana, Brescia 1975; K. H. Schelkle, *Teologia del Nuovo Testamento*, vol. I (*Creazione: cosmo, tempo, uomo*), Dehoniane, Bolonha, 1969.

mente indispensável um instrumento verbal para sustentar a fé dos cristãos".[10]

Desta formulação, na qual se evita falar de "imortalidade da alma", emergem alguns dados interessantes: 1. Pertence ao dado revelado, e portanto ao dado de fé, que o "eu" humano sobrevive e subsiste depois da morte; 2. Este dado tem necessidade, em todo caso, de um "instrumento verbal" para ser expresso: a fé deve poder ser expressa, narrada; 3. O termo "alma", ainda que de significado polivalente, permanece um instrumento lingüístico apto para exprimir e sustentar o dado de fé.

Para concluir, condivido a opinião de Grelot:

"No que se refere à *linguagem,* a criação de um modo de expressão específico adaptado às exigências da Revelação realizou-se num primeiro momento com base numa língua particular (o hebraico), da qual a Palavra de Deus assumiu **as estruturas e utilizou os valores próprios; continuou depois** no quadro da língua grega. Em cada etapa ela se deixou permear pela mentalidade do ambiente, variável de acordo com os tempos e os níveis culturais. Isto certamente não significa que as categorias mentais do hebraico e do grego ou da mentalidade daqueles que falavam então estas línguas tenham sido de alguma forma canonizadas por Deus, mas não deixa de ser verdade que as realidades divinas foram traduzidas para uma linguagem humana por meio de idéias e palavras cujo significado deve ser avaliado em função do ambiente em que a revelação tomou corpo".[11]

3. AS FORMAS LITERÁRIAS

Quando entramos numa biblioteca moderna, vemos que os livros são ali classificados segundo o tipo literário de cada um: romances e novelas, poesia, história, biografias, obras de teatro etc. A Bíblia, produção literária de uma cultura que durou cerca de dois mil anos, assemelha-se um pouco a uma pequena biblioteca: contém 46 livros do AT e 27 do NT, e sobretudo abraça uma infinidade de *formas literárias.*

[10] *AAS* 71 (1979) 939-943; *Regno-Docum.* 24/15 (1979) 356-357. Sobre o tema, cf. C. Ruini, *Immortalità e resurrezione nel Magistero e nella Teologia oggi, in RdT* 21 (1980) 102-115.189-206.
[11] P. Grelot, *La Biblia e la Teologia,* p. 112.

Um reconhecimento implícito das diversas formas literárias na Bíblia já estava na base da divisão hebraica do AT em "Lei, Profetas e Escritos", e daquela cristã em "Livros históricos, proféticos e sapienciais" (AT), em "Evangelhos, Atos dos Apóstolos, Cartas e Apocalipse" (NT).
Todavia, esta distinção revelou-se extremamente sumária. Uma análise literária dos textos mais atenta, e ainda mais a descoberta das literaturas dos povos contemporâneos ao mundo bíblico, permitiram identificar no conjunto dos livros da Bíblia uma quantidade notavelmente mais rica de tipos literários.

a. A pesquisa sobre os gêneros literários

Tal pesquisa é chamada pela moderna ciência bíblica *crítica das formas*. Quem a introduziu no estudo da Bíblia e deu um contributo decisivo ao estudo dos gêneros literários no AT foi **H. Gunkel (1862-1932), professor de AT em Giessen e em Halle.** Sobretudo em sua *Einleitung in die Psalmen (Introdução aos Salmos)*, Gunkel expôs os princípios e os critérios para reconhecer um gênero literário que ele vê caracterizado por: uma série de idéias e emoções dominantes; fórmulas estilísticas e formas sintéticas particulares; um vocabulário típico, facilmente perceptível; uma *situação vital* comum (em alemão *Sitz im Leben),* da qual o gênero literário provém e na qual se repete.

Daqui a definição ou melhor a descrição de "gêneros literários" que hoje em geral se dá: são "as várias formas ou maneiras de escrever usadas comumente entre os homens de uma determinada época e região e colocadas em relação constante com determinados conteúdos". O que é específico e decisivo num gênero literário é o *vínculo claro* entre forma literária, conteúdo que se quer exprimir, e situação vital que determina tanto a forma como o conteúdo. Quem quiser conhecer o significado (conteúdo) das páginas bíblicas não poderá deixar de levar em consideração os gêneros literários; seu uso tornado imperativo também para os católicos pela Encíclica *Divino Afflante Spiritu* de Pio XII e pela constituição dogmática *Dei Verbum* do Concílio Vaticano II (ver cap. 18).

H. Gunkel tinha aplicado a "crítica das formas" aos Salmos e ao Gênesis;[12] M. Dibelius, K. L. Schmid e R. Bultmann

---

12 Cf. H. Gunkel, *Einleitung in die Psalmen,* Göttingen, 1933, ed. post. sob a direção de J. Begrich; *Die Genesis,* Göttingen, 1964, 6ª ed.

aplicaram-na aos Evangelhos Sinóticos.[13] Tratava-se, também nestes escritos, de destacar do atual quadro redacional os diversos trechos evangélicos (por exemplo, milagres, parábolas etc.) e estabelecer as características dos gêneros literários ou "formas" às quais as passagens pertencem, pressupondo como seu *ambiente vital (Sitz im Leben)* a primitiva comunidade cristã com a sua pregação, o seu culto, os seus problemas.

A pesquisa sobre os gêneros literários no AT e no NT continuou, tanto em campo protestante como católico. Alguns nomes, entre os mais prestigiosos: H. Gressmann,[14] O. Eissfeldt (o.c.), J. Schildenberger (o.c.), L. Alonso Schökel,[15] H. Zimmermann (o.c.).

b. Uma classificação dos gêneros literários na Bíblia

b.1. — Antigo Testamento

O. Eissfeldt subdivide a sua classificação em duas grandes partes. Na primeira *(O estágio pré-literário. As unidades mínimas das formas orais e o seu ambiente de origem)* reconhece:

I) *formas em prosa* que compreendem discursos, prédicas, orações, documentos, narrações poéticas (mitos, estórias, fábulas, novelas, sagas, lendas) e narrações históricas;

II) *ditos,* que por sua vez são subdivididos em: ditos legais, ditos cultuais, ditos proféticos, provérbios, adivinhas e ditos sapienciais;

III) *cânticos,* entre os quais são recordados sobretudo os cânticos régios, cânticos cultuais e a poesia sapiencial.

Na segunda parte *(Pré-história literária dos livros do AT)* Eissfeldt considera: os livros históricos, as coleções de leis, os **livros proféticos e apocalípticos, os livros poéticos e didáticos.**

L. Alonso Schökel propõe a seguinte classificação:

I) *Poesia popular:* nela enumera o cântico do trabalho (Nm 21,17-18), o cântico do amor *(Cântico dos Cânticos),* o cântico do guarda (Is 21,11-12), a sátira (Is 23,15-16), o cântico da vitó-

---

13 Cf. M. Dibelius, *Die Formgeschichte des Evangeliums,* Tübingen 1919; K. L. Schmidt, *Der Rahmen der Geschichte Jesu,* Berlim 1919; R. Bultmann, *Die Geschichte der synoptischen Tradition,* Göttingen 1921 (trad. fr. *L'Histoire de la tradition synoptique,* Du Seuil, Paris 1973).
14 *Prophetische Gattungen: Der Messias,* Göttingen, 1929.
15 Além das obras citadas, cf. Id., *Estudios de poética hebrea,* Barcelona, 1963.

ria (Ex 15), a fábula (Jz 9), as bênçãos e as maldições (Gn 49), os provérbios (1Sm 10,12), os enigmas (Jz 14,14), os macarismos (1Rs 10,8), o juramento (Sm-Rs *passim*).

II) *Prosa oficial:* nela enumera o pacto (Dt 5), o símbolo de fé (Dt 26), as leis distintas em casuísticas e apodíticas,[16] a causa judicial (Sl 50), a instrução ou *torá* (Lv 1-9), a parênese (Ag 2,12-14), a guerra sagrada (Dt 20), o catálogo *(genealogia* em *Gn)*, a carta *Esd* 4-6).

III) Narrações: nelas enumera o mito (presente na Bíblia só com imagens, exemplo, Is 14), a fábula (presente apenas em algum elemento, exemplo Nm 22), a saga (exemplo, aquela referente a um lugar em Gn 19), a lenda (Gn 28,10-22), a etiologia (cf. saga e lenda), anais e crônicas *(Reis)*, a notícia e a informação, a anedota, as memórias *(Ne)*, notícias autobiográficas (Jr 20), historiografia *(Sm)*, narração fictícia *(Est, Tb* etc.).

IV) *Literatura profética:* nela enumera o oráculo (subdividido em oráculo de salvação, oráculo contra os povos), a visão (Am 7-8), o sonho (Jr 23,31-32), as unidades escatológicas (Is 34-35), o apocalipse (Dn).

V) *Gêneros sapienciais:* lembra o provérbio, que está na base de todos.

Em particular para os *Salmos,* a partir de H. Gunkel (o.c.) até o trabalho de H. J. Kraus,[17] a sua classificação literária teve uma certa estabilidade. L. Sabourin[18] propõe a seguinte:

I) *Hinos:* diferenciados em hinos propriamente ditos, salmos do Reino de Iahweh, cânticos de Sião.

II) *Salmos individuais:* diferenciados em salmos de súplica, salmos de confiança, salmos de agradecimento.

III) *Salmos coletivos:* diferenciados também eles em salmos de súplica, salmos de confiança, salmos de agradecimento.

III) *Salmos coletivos:* diferenciados também eles em salmos de súplica, salmos de confiança, salmos de agradecimento.

IV) *Salmos régios.*

---

16 Cf. A. Alt, *Ursprünge des israelitischen Rechts,* Leipzig 1934; H. Cazelles, *Loi Israélite,* in *DBS,* vol. V, *vol.* 497-530.
17 *Die Psalmen,* Neukirchen 1978, 5ª ed.; cf. G. Castellino, *Il libro dei Salmi,* Marietti, Turim 1955.
18 *Un classement littéraire des Psaumes,* in ScE 16 (1964), 23-58.

V) *Salmos didáticos:* diferenciados em salmos sapienciais, salmos históricos, exortações proféticas, liturgia.

b.2 — Novo Testamento

Para o Novo Testamento, seguimos a classificação proposta por H. Zimmermann:

I) *Evangelhos Sinóticos.* No interior do gênero mais amplo "Evangelho", o autor distingue dois grupos:

a. *Tradição da palavra:* ditos proféticos, ditos sapienciais, preceitos, parábolas, ditos-eu (em alemão: *Ich-worte*), ditos de seguimento, composição de ditos.

b. *Tradição da história:* paradigmas (ou então breves narrações em si concluídas, que serviam à pregação como exemplos), disputas, narrações de milagres, narrações históricas, história da paixão, composição de relatos.

II) *Cartas,* nas quais o autor distingue:

a. *Material litúrgico* da tradição: hinos, confissões, textos eucarísticos.

b. *Patrimônio parenético* da tradição: catálogos de virtudes e vícios, preceitos para a família, catálogos dos deveres.

c. *As fórmulas: homologuia* (aclamação do Senhor exaltado e presente na sua Igreja); fórmula de fé (que exprime o acontecimento salvífico passado, doxologia (breves frases de louvor e de celebração de Deus e/ou de Cristo Senhor).

III) *Atos dos Apóstolos.* Zimmermann julga que este livro não pode ser adscrito ao gênero literário da literatura das antigas *praxeis* e nem àquela cristã apócrifa dos "Acta". Os Atos dos Apóstolos são uma obra única no seu gênero, isto é, um gênero literário neotestamentário 'sui generis', também porque devem ser considerados, juntamente com o Evangelho de Lucas, *uma só obra* (ver cap. 5).

R. Fabris[19] julga poder identificar no interior do livro dos Atos dos Apóstolos alguns gêneros literários. Para o material narrativo: relatos de milagre, relatos de viagens, relatos de missão, descrição de episódios mais ou menos dramáticos, sumários; no material verbal: discursos, sermões, orações, cartas.

19 *Atti degli Apostoli,* Borla, Turim 1977.

IV) *Apocalipse de João*. Mesmo em sua originalidade cristã, ele encontra lugar no *gênero apocalíptico*, já presente nos profetas (Is 24-27; Ez 37 e 40; sobretudo Daniel 7-12), nos Evangelhos Sinóticos (Mc 13 e par.) e nos apocalipses apócrifos. Ele se caracteriza por uma série de visões simbólico-alegóricas, nas quais é preciso sublinhar principalmente a simbologia dos números; descreve a época contemporânea dominada pelo mal, o julgamento divino e a bem-aventurança dos eleitos na nova era; tem como finalidade fortalecer os leitores na fidelidade a Deus e a Cristo, na paciente perseverança contra o ameaçador poder de Satanás.

Quanto ao gênero literário, merecem uma palavra à parte os Evangelhos da infância e o Evangelho de João. Aqui só é possível um breve aceno:

V) *Os Evangelhos da infância* (Mt 1-2; Lc 1-2): encontram-se ali os gêneros literários da genealogia, o esquema de anunciação, o *midraxe*.[20]

VI) *O Evangelho de João:* ainda que se possa e se deva considerá-lo um Evangelho como os outros três, e até como "o fruto mais maduro deste gênero de escritos e a perfeita encarnação daquilo que o Evangelho quer ser no seu conteúdo mais profundo", ele persegue seu fim próprio que "certamente é o de pôr em primeiro plano, nas ações terrenas e nos discursos de Jesus, a figura excelsa do Revelador e Salvador escatológico, focalizar a glória do Logos que desce à terra para habitar no meio de nós, indicar enfim o permanente significado dos fatos historicamente passados".[21] O gênero literário "testemunho"[22] só em parte explica a singularidade do quarto Evangelho.

4. OS ESCRITORES BÍBLICOS SÃO VERDADEIROS AUTORES

Os escritores da Bíblia não são instrumentos inertes e passivos nas mãos de Deus e nem simples colecionadores de material preexistente. Nós os ofenderíamos se não lhes reconhecêssemos, com todos os direitos, o título de *"verdadeiros autores" (DV* 11).

---

20 Cf. R. Bloch, *Midrash*, in *DBS*, vol. V, col. 1263-1281.
21 R. Schnackenburg, *Il Vangelo di Giovanni*, vol. I, Paideia, Brescia 1973, pp. 12.51-52.
22 Cf. I. de la Potterie, *San Giovanni*, in *Introduzione al NT*, Morcelliana, Brescia 1971, 2ª ed., pp. 879-887.
23 Cf. H. Zimmermann, *o.c.*, pp. 192-233; R. Latourelle, *A Gesù attraverso i Vangeli. Storia e ermeneutica*, cap. X e XIV (com bibliografia).

a. A história da redação

A própria crítica literária realizou uma correção de rota. Visto que a "história das formas" tinha insistido demasiadamente na tradição das pequenas unidades literárias preexistentes à redação final, nos últimos decênios os estudos redacionais puseram em primeiro lugar a intenção particular e a concepção teológica de cada autor ou redator final. À "história das formas" *(Formgeschichte)* foi justaposta a "história da redação" *(Redaktionsgeschichte)*.[23] Os escritores veterotestamentários, como também os evangelistas, que nos deixaram suas grandes obras narrativas, evidentemente não eram apenas compiladores, nem sua produção literária era apenas coleta de materiais. Entre o material transmitido, eles fizeram um trabalho de seleção, de estruturação, de coordenação mediante anotações pessoais, fazendo surgir assim um conjunto novo. A pesquisa histórico-redacional procura encontrar as idéias-guia daqueles homens e o sentido que quiseram dar às pequenas unidades através de sua ordenação no conjunto do escrito.

b. A fadiga pessoal e o estilo do escritor

Também os escritores bíblicos conhecem a fadiga de escrever. O autor de 2Mc fala de "suores e vigílias" como custo de seu trabalho (2,24-33) e o confia à avaliação benévola do leitor (15,39). Lucas, no prólogo do seu Evangelho (1,1-4) fala de "buscas acuradas" pessoais e de sua intenção de fazer "um relato ordenado". Paulo (1Cor 1,14-16) interrompe o curso do pensamento para inserir uma recordação casual e escreve "currente calamo", isto é, explicitando progressivamente o seu pensamento, precisamente como poderia fazer qualquer outro escritor de cartas.

Os escritores da Bíblia permanecem com o seu temperamento, a sua mentalidade, as suas idéias, o seu estilo, a sua linguagem bem diferentes em todas elas. Por exemplo, a espontaneidade popular do Evangelho de *Marcos* é bem diferente da gravidade quase doutoral de *Mateus;* o fascínio de um e a majestade do outro põem em evidência, através do contraste, a elegância e a clareza do Evangelho de Lucas.

Amós, Oséias, Isaías e Jeremias são todos profetas, isto é, porta-vozes da palavra de Deus, mas: *Amós* tem a alma e o estilo do homem da roça (4,1-3;6,1-7; *Oséias* traduz na linguagem a sua paixão de marido traído, mas enamorado (22,1-25) e o seu

A linguagem humana da Bíblia 107

afeto de pai (11,1-11); *Isaías,* mesmo levantando-se duramente contra os pecados de Israel, conserva a expressão nobre do homem de cultura e a ironia do político (3,16-4,1). *Jeremias* traz em seus oráculos a contradição implícita na sua vocação ("arrancar e destruir, exterminar e demolir, construir e plantar": 1,11); é o homem dilacerado por conflitos insuportáveis, profeta de violência e misericórdia. Amante da alegria de viver, do amor e da participação, Jeremias é chamado por Deus para a solidão e o isolamento (16,1-13); o alheamento dos outros faz com que o encontremos recurvado sobre seu *diário,* transbordante de confissões (11,18-12,16;15,10-21;17,12-18;18,18-23;20,7-18).

7
O TEXTO DA BÍBLIA[1]

Não possuímos o original de nenhuma obra literária do mundo clássico. Isto vale também para a Bíblia, cujos textos autógrafos foram irremediavelmente perdidos. Uma breve referência às condições em que se encontrava a arte editorial antes da descoberta da imprensa, já constitui uma explicação suficiente do fato.

1. PAPIROS E PERGAMINHOS

Os primeiros testemunhos de escritura provêm de *Warkah*, no sul de Babilônia, por obra dos sumérios que são considerados os inventores da escrita (ca. 3.500 a.C.). Escreviam em tabuinhas de barro mole, imprimindo ali sinais por meio de um estilete de bambu ou de metal (daí o nome de *escritura cuneiforme*), depois deixavam-nas secar ao sol ou as coziam como tijolos. Desta forma, os documentos puderam conservar-se quase por tempo indefinido. De fato, centenas de milhares de tabuinhas em escrita cunei-

---

1 *Bibliografia*
C. M. Martini, in AA. VV., *I libri di Dio*, pp. 502-551, com biogr.: neste capítulo devo muito ao ensaio de C. M. Martini; C. M. Martini-P. Bonatti, *Il Messaggio della salvezza*, vol. 1, *Introduzione generale*, pp. 153-214; J. Scharbert, *La Biblia. Storia, autori, messaggio* (indico esta obra porque o leitor pode facilmente encontrar nela uma documentação fotográfica suficiente de "escritas antigas, alfabetos, papiros, pergaminhos, rolos, códices etc."; P. W. Skehan-G. W. McRae-R. E. Brown, Textos e versões, in *Grande Commentario Biblico*, pp. 1557-1590.

forme foram encontradas durante as escavações arqueológicas em *Nínive, Mari, Hattushah, Ugarit* etc., e recentemente em *Ebla*.[2] Trata-se de verdadeiros e próprios arquivos.

Os egípcios, pelo contrário, conheciam outro material para a escritura, muito mais prático, mas também facilmente deteriorável, o *papiro*, usado no Egito já desde 3.000 a.C. A haste de papiro, que cresce abundantemente às margens do Nilo, era cortada em lascas; estas eram entrelaçadas, colocadas uma sobre a outra e depois coladas, comprimidas e alisadas. Obtinham-se assim *folhas* de papiro nas quais se escrevia por meio de tinta ou cor, usando um pincel ou uma espécie de pena. As várias folhas podiam ser coladas ou costuradas umas às outras, conseguindo-se assim folhas de vários metros de comprimento. Colocando duas varetas nas extremidades, a longa tira de papiro podia ser enrolada: é o *rolo* de papiro.

O papiro foi importado do Egito para a Palestina através das cidades costeiras da Fenícia e tornou-se material comum de escritura também para o antigo Israel: Jr 36 é um exemplo explícito disto. O costume de gravar a escritura em blocos de *pedra*, como para os egípcios e para os povos da Ásia Menor, também pelos hebreus era reservado a documentos importantes, mas breves: por exemplo, tratados, leis (cf. Ex 31,18;34,1ss., Js 8,32).

Somente mais tarde os hebreus conheceram um material mais durável mas também mais caro, a pele de animais. A preparação do couro de carneiro e cabra, para tal uso, foi aperfeiçoada na cidade de Pérgamo pelo ano 100 a.C., de onde derivou o nome de *pergaminho* (cf. 2Tm 4,13s). Também as folhas de pergaminho eram costuradas uma depois da outra, formando um longo rolo. A forma do *códice* de pergaminho, ou do *livro* formado com folhas colocadas umas sobre as outras e depois ligadas, começa a ser usada no século I d.C. O novo sistema aplicava-se também ao papiro; os célebres papiros do NT, dos quais falaremos, tinham precisamente o formato de códice.

2. TEXTOS ORIGINAIS (PERDIDOS) E TESTEMUNHAS DO TEXTO

Se também a Bíblia nasceu em tal situação editorial, compreende-se facilmente por que os originais se perderam. Papiros,

---

[2] Cf. P. Mathiae, *Ebla. Un impero ritrovato*, Einaudi, Turim 1977; M. Dahood, *Ebla, Ugarit e l'Antico Testamento*, in CC 129 (1978) 328-340; *I libri profetici e sapienziali alla luce delle scoperte di Ebla e di Ugarit*, ibid., pp.

mais ainda do que os pergaminhos, deterioram-se logo. Praticamente só no Egito o clima seco e a areia do deserto favoreceram uma longa conservação dos papiros, que contudo — no que se refere à Bíblia — nunca são textos originais. O caso de *Qumran* foi uma nova feliz circunstância. O deserto árido de Judá e as suas cavernas secas permitiram conservar até 1948, ano da descoberta fortuita, uma notável quantidade de rolos e de códices, certamente antiquíssimos (até o século II a.C.) mas não originais, e além do mais muito danificados.[3]

Além disso, deve-se levar em consideração o fato de que rolos e códices originais, logo deteriorados pelo uso, tornavam necessária uma transcrição dentro de breve tempo. As transcrições de um texto bíblico sucediam-se rapidamente, e conseqüentemente aumentavam também os erros de transcrição, feita sobre cópias de cópias. Assim não é de estranhar que as leituras reconhecidas como errôneas pelos críticos se encontrem já nos mais antigos testemunhos do texto bíblico, hoje à nossa disposição.

Portanto, não possuímos o original de nenhum texto bíblico, mas temos *testemunhas do texto,* isto é, exemplares que chegaram até nós através de correções e modificações e também revisões bastante amplas. Daqui nasce a necessidade da *crítica textual,* cujo objetivo é precisamente o de reconstruir um texto aproximando-se quanto mais possível do original, partindo das testemunhas do texto hoje disponíveis.

As *testemunhas do texto* são de natureza diversa. Chamam-se *diretas,* as que reproduzem o texto por si mesmo: ou por inteiro *(rolos* e *códices* de papiro ou pergaminho), ou então por seções (exemplo, *lecionários* de vários tipos), ou por passagens muito breves (exemplo, *óstracos,* cacos de cerâmica de vários tipos, sobre os quais eram escritos alguns versículos bíblicos). Chamam-se testemunhas *indiretas,* aquelas que reproduzem passagens da Bíblia por ocasião de outras obras literárias, como as *citações dos Padres* nos seus escritos. Testemunhas 'sui gêneris' são as *versões antigas,* cuja importância para a crítica textual deriva do fato de que foram realizadas sobre manuscritos não muito distantes dos originais.

547-557; G. Pettinato, *Ebla. Un impero inciso nell'argilla,* Mondadori 1979 (cf. uma recensão de M. Dahood, in *CC* 131 [1980] 319-333).

3 Sobre as descobertas de Qumran, cf. J. T. Milik, *Dieci anni di scoperte nel deserto di Giuda,* Marietti, Turim 1957; AA. VV., *Qumran et découvertes au desert de Juda,* in *DBS,* vol. IX, vol. 737-805.

O texto da Bíblia 111

3. O TEXTO HEBRAICO E ARAMAICO DO AT

a. Testemunhas diretas

— Até as descobertas do nosso século, os mais antigos manuscritos hebraicos à nossa disposição chegam ao máximo ao século X d.C. As edições críticas modernas da *Bíblia Hebraica* (ver cap. 8) reproduzem, como texto base, o manuscrito de Leningrado B 19ª, de 1008 ou 1009 d.C.

— Em 1896, numa Geniza[4] da cidade antiga do Cairo foram descobertos numerosos fragmentos de códices, o mais famoso dos quais é o texto manuscrito hebraico do livro do *Eclesiástico* (ou *Sirac*). Eles remontam ao século VII-VI d.C.

— Em 1948, os manuscritos bíblicos descobertos nas grutas de *Qumran*[5] introduziram um capítulo novo na história do texto hebraico do AT. Em Qumran encontraram-se fragmentos mais ou menos amplos de todos os livros do AT, com exceção de *Ester, Judite*, 1 e 2 *Macabeus, Baruc, Sabedoria*. De *Isaías, Habacuc* e *Salmos* existe o texto completo. Os manuscritos de Qumran remontam ao período que vai do séc. II a.C. ao I d.C.; portanto, são mil anos mais antigos do que os manuscritos que conhecíamos, se prescindirmos do pequeno papiro de *Nash* (séc. II ou I a.C.), que contém apenas o Decálogo e Dt 6, 4.

— Constitui um caso singular o *Pentateuco Samaritano*, isto é, o texto do Pentateuco proveniente da comunidade-seita dos Samaritanos ainda existente, que se separou do judaísmo na época pós-exílica e conservou por conta própria o Pentateuco como único livro inspirado. Ainda que não possuamos manuscritos anteriores ao séc. X d.C., o texto do Pentateuco Samaritano é importante para a crítica textual porque teve uma transmissão independente e remonta a um tipo de texto hebraico anterior ao fixado pelos massoretas.

---

4 A *Geniza* é o depósito no qual eram juntados os manuscritos de uma sinagoga, já fora de uso. Em 1931, foram descobertos outros fragmentos do Eclesiástico.
5 Cf. P. W. Skehan, *Littérature de Qumran. Textes bibliques*, in DBS, vol. IX, col. 805-822. O ano de 1948 assinala apenas o início das descobertas qumrânicas.

b. Versões antigas do AT

b1. Versão grega Setenta[6]

O nome *Setenta* (sigla LXX) deriva da Carta do pseudo-Aristéia, um estudioso hebreu do século II a.C., que pretende fazer um relato sobre a origem da versão.[7] Deste documento pode-se ao menos deduzir que uma versão grega do Pentateuco, feita pelas comunidades hebraicas da diáspora que não falavam mais hebraico, existia desde o século III a.C. e transmitia-se a memória de sua origem egípcia. Além disso, o prólogo do *Eclesiástico*, escrito pelo ano 130 a.C., acena para a existência de traduções em língua grega da "lei, dos profetas e dos outros livros", na prática de todo o cânon hebraico. Portanto, pelo fim do século II a.C. certamente existia uma versão grega do AT, fruto de outras versões feitas em tempos diversos e por vários autores, que não possuíam a mesma perícia no traduzir.

A história do texto da LXX constitui um capítulo à parte e exige uma específica "crítica textual", a qual está dando os seus frutos nas duas edições críticas em curso de publicação.[8]

6 Os problemas referentes à origem exata da versão LXX e à sua natureza (obra única ou coleção de versões dos diversos livros, feitos em épocas diversas?) ainda dividem os estudiosos e estão fora dos limites do nosso intento; cf. C. M. Martini, *Il testo biblico*, pp. 540-544. Em todo caso, está fora de discussão a importância LXX, não só para a história da transmissão do texto bíblico, mas também para a língua do NT sobre a qual o grego da LXX teve forte influxo. Não se deve esquecer que esta versão foi a Bíblia usada e citada pelos escritores do NT, e foi também a Bíblia dos Padres da Igreja de língua grega, aquela sobre a qual se construiu a primeira teologia cristã (ver cap. 13, 5 c).

7 Faz-se Aristéia dizer que Ptolomeu II Filadelfo (283-246 a.C.) desejava ter na grande biblioteca que fundou em Alexandria do Egito a tradução dos livros sagrados hebraicos. A seu pedido, 72 homens (número arredondado em 70), seis para cada uma das doze tribos, foram enviados de Jerusalém para executar a tradução. O relato enriqueceu-se de ulteriores traços legendários. Segundo o filósofo hebreu Fílon Alexandrino, os 72 foram colocados em celas separadas na ilha de Faro; cada um executou toda a versão em 72 dias e — ápice da lenda — verificou-se que as versões eram miraculosamente idênticas (cf. cap. 10, 1 b.) Para uma versão e um comentário crítico da carta, cf. R. Tramontano, *La lettera di Aristea a Folocrate*, Nápoles 1931; A. Pellentier, *Lettre d'Aristée a Philocrate*, SC 89, Du Cerf, Paris 1962.

8 Uma em Cambridge, A. E. Brooke-N. McLean, *The Old Testament in Greek*, Cambridge 1906... foram publicados apenas os livros históricos); a outra é de Göttingen, J. Ziegler, *Vetus Testamentum Graecum auctoritate Societatis Litterarum Gottingensis editum*, Göttingen 1931... (até agora saíram *Sl*, 1 e 2*Mc*, 12 *profetas menores*, *Is*, *Ez*, *Jr*, *Sb*, *Eclo*, *Est*, *Gn*, *Dt*, 1*Esd*, *Jd*, 3*Mc* e partes deuterocanônicas de *Dn*). Entre as edições críticas *manuais*, deve-se recordar principalmente a de A. Rahlfs, *Septuaginta*, 2 vol., Stuttgart, 1965, 8ª ed.

O texto da Bíblia 113

Os manuscritos completos mais antigos do que a LXX são os códices cristãos *Vaticano* e *Sinaítico*, ambos do século IV depois de Cristo. Mas em Qumran, e em outras zonas do deserto de Judá, foram encontrados fragmentos de uma versão grega do *Levítico* e do *Êxodo*, Carta de *Jeremias* e Profetas menores, que provavelmente remonta à segunda metade do século I d.C. A estes devem ser acrescentados os papiros gregos *Ryland* e *Fouad* com fragmento do Dt, e os Papiros *Chester Beatty* com fragmentos de Nm e Dt: todos do século II d.C.

b2. Versões de Áquila, Símaco e Teodocião

Quanto mais intensas se tornavam as disputas entre cristãos e judeus, tanto mais a versão LXX, tornada Bíblia dos cristãos, perdeu importância entre os judeus. Assim surgiram, no século II d.C., novas traduções gregas do AT para uso dos judeus da diáspora. São as versões de *Áquila, Símaco* e *Teodocião*, das quais são Jerônimo exprimiu concisamente este juízo: "Um (Áquila) procura traduzir palavra por palavra; o outro (Símaco) dá antes o sentido; o terceiro (Teodocião) não difere muito dos antigos (isto é, a LXX)".[9] Orígenes (†254 d.C.), recolheu-as, juntamente com a LXX, dispondo-as em colunas paralelas juntamente com o texto hebraico e com uma transliteração do texto hebraico em letras gregas: são as chamadas *Héxaplas* (= seis colunas paralelas), obra monumental da qual infelizmente só possuímos fragmentos.

b3. Versões aramaicas, ditas "Targumim"

Já antes de Cristo, quando o hebraico já havia sido substituído pelo aramaico como língua popular e portanto não era mais compreendido pelo povo (ver cap. 6, 1 b), o leitor da sinagoga hebraica traduzia diretamente o texto hebraico, freqüentemente parafraseando-o com o objetivo de uma interpretação do texto sagrado: ali está o *Targum*, palavra aramaica = *tradução*. Estas versões aramaicas, antes orais, depois foram escritas. Também em Qumran encontrou-se um fragmento de um Targum sobre Jó.

Dispomos de diversos Targumim (sigla Tg): sobre o Pentateuco *Tg* de *Jonatan* (ou Hierosolimitano I), *Tg Hierosolimitano* II (que provavelmente corresponde àquele encontrado recente-

[9] S. Jerônimo, *Praef. in 2 Chron. Eusebii*: PL 27, 223.

mente, em 1956, no códice *"Neofiti I"* da Biblioteca Vaticana), e *Tg de Onkelos; Tg de Jonatan-ben-Uzziel* sobre livros históricos e proféticos; outros *Tg* sobre os livros proféticos e didáticos. Os *Tg* chegaram até nós em manuscritos relativamente recentes; todavia, a sua primeira redação é muito antiga, ainda que não vá além do séc. V d.C.

Tratando-se geralmente de versões parafraseadas do texto hebraico, os *Tg* são importantes mais para o conhecimento da antiga exegese judaica do que para a crítica textual.

b4. Outras versões antigas

Das outras versões antigas do AT, muitas foram feitas sobre o texto grego da LXX: assim a *Vetus latina (sigla Vl)* do século II, as versões *coptas* (séc. III), a versão *armena* (séc. V), *etiópica* (séc. IV ou V), *gótica* (séc. IV), *georgiana* (séc. V).

As únicas feitas sobre o texto hebraico são: a versão siríaca da *Pesitta* (isto é, *comum),* a partir do séc. II; a *versão latina* dos livros protocanônicos (ver cap. 12) do AT, feita por são Jerônimo (séc. IV) diretamente do hebraico e que confluiu depois na *Vulgata* (sigla *Vg).*

4. BREVE HISTÓRIA DO TEXTO HEBRAICO DO AT

Com o estudo e comparação das testemunhas diretas e das antigas versões, a história da transmissão do texto hebraico (e aramaico) do AT pode ser hoje reconstruída como segue.

a. Num *primeiro período,* que vai quase até o fim da era veterotestamentária, a transmissão do texto hebraico do AT sofre mudanças e variações bastante grandes.

Percebe-se isto comparando os textos que no AT são referidos duas vezes, os chamados *lugares paralelos:* exemplo, Sl 14 = Sl 53; Sl 40,14-18 = Sl 70; Sl 18 = 2Sm 22; Is 2,2-4 = Mq 4,1-3; Is 36-39 = 2Rs 18,13-20; 2Rs 2,18-25,30 = Jr 52. Originariamente deviam ser idênticos; mas depois, encontrando-se em livros diferentes ou em partes diversas do mesmo livro (o caso dos Salmos), tiveram uma diferente história de transcrição que deu lugar a múltiplas variações.

A maior flutuação do texto neste primeiro período evidencia-se também na comparação entre o atual texto hebraico (sigla:

TM = texto massorético), o texto pressuposto pela LXX e — para o Pentateuco — o texto hebraico do Pentateuco Samaritano.

b. Num *segundo período,* isto é, começando do século I a.C., constata-se a tendência bastante nítida a pôr fim à pluralidade das tradições textuais através da fixação de um texto normativo. Os manuscritos bíblicos de *Qumran,* se de um lado confirmam o estado de flutuação do texto do AT ainda existente no século II a.C., de outro, porém, dão testemunho de que a base do atual TM já existia naquele período, numa forma que poderemos chamar *protomassorética.* Com efeito, deve-se reconhecer que o número das variantes dos textos de Qumran com relação ao TM é menor do que se poderia esperar e que o texto bíblico de Qumran, em particular para Isaías, mostra mais afinidade com o TM do que com o da LXX.

Além disto, o rolo dos 12 profetas menores, descoberto em *Murabba'at*[10] e escrito no início do século II d.C., é totalmente semelhante ao texto consonântico massorético: uma prova da real fixação do texto hebraico naquele período. As próprias traduções gregas de Áquila, Símaco e Teodocião do séc. I d.C. supõem um texto hebraico uniforme e idêntico — quanto às consoantes — com o TM.

"Por isso parece fundada a opinião de que no período em torno da destruição do templo de Jerusalém (ano 70 d.C.) já existisse a base recensional sobre a qual trabalharam depois os massoretas".[11] Evidentemente, os doutos rabinos, diante das muitas variantes das transcrições do texto, tinham cuidado de uma primeira fixação de uma norma textual rígida.

c. Num *terceiro período* que vai de 500 a cerca de 900 d.C., o texto hebraico e aramaico do AT alcança a definitiva estabilidade, não só no que se refere ao texto consonântico mas também no que tange à sua pronúncia. Este paciente e tenaz trabalho de fixação foi obra dos escribas hebreus, chamados *Massoretas,* isto é, os *homens da Tradição* (do verbo hebraico *masar* = *transmitir),* de onde o nome de *Texto Massorético* (sigla TM), dado ao seu trabalho. Eles codificaram também a pronúncia do texto hebraico, que de século para século era transmitida no culto e na doutrina do judaísmo palestino. Fizeram isto através de um sistema de sinais, traços e pontos, colocados por cima ou

---

10 Cf. J. T. Milik-R. de Vaux, *Les Grottes de Murabaa'at,* Oxford, 1961.
11 C. M. Martini, *Il testo biblico,* p. 537.

por baixo das consoantes e indicando as vogais. A maior parte dos manuscritos é "pontuada", isto é, vocalizada, segundo o sistema *tiberiense,* assim chamado pela escola massorética de Tiberíades. É o conservado nas modernas edições da Bíblia hebraica.

Os massoretas não se limitaram a fixar o texto hebraico-aramaico e a sua pronúncia, mas aprisionaram-no com toda uma série de observações, colocadas ou à margem de cada coluna do texto (= *massora pequena),* ou acima e em baixo das colunas, isto é, na margem superior e inferior da página (= *massora grande),* ou então no fim de cada livro (= *massora final).* O escrúpulo do trabalho chegou a tal ponto que, mesmo quando no texto sacro reconheciam um evidente erro de transcrição, deixavam inalterado o texto tradicional e anotavam à margem, na massora pequena, a leitura correta.

O texto do AT tornou-se assim imutável. A *massora* realmente, segundo uma expressão rabínica *(Pirqe Aboth,* início) tornou-se *a cerca da Torá.*

5. O TEXTO GREGO DO NT[12]

a. Testemunhas diretas

Do texto grego do NT possuímos mais de 2.500 manuscritos. Destes, para os objetivos da crítica textual, são sobretudo importantes cerca de 266 manuscritos *maiúsculos* ou *unciais,* e os 84 (mas seu número está sempre aumentando) *papiros.* As siglas usadas são: P com um número como expoente (exemplo, P^1), para os papiros; uma letra do alfabeto latino (exemplo A B C...), ou grego ou hebraico, ou então um número precedido de zero (exemplo, 047 etc.), para os códices maiúsculos; um número (exemplo, 13, 69, 124 etc.) para os *minúsculos,* isto é, escritos em caligrafia corrente; a letra l com um número como expoente (exemplo 1^2), para os lecionários. Os códices maiúsculos vão do século III ao século XI; os minúsculos vão do século IX até a descoberta da imprensa.

a1. Códices maiúsculos mais importantes

B=03: códice *Vaticano,* conservado na Biblioteca Vaticana. Dali o nome. Contém o AT (versão LXX) e NT (com lacunas); é do século IV.

[12] Cf. P. Sacchi, *Alle origini del NT,* Le Monnier, Florença 1965.

O texto da Bíblia 117

S=01: códice *Sinaítico,* descoberto em duas ocasiões (1844 e 1859) por Constantino von Tischendorf no mosteiro de santa Catarina no Sinai, hoje no British Museum de Londres. É designado também com a letra hebraica *alef;* contém AT e NT; é do século IV.

A=02: códice *Alexandrino,* conservado na British Museum. Contém AT e NT; é do século V.

C=04: códice palimpsesto, chamado "de Efrém reescrito" porque no século XII foram reescritas ali, depois de rasurado, obras de santo Efrém em grego. É conservado na Biblioteca Nacional de Paris; contém AT e NT (com lacunas); é do século V.

D=05: códice de Beza, que o doou em 1581 à biblioteca da Universidade de Cambridge, e por esta razão é chamado também *Cantabrigensis.* Contém Evangelhos e os Atos dos Apóstolos: em grego na página direita e na versão latina na esquerda. É do século V.

D=06 (siglado também D^p); é o códice chamado *Claromontano,* porque por longo tempo permaneceu no mosteiro de Clermont; atualmente está na Biblioteca Nacional de Paris. Contém as cartas de são Paulo, tanto em grego como na versão latina. É do século V.

W=032: códice de *Washington,* ali conservado. Contém os Evangelhos na ordem preferida pelos antigos no Ocidente: Mt, Jo, Lc, Mc. É do século VI.

Θ =038: códice de *Koridethi,* proveniente do mosteiro homônimo junto ao mar Negro e conservado em Tíflis, capital da Geórgia. Contém os Evangelhos (com lacunas). É do séc. VIII.

a2. Papiros mais importantes

P^{52}: é o mais antigo manuscrito conhecido do NT. Descoberto no Egito, remonta ao século II e contém Jo 18, 31-33.37-38; pertence a "John Ryland's Library", de Manchester. Prova que o quarto Evangelho, embora escrito na Ásia, já era conhecido no vale do Nilo pelo ano de 120-130, e portanto não pode ter sido composto mais tarde do que no fim do século I.

P^{45}, P^{46}, P^{47}: chamados "papiros de Chester Beatty" porque adquiridos no Egito pelo inglês A. Chester Beatty nos anos 1930-1931. P^{46} compõe-se de 85 folhas e traz as cartas de são Paulo na ordem: Rm, Hb, 1 e 2Cor, Ef, Gl, 1Ts (2Ts provavelmente seguia nas folhas hoje perdidas). P^{47}, em 10 folhas, contém Ap 9, 10-17, 2. Os três papiros são bastante importantes por sua antiguidade (antes da metade do século III) e pela amplidão dos textos neles contidos.

P^{66}: Papiro "Bodmer II", conservado na Biblioteca Bodmeriana de Cologny (Suíça). Escrito por volta do ano 200, compreende quase todo João 1-14 e fragmentos dos capítulos seguintes.

P^{75}: Papiro "Bodmer XIV-XV". Escrito no início do século III, contém grande parte de *Lc* e dos primeiros 15 capítulos de *Jo*.

P^{72}: Papiro "Bodmer VII-VIII". Escrito no século III-IV, contém o texto mais antigo até agora encontrado da carta de Judas e das duas de Pedro.

b. Versões latinas antigas[13]

A história do texto do NT interessa-se sobretudo por duas versões latinas: a *Vetus latina* chamada também *Ítala*, e a *Vulgata*.

b1. A Vetus latina *(Vl)*

Desde final do século I a Igreja sentiu a necessidade de uma versão latina para o povo, que pouco ou nada entendia de grego, particularmente na Itália setentrional, na África, na Gália e na Espanha, mais distantes dos centros de irradiação helênica.

Já os *Acta dei martiri di Scillium* na África, por volta de 180, atestam que um destes homens do povo (que sem dúvida ignorava o grego) tinha consigo "os livros usados entre nós e as cartas de S. Paulo". *Tertuliano*, por volta do ano 200, alude nos seus escritos a traduções ou "interpretações" da Bíblia; ainda na África, S. Cipriano († 258) cita sempre do mesmo modo a Bíblia em latim: evidentemente transcreve de uma tradução já fixada e em uso. O mesmo faz *Novaciano* († cerca de 257) em Roma; mas a versão latina por ele admitida difere da utilizada por S. Cipriano. Existiam, então, no século III, pelo menos duas versões latinas, uma em Roma e outra na África?

O problema se existiam mais traduções independentes, ou uma recensão italiana (Roma) da tradução divulgada na África, permanece ainda hoje em debate. Portanto, prefere-se usar para a antiga Bíblia em latim a expressão *Vetus latina,* isto é, a *antiga*

---

[13] Para informações mais amplas e detalhadas sobre a *Vetus latina* e sobre a *Vulgata,* cf. P. Bonatti-C. M. Martini, o.c., pp. 199-214.

O texto da Bíblia

latina. Os Beneditinos de Beuron estão preparando uma edição crítica dela,[14] com base nas citações dos padres latinos e de um número limitado de códices, com freqüência parciais e fragmentários.

b2. A Vulgata *(Vg)*

A versão latina *Vulgata,* isto é, "difundida" entre o povo, feita por são Jerônimo no fim do século IV, baseia-se para o AT (livros protocanônicos) no texto hebraico. Para o NT, "Jerônimo limitou-se a rever a antiga versão latina com base em alguns códices gregos. Durante vários sécs. a *Vl* e a *Vg* disputaram a primazia, até que a partir do séc. VIII-IX a *Vg* se impôs. Durante longos séculos, a história do texto da *Vg* esteve intimamente relacionado com a história da teologia, da liturgia e da espiritualidade da Igreja latina. Em 1546, o concílio de Trento declarou esta "autêntica", isto é, passou a ser o texto normativo de referência, sendo preferido às outras versões latinas, sem por isso excluir o recurso aos textos originais. Em 1592 foi publicada uma edição oficial (a Sisto-Clementina), que contudo não queria ser uma edição crítica".[15] Posteriormente foram impressas edições críticas.[16]

6. BREVE HISTÓRIA DO TEXTO GREGO DO NT

Do confronto entre as testemunhas diretas do texto grego do NT (códices e papiros), das antigas versões especialmente latinas e das citações dos Padres, surge um notável número de variantes, mesmo prescindindo daquelas atribuíveis a erros de escrita, e portanto facilmente elimináveis. Estas variantes "conscientes" constituem o objeto de interesse de quem se propõe

---

14 *Vetus latina. Die reste der altlateinischen Bibel nach Petrus Sabatier neu gesammelt und herausgegeben von der Erzabtei Beuron* (até agora saíram Gênesis, Tiago, cartas de Pedro e João, Efésios, Filipenses e Colossenses), Herder, Friburgo 1951-1966.
15 C. M. Martini, *Il testo biblico,* pp. 550-551.
16 Muito célebre é a edição crítica da Vulgata para o NT, sob a direção dos anglicanos J. Wordsworth e H. J. White (o primeiro fascículo saiu em 1889 e o último, com o Apocalipse, em 1954). Para o AT, a partir de 1926, está saindo a edição crítica sob a direção dos Beneditinos da Abadia de são Jerônimo em Roma (iá foram publicados os livros históricos, os sapienciais, e Is, Jr, Lm, Ez), *Biblia Sacra, iuxta latinam Vulgatam Versionem ad codicum fidem,* Polyglotis Vaticanis, Romae 1926-1978.

reconstruir a história do texto grego do NT. Ora, coordenando as diversas tendências dos manuscritos, de maneira sistemática e compondo as diversas testemunhas de tais tendências, a crítica moderna chegou a identificar — em linha de princípio — *quatro tipos de textos:*[17]

a. **Texto alexandrino**

Trata-se de um tipo de texto que se vai formando no Egito (papiros e códices deste tipo provêm do Egito). É representado por manuscritos antigos, em geral muito bons: os manuscritos B e S; os papiros P^{75}; o maiúsculo A (fora os Evangelhos); o palimpsesto C; os minúsculos 33, 892, 1241. Deveria ser o mais próximo do texto original. Foge das harmonizações e em geral de toda ampliação do texto (escolha constante do "textus brevior").

b. **Texto ocidental**

Também este é muito antigo. É chamado "ocidental" porque testemunhado especialmente na Igreja ocidental, e é representado pelo códice uncial D, pelas antigas versões latinas e siríacas, por escritores e Padres como Marcião, são Justino, Taciano e santo Ireneu. Comparado ao texto "alexandrino", o texto "ocidental" mostra tendência à harmonização e às paráfrases, contém acréscimos referentes a eventos maravilhosos, como também significativas omissões.

c. **Texto cesareense**

É assim chamado porque se percebeu a afinidade entre este tipo de texto e aquele usado por Orígenes e Eusébio, o que faz pensar na Igreja de Cesaréia no séc. III, como pátria de origem. É representado por dois grupos de códices minúsculos (13, 69, 124, 346 e 1, 118, 131, 209) e dois maiúsculos W e Θ.

Na realidade, o texto "cesareense" está muito próximo do "alexandrino", salvo maior exatidão nas formas lingüísticas e a infiltração de alguns elementos do texto "ocidental".

d. **Texto bizantino**

A quase totalidade dos manuscritos do NT a partir do séc. VII-VIII, apresenta um tipo de texto bastante uniforme, com

17 Cf. C. M. Martini, *Il testo biblico*, pp. 521-530.

variantes internas de pouca importância e com notáveis diferenças com relação ao texto de outros códices mais antigos. É chamado "bizantino" porque usado desde a Idade Média até o dia de hoje na igreja oriental. O processo recensional de tipo "bizantino" parece ter seus inícios no séc. V com o códice uncial A e nas citações de são João Crisóstomo, Teodoreto de Ciro e são Cirilo Alexandrino. As tendências deste texto são: forma lingüística mais elegante; maior clareza do texto, obtida mediante mudanças de vocábulos; harmonização das passagens paralelas dos evangelhos, levada até à igualdade; fusão de duas ou mais leituras variantes num mesmo versículo.

7. NOÇÕES DE CRÍTICA TEXTUAL

Agora podemos compreender o significado e o valor da *crítica textual*, que somente uma incompetência superficial pode relegar às ciências de nenhum valor para a teologia e para a fé. Pelo contrário, ela é imposta também aos crentes.[18]

O leitor comum dispõe hoje, numa tradução moderna, do texto bíblico reconstruído pelo trabalho paciente dos peritos da crítica textual. O que descrevemos anteriormente sobre a história do texto hebraico do AT e do texto grego do NT é o resultado do *primeiro* trabalho de crítica textual, que consiste em confrontar entre si as testemunhas do texto hoje à disposição, classificá-las e reconstruir assim as vicissitudes da transmissão e transcrição do texto bíblico. Neste ponto começa o *segundo* trabalho, isto é, o de reconstruir um texto quanto mais próximo possível daquele original que se perdeu, partindo das atuais testemunhas

---

18 Pio XII, na Encíclica *Divino Afflante Spiritu* de 1943, afirmava com relação à crítica textual: "Mas hoje esta técnica, chamada 'crítica textual' e que é aplicada com grande louvor e fruto na publicação dos livros profanos, exerce-se com pleno direito também nos livros sagrados pela própria reverência devida à palavra divina. Com efeito, por sua natureza, ela reconstitui, na medida do possível, o texto sagrado de maneira perfeitíssima, purifica-o dos erros introduzidos pela fraqueza dos amanuenses e o liberta segundo a própria possibilidade das glosas e das lacunas, das inversões de termos e das repetições e de todos os outros gêneros de erros que geralmente se insinuam nos escritos transmitidos por muitos séculos (...) E também não é o caso de recordar aqui (...) quanto a Igreja levou em consideração estes estudos de técnica crítica dos primeiros séculos até a nossa era. E todos sabemos muito bem que este longo trabalho não só é necessário para compreender de maneira reta os escritos dados pela inspiração divina, mas é postulado também e fortemente por aquela piedade divina com a qual por sua suma providência Deus enviou estes livros como uma carta paterna, da sede de sua divina majestade, aos seus filhos" (EB 548).

do texto devidamente avaliadas e classificadas. Portanto, uma ciência a serviço da fé, para quem crê na Bíblia como Palavra de Deus e está interessado na reconstrução do texto original inspirado por Deus.

Também para os que não estão em condições de realizar, ou verificar, uma crítica textual, não é supérfluo conhecer brevemente os instrumentos de trabalho desta ciência.

a. Algumas regras de crítica textual

Não devem ser consideradas como normas rígidas, mas como indicações gerais de método. Eis as principais:

— Deve considerar-se genuína a leitura variante a partir da qual se pode explicar a origem das outras.

— Uma leitura mais difícil deve ser preferida a uma mais fácil; com efeito, o copista está propenso a facilitar um texto difícil, mais do que a tornar difícil um texto mais fácil.

— Uma leitura mais breve *geralmente* é preferível a uma mais longa: com efeito, ao transcrever, a pessoa é tentada a acrescentar uma observação explícita a um texto difícil.

— Uma leitura diferente de uma passagem paralela deve ser preferida a uma semelhante.

b. Dois exemplos concretos

Oferecemos ao leitor dois exemplos de emprego da crítica textual, com um evidente reflexo desta na exegese do texto bíblico.

Do AT

O TM de Is 21,8 soa assim: "Então *um leão ('arjeh)* diz: De sentinela, Senhor, eu estou todo o dia". A coisa é muito estranha. G. Luzzi, por exemplo, procurava dar um sentido à frase traduzindo: "E (a sentinela) gritou *com voz de leão,* etc."; G. Diodati traduzia: "E gritou *como um leão,* etc.".

Ora, no rolo de Isaías descoberto em Qumran (1Q Is[a]) lê-se: "Então o *vidente (haro'eh)* gritou: etc.", leitura que oferece claramente um sentido melhor e explica a origem da leitura do TM: um erro de transcrição, isto é, a simples troca de duas letras hebraicas *(he* com *alef),* fez com que "o vidente" *(haro'eh)* se tornasse "um leão" *('arjeh).* A *Bíblia de Jerusalém* traduz: "O espia *(haro'eh* = literalmente: aquele que olha) gritou, etc.".

O texto da Bíblia

Do NT

No episódio de Marta e Maria (Lc 10,38-42), no v. 42, as leituras divergem bastante:

— P^{45}, P^{47}, A, K, muitos códices minúsculos, a *Vg*, etc. têm: "mas uma só é a coisa de que há necessidade";

— D, *Vl* e outros suprimem a frase;

— 38, algumas versões coptas, a versão armena e a georgiana, como também Orígenes, substituem-na com: "Mas poucas são as coisas necessárias" (com referência ao v. 41 e referente à ceia: trata-se de uma interpretação de tipo ascético);

— P^3, B, S corrigido e outros, unem as duas fórmulas: "Mas de poucas coisas há necessidade; antes, de uma só" (o que dá a impressão de um compromisso).

A primeira leitura: "Mas uma só é a coisa de que há necessidade" parece preferível, porque explica a origem das outras e tem a vantagem de dar ao episódio de Marta e Maria o seu epílogo profundo: a palavra de Jesus passa à frente de toda preocupação de ordem material (cf. Lc 12,31 e At 6,2).

8. AS EDIÇÕES CRÍTICAS DO TEXTO DA BÍBLIA

As pesquisas sobre a história do texto bíblico e as escolhas textuais feitas pelos críticos encontram expressão nas *edições críticas,* as quais não publicam apenas o texto reconstruído com base no material documentário das várias testemunhas e reconhecido pelo crítico como o mais próximo da origem, mas apresentam também, no rodapé, um aparato crítico no qual são apresentadas as principais variantes dos papiros, dos códices unciais e minúsculos, das antigas versões.

Indicamos aqui as versões críticas mais conhecidas e muito em uso nas escolas de Teologia.

Para o AT:

— R. Kittel — P. Kahle, *Biblia Hebraica,* Stuttgart 1951, 7ª ed. Tem dois aparatos críticos: no primeiro são indicadas as testemunhas dos códices e das versões; no segundo as leituras a corrigir, ou com base nas testemunhas ou por conjectura.

— K. Elliger — W. Rudolfh, *Biblia Hebraica Stuttgartensia,* Stuttgart 1967-1977. O texto permaneceu o de Kittel-Kahle, mas o aparato crítico foi reduzido a um só e completamente refeito.

Para o NT:

— J. M. Bover, Madrid 1959, 4ª ed.: recensão somente das variantes para as quais existe uma diversidade entre as edições críticas modernas.

— E. Nestle — K. Aland, Stuttgart 1979, 26ª ed.: dá as principais variantes levando em consideração sobretudo os unciais mais importantes e as versões mais antigas.

— A. Merk, PIB-Roma 1964, 9ª ed. (sob a direção de C. M. Martini): dá um texto crítico e as principais variantes; além dos unciais maiores e das versões mais importantes, leva em consideração também os principais códices minúsculos. Em apêndice ao volume são apresentadas as leituras variantes dos *papiros,* recentemente descobertos.

— K. Aland — M. Black — C. M. Martini — B. M. Mezger — A. Wikgren, *The Greek New Testament,* Stuttgart 1969, 2ª ed.: apresenta um texto que é fruto de discussão em grupo, e algumas variantes mais importantes para o sentido, com uma atestação quanto possível completa. Está sendo preparada uma nova edição.

TERCEIRA PARTE
A BÍBLIA É PALAVRA DE DEUS

A Bíblia foi surgindo com o próprio devir de uma longuíssima história. Memória escrita das vicissitudes do antigo e novo Israel, nela se foram cristalizando as expressões mais intensas da identidade do povo de Deus, chamado a ser instrumento de salvação universal. Como tal, a Bíblia é em primeiro lugar e em toda a profundidade do significado, linguagem humana, palavra dos homens (ver segunda parte).

Mas os crentes não cessam de se aproximar do Livro sagrado como mensagem de Deus que opera salvação em quem o acolhe através da fé e o traduz em estilo e obras de vida. A Bíblia é o livro da Revelação de Deus, que culmina em Jesus Cristo; é "a redação por escrito da Boa notícia da salvação" (DV 7): é a palavra amiga que Deus dirige aos homens na história e através da história (ver primeira parte), precisamente "contida e expressa de maneira especial nos livros inspirados" (DV 8 e 11).

Todavia o mistério da Bíblia ainda não está suficientemente descrito. A fé cristã não se contenta em afirmar: a Bíblia contém a Revelação de Deus; ela proclama: "A Sagrada Escritura é Palavra de Deus, enquanto escrita por inspiração do Espírito Santo" (DV 9). A Bíblia é Palavra de Deus em palavras humanas (terceira parte).

Nesta terceira parte queremos ver, com um procedimento de tipo histórico:

1. Como nasceu e como se exprimiu no antigo e novo Israel a consciência de que não só a realidade-evento da Revelação é Palavra de Deus, mas o é também sua notícia escrita, ou seja, a Bíblia (cap. 8).

2. *De que maneira o dado de fé: "A Bíblia é Palavra de Deus", encontrou progressivamente na reflexão do povo de Deus um fundamento sempre mais explícito, isto é, a presença e a ação do Espírito de Deus (= Inspiração), cujo escopo sempre foi e ainda é impelir o ser humano para além de si mesmo, promovê-lo, transcendê-lo a fim de que o humano se torne sinal e instrumento do divino. A Inspiração bíblica aparece como o último (ou o penúltimo?) estágio de uma ação carismática do Espírito de Deus, que atravessa e sustenta todo o processo histórico da Revelação (cap. 9).*

3. *De que maneira a Igreja pós-apostólica, desde os Padres apostólicos até os nossos dias, na sua ininterrupta reflexão guiada e promovida pelo próprio Espírito, definiu o "mistério da Bíblia" e aos poucos o foi traduzindo em categorias sempre novas, mais aderentes à compreensão mais profunda do mistério e mais de acordo com a contemporaneidade do homem (cap. 10)?*

4. *Quais são hoje, na pesquisa de biblistas e teólogos, os problemas abertos quanto à história e à natureza da Inspiração bíblica (cap. 11)?*

8

OS LIVROS DA BÍBLIA SÃO PALAVRA DE DEUS[1]

A Bíblia conserva e transmite a Revelação de Deus, destinada aos homens de todos os tempos. Poderíamos dizer: a Revelação está para a Escritura como o evento está para a notícia que no-lo dá a conhecer. O antigo e o novo Israel consideram a Palavra de Deus não apenas a Revelação (história e palavra), mas também a sua notícia escrita, o Livro Sagrado. A Bíblia "não é apenas o relato, ainda que fiel, das palavras de Deus, e nem contém apenas a revelação feita por Deus com a sua palavra e os seus gestos salvíficos, mas é realmente *Palavra de Deus*".[2]

Queremos verificar este tema, tanto para o AT como para o NT, percorrendo os grandes complexos literários nos quais se foi condensando a revelação bíblica.

A) ANTIGO TESTAMENTO

1. A LEI DE DEUS (A TORÁ)

Israel considerou sempre a *Torá* como *divina*, porque lhe foi dada por Deus através de Moisés. À medida que a Lei é

---

[1] *Bibliografia*
H. Haag, La Parola di Dio si fa Scrittura, in *Mysterium salutis*, vol. I, pp. 408-419; A. Marangon, La Biblia parla di sé, in AA. VV., *I Libri di Dio*, pp. 12-44 (p. 12, bibliogr.); P. Procksch, G. Kittel, *Lego*, in *GLNT*, vol. VI, col. 260-380; G. Schrenk, *Graphe*, in *GLNT*, vol. II, col. 623-654.
[2] R. Cavedo, *Libro Sacro*, in *NDT* 761.

escrita nas diversas épocas e com sucessivas atualizações, surgiu quase automaticamente como a expressão codificada da vontade de Deus, participante de sua transcendência.

a. O documento do "pacto sinaítico"

Deus pronuncia as suas palavras (Ex 20,1ss): Moisés relata ao povo "todas as palavras do Senhor e todas as normas" (Ex 24,3), e as escreve (24,4); depois toma "o livro da aliança e o lê na presença do povo", e o povo responde: "Faremos o que o Senhor ordenou" (24,7). O mesmo acontece no relato Javista da aliança sinaítica (renovação da aliança pelo redator final): cf. Ex 34,27-28.

Através da leitura e da audição da Lei, Israel é colocado diante da própria Palavra de Deus. Quando, depois do exílio, a *Torá* tiver assumido a atual extensão literária do Pentateuco, Israel se confrontará com Deus através da leitura e audição daquelas páginas: cf. Ne 8,1-15;9,33-36;10,1-30.

b. A carta constitucional do Rei

O *livro* da Lei, redescoberto sob o Rei Josias durante os trabalhos de restauração do Templo de Jerusalém, está na origem de uma radical reforma religiosa e a inspira (cf. 2Rs 22-23). Provavelmente trata-se da secção legislativa de Dt 12-26 (ver cap. 5, A 3), daquela "cópia da Lei" da qual se lê em Dt 17,18-26: "Quando subir ao trono real, (o rei) deverá escrever num livro, para seu uso, uma cópia desta lei, ditada pelos sacerdotes levitas. Ela ficará consigo e ele a lerá todos os dias da sua vida, para que aprenda a temer a Iahweh seu Deus, observando todas as palavras desta Lei e pondo estes estatutos em prática". Também as famílias dos israelitas devem buscar nos preceitos e na lei escrita o alimento diário para a fé e a fidelidade à aliança (cf. Dt 6,6-9;11,18-20).

No Deuteronômio "a Palavra" ou "as Palavras" designavam não mais a Palavra pronunciada por Deus mas a *palavra escrita:* "A lei é considerada ali como a expressão já codificada da Revelação divina, à qual é proibido subtrair ou acrescentar alguma coisa (cf. Dt 4,2;13,1). Esta noção já é aquela do *livro sagrado,* que se desenvolve depois do exílio e acaba por englobar não só a Lei mas também os livros nos quais eram conservados os discursos dos profetas, e mais tarde os dos Sábios".[3]

---

3 P. Van Imschoot, *Théologie de l'Ancien Testament*, tom. I, Desclée, Tournai (Belg.) 1954, p. 205.

c. A Lei exaltada

Leia-se, por fim, o Salmo 119, verdadeiro monumento de exaltação da Lei do Senhor. O autor deste Salmo pós-exílico já conhece o Pentateuco, ao qual sobretudo parece referir-se. Ele exalta a *Lei,* mas exalta ao mesmo tempo a *Escritura.* O Sl 119, salmo 'alfabético', é composto de 22 estrofes, que correspondem às letras do alfabeto hebraico, e segundo sua ordem. Cada estrofe é composta de 8 versículos (7+1 = perfeição consumada), e os versículos de cada estrofe começam com a mesma letra do alfabeto. A *Lei* é cantada e exaltada com a *Escritura.*

Do *alef* ao *tau* o autor recita e ama a Lei, que em cada uma das 22 estrofes é lembrada com 8 sinônimos: *testemunha, preceitos, vontades, ordem, promessa, palavra, juízo, caminho.* Pensaríamos quase numa hipostatização da *Lei escrita,* se os vários substantivos que indicam a Lei não fossem acompanhados de um possessivo: a *Tua* lei, a *Tua* palavra, as *Tuas* ordens... Em todo caso, em certos momentos, a Lei assume o lugar do próprio Deus, é louvada por si mesma: o "Não me ocultes os teus mandamentos" do v. 19 sublinha a expressão clássica: "Não me ocultes a Tua Face" (Sl 27,9;44,25); no v. 24 os "mandamentos" são personificados "Também os teus mandamentos são os meus amados, pessoas de bom conselho" (literalmente); a própria Lei é capaz de *milagres,* de *maravilhas* (vv. 18.27.129).

Portanto, o salmista tem diante de si o *livro da Torá,* mas não como algo impessoal. Ele dialoga com Deus que na Torá fala e se revela; professa a *Lei* escrita como *Palavra de Deus.*

2. OS LIVROS DOS PROFETAS

O profeta de Israel é essencialmente aquele que comunica ao povo uma mensagem da parte de Deus, como mostram as *fórmulas proféticas:*[4] "Veio a mim a palavra do Senhor", "A palavra do Senhor que o profeta recebeu...", "Escutai a palavra do Senhor", "Assim fala o Senhor", "Oráculo do Senhor". O profeta é "a boca do Senhor" (Jr 15,19), é "o homem de Deus" (1Sm 2,27), tanto que não se distingue entre a palavra de Deus e aquela do profeta: "Os israelitas não querem escutar-*te,* porque não querem escutar-*me*" *(Ez* 3,7); "Enviei a vós os meus servos, os profetas,

---

4 Cf. Kl. Westermann, *Grundformen prophetischer Rede,* München 1964, 2ª ed.

com desvelo e sempre, contudo eles não *me* escutaram e não *me* prestaram ouvidos" (Jr 7,25-26).

Quando os oráculos dos profetas são colocados por escrito, às vezes pelo próprio profeta (cf. Is 8,16;30,8; Hb 2,2; Jr 36,4. 32;45,1;51,60), o livro das profecias vem participar da transcendência da mensagem oral: ele pode ser chamado *O livro do Senhor*, que em Is 34,16 provavelmente designa uma primeira coleção de oráculos do profeta.

Dois textos são particularmente significativos:

a. O rolo queimado de Jeremias (Jr 36)

O Senhor manda a Jeremias que escreva num rolo os oráculos até então pronunciados. Dita-os ao seu secretário Baruc, que vai lê-los publicamente no Templo de Jerusalém. O ímpio rei Joaquim, advertido, manda seqüestrar o rolo e, sentado no palácio de inverno diante do braseiro aceso, põe-se a cortar com o canivete de escriba todo o rolo, queimando-o pedaço por pedaço. As palavras escritas por Jeremias são "palavras do Senhor" (vv. 6. 8. 11); a destruição do rolo por parte do rei é interpretada pelo profeta como um delito contra a Palavra de Deus, que vai juntar-se às iniqüidades precedentes (vv. 27-31), por causa das quais o profeta tinha preanunciado a invasão babilônica. O rolo é escrito novamente (v. 32): a palavra escrita do profeta, porque Palavra de Deus, não pode perder-se.

b. O rolo comido (Ez 2,3-3,11)

É oportuno que o leitor compare a vocação de Ezequiel com aquela análoga de Jeremias (Jr 1). Jeremias vê que Deus se aproxima, "este de a mão, toca-lhe a boca e lhe diz: 'Eis que ponho as *minhas palavras* em tua boca'" (Jr 1,9). Jeremias é chamado por Deus "a minha boca" (Jr 15,19).

Em Ezequiel, ao contrário, lê-se: "Olhei e eis uma mão que se estendia para mim e nela um volume enrolado. Estava escrito no verso e no reverso... Então disse-me: 'Filho do homem, come o que tens diante de ti, come este rolo e vai falar com a casa de Israel'. Abri a boca e ele me deu o rolo para comer... Eu o comi. Na boca parecia-me doce como o mel. Então me disse: 'Filho do homem dirige-te à casa de Israel e transmite-lhe as *minhas palavras*...'" (Ez 2,9-3,4). O rolo comido por Ezequiel é um sinal inequívoco do quanta estava enraizada naquele tempo

Os livros da Bíblia são palavra de Deus 131

a convicção de que não somente o oráculo do profeta mas também o livro — o oráculo escrito — era Palavra de Deus.[5]

Por isso parece totalmente lógico que depois a tradição judaica tenha acrescentado a diversos livros de profetas o título: "Palavra de Deus dirigida a..."*Oséias* (1,1), *Jeremias* (1,1-2), *Miquéias* (1,1), *Joel* (1,1), *Sofonias* (1,1). Este título faz a equação entre a palavra escrita do profeta e a Palavra de Deus. Com a fixação por escrito, o poder da divina Palavra dos profetas foi de certa forma capturada e tornada eficaz para os homens de todos os tempos. Isaías vê em tal perspectiva a redação de sua profecia: depois de ter dirigido em vão a Palavra de Deus aos homens do seu tempo, volta para casa e escreve seu relato "a fim de que permaneça para o futuro em testemunho perene" (Is 30,8).

3. A LITERATURA SAPIENCIAL

Pelo fim do século II a.C., ao lado da *Torá* e do *Profetas*,[6] menciona-se um terceiro grupo de livros, também considerados importantes para a formação espiritual e moral de Israel, que o tradutor grego do livro do *Eclesiástico*, no seu Prólogo, designa simplesmente com o título genérico: *os outros escritos sucessivos* (vv. 1-2), *os outros livros dos nossos Pais* (vv. 8-9).

Este terceiro grupo compreende textos de caráter bastante variado (ver cap. 5), mas o gênero literário que prevalece é o *gênero sapiencial,* ao qual pertencem, embora em sua diversidade, *Jó,* muitos *Salmos, Provérbios, Eclesiastes, Eclesiástico* e *Sabedoria.*

Não é este o lugar de enfrentar o complexo problema da Sabedoria em Israel e do seu gênero literário.[7] Aqui será suficien-

---

5 Cf. H. Haag, *o.c.,* p. 412.

6 No que se refere aos chamados "livros históricos", isto é, a "história deuteronomística" que inclui Js, Jz, 1 e 2 Sm 1 e 2 Rs (ver cap. 5), é significativo que a tradição judaica os considere no conjunto de "Profetas", qualificando-os como "Profetas anteriores". A história é ali interpretada e narrada como o lugar e o tempo em que Deus se revelou, agiu, falou, puniu, salvou. Por isto, mais do que livros "históricos", trata-se de livros "proféticos": testemunho, de um lado, da intervenção de Deus, e, do outro, da fé e da esperança de um povo chamado por Deus para uma missão no meio de todos os outros povos. Nestes se foi condensando a própria *Palavra de Deus* criadora de história, para que a Palavra de Deus *escrita* servisse de ensinamento às futuras gerações.

7 Cf. G. von Rad, *La Sapienza d'Israele,* Marietti, Turim 1976; G. Ziener, La Sapienza dell'antico Oriente como scienza della vita. Nuova comprensione e critica della Sapienza in Israele, in AA. VV., *Parola e Messaggio. Introduzione teologica e critica ai problemi dell'AT,* pp. 413-434.

te recordar que a Sabedoria em Israel antes do exílio, como em todo o antigo Oriente Médio, é sobretudo *ciência de vida,* aquela que "observa atentamente os acontecimentos do mundo; perscruta a multiplicidade do mundo fenomênico; interroga a experiência própria e dos outros para tirar dela as leis e os efeitos constantes cujo conhecimento é de grande utilidade para a orientação da vida".[8] Em resumo, uma espécie de *filosofia perene* aplicada à existência, preciosíssima arte humana de orientar-se na vida: pode ser encontrada sobretudo nas secções mais antigas dos *Provérbios* (10,1-22;16,25-29) e em alguns *Salmos* sapienciais.

Mas esta sabedoria totalmente humana recebe logo um duplo ataque: o desmentido provém dos fatos (não existe, por exemplo, uma relação estável entre certo comportamento e uma determinada condição de vida: ver *Jó* e *Eclesiastes),* e aquele ainda mais radical proveniente da revelação profética e da trágica experiência da história de Israel. O exílio obriga também a Sabedoria a um salto qualitativo: não mais uma espécie de revelação "horizontal" *ao lado* da fé em Iahweh, mas uma sabedoria em *estreita relação* com a fé em Iahweh que encontra na língua da sabedoria uma nova formulação; não mais o indivíduo como tal fora dos seus condicionamentos históricos, mas o israelita como membro do povo da eleição empenhado por Deus numa história universal de salvação, esta mesma tornada objeto de reflexão sapiencial (cf. Eclo 44,1-50,26).

A sabedoria assume assim um cunho especificamente israelita. Torna-se a *Sabedoria de Deus* (na literatura sapiencial tardia Deus é mencionado com mais freqüência do que nos escritos mais antigos), e este Deus é sempre mais claramente o Deus de Israel, o Deus da Aliança (cf. Eclo 50,17-22), que é o mesmo Deus da criação (cf. Sb 10,1-11,1). Ela é a primogênita de toda criatura de Deus: como a Palavra de Deus, assiste por isso à criação do mundo, deliciando-se diante de Deus e entre os filhos dos homens (cf. Pr 8). É mestra nas praças e nas estradas (cf. Pr 1,20ss), busca uma morada entre os homens (cf. Eclo 24,7), mas *somente em Israel* encontra a sua morada (cf. Eclo 24,8ss) e partindo dele se dará a conhecer a todo o mundo (cf. Sb 8).

As premissas já estão postas para uma teologia definitiva da Sabedoria. É identificada com a *Torá* (cf. Eclo 24,22; Br 4,1), com a própria *Palavra dos profetas* (cf. Eclo 24,31, Sb 9,17); é assemelhada à *Palavra de Deus* (cf. Pr 1,20-23). Os sábios de

---

8 G. Ziener, *o.c.,* p. 413.

Israel prolongam de certa forma a herança profética, numa época em que a voz dos profetas está calada. Alimentam-se com a teologia da *Torá* e dos Profetas (aos quais se referem também literariamente com freqüência sempre maior: o livro da *Sabedoria* tem poucos versículos que não se referem a escritos bíblicos mais antigos!), aplicam-na às novas situações, aprofundam seu significado. A sabedoria tornou-se, ao lado da Palavra profética e da Lei de Deus, uma *nova forma de Revelação,* acolhida por Israel com a mesma autoridade dos antigos escritos.

4. OS LIVROS SAGRADOS

a. **Para o judaísmo bíblico e extrabíblico**

Deste modo se vai formando no Israel pós-exílico a consciência de possuir uma coleção de *Livros (ta biblia:* 2Mc 2,13). *Os Livros sagrados (ta biblia ta agia:* 1Mc 12,9), ou também simplesmente *O livro sagrado (e iera biblos:* 2Mc 8,23).

A fé do judaísmo nesta coleção de livros, bem diferentes dos outros livros e chamados precisamente "livros sagrados", está tão arraigada que segundo a *Mixná (Jadajim* 3,5) "todas as Escrituras tornam as mãos impuras", porque "escritos sagrados" *(kitbe ha-godesh);* pelo mesmo motivo é lícito salvar de um incêndio em dia de sábado "todas as sagradas escrituras" *(Sabbat* 16, 1). Flávio Josefo e Fílon alexandrino chamam os escritos bíblicos, e não somente o Pentateuco, "os livros sagrados" *(ai ierai bibloi),* "as sagradas escrituras" *(ta iera grammata).*[9]

b. **Para Jesus e para a Igreja primitiva**

Jesus e a Igreja apostólica fizeram própria a concepção dos livros do AT que a Sinagoga tinha.

— Com um simples: "está escrito" *(gegraptai),* isto é, citando uma passagem do AT, Jesus encerra qualquer discussão (Mt 4,4-10), ou apela para uma autoridade indiscutida (Mt 21, 13). A Escritura, juntamente com o Pai, com os seus milagres e com o Batista, dá testemunho à pessoa de Jesus (Jo 5,31-40). Para Jesus, "a Palavra de Deus (escrita) não pode ser anulada" (Jo 10,35).

9 Fílon, *De vita Mos.,* I, 23 e II, 290; J. Flávio, *Ant. iud.,* 20, 12,1; cf. A.M. di Nola, *La Biblia nel Giudaismo,* verbete *Biblia,* in *ER,* vol. 1, col. 1107ss.

— A fórmula: "Para que se cumprisse a Escritura" (ou semelhante), usada pelos evangelistas (Jo 19,28 etc.) e por Pedro (At 17,2ss) "para ver se as coisas eram realmente assim" (At 17,11): são todos sinais da sua convicção de que os escritos do AT constituem uma entidade irrefutável a que não se pode fugir. Para Paulo "os escritos sagrados" do AT (Rm 1,2) são o trâmite da consolação e da esperança provenientes de Deus (Rm 15,4ss); revelam o plano divino da salvação (Rm 16,25ss); preanunciam o Cristo (1Cor 15,3; Rm 1,2); são "a voz divina" (Rm 11,4).

— Particularmente digna de atenção é a fórmula que aparece freqüentemente nos livros no NT e com referência ao AT: "Diz a Escritura" *(legei e graphe)*. Em todo o emprego feito pelo helenismo do verbo *legein* (= *dizer)*, nunca é usado em relação à manifestação *escrita* do pensamento, mas sempre e apenas na expressão falada.[10] O neologismo do grego do NT, tradução da expressão judaica *ha-katub (a Escritura* diz), coloca juntos dois conceitos antitéticos: palavra oral e palavra escrita. "Portanto, a Escritura é, ao mesmo tempo, palavra oral e escrita. O Deus vivo fala, e a sua palavra, uma vez pronunciada, se torna escritura para ser ouvida pelos homens de todos os tempos".[11]

B) NOVO TESTAMENTO

No NT assistimos ao mesmo fenômeno encontrado na consciência do antigo Israel. Não só se verifica a passagem espontânea da palavra falada à palavra escrita, mas esta última assume o mesmo valor, a mesma autoridade da pregação oral. Mais ainda, visto que já existe a *Escritura* do AT que é Palavra de Deus, a memória escrita do Povo de Israel vai completar as antigas Escrituras e participa de sua mesma autoridade.

Vejamos este tema nos Evangelhos e nos escritos apostólicos.

---

10 Cf. GLNT, vol. VI, col. 205-209.
11 H. Haag, *o.c.*, p. 419.

1. OS EVANGELHOS

a. Jesus é a Revelação definitiva de Deus

Jesus fala com inaudita segurança. Para a crítica, mesmo severíssima, que foi em busca de "Jesus e a consciência da própria missão" com base nos "ipsissima verba Jesu", um dado parece certo: Jesus teve a consciência precisa de ser o portador definitivo da Revelação e da salvação, e como tal falou e agiu. Ele é o início de uma nova tradição (ver cap. 4, 3 a).

Como já dissemos, Jesus certamente cita o AT e reconhece sua autoridade; mas ele se coloca também acima do AT. Diz de si mesmo: "Está aqui aquele que é maior que o templo" (Mt 12, 6), "Aqui está algo mais do que Jonas!" (Mt 12,41), "Aqui está algo mais que Salomão" (Mt 12,42). Diante da lei mosaica, base e fundamento de todo o hebraísmo, ousou opor a sua autoridade mais alta: "Ouvistes o que foi dito... *Mas eu vos digo!*" A propósito das seis antíteses do discurso da montanha (Mt 5,21-48), J. Jeremias escreve: "Aquele que pronuncia o *ego de lego ymin* (= *mas eu vos digo)* das antíteses, apresenta-se não só como o legítimo intérprete da Torá (....) mas tem a ousadia, única e revolucionária, de colocar-se em contraste com a Torá".[12]

Igualmente "sem paralelo no ambiente de Jesus, e por isso surpreendente para os seus contemporâneos, é também o *ego* (= *Eu),* unido à consciência de falar com autoridade (cf. Mc 1,27), usado imperativamente nas curas (Mc 9,25;2,11), como também nas palavras de envio em missão (Mt 10,16) e nas expressões de conforto (Lc 22,52). Este *Ego* está unido ao *Amém* e por isso fala com perfeita autoridade (...), sustenta que no juízo final a salvação se decidirá no fato de confessá-lo (Mt 10,32ss e par.)"[13]

Não fala desta forma nenhum mestre da Lei, que deve apenas explicar o que Deus disse nos tempos antigos; Jesus fala "como quem tem autoridade, e não como os escribas" (Mc 1,22). Nenhum profeta falou deste modo, pois ele não fazia mais do que transmitir a Palavra de Deus dizendo: "Assim diz Deus..." A Palavra de Deus não chega a Jesus a partir do exterior, surpreen-

---

12 Cf. J. Jeremias, *Teologia do Novo Testamento,* Edições Paulinas, São Paulo, 1977.
13 *Ibid.*

dendo-o, como acontecia com os profetas. Aquele seu: "Mas eu vos digo!" demonstra que a sua missão de Revelador se fundamenta numa identidade entre a Pessoa de Jesus e a Palavra de Deus. Só pode falar desta forma quem afirma de si mesmo, por força de uma autoridade própria, que está anunciando de maneira definitiva a vontade de Deus.

Então, quando a Igreja primitiva viu em Jesus Cristo o "Sim de todas as promessas de Deus" (2Cor 1,20), a última-definitiva Palavra de Deus aos homens (Hb 1,1-2), e mesmo "a Palavra de Deus que se fez carne e montou sua tenda entre os homens" (Jo 1,14), ela não cometeu extrapolação alguma. Tratou-se apenas de uma formulação perfeitamente coerente com o que já existia na consciência messiânica de Jesus e que ele mesmo tinha evidenciado.

b. Os Evangelhos são Palavra de Deus

Quando a pregação *de Jesus* e a sua obra de salvação, "tudo o que Jesus fez e ensinou até o dia em que foi elevado ao céu" (At 1,1-2), se tornaram *palavra escrita* nos Evangelhos, segundo a mesma passagem espontânea já encontrada no AT, surgiu quase automaticamente na Igreja primitiva a consciência de possuir, encarnada num livro, a Palavra definitiva de Deus que na pessoa de Jesus Cristo se havia tornado presente. "O anúncio da Boa Nova (Evangelho) do Messias Jesus" (At 5,42), que "é poder de Deus para a salvação dos que crêem" (Rm 1,16), tornava-se agora Evangelho escrito: "Início do Evangelho de Jesus Cristo, Filho de Deus..." (Mc 1,1). A Igreja apostólica coloca ao lado dos escritos do AT, que ela considera — como já vimos — "as Sagradas Escrituras", alguns escritos seus a começar pelos Evangelhos, porque têm o mesmo caráter divino dos primeiros. Isto parece refletir-se na 1Tm 5,17 que cita espontaneamente como *Escritura* um texto do AT e uma palavra de Jesus tirada do Evangelho de Lucas: "Os presbíteros que exercem bem a presidência são dignos de dupla remuneração, sobretudo os que trabalham no ministério da palavra e na instrução. Com efeito, diz a Escritura: 'Não amordaçarás o boi que debulha' (Dt 25,4); e ainda: 'O operário é digno do seu salário' " (Lc 10,7): sobre este texto e sobre sua controvertida interpretação, ver cap. 13, nota 3.

2. OS ESCRITOS APOSTÓLICOS

a. A pregação dos apóstolos

Os apóstolos, com a autoridade derivada da missão que lhes fora confiada pelo Jesus histórico e pelo Cristo ressuscitado, anunciam o evangelho da salvação na lúcida consciência de serem mediação humana da definitiva Palavra de Deus, revelada e realizada em Jesus Cristo.

É "a Palavra de Deus" (At 4,29.31), "a Palavra do Senhor Jesus" (At 8,25) que eles pregam por toda parte "com coragem" (At 4,31), a judeus e gentios. A essa Palavra "prestam serviço e testemunho" (At 6,4;8,25); e a ação missionária dos apóstolos e de seus colaboradores feita também ela de gestos e palavras, provoca o crescimento da Igreja, que Lucas descreve nos Atos simplesmente como "crescimento da Palavra" (At 6,7;12, 24;14,20).

Com isto tem-se uma importante integração do que se disse até aqui. Deus não só pronunciou em Cristo a sua Palavra última e definitiva. Ele a manifesta também quando Cristo é anunciado na pregação apostólica; mais ainda, Deus continua na pregação apostólica a proclamar a sua Palavra, a mesma que Deus pronunciou em Cristo Jesus. Deste modo, Paulo pode escrever: "Por esta razão é que sem cessar agradecemos a Deus por terdes acolhido a sua Palavra, que vos pregamos não como palavra humana, mas como na verdade é, *a Palavra de Deus* que está produzindo efeito em vós, os fiéis" (1Ts 2,13).

b. Os escritos dos apóstolos

Através de Paulo, fala e age o poder de Jesus Cristo (cf. 2Cor 13,3); a fé e a salvação não provêm senão da audição da palavra do Apóstolo (Rm 10,17). Mas a mesma autoridade é atribuída por Paulo à *forma escrita* da sua pregação: "Portanto, irmãos, ficai firmes; guardai as tradições que vos ensinamos oralmente e por escrito" (2Ts 2,15; cf. 1Tm 1,18;4,11). À *Carta* de Paulo deve-se obediência (2Ts 3,14), como se ele falasse de viva voz; todos os crentes da comunidade deverão lê-la (1Ts 5,27); às vezes é até considerada como carta "circular", a ser transmitida às comunidades vizinhas (Cl 4,16).

Então não suscita admiração o fato de que as cartas de Paulo sejam simplesmente aproximadas das outras passagens da

Sagrada Escritura: "Assim, visto que tendes esta esperança, esforçai-vos ardorosamente para que ele vos encontre em paz, vivendo uma vida sem mácula e irrepreensível. Considerai a longanimidade de nosso Senhor como a nossa salvação, conforme também o nosso amado irmão Paulo vos escreveu, ao falar nelas desse tema. É verdade que em suas cartas se encontram alguns pontos difíceis de entender, que os ignorantes e vacilantes torcem, como fazem com as demais Escrituras, para a sua própria perdição" (2Pd 3,14-16). Cartas de Paulo e escritos do AT são colocados, na consciência da Igreja primitiva, no mesmo nível: são "Sagrada Escritura".

O mesmo fará o autor do Apocalipse. Se ele ameaça quem quer que ouse acrescentar ou tirar alguma coisa das palavras do seu livro profético (Ap 22,18-19), isto significa que lhe atribui a mesma autoridade que se atribuía aos escritos dos antigos profetas. Também o Apocalipse é Sagrada Escritura, à qual nada se pode acrescentar ou tirar (cf. Dt 4,2).

Concluindo. — Portanto, tanto para o antigo como para o novo Israel, as Sagradas Escrituras não *contém* somente a Palavra de Deus, aquela Palavra que Deus, em várias ocasiões e de muitas maneiras, havia dirigido aos homens através dos seus mensageiros, sendo o último deles o seu Filho Jesus Cristo (cf. Hb 1,1-2), mas *são* elas mesmas *Palavras de Deus:* "Deus falava e continua a falar e a agir num eterno presente, *por meio do livro*".[14]

---

14 A. Marangon, *o.c.,* p. 44.

9
A INSPIRAÇÃO DA SAGRADA ESCRITURA[1]

Vimos que para o antigo e novo Israel era Palavra de Deus não só a realidade de Revelação em eventos e palavras, mas também a sua notícia escrita, isto é, a Bíblia.

Agora queremos verificar a mesma consciência com relação ao Livro Sagrado, partindo de outro ponto de vista paralelo ao precedente, e até intimamente relacionado com ele, porque — em última instância — constitui seu fundamento. Trata-se do *carisma da Inspiração bíblica* que o Concílio Vaticano II coloca como fundamento da equação "Bíblia = Palavra de Deus": "Com efeito, a Sagrada Escritura é Palavra de Deus, enquanto escrita por inspiração do Espírito Santo" *(DV 9).*

O carisma da inspiração bíblica encontrou a sua *plena* e *explícita* formulação somente nos escritos mais recentes do NT, como veremos. O que não deve causar estranheza, visto que a reflexão sobre a natureza de um fato segue sempre a afirmação do mesmo. Israel tinha consciência de que possuía a realidade da Palavra de Deus, feita livro; mas ainda não se dizia claramente em virtude de que ação divina se havia realizado a encarna-

---

1 *Bibliografia*

Além das contribuições de H. Haag e A. Marangon, citadas na nota 1 do cap. 8: L. Alonso Schökel, *La Parola ispirata,* pp. 12-15.77-101; P. Benoit, obras citadas na nota 5; R. Cavedo, *Libro Sacro,* in *NDT* 753-778; H. Kleinknecht-F. Baumgärtel-W. Bieder-E. Sjöberg-E. Schweizer, *Pneuma, Pneumatikos* e *Theopneustos,* in *GLNT,* vol. X, col. 767-1108; C. M. Martini-P. Bonatti, *Il Messaggio della Salvezza,* vol. 1, *Introduzione generale,* pp. 9-39; A. Milano, *Spirito Santo,* in *NDT* 1533-1545.

ção num Livro da Palavra de Deus. Para responder a esta interrogação, o NT recupera a categoria veterotestamentária da *ação do Espírito Santo* (cf. 2Pd 1,21) e introduz a categoria mais técnica da Escritura *inspirada por Deus* (2Tm 3,17), tirando-a do mundo helenístico, mas sem aceitar o sentido helenista da inspiração divinatória (ver cap. 10,1).

O tempo da Igreja apostólica, que é o "tempo do Espírito Santo" e de sua explosão, favorece a reflexão sobre a inspiração bíblica.[2] Os cristãos, vivendo no novo contexto do Espírito do Senhor ressuscitado, podem dizer: "Não temos recebido o espírito do mundo, mas o Espírito de Deus para conhecer tudo o que Deus nos deu" (1Cor 2,12). O "véu" que impedia a visão, caiu (cf. 2Cor 3,12-18); o passado bíblico evidencia agora claramente o futuro que ele indicava, isto é, Cristo, e isto acontece "em virtude da ação do Espírito do Senhor" ressuscitado. Chega-se mesmo a afirmar que nos profetas do AT estava presente e agia o mesmo "Espírito de Cristo" (cf. 1Pd 1,10-12) que agora age nos crentes. Neste contexto a reflexão de fé sobre os livros sagrados realiza o último passo. À luz do Senhor ressuscitado, vivo no meio dos cristãos como "Espírito", a Bíblia revela agora, não somente o seu valor de itinerário único que leva a Cristo, mas também a sua origem: o Espírito de Deus, que é o mesmo Espírito do Senhor ressuscitado.

1. O PODEROSO E LIBÉRRIMO ESPÍRITO DE DEUS

A categoria "Inspiração" evoca e remete àquela originária do "Espírito de Deus", título privilegiado que o AT dá ao poder de Deus em ação, para sublinhar sua força criadora e promocional, sua misteriosidade, imprevisibilidade e perene novidade.

Compreensível e incompreensível ao mesmo tempo, invisível e contudo poderoso, carregado de energia como o vento da tempestade, vital como o ar que se respira, ora dominador ora suave: assim os homens da Bíblia imaginaram o "Espírito de Deus" e a sua ação misteriosa. L. Alonso Schökel o descreve nestes termos: "O Espírito é um vento divino (Gn 1,2), é uma força elementar: o espírito pairava sobre o abismo no início da criação, o espírito se apoderava tumultuosamente do herói Sansão e o impelia a feitos salvadores do seu povo (Jz 13,25), o espírito convergia

---

[2] Cf. C. Mesters, *La Parola dietro le parole*, pp. 184-188.

dos quatro pontos cardeais e vivificava os ossos secos que Ezequiel, o profeta, contemplava (Ez 37,9); o espírito era também um sopro divino que vivificava Adão e uma brisa suave que mitigava a angústia de Elias (1Rs 19,12) e um quádruplo dócil vento que pousava sobre o rebento de Jessé (Is 11,1-2); o espírito é um vento tempestuoso e línguas de fogo no dia de Pentecostes (At 2), e é quem sugere em voz baixa a invocação 'Pai' (Gl 4,6; Rm 8,15), e é dispensador de dons e carismas polícromos na Igreja de todos os tempos (1Cor 12,4-11). Assim devemos imaginar o Espírito: forte e libérrimo, ativo e múltiplo, presente e invisível. E em tal contexto dinâmico e aberto devemos imaginar a inspiração dos livros sagrados".[3]

Ora, considerando bem os contextos bíblicos da presença do Espírito de Deus, percebe-se uma constante em sua obra ininterrupta e multiforme: Deus, mediante o seu Espírito, se apodera do humano e o impele para além de si mesmo, promove-o, consagra-o, faz dele um sacramento — ou sinal e instrumento — do divino.

O "Espírito de Deus" (Gn 1,2) começou a pairar sobre as águas do caos primordial, e toda a criação começou a assumir progressivamente uma feição ordenada. Deus "soprou com o seu Espírito" (Ex 15,10), e foi logo para Israel passagem da escravidão à liberdade. Deus "envia o seu Espírito" (Sl 104,30), e a face da terra é renovada. Deus "faz seu Espírito entrar" (Ez 37, 14) num monte de ossos secos, e o povo de Israel reencontra a esperança, revive, volta a repousar em sua terra. O homem tem necessidade de ser regenerado, e é o Espírito de Deus que lhe dá outra origem, lhe dá uma base, o torna capaz de ser, de agir e de falar em termos de novidade absoluta (cf. Jo 3,5-8; Gl 4,4-7;5, 16-23; Rm 8,14-17). Sopra o Espírito do Pentecostes cristão (At 2), e irrompe a revolucionária novidade: a divisão de Babel (Gn 11,1-9) é suplantada, a Palavra ressoa com absoluta franqueza *(parrésia)* e desperta a fé em muitos, a Igreja se edifica em comunhão de fé e de amor *(koinonía),* o mundo se abre à salvação.

Realmente, depois da criação e sobretudo depois do pecado, humanidade, existência e história aparecem como barro em mãos do oleiro, como um material morto que espera ser promovido à vida ou à vida maior, receber um sentido, superar-se, transcender para tornar-se transparente ao divino, mais ainda, para permitir ao divino manifestar-se, revelar-se, comunicar-se.

3 L. Alonso Schökel, *o.c.,* p. 13.

Portanto, há um mistério de "inspiração", isto é, de presença e de ação do Espírito de Deus, que permeia todo o mundo da história e da revelação bíblico-cristã, e constitui o contexto inseparável da inspiração bíblica propriamente dita. "A nossa idéia de inspiração deve ser espaçosa, para poder acolher todos os casos e formas concretas de obras inspiradas, visto que não temos o direito de traçar fronteiras ao Espírito".[4]

2. O ESPÍRITO DE DEUS NA REVELAÇÃO EM EVENTOS E PALAVRAS

No contexto geral da multiforme ação do Espírito de Deus, adquire particular importância para a inspiração bíblica a presença ativa e eficaz do Espírito nos protagonistas carismáticos da história da salvação e nos seus intérpretes autênticos que foram os profetas. Foi Pe. Benoit[5] quem focalizou esta pré-história da ação do Espírito de Deus, que tem como finalidade primária a de *fazer agir* e *fazer falar* alguns homens por conta de Deus, e que prepara e explica a ação do Espírito — totalmente singular — sobre os que põem por escrito nos livros sagrados a Revelação "em eventos e palavras".

Com diversas imagens, concretas e dinâmicas como: o Espírito "está no inspirado" ou "sobre" ele, "repousa sobre" ele, "desce sobre" ele, "vem" a ele, cobre-o" etc., que preparam o termo técnico "inspiração", o AT e o NT exprimem a idéia do poderoso Espírito de Deus, que impele o carismático a agir e a falar por conta de Deus.

a. Antigo Testamento

Em diversas ocasiões o Espírito se apodera de um homem para fazê-lo realizar ações que estruturam a história do povo eleito. É o Espírito que dá a Moisés e aos anciãos a tarefa de "carregar o peso do povo" na direção do Êxodo (Nm 11,17-25; cf. Is 63,11-13), que habita em Josué enquanto conquista a Terra prometida (Nm 27,18), que anima Gedeão (Jz 6,34), Jefté (Jz 11, 29), Sansão (Jz 14,6-19;15,14) nos seus empreendimentos cora-

---

4 *Ibid.*, p. 77.
5 P. Benoit expôs em várias ocasiões sua teologia sobre a inspiração: in *Initiation Biblique*, Desclée, Paris 1954, 3ª ed., pp. 35ss; *Les analogies de l'Inspiration*, in *Sacra Pagina*, vol. I, pp. 86-89; *Révélation et Inspiration selon la Bible, chez Saint Thomas et dans les discussions modernes*, in RB 70 (1963) 321-370; *Ispirazione e rivelazione*, Conc 4 (1965) 15-33.

A inspiração da sagrada escritura

josos para libertar o oprimido Israel. É o Espírito que, depois de ter estimulado Saul (1Sm 10,6-10;11,6) e de tê-lo deixado em seguida (1Sm 16,14), "desce sobre" Davi por ocasião de sua unção real (1Sm 16,13), à espera da descida em plenitude sobre o rebento da estirpe de Jessé, o Rei Messias, que governará o povo de Deus na justiça e na paz (Is 11,1ss; 42,1ss; 61,1ss). Não será talvez lícito falar em todos estes casos de uma espécie de *inspiração 'pastoral'*, que dirige os "pastores" do povo eleito e por meio deles a história sagrada na qual se prepara a salvação messiânica?

"Mas, além de fazer agir, o Espírito faz também falar. Com efeito, é necessário que o povo compreenda a Palavra a qual lhe explica as obras de Deus, lhe revela as intenções e os apelos do seu coração divino, lhe prescreve os seus mandamentos. Os profetas são os mensageiros que transmitem esta Palavra aos ouvidos do povo; precisamente por esta razão eles são animados pelo Espírito. É o Espírito que repousa sobre Ezequiel e o faz falar (Ez 11,5), que põe a Palavra de Deus na boca de Isaías e de seus sucessores (Is 59,21), que enche Miquéias de força, de justiça e de coragem (Mq 3,8), que faz o profeta dizer: "Agora o Senhor Deus me mandou juntamente com seu Espírito" (Is 48,16). Oséias é um "homem do Espírito" (Os 9,7). O ministério dos profetas é obra do Espírito (Ne 9,30; Zc 7,12). Nestes eleitos prepara-se a era messiânica na qual o Espírito se difundirá sobre todos (Jl 3,1-2); efusão que são Pedro vê realizada no dia de Pentecostes (At 2,16ss). Este dom da Palavra, que acompanha e comenta aquele da ação, não se poderá entender como outro aspecto da *inspiração*, que se poderia chamar "oral" ou "oratório" e que acompanha e completa a inspiração "pastoral"?[6]

b. Novo Testamento

"Uma e outra inspiração, isto é, "pastoral" e "profética", continuarão e encontrarão a sua realização no tempo da plenitude da Revelação de Cristo. Jesus ordena a seus apóstolos não que escrevam livros, mas que preguem o Evangelho e fundem a Igreja. E é ainda o Espírito que dirige aqueles novos pastores e profetas que são os apóstolos. É o Espírito que guia a ação missionária de Filipe (At 8,29-39), de Pedro (At 10,19ss; 11,12), de Paulo (At 13,2-4;16,6ss), e "estabelece guias para apascentar

---

6 P. Benoit, *Ispirazione e rivelazione*, p. 20s.

a Igreja de Deus" (At 21,28). É o Espírito que, segundo a promessa de Jesus (Mt 10,19ss), sugere aos apóstolos as palavras de conquista e defesa da fé (At 2,4;4,8;13,9). É o Espírito que por meio dos "carismas" concede aos cristãos os diversos dons de ação e de palavra, que constroem a comunidade (1Cor 12,4-11). Na nova como na antiga economia — mas na nova de modo pleno — o Espírito inspira as ações e as palavras vivas que iluminam e guiam o povo de Deus na sua marcha para a salvação".[7]

As duas pistas, pelas quais seguimos o Espírito de Deus na história da salvação proclamada e interpretada pelos profetas tanto no AT como no NT, conduzem a uma conclusão precisa. A Revelação bíblica "em eventos e palavras intimamente unidos" (ver cap. 3) tem matriz *pneumática,* goza ela mesma de uma "inspiração" que, embora não sendo ainda inspiração propriamente dita (aquela bíblica), aproxima-se dela analogicamente, e até a anuncia e prepara. Somente em virtude desta "inspiração", analógica, a história bíblica se torna "história da salvação", "história de Deus e dos homens", e a palavra profética se torna "Palavra de Deus em linguagem humana". Em tal contexto a presença e a ação do Espírito nos livros sagrados da Bíblia parece uma lógica conseqüência das premissas do Espírito na história e na Palavra. A Bíblia é o momento privilegiado da conservação e da transmissão da Revelação! O Espírito de Deus certamente não podia ausentar-se no momento definitivo e determinante em que toda a *história* da salvação *reveladora* do desígnio de Deus era entregue à *memória escrita,* de modo a alcançar, através do livro sagrado, os homens de todos os tempos em vista da constituição do povo de Deus.

3. A SAGRADA ESCRITURA É INSPIRADA POR DEUS

A íntima relação entre Espírito de Deus e Palavra de Deus escrita aparece em embrião já em alguns textos do AT. Segundo Is 34,16, no "livro de Iahweh" — ou seja, na palavra profética escrita — agem a boca e o Espírito de Iahweh. Na oração penitencial de Neemias a palavra escrita da Lei (Ne 9,3) é atribuída ao Espírito de Deus (9,20). O mesmo se diz em Ne 9,30 da palavra dos profetas: "Tu os instruis com o teu Espírito pela boca dos teus profetas".[8] E em Zacarias 7,12 lê-se: "E fizeram

---

7 *Ibid.,* p. 21s.
8 A versão CEI diz: "...por meio do teu Espírito e pela boca dos profetas"; mas o "e" não figura no texto hebraico.

de seus corações um diamante, para não escutar o ensinamento e as palavras que Iahweh dos Exércitos enviara por seu Espírito, por intermédio dos antigos profetas".

O NT herda do AT o vínculo entre Palavra de Deus também escrita e o Espírito de Deus, e o aplica explicitamente aos escritos da antiga aliança. Diz-se que "é necessário que se realize o que o Espírito Santo predisse na Escritura por boca de Davi" (At 1,16), e que "Deus por meio do Espírito Santo falou pela boca de Davi" (At 4,25). Introduzem-se as palavras de um salmo com a fórmula: "Como diz o Espírito Santo" (Hb 3,7). O próprio Jesus cita um salmo com a fórmula: "Com efeito, o próprio Davi, movido pelo Espírito Santo, disse..." (Mc 12,36; cf. Mt 22,43). E Pedro, num texto já lembrado, falando dos profetas que haviam predito a graça da salvação reservada aos crentes em Cristo, afirma precisamente que o Espírito de Deus operante na palavra dos profetas não é outra coisa senão o próprio Espírito de Cristo (cf. 1Pd 1,10-12).

Chegamos agora aos textos clássicos do NT, nos quais se fala explicitamente da ação do Espírito de Deus na Palavra escrita, ou seja, nos Livros Sagrados da Bíblia. Trata-se de dois escritos "protocatólicos" (ver cap. 14): a segunda carta de *Pedro,* talvez o último escrito do NT, e a *2 Timóteo,* uma das "cartas pastorais", talvez redigidas por um discípulo de Paulo no último decênio do século I d.C. (ver cap. 5).

a. 2 Pedro 1,16-21

Diante da demora da Parusia, que constituía problema para os cristãos (cf. 3,1ss), o autor da carta lembra antes de tudo a fé cristã referente ao advento glorioso de Cristo, baseando-a em dois argumentos. A transfiguração gloriosa de Jesus no monte (Mc 9,2-10) mostra que Jesus já possui as qualidades essenciais que serão manifestadas na Parusia; além disso, as palavras dos profetas que predizem a glória do Messias terão certa e definitiva realização, porque nos profetas agia o Espírito de Deus e o próprio Deus falava pela boca deles. Transcrevo o texto inteiro:

> "Com efeito, não foi seguindo fábulas sutis, mas por termos sido testemunhas oculares de sua majestade, que vos demos a conhecer o poder e a vinda de nosso Senhor Jesus Cristo. Pois ele recebeu de Deus Pai honra e glória, quando uma voz vinda da sua glória lhe disse: 'Este é o meu Filho ama-

do, em quem me comprazo'. Esta voz, nós a ouvimos quando lhe foi dirigida do céu, ao estarmos com ele no monte santo. Temos, também, por mais firme a palavra dos profetas, à qual fazeis bem em recorrer como a uma luz que brilha em lugar escuro, até que raie o dia e surja a estrela d'alva em nossos corações. Antes de mais nada, sabei isto: *que nenhuma profecia da Escritura resulta de uma interpretação particular, pois que a profecia jamais veio por vontade humana, mas os homens impelidos pelo Espírito Santo falaram da parte de Deus"* (2Pd 1,16-21).

Digamos logo que não se faz distinção entre profecia escrita e profecia oral no que se refere ao seu caráter divino. Passa-se automaticamente da "profecia da Escritura", isto é, "profecia escrita" do v. 20, à "profecia-palavra dos profetas", isto é, profecia oral do v. 21: ambas são colocadas no mesmo plano e participam do Espírito de Deus. Ademais, era apenas a palavra profética escrita a que os cristãos possuíam e que podia oferecer-lhes uma sólida confirmação (v. 19) ao anúncio apostólico da gloriosa vinda futura do Senhor Jesus (v. 16), já entrevista e experimentada no instante fugaz da transfiguração no monte (vv. 17-18). Depois daquele instante de luz, e antes que surja o sol do esplendor escatológico, a palavra dos profetas constitui para eles a luz que brilha em lugar escuro e os guia no caminho da existência humana (v. 19).

Ora, de toda profecia tanto oral como escrita se diz que não provém exclusivamente da iniciativa humana do profeta (v. 21 a). Os profetas "falam da parte de Deus, porque movidos pelo Espírito Santo" (v. 21 a): isto é, não seguem o impulso do seu coração ou do seu espírito, mas o impulso do Espírito Santo. Conseqüentemente a sua profecia, no seu aspecto exterior, é apenas palavra humana, mas na sua natureza íntima é Palavra de Deus. Deus fala pela boca dos profetas, porque os profetas são conduzidos interiormente pelo Espírito Santo, isto é — para usar um termo técnico — são "inspirados por Deus". Por isso a palavra dos profetas, que é Palavra de Deus, não permite uma interpretação "privada", arbitrária.

b. 2 Timóteo 3,14-17

O apóstolo Paulo, diante da invasão dos falsos doutores "enganadores e enganados ao mesmo tempo" (3,13), os quais

A inspiração da sagrada escritura

facilmente encontram discípulos entre os que "estão sempre aprendendo, sem nunca chegar ao conhecimento da verdade" (3, 6-7), exorta o discípulo Timóteo a permanecer fiel ao que lhe foi ensinado desde a infância. A mãe e a avó (1,5), e sobretudo Paulo, seu último mestre, educaram-no na base das *Sagradas Escrituras,* as únicas que podem instruir o homem na salvação:

"Tu, porém, permanece firme naquilo que aprendeste e de que estás convencido; tu sabes de quem o aprendeste. Desde a tua infância conheces as Sagradas Escrituras: estas podem instruir-te para a salvação que se obtém por meio da fé em Cristo Jesus. *Com efeito, toda a Escritura é inspirada por Deus e útil para ensinar, convencer, corrigir e formar na justiça, para que o homem de Deus seja completo e bem preparado para toda boa obra"* (2Tm 3,14-17).

"Toda a Escritura é inspirada por Deus *(theopneustos)* e útil para ensinar...": encontramos aqui — e é o único caso no grego bíblico do AT e do NT — o termo técnico *theopneustos,* traduzido por "inspirada por Deus" e aplicado a *pasa graphe,* que a *Bíblia de Jerusalém* traduz com "Toda Escritura". A tradução alternativa, isto é, "cada Escritura", não muda o sentido da frase: de todo modo, a referência é a "as Sagradas Escrituras" de que fala o v. 15. O adjetivo *theopneustos* pode ser lido em posição predicativa ("toda *Escritura é inspirada por Deus"),* ou então em posição atributiva ("toda *a Escritura, inspirada por Deus,* é útil para ensinar, convencer etc..."). No segundo caso, Paulo afirmaria *diretamente* a eficácia da Escritura sobre os leitores crentes, e apenas *indiretamente* a inspiração da Escritura. Mas o valor do texto para a inspiração bíblica não ficaria por isso diminuído, visto que a Escritura desdobra a sua eficácia para a vida dos crentes precisamente porque inspirada por Deus. Mais ainda, na afirmação indireta compreende-se melhor o dado pacificamente adquirido da consciência da Igreja apostólica.

Restam a esclarecer duas interrogações, levantadas pelo texto.

1) Qual é o sentido exato de *theopneustos?*

Trata-se, como dissemos, de um "apax legómenon" no grego bíblico; mas o seu significado *passivo (= inspirada por Deus)* e não ativo (que inspira Deus) é amplamente confirmado, tanto pelo uso de *theopneustos* na grecidade helenística,[9] como pela concepção bíblica do Espírito de Deus, segundo o qual Deus ou o seu Espírito agem como sujeitos de uma inspiração com relação às pessoas ou às realidades. Prescindindo do problema de saber se a Bíblia "inspirada por Deus" é também "inspira Deus" (ver cap. 11,7), existe pleno acordo entre as várias confissões cristãs sobre o significado passivo de *theopneustos*. A "Tradução interconfessional em língua corrente" traduz: "Tudo o que é escrito na Bíblia é inspirado por Deus, e por isso é útil para ensinar a verdade etc."; a "Traduction oecumenique de la Bible" traduz: "Toute Écriture est inspirée de Dieu et utile por enseigner, etc..."

Portanto, de 2Tm 3,17 resulta que e a Escritura é concebida como uma realidade viva e eficaz para a salvação, precisamente porque saída do Espírito de Deus. O fato de que a Palavra de Deus se faz livro é atribuído à ação do *Pneuma* divino, exatamente como a encarnação da Palavra de Deus na pessoa de Jesus Cristo é obra do mesmo Espírito Santo (cf. Lc 1,35).

2) De que Escritura se fala?

Direta e expressamente, Paulo fala do AT, porque ele se refere às "Sagradas Escrituras" que Timóteo conheceu de sua mãe (v. 15) que "era judia crente" (At 16,1). Indiretamente, e por extensão, a fórmula "toda a Escritura" ou "cada Escritura" do v. 16 poderia indicar todo livro que vai sob o nome de "Escritura" ou "Sagradas Escrituras", particularmente aqueles escritos que, no tempo em que é redigida a 2 Timóteo, eram reconhecidos como "inspirados" e por isso fazendo parte da "Escritura".

Nem se trata de pura hipótese visto que em 1Tm 5,17-18 (para a interpretação controvertida da passagem, ver cap. 13, nota 3) parece que se cita como *Escritura,* ao lado de um texto do Deuteronômio (Dt 25,4), uma palavra de Jesus que hoje figura no Evangelho de Lucas (Lc 10,7):

> "Os presbíteros que exercem bem a presidência são dignos de dupla remuneração, sobretudo os que trabalham no ministério da palavra e na instrução. Com efeito, diz a Escritura:
> 'Não amordaçarás o boi que debulha'; e ainda:
> 'O operário é digno do seu salário' " (1Tm 5,17-18).

---

[9] Cf. *Theopneustos,* in GLNT, vol. X, col. 1104-1108.

A inspiração da sagrada escritura 149

Portanto, uma coisa é certa: no período em que foi escrita a *2 Pedro* (fim do século I, ou início do século II) já existe uma coleção completa (ou quase) de cartas de Paulo, conhecida do autor do escrito e de seus destinatários e colocada no mesmo plano das "outras Escrituras". Com efeito, lê-se ali:

"Considerai a longanimidade de nosso Senhor como a nossa salvação, conforme também o nosso amado irmão Paulo vos escreveu, segundo a sabedoria que lhe foi dada. Isto mesmo faz ele em todas as suas *cartas,* ao falar nelas desse tema. É verdade que em suas cartas se encontram alguns pontos difíceis de entender, que os ignorantes e vacilantes torcem, *como fazem com as demais Escrituras,* para a sua própria perdição" (2Pd 3,15-16).

Concluindo — O NT pronuncia-se formalmente sobre a inspiração divina das Sagradas Escrituras, isto é, sobre a origem divina não só do conteúdo dos livros da Bíblia, a Revelação de Deus, mas também do instrumento privilegiado que a conserva e a transmite. O próprio Deus está na origem dos livros sagrados, porque o seu Espírito influiu neles. Este *fato* pertence ao ditado bíblico, especialmente neotestamentário, independentemente do *como* possa e deva ser compreendido (sobre a *natureza* da inspiração bíblica, ver cap. 10). De outro lado, ele não deve ser separado da multiforme ação e moção do Espírito de Deus na história da salvação e na sua proclamação profética: "A inspiração 'escriturística' nada tem a temer se for colocada no conjunto da inspiração 'bíblica' da qual é uma parte, depois das inspirações 'pastoral' e 'oratória'. Mais ainda, só pode ganhar pelo realismo que a completa. Antes de ser escrita, a mensagem foi vivida e falada: esta experiência vital e esta palavra concreta ainda vibram no texto escrito, no qual são apresentadas como um maravilhoso condensado querido por Deus. Mas elas o precedem, o acompanham, o seguem, o superam e o comentam. Toda esta riqueza vem sempre do mesmo Espírito ... Vista nesta luz, a inspiração escriturística deixa de ser o carisma de uma pessoa particular que trabalha no absoluto e confia ao papel 'verdades' sugeridas a seu ouvido. Ela é, pelo contrário, o último tempo de uma longa ação do Espírito que, depois de ter preparado um plano divino-humano no qual a vinda do Filho constitui o vértice, e depois de ter feito ouvir por todos os modos a voz do Pai até os últimos apelos do Herdeiro (Hb 1,1), confia tudo isto aos livros sagrados, destinados a alcançar todos os homens de todos os lugares".[10]

4. O ESPÍRITO DE DEUS SEMPRE EM AÇÃO

Se a inspiração bíblica propriamente dita não tem nada a temer se relacionada com as 'inspirações' analógicas precedentes que a preparam, é também verdade que ela adquire um significado mais pleno para a fé dos crentes se for relacionada com a presença e a ação do Espírito de Deus na vida presente do povo de Deus.

Para usar mais uma vez as palavras do Pe. Benoit,[11] a inspiração bíblica, juntamente com seus analógicos "precedentes", possui também seus analógicos "prolongamentos" dos quais se distingue completamente, mas dos quais não pode ser isolada. Podemos verificar esta presença e ação do Espírito de Deus posterior à inspiração bíblica percorrendo a *Dei Verbum* do Concílio Vaticano II.

A fé, resposta à Revelação, é impensável sem uma "moção do Espírito Santo":

> "A Deus que revela é devida a obediência da fé. (...) Para prestar esta fé, é necessária a graça divina que se antecipa e continua a ajudar, e o auxílio interior do *Espírito Santo, auxílio requerido para mover e converter a Deus os corações, abrir os olhos da alma, e dar a todos* 'a suavidade, no assentimento e na adesão à verdade' " *(DV 5)*.

A inteligência sempre mais profunda da Revelação acontece por obra do Espírito Santo:

> "A fim de que a inteligência da Revelação se torne sempre mais profunda, o mesmo *Espírito Santo aperfeiçoa continuamente a fé por meio dos seus dons" (DV 5)*.

No processo da tradição de origem apostólica, o Espírito Santo é o agente principal nos diversos agentes históricos que presidem o progressivo conhecimento e atualização da Revelação:

---

10 P. Benoit, *Ispirazione*, pp. 23-26 (cf. texto original fr. de *Conc.* 10 [1965] 18s., 21).
11 Cf. Id., *Les analogies de l'inspiration*, pp. 96-99.

A inspiração da sagrada escritura

"Esta Tradição de origem apostólica progride na Igreja sob a assistência do Espírito Santo. Com efeito, cresce o conhecimento tanto das coisas como das palavras que fazem parte da Tradição, quer mercê da contemplação e do estudo dos crentes que os meditam no coração, quer mercê da íntima inteligência que experimentam das coisas espirituais, quer mercê da pregação daqueles que, com a sucessão do episcopado, receberam um seguro carisma de verdade" *(DV 8)*.

Mais ainda, é o Espírito Santo que introduz os crentes em toda a verdade revelada:

"O Espírito Santo — pelo qual ressoa a voz viva do Evangelho na Igreja e, pela Igreja, no mundo — *introduz os crentes na verdade* plena e faz que a palavra de Cristo neles habite em toda a sua riqueza" *(DV 8)*.

A mesma Sagrada Escritura deve ser lida e interpretada (ver cap. 18) com a ajuda do Espírito Santo:

"Mas, como a Sagrada Escritura deve ser *lida e interpretada com a ajuda do mesmo Espírito* que levou à sua redação, ao investigarmos o sentido bem exato dos textos sagrados, não devemos atender menos ao conteúdo e à unidade de toda a Escritura etc..." *(DV 12)*.

Por fim, no último capítulo dedicado à "Sagrada Escritura na vida da Igreja", a *DV* por duas vezes põe em estreito paralelismo o mistério da Sagrada Escritura e o da Eucaristia:

"A Igreja sempre venerou as Divinas Escrituras. como também o próprio Corpo do Senhor; sobretudo na sagrada Liturgia, nunca deixou de tomar e distribuir aos fiéis, da mesa tanto da Palavra de Deus como do Corpo de Cristo, o pão da vida" *(DV 21)*;
"Assim como a vida da Igreja cresce com a assídua freqüência do Mistério Eucarístico, assim é lícito esperar também novo impulso de vida espiritual, do aumento de veneração pela palavra de Deus, que "permanece para sempre" *(DV 26)*.

Também a Eucaristia, que juntamente com a Palavra da Bíblia edifica a Igreja como comunidade dos crentes, provém da ação e da presença eficaz do Espírito Santo:

"Pai Santo, fonte de toda santidade, *santifica estes dons com a efusão do teu Espírito, para que se tornem* para nós o corpo e o sangue de Jesus Cristo, nosso Senhor" *(Cânon da Missa;* cf. a idêntica *epiclese* nos Cânones III e IV da Missa);

"Nós te invocamos, te pedimos e suplicamos, *envia o teu Santo Espírito sobre nós e sobre estes dons colocados aqui sobre o altar e faze* deste pão o precioso corpo do teu Cristo e daquilo que está neste cálice o precioso sangue do teu Cristo, *transmutando-os por virtude do teu Santo Espírito*, a fim de que sejam para os que comungam purificação da alma, remissão dos pecados, comunicação do Espírito Santo, realização do reino dos céus, título de livre confiança diante de ti, não causa de juízo e condenação" (Da *antiga anáfora*, dita de são João Crisóstomo).

Por isso, em virtude da ação e da presença do Espírito Santo, invocado na *epiclese* da Missa, os dons do pão e do vinho se tornam realmente o Corpo e o Sangue de Cristo; não só, mas através da Eucaristia o Espírito Santo prolonga a sua ação na comunidade cristã que se alimenta dela, e bebe ali numa fonte de fraterna e aumentada caridade. A comunidade dos crentes, na celebração eucarística alimenta-se da Palavra de Deus que a inspiração eucarística tornou presente a nós na palavra humana dos escritores sagrados, e se alimenta do Corpo e Sangue de Cristo que o único e idêntico Espírito Santo tornou realmente presentes nos dons do pão e do vinho. A Bíblia é "uma consagração da história da salvação sob as espécies da palavra humana".[12]

12 No seu discurso no Conc. Vaticano II, de 5 de outubro de 1964, Dom Neófito Edelby, Arcebispo titular de Edessa, apresentava nestes termos a contribuição da Igreja Oriental ao mistério da Sagrada Escritura: "A Sagrada Escritura é uma realidade *litúrgica* e *profética*. Mais do que um livro escrito, ela é uma proclamação. É o testemunho do Espírito Santo, e o seu momento precípuo e privilegiado é a celebração da liturgia eucarística. Mediante este testemunho do Espírito Santo, a Economia do Verbo revela o Pai. A controvérsia pós-tridentina vê na Sagrada Escritura antes de tudo uma norma escrita. A Igreja Oriental, ao contrário, vê na Sagrada Escritura antes uma consagração da história da salvação sob as aparências da palavra humana (*consecra-*

Concluindo — Portanto, existe um mistério de inspiração que age no presente, dentro de nós, em torno de nós, sob os olhos da nossa fé: é a misteriosa, mas real, presença e ação do Espírito Santo, do Espírito do Senhor ressuscitado e vivo, sem o qual não se dá nem a fé nem a Igreja.

Viver e compreender este mistério diário de inspiração é a melhor premissa para compreender a inspiração da Bíblia com todas as suas conseqüências.

---

tionem quamdam Historiae salutis sub speciebus verbi humani) mas inseparável da consagração eucarística na qual se recapitula todo o Corpo de Cristo (...) Esta consagração exige uma Epiclese, *ou a invocação e a ação do Espírito Santo;* e a Epiclese é precisamente a Sagrada Tradição. *Portanto a Tradição é a Epiclese da história da salvação,* é a teofania do Espírito Santo sem a qual a história do mundo é incompreensível, e a Sagrada Escritura permanece letra morta" (*Acta Synodalia*, vol. III, pars III, p. 306s).

10

A IGREJA SE INTERROGA SOBRE O MISTÉRIO DA BÍBLIA[1]

Nas ilustrações dos livros medievais, como também na pintura do Renascimento, há uma imagem freqüente. Vê-se um dos quatro evangelistas que está escrevendo o seu Evangelho, com uma pena na mão e um pequeno facistol diante de si, sobre o qual estão folhas de pergaminho. Ele está concentrado no seu trabalho, e a sua cabeça está inclinada para o lado, como se estivesse em audição: perto de seu ouvido adeja uma pomba, símbolo do Espírito Santo que lhe sussurra as palavras a escrever. Provavelmente, o pintor queria apenas exprimir o dogma cristão, pelo qual o Espírito Santo se preocupa em que seja realmente a Palavra de Deus a ser expressa pelo escritor sagrado. Todavia, não se pode negar que a imagem faz pensar nos escritores sagrados como se fossem briosos e diligentes "secretários" de Deus, mas nada mais que "secretários": uma espécie de máquina de escrever humana, sob os dedos de Deus.

1 *Bibliografia*

L. Alonso Schökel, *La Parola ispirata*, pp. 4076; G. Benedetti, *La Biblia nella teologia dei secc. XIII-XIV fino alla vigilia del Conc. Vatic. II*, in AA. VV., *I libri di Dio*, pp. 53-122 e 123-194; J. Beumer, *L'Inspiration de la Sainte Écriture*; O. Loretz, *Das Ende der Inspirations-Theologie. Chancen einen Neubeginns*, Band I, *Untersuchungen zur Entwicklung der traditionellen theologischen Lehre über die Inspiration der Heiligen Schrift*, Katholisches Bibelwerk, Stuttgart 1974; C. M. Martini-P. Bonatti, *Il messaggio della salvezza*, vol. I, *Introduzione generale*, pp. 41-87. Cf. também três tratados clássicos sobre a Inspiração: E. Florit, *Ispirazione biblica*, Agenzia del Libro Cattolico, Roma 1951, 2ª ed.; H. Höpfl-L. Leloir, *Introductio generalis in Sacram Scripturam*, pp. 19-118; Ch. Pesch, *De Inspiratione Sacrae Scripturae*, Herder, Friburgo-Br. 1929 (para uma síntese do mesmo, cf. L. Alonso Schökel, *La Parola ispirata*, pp. 357-376).

É este o modo pelo qual devemos representar-nos a inspiração da Bíblia? A fé cristã não exige o "sacrificium intellectus", mas empenha a inteligência humana (é a *fides quaerens intellectum*) na reflexão sobre o dado da Revelação. O crente não se contenta com o *Was (que coisa* foi revelada e o *que* crer), mas busca também o *Wie*, o *como* da verdade revelada e oferecida ao acolhimento da fé, porque a própria revelação bíblica do *Was* do crer é sempre expressa com categorias humanas que deixam entrever alguma coisa do *modo* pelo qual o mistério aconteceu. Em todo caso a Igreja, desde a época pós-apostólica nunca deixou de interrogar-se sobre o mistério da inspiração bíblica dando de vez em quando respostas paralelamente à sua ininterrupta reflexão guiada pelo Espírito Santo, a qual só cessará quando a *fé* deixar o lugar à *visão*.

É este o momento da *pesquisa* dos padres, dos doutores e dos teólogos, mas também o momento das decisões do Magistério da Igreja que guia a busca, solicita-a e a avalia com base no dado revelado que ela tem a tarefa de "guardar". Desde os próprios autores do NT aos Padres da Igreja, ao Concílio Vaticano II (cap. 10), mas também à reflexão da teologia contemporânea (cap. 11): dois *capítulos abertos* de teologia da inspiração bíblica.

1. O JUDAÍSMO E OS AUTORES DO NT

Os autores mais recentes do NT afirmam *expressis verbis* a inspiração da Sagrada Escritura (ver cap. 9); será que nos dizem alguma coisa também sobre a *natureza* da inspiração? A pergunta é legítima a partir do momento em que o mundo helenístico — e o uso lingüístico de *theopneustos* em 2Tm 3,16 é helenístico — tinha uma concepção "mântica" (divinatória) da inspiração, e o mundo judaico, do qual o NT herdou a fé na inspiração bíblica, elaborara em formas diversas uma doutrina sobre a inspiração.

a. A inspiração divinatória do mundo greco-helenístico[2]

O *pneuma* divinatório indicava a força do sopro divino que, apoderando-se do sacerdote ou da sacerdotisa, o arrastava para

---

[2] Cf. H. Kleinknecht, *Pneuma* e E. Schweizer, *Theopneustos*, in *GLNT*, vol. X, col. 805-827.1104-1108; A. M. di Nola, *Estasi, Ebbrezza, Entusiasmo*, in *ER*, vol. 2, col. 1255-1268.

um estado de *rapto extático* pelo qual o adivinho ficava fora de si, não mais livre, impelido e arrastado como um louco, e por isso capaz de proclamar em nome de um deus o oráculo divinatório: pense-se nos oráculos da Pitonisa de Delfos.

O uso lingüístico de *tehopneustos* não introduz o sentido helenístico da inspiração divinatória no NT, que até se preocupa em evitar toda a gama de sinônimos religiosos de "pneuma", correntes no vocabulário grego para exprimir fenômenos excepcionais de natureza entusiástico-extática como: *entheos, enthusiasmus, epipnous, epipnoia, empneusis* etc. A inspiração divinatória não condiz com os profetas do AT e NT, e muito menos com os escritores sagrados, homens em plena posse de todas as suas faculdades, homens historicamente condicionados, testemunhas da Palavra para crentes ou comunidades comprometidos com problemas diversos. Um são Paulo, a quem certamente não faltava o Espírito, podia escrever a propósito das viúvas livres para voltar a casar-se: "Todavia julgo mais feliz, a meu ver, se ficar como está (isto é, viúva). Julgo que também eu possuo o Espírito de Deus" (1Cor 7,40).

b. A inspiração no judaísmo[3]

Algo semelhante à inspiração divinatória encontra-se também no escritor hebreu helenista Fílon, testemunha do desenvolvimento que nele sofreu a lenda da origem da versão grega da LXX (ver cap. 7).

Na *Carta de Aristéia* (cerca de 130 a.C.) afirma-se simplesmente que os 72 tradutores "entregaram-se ao trabalho, *pondo-se de acordo sobre cada ponto da versão, mediante confrontações (tais antibolais:* isto é, confrontando as traduções provisórias elaboradas por cada um). Do texto resultante do seu acordo, Demétrio fez redigir uma cópia na devida forma".[4]

Em vez disso, Fílon escreve:

"Tendo-se, pois, estabelecido naquele lugar, sem nenhuma outra presença a não ser a dos elementos naturais: terra, água, ar, céu, sobre cuja origem se preparavam para desempenhar o papel de sumos sacerdotes *(hierophantes)* — visto

---

[3] Cf. W. Bieder, *Pneuma,* in *GLNT,* vol. X, col. 883-891; A. M. di Nola, *La Bibbia nel Giudaismo,* in *ER,* vol. 1. col. 1107-1120; P. Stuhlmacher, *Vom Verstehen des Neuen Testaments. Eine Hermeneutik,* pp. 48-50.
[4] *Lettera di Aristea* 302: *SC* 89, 230.

que a Torá começa com a criação do mundo — eles *profetizaram, como se Deus tivesse tomado posse do seu espírito (kathaper enthousiontes proepheteuon)*, não cada um com palavras diferentes, mas todos com as mesmas palavras e os mesmos fraseados, *como se cada qual estivesse sob o ditado de um invisível inspirador (aoratos enechountos)".*[5]

O outro escritor hebreu helenista, Flávio Josefo, não parece compartilhar esta concepção de inspiração; ele fala apenas do fato da inspiração:

"Por uma conseqüência natural, diria necessária — visto que entre nós não é permitido a todos escrever a história (e nos nossos escritos não existe divergência), mas somente os profetas narram com clareza os fatos distantes e antigos por tê-los captado *mediante inspiração divina (kata ten epipnoian ten apo theou mathonton)* e os contemporâneos por serem testemunhas deles — por uma conseqüência natural, dizia, não existe entre nós uma infinidade de livros discordantes e contraditórios, mas apenas 22 que abraçam a história de todos os tempos e que são justamente *considerados como divinos*".[6]

No fundo, Flávio Josefo não faz mais do que afirmar a origem divina dos Livros Sagrados por força da inspiração, de conformidade com a fé do judaísmo da qual a própria Carta de Aristéia era testemunha quando, falando da Torá como tal, afirmava que não se faz menção dela em nenhum historiador ou poeta "em razão do caráter augusto desta Lei e porque ele vem de Deus *(dia theou gegonenai)*".[7]

Uma concepção da inspiração de tipo miraculoso encontra-se também no judaísmo palestino, ao menos no que se refere à

---

[5] *De Vita Mosis* II, 37: *Les Oeuvres de Philon d'Alexandrie*, vol. 22, Du Cerf, Paris 1967, pp. 208. Cf. também II, 40: "Todas as vezes que hebreus que conhecem o grego ou gregos que conhecem o hebraico se encontram simultaneamente diante dos dois textos, o hebraico e a versão grega, olham-nos com admiração como duas irmãs, ou melhor, como uma única e idêntica obra, tanto na substância como na forma, e chamam os seus autores não tradutores mas *sumos sacerdotes e profetas (hierophantas kai prophetas)*, porque lhes foi concedido, graças à pureza de sua inteligência, caminhar passo a passo com o Espírito que é o mais puro de todos, o Espírito de Moisés" *(ibid.,* 208-210).

[6] *Contra Apion.,* 1, 8, 37-38: *Flavius Josèphe. Contre Apion,* "Les Belles Lettres", Paris 1930, pp. 9,10.

[7] *Carta de Aristéia* 313: SC 89, 234.

Torá que tem uma preeminência absoluta⁸ sobre os outros escritos sagrados: "Enquanto que para os outros profetas podemos também falar de *inspiração*, no caso de Moisés devemos pensar que ele se esvazia totalmente de si mesmo, se torna um veículo material da presença divina. As palavras dos Profetas e dos Hagiógrafos são palavras inspiradas, carregadas de santidade, ao passo que as Palavras de Moisés são palavras do próprio IHWH: 'Quem diz que a Torá não veio do céu, não tem parte no mundo futuro' *(Talm. bab. Sanh.* 10.1); 'Também se alguém reconhecer esta origem celeste à Torá, mas excetuar uma só palavra, que o Santo Único, bendito seja ele!, não teria pronunciado através de Moisés, este não fala mais do que segundo sua opinião pessoal' *(Sanh.* 99a)".⁹ Esta preeminência absoluta da *Torá* e o seu singular tipo de inspiração que lhe é atribuído pelo judaísmo (inspiração = ditado de Deus, na prática), aparece ainda mais evidente numa especulação amplamente difundida, que tende a considerar a *Torá* como preexistente em Deus, antes que ele a constituísse Revelação do Sinai.¹⁰

O próprio *Livro dos Jubileus* (séc. II a.C.) fala de *tábuas celestes* nas quais já se encontra esculpida não só a lei (4, 5.32), mas também a história (23, 32; 32, 28). E no 4 *Livro de Esdras* (séc. I d.C.), depois que a *Torá* fora queimada, Esdras pede a Deus: "Se encontrei graça junto a ti, envia a mim o Espírito Santo e eu escreverei tudo o que Tu fizeste no mundo desde a origem, tudo o que estava escrito na tua Lei" (4Esd 14,22; cf. 14, 24-25.37-47).

Existem, pois, *dois modelos* de inspiração na teologia do judaísmo. O *primeiro* entende a inspiração como "um evento de revelação sobrenatural que transforma os autores bíblicos em instrumentos que estão à escuta de Deus, em instrumentos de um ditado de Deus", mediante "o Espírito de Deus que toma posse das testemunhas inspiradas eliminando o intelecto das mesmas e tornando-as capazes da comunicação de uma revelação divina"; o *segundo* entende a inspiração simplesmente "como um processo de eleição e singular autorização da testemunha humana para a

---

8 "O Hebraísmo religioso teve sempre consciência da profunda diferença de nível entre as várias partes da coleção, considerando os Profetas e Hagiógrafos (isto é, o terceiro grupo de escritos) como escritos que servem para confirmar a Revelação da *Torá* e que sobretudo exprimem a dialética histórica do Pacto constituído na *Torá*" (A. di Nola, *La Bibbia nel Giudaismo*, ER, vol. 1, col. 1113).
9 A. di Nola, *ibid.*
10 Cf. *ibid.*, col. 1113-1115.

redação da revelação de Deus".[11] Do primeiro modelo não há traço algum nos escritores do AT e nem naqueles do NT: a teoria da inspiração divinatória somente depois abre seu caminho. O modelo de inspiração na Bíblia é quando muito o segundo; de todo modo um modelo que não separa a ação do Espírito da história humana das testemunhas bíblicas e de sua livre e consciente atividade literária.

c. Testemunhos bíblicos[12]

Para o AT tomemos o exemplo dos *profetas,* os quais "não são os únicos inspirados, mas neles aparece com maior força e clareza a ação do Espírito: são os *principes analogati".*[13] Analisando a obra literária e o estilo peculiar "do clássico Isaías, do romântico Jeremias, do barroco Ezequiel", certamente não podemos concluir que o profeta escreve sob um ditado, ou repete de cor ou ao pé da letra a mensagem captada mediante a revelação. "Aplicando uma rigorosa análise literária, apreciaremos o trabalho artesanal do profeta: como ele procura uma onomatopéia, como acumula assonâncias, como dispõe um quiasmo de seis membros, como modifica expressivamente uma fórmula rítmica, como constrói com engenhoso cálculo o oráculo, como desenvolve uma imagem tópica. (...) Em resumo, podemos tocar e enxugar o suor da fronte do profeta, suor com que extraiu o poema ou o oráculo da mina da linguagem. (...) A verdade é que não se trata de um ditado. Se quisermos conciliar estes dois fatos: o trabalho esculpido na obra e a fórmula "palavra de Deus", deveremos orientar nossa pesquisa em outra direção. A ação do Espírito não pode ser um ditar, nem pode ser mecânica; será necessário colocá-la numa região vital da atividade da linguagem, e mais concretamente, da linguagem literária. (...) O divino e o humano estão presentes: o divino eleva o humano, não o suprime. A vocação eleva a personalidade do profeta, não a destrói; polariza a sua sensibilidade literária, coloca *em transe* a sua atividade literária".[14]

As páginas biográficas dos profetas constituem um ponto de observação privilegiado para compreender a psicologia do profeta inspirado. Jeremias pode gritar:

---

11 P. Stuhlmacher, *o.c.*, pp. 48s.
12 L. Alonso Schökel, *o.c.,* 77-101.
13 *Ibid.,* p. 77.
14 *Ibid.,* pp. 81s.

"Tu me seduziste, Iahweh, e eu me deixei seduzir;
tu te tornaste forte demais para mim, tu me dominaste...
Porque sempre que falo devo gritar,
devo proclamar: "Violência, opressão!"
Porque a palavra de Iahweh tornou-se para mim
opróbrio e ludíbrio todo o dia.
Quando eu pensava: 'Não me lembrarei dele,
já não falarei em seu Nome',
então isto era em meu coração
como um fogo devorador,
encerrado em meus ossos.
Estou cansado de suportar,
não agüento mais!" (Jr 20,7-9).

Jeremias sente-se como que apertado, aprisionado entre a sua liberdade e o poder da palavra de Deus; se continua a falar, apesar de a sua pregação provocar suspeitas, aborrecimentos e ódio, é porque a Palavra de Deus se apoderou dele: como uma cratera que não pode deixar de vomitar fogo. *Lucidamente* tentado de abandonar a missão de profeta, e também lucidamente decidido a permanecer fiel à sua vocação. O seu é apenas um terrível "caso de consciência", como o de Ezequiel, que tem a tarefa da "sentinela" que deve gritar: "Perigo!" Se gritar, não será responsável pela vida dos que não crêem no seu alarme; se não gritar, será responsável (Ez 33,1-9).

No NT, os *apóstolos* recebem como os profetas a missão de proclamar a palavra de Deus, que se revelou definitivamente na pessoa de Jesus Cristo: no seu ser, agir e falar. Mas, como se realiza a pregação apostólica sobre Jesus? Realiza-se através do "recordar", do "compreender", do "testemunhar", todas faculdades plenamente humanas; e o Espírito de Cristo, por ele prometido aos apóstolos (cf. Jo 14,25-26;16,13-14), tem precisamente a tarefa de fazer-lhes "recordar", "compreender", "testemunhar", isto é, de "reativar em profundidade a memória e a inteligência". E como acontece a redação escrita dos Evangelhos? "Além da memória e inteligência, há todo um trabalho literário de composição e redação. Tudo o que pertence a atividade literária, o Espírito Santo o assume para transmitir-nos vivas as palavras de Cristo. ... Lucas fala expressamente do seu trabalho e diligência (Lc 1,1-4), porque os carismas de Deus não poupam o trabalho humano, mas o suscitam e o dirigem. Quem tiver estudado um pouco a fundo os processos redacionais dos evangelistas, apreciará o límpido e meticuloso trabalho destes escritores. Os evangelistas compuseram seus livros divinos com o suor de sua fronte e com o sopro do espírito".[15]

O próprio *Apocalipse* de João, que se apresenta com "Revelação de Jesus Cristo, que Deus lhe concedeu para que a mostrasse aos seus servos", como um "testemunho da Palavra de Deus e do testemunho de Jesus Cristo" (Ap 1,1-2), como a "escritura num livro das visões tidas por João preso pelo Espírito" (Ap 1,10-11;4,1-2), não faz exceção ao caráter de historicidade e testemunho humano dos escritos do NT. "O profeta João não se limita simplesmente a enumerar as visões que lhe sobrevêm, mas formula a sua mensagem numa reelaboração altamente refletida que leva em consideração a tradição apocalíptica que precede e a profissão de fé em Jesus que o sustenta".[16]

2. A VOZ DOS PADRES DA IGREJA

Os antigos Padres da Igreja não se limitam a expor a sua fé na origem divina da Bíblia, porque "inspirada por Deus", em continuidade com os escritores do NT.[17] Eles introduzem também, ou aprofundam, algumas categorias que têm o objetivo de esclarecer de algum modo a relação entre a Palavra de Deus e a palavra humana na Bíblia, entre Deus que inspira o escritor humano e o escritor que é movido pelo Espírito Santo com o fim de redigir os escritos sagrados.

a. O escritor sagrado é "instrumento" de Deus

De modo geral, os padres retomam o conceito de instrumentalidade já conhecido no NT, ali onde se fala do profeta como "boca de Deus" (Lc 1,70; At 1,16), como homem que "é movi-

---

15 *Ibid.*, p. 98s.
16 P. Stuhlmacher, *o.c.*, p. 46.
17 Por exemplo: os hagiógrafos "são divinamente movidos" e "falam em virtude do Espírito de Deus" (São Justino); os diversos escritores sagrados são concordes entre si "porque são todos impelidos pelo Espírito e falaram no Espírito de Deus" (Teófilo Antioqueno); as escrituras "são perfeitas, sendo ditas pelo Verbo de Deus e pelo seu Espírito" (Santo Ireneu); os livros sagrados são escritos "sob a inspiração do Espírito Santo, por vontade do Pai, por meio de Jesus Cristo" (Orígenes); "os profetas falaram inspirados pelo Espírito divino, e por isso as Escrituras, tendo sido escritas pelo Espírito, contêm em si um ingente tesouro" (São João Crisóstomo); "toda a Escritura é chamada *theopneustos* porque Deus inspira o que o Espírito disse (Santo Ambrósio): citados em C. M. Martini-P. Bonatti, *o.c.*, p. 42ss.

do pelo Espírito Santo" (2Pd 1,20). Mas o conceito é expresso também com o termo "instrumento de Deus ou do Espírito Santo", às vezes comparado a um instrumento musical. Os profetas são "instrumentos do Verbo", que os usa "como um plectro"; o Espírito usa os profetas "como o flautista assopra numa flauta"; o Espírito Santo é "como um plectro divino" que se serve dos profetas "como de um instrumento de cítara ou de lira"; "os profetas são instrumentos da voz divina".[18]

Estas imagens, pertencentes à insistência oratória dos Padres que faziam questão de sublinhar a origem sobrenatural dos livros sagrados, devem ser entendidas em sentido muito analógico, melhor ainda como *símbolos,*[19] e não como descrições técnicas que fariam concluir ao escritor sagrado como a um puro instrumento inerte nas mãos de Deus, numa espécie de monofisismo escriturístico. Os Padres admitem uma participação ativa das capacidades espirituais e intelectuais do profeta, exaltadas, mas não aniquiladas pelo carisma do Espírito. Mais ainda, quando surgiu com o montanismo a concepção extática da inspiração que assemelhava as mensagens da revelação bíblica aos *mediuns* extáticos dos oráculos pagãos como uma pitonisa ou uma sibila, e usava a comparação da lira e do plectro para concluir que o escritor sagrado age inconscientemente e de maneira mecânica, evitou-se de propósito o termo "êxtase", ou chegou-se mesmo a negar que os profetas tivessem falado "em êxtase": "Não é verdade, como imagina Montano com as mulheres insipientes, que os profetas falaram em êxtase, de modo a não saber o que estavam dizendo".[20] A Encíclica *Divino Afflante Spiritu* usa o termo instrumento, mas formula seu limite com dois adjetivos: "O autor sagrado, no ato de compor o seu livro, é instrumento *vivo* e *racional* do Espírito Santo *(EB* 556).

A categoria "instrumento" não entrará nas definições dos Concílios. Mas permanecerá o conceito já bíblico de instrumentalidade, que permite considerar a ação do homem como ação verdadeira e real, de modo a deixar sua marca no livro sagrado, embora permanecendo sempre sob a dependência da ação divina do Espírito Santo.

18 Cf. Hipólito de Roma, *De Antichristo* 2; PG 10, 728-729; Atenágoras, *Legatio pro Christ.*, 9: PG 6, 908; *Cohort. ad Graecos* (de autor desconhecido) 8; PG 6, 256ss; Clemente Alexandrino, *Strom.* 6, 18,23-24: PG 9, 401.
19 Cf. L. Alonso Schökel, *o.c.*, pp. 48ss. 56ss.

b. Deus é "autor" das Sagradas Escrituras

No Ocidente, começando por Ambrósio e Agostinho, é usado o termo "autor" para exprimir a relação de Deus com a Sagrada Escritura divinamente inspirada.
O que provocou esta formulação foi a polêmica com as várias heresias dualistas (gnósticos, Marcião, maniqueus) que opunham entre si o AT e o NT, como se fossem duas economias opostas da revelação, dependentes de dois princípios opostos: ao contrário do NT, o AT não seria de Deus, mas de Satanás. Os Padres responderam que Deus, e somente Deus, é o autor de ambas as economias de revelação e de salvação, que são interdependentes: diretamente se fala das "economias", implicitamente dos respectivos "conjuntos literários". Santo Agostinho escreve: "Como o único e verdadeiro Deus é o criador dos bens temporais e dos bens eternos, assim ele mesmo é o autor de ambos os Testamentos, visto que o Novo é figurado no Antigo, e o Antigo é figurado no Novo".[21] E segundo os "Statuta Ecclesiae antiqua" (fim do século V), exige-se de quem está para ser consagrado bispo uma profissão de fé bíblica nestes termos: "Se considera Deus único e idêntico autor do AT e do NT, isto é, da Lei, dos Profetas e dos Apóstolos" (EB 30).

A expressão *Deus autor* do AT e do NT, isto é, autor não só da economia antiga e nova da salvação, mas também dos livros que a exprimem, faz parte da *definição de fé* sobre a Bíblia: ela aparece expressamente nos Concílios Florentino, Tridentino, Vaticano I e Vaticano II. Mas "do fato da definição não deriva o caráter conceitual ou simbólico de uma fórmula — 'ascender', 'céus' formulam simbolicamente um mistério de Cristo glorificado. — Qual o sentido preciso da palavra 'autor' nas definições dogmáticas? Na nossa cultura 'autor' tem um sentido dominante literário ou artístico, que se torna unívoco quando andamos sobre o terreno da literatura. (...) Pode-se dizer a mesma coisa para a Sagrada Escritura? (...) Já dissemos que o impulso inspirador de Deus não é puramente moral, mas também físico. Apesar disto perguntamos: este impulso físico coloca Deus na zona do escritor ou naquela da causa? Deus é o verdadeiro autor literário do livro sagrado, ou é só genericamente causa dele? Estas

---

20 São Jerônimo, *Prol in Isaiam*: PL 24, 19. Cf. também a obra de Milcíades (perdida), cujo título: *Que o profeta não deve falar em êxtase* nos foi conservado por Eusébio, *Hist. Eccl.* V, 17: PG 20, 473.
21 *Contra advers. legis et prophet.* 1, 17,35: PL 42, 623.

distinções nos colocam diante de duas linhas de opiniões. Por ora se trata de uma questão opinável".²² A história da formulação do texto em questão no Vaticano I demonstra que o Concílio não quer inserir na definição o conceito de autor literário; e K. Rahner propõe uma hipótese sobre a inspiração partindo do pressuposto legítimo de que o Vaticano I não definiu um conceito unívoco de autor, como autor *literário,* quando definiu "Deus autor do AT e do NT" (ver cap. 11, 4). "Aplicando ao Espírito Santo (ou a Deus) a palavra autor na sua acepção literária, movemo-nos no terreno das analogias, que está incluído dentro de um limite. O Espírito Santo é um autor especial, que escreve por meio de outros, que são verdadeiros autores".²³

c. **A Escritura "ditado" divino — A Escritura é "a carta de Deus"**

Na tradição latina encontra-se outra fórmula, não isenta de equívocos se for mal compreendida: a Escritura "ditado" de Deus. São Jerônimo, falando da Carta aos Romanos, escreve: "É tão intricada e obscura que para compreendê-la é necessária a ajuda do Espírito Santo que *ditou* aquelas coisas por meio do apóstolo (qui per Apostolum haec ipsa *dictavit)"*²⁴ E santo Agostinho afirma que "os membros do Verbo feito carne escreveram o que conheceram pelo *ditado* da cabeça (quod *dictante* capite cognoverunt)"; mas numa frase anterior, e no mesmo contexto, ele emprega uma fórmula correspondente: "O que (a cabeça) lhes *mostrou* e *disse* (quae ille *ostendit et dixit)".*²⁵ Isto significa que a atividade atribuída a Deus, ao Espírito Santo ou ao Verbo não deve ser entendida no sentido de um ditado verbal: O *dictare* latino tinha na antiguidade um sentido muito mais amplo do que o "ditado"; significava também "compor", "ensinar", "prescrever",²⁶ e por isso o Concílio de Trento pôde aplicá-lo às "tradições orais dos apóstolos, portadoras também elas da Revelação.

Mas, depois do Concílio de Trento, foi surgindo a concepção de um ditado puro e total que convertia o hagiógrafo num

---

22 L. Alonso Schökel, *o.c.,* p. 70s.
23 *Ibid.,* p. 75.
24 *Epist.* 120,10: PL 22, 997.
25 *De cons. Evang.* 1,35,54: PL 34, 1070.
26 O verbo *dictare,* na língua latina, tem muitos usos, que vão desde o "ditado" estritamente entendido ao "comando" e à simples "sugestão": cf. Forcellini, *Totius Latinitatis Lexicon,* verbete "Dictare", vol. II, p. 702ss. Significados análogos encontram-se no latim dos autores cristãos: cf. A. Blaise, *Dictionnaire française des auteurs chrétiens,* verbete "dictatio".

simples amanuense: no católico Bañez com sua teoria da *inspiração verbal*, e nos protestantes chamados ortodoxos, que chamam os hagiógrafos "amanuenses e notários" do Espírito Santo.[27] Caía-se assim num monofisismo bíblico inaceitável e de conseqüências deletérias: o racionalismo protestante do século XIX, que se cocoloca no extremo oposto e elimina o jogo de Deus e do Espírito Santo da Bíblia, é de certa forma o fruto desta posição extrema, como afirma com acerto K. Barth.[28] Não será por acaso que o "dictare" não mais aparecerá nas definições conciliares, a começar pelo Vaticano I.

Também a categoria patrística da Escritura = *carta de Deus* aos homens, é mais pastoral e homilética do que técnica. Santo Agostinho escrevia: "Daquela cidade com relação à qual somos peregrinos, chegaram-nos cartas: são as próprias Escrituras"; e ainda: "A Escritura de Deus devia permanecer como um documento autoritativo *(chirographum)* de Deus, que todos os que caminham no mundo pudessem ler e ter como certas as suas promessas".[29] A imagem da "carta" quer apenas dramatizar literariamente o dado de fé do diálogo com os homens, que Deus entretém através da Palavra escrita: "Deus fala todos os dias aos crentes por meio do testemunho das Sagradas Escrituras"; "Cada qual considere que através da língua do profeta ouvimos a Deus que discorre conosco".[30] A "Dei Verbum" retoma este dado da Tradição, quando afirma que "nos livros sagrados o Pai que está nos céus vem muito amorosamente ao encontro dos seus filhos e conversa com eles" *(DV 21)*.

d. O autor e os seus personagens

Trata-se de outra *analogia,* mais dos "novos Padres" do que da patrística. L. Alonso Schökel[31] vai buscá-la no mundo da criação literária, ainda que a introduza com uma citação de são Justino: "Quando escutais as palavras dos profetas como pronunciadas pela boca de um personagem, não penseis que as pronunciam os inspirados, mas a Palavra de Deus que os impelia. (...) É

27 Para uma documentação, cf. K. Barth, *Dogmatique,* vol I, tom. 2, pp. 65-67; L. Alonso Schökel, *o.c.,* p. 60.
28 Cf. K. Barth, *ibid.,* pp. 68-69.
29 Santo Agostinho, *In Psalmos* 90, 2.1; 144, 17: PL 37,1159.1880.
30 S. Jerônimo, Epist., 133, 13: PL 22, 1160; são João Crisóstomo, *In Gen. Hom.* 2,15.1: PG 53,119.
31 *O.c.,* pp. 65-69.

o que podeis constatar também nos vossos escritores: um só é que escreve tudo, mas introduz no diálogo várias pessoas".[32] Um grande escritor (de romance, comédia ou drama) é capaz de criar personagens autênticos, isto é, os que dizem suas palavras sinceramente, a partir de dentro: o que eles dizem no romance ou no drama são verdadeiramente palavras deles. Quanto mais o escritor cria personagens verdadeiros, mais eles crescem na mente do autor e quase se lhe impõe: "Ninguém descreveu como Pirandello o crescimento dos personagens na mente do autor: já não é o autor que procura os seus personagens, mas os 'seus personagens' que procuram o seu autor, para poder viver, agir, falar". E todavia as palavras dos personagens são palavras do escritor: "O romancista fala no seu romance, não só quando escreve autobiograficamente, não só quando narra fatos, mas também quando os seus personagens falam ... Shakespeare, Cervantes e Dostoievski podem reclamar para si cada uma das palavras pronunciadas por seus grandes personagens; até mesmo as pronunciadas dialeticamente por personagens antitéticos: Quixote e Sancho, Otelo e Iago, Ivã e Smerdiakov".[33]

Esta "capacidade do artista de conviver com os seus personagens, de viver nos seus personagens, de encarnar-se neles", esta sua capacidade de "criar personagens" e de "falar através de suas palavras" constitui para Alonso Schökel uma analogia com o fato de que Deus cria personagens autênticos que são os escritores sagrados, fala através de suas palavras, convive com eles, vive neles. A Bíblia é este grandioso drama literário de que Deus é o Autor, na qual a Palavra de Deus se encarna nas palavras humanas de personagens livres e verdadeiros, isto é, os vários escritores dos livros, criados por Deus autor.

Certamente, trata-se de uma *analogia* como as anteriores, também ela com seus limites: "o personagem literário não é uma pessoa viva e real...; e é bastante diferente movimentar dentro da fantasia personagens, que são de linguagem, de mover um homem responsável na sua atividade de escritor".[34] Mas, visto que podemos exprimir-nos sempre e apenas em termos analógicos quando falamos do "Misério" da Escritura divina, também esta analogia deve ser assumida, principalmente numa catequese sobre a Inspiração bíblica que fosse dirigida a pessoas que ao menos possuem o gosto literário: ela teria um impacto singular. Além disso —

---

32 *Apologia* I, 36: PG 6, 385.
33 L. Alonso Schökel, *o.c.*, pp. 66-67.
34 *Ibid.*, p. 69.

acrescentando outra reflexão pessoal — deve-se recordar que os personagens-autores da Bíblia são personagens de vida e história, nos quais o homem de sempre se reconhece. Trata-se de palavras que sentimos como "nossas" depois de tê-las lido ou escutado, palavras que desejaríamos ter pronunciado nós mesmos, tão verdadeiras elas parecem, em todo caso palavras que podemos repetir e reformular como nossas. Os leitores crentes, sem distinção, não se sentem estranhos ao jogo de Deus Autor e dos seus personagens na obra literária da Bíblia.

3. S. TOMÁS E O CARISMA DA PROFECIA

Se fazemos um salto desde a era patrística até são Tomás, não é por desinteresse pela teologia medieval. O fato é que até o século XII os teólogos medievais, em continuidade com a tradição dos Padres, de um lado reafirmam a divindade das Escrituras por força da inspiração e, do outro, reconhecem o contributo humano do escritor sagrado sem contudo realizar um aprofundamento crítico sobre a relação que une Deus e o homem através da inspiração.[35] O empenho dos medievais tende principalmente a ordenar e a distinguir, com a ajuda da doutrina dos "quatro sentidos da Escritura", as multiformes riquezas contidas nos livros sagrados, em si mesmos e em sua referência a Cristo (ver cap. 16, 3).

Somente com o surgimento da "escolástica" o concurso de Deus com o escritor sagrado na composição dos livros inspirados é sujeito à análise crítica: os escolásticos retomam a imagem do instrumento, mas a elaboram conceitualmente segundo o sistema aristotélico da *causa eficiente*, que pode ser *principal* e *instrumental*.

Reservamos uma atenção particular ao contributo de são Tomás, também porque teólogos contemporâneos — como Pierre Benoit — aproveitam suas premissas para uma ulterior reflexão sobre o problema.

a. Autor principal e autor instrumental

Para são Tomás "o autor principal da Sagrada Escritura é o Espírito Santo; o homem é seu autor instrumental".[36] A frase

---

35 Cf. G. Benedetti, *o.c.*, pp. 86ss.
36 *Quodl.* 7,14,5.

citada encontra-se ocasionalmente em relação com uma "quaestio" sobre o múltiplo significado (sentido) da Escritura, na qual são Tomás não trata diretamente do carisma da inspiração nem elabora uma teologia própria sobre a inspiração.

Como ele entende a interação entre autor principal e autor instrumental com relação aos livros sagrados, pode-se deduzir da sua teoria filosófica da *causalidade instrumental*,[37] que se pode resumir nos seguintes termos:

1. A causa principal é a que age por virtude própria; a causa instrumental só age por força da moção recebida da causa principal; 2. No instrumento distingue-se uma dupla ação: aquela própria de acordo com a natureza do instrumento e aquela instrumental, que é a ação do instrumental, mas elevada pelo agente principal e aplicada às capacidades próprias da causa principal; 3. O resultado da cooperação entre agente principal e agente instrumental deve ser inteiramente atribuído a ambas, ainda que de maneira diversa, aquela própria de cada um dos dois agentes; 4. As duas causas agem simultaneamente na produção do mesmo efeito, mas é possível perceber nele os seus respectivos vestígios; 5. A capacidade do agente principal tem um caráter permanente; aquela do agente instrumental, pelo contrário, tem um caráter transeunte, por isso cessa quando o agente principal não usa mais o instrumento. Aplique-se tudo isto — para dar um exemplo — à pena nas mãos do escritor: o instrumento da *pena* é elevado pelo movimento da mão do homem para executar uma série de sinais com significado espiritual.

Não é difícil aplicar a teoria da causalidade instrumental a Deus e ao autor humano em relação à Bíblia inspirada, evidentemente levando em consideração que no caso da inspiração bíblica e portanto do escritor humano instrumento de Deus. Deus age nele de maneira plenamente conforme à sua natureza de homem livre e responsável: o escritor não é um instrumento inerte e sim vivo, inteligente e livre.[38]

---

37 Cf. *Comm.* in 2 Tim 3, lect. 3; *Quodl.* 7, a. 14, ad 5 e a. 16; Summa Theol. II-II, q. 172, a. 2, ad 3; q. 173, a. 4.
38 Cf. esquematicamente e em sinopse, a aplicação tomista da categoria "auctor instrumentalis" ao autor humano da Bíblia: in *I libri di Dio*, p. 119s, nota 3.

b. O carisma da profecia e a sua dinâmica

O contributo mais específico de são Tomás à inspiração bíblica é identificado pelos teólogos tomistas no tratado que são Tomás reserva à *"profecia"*.³⁹

O carisma da "profecia" implica para são Tomás dois aspectos ou momentos: 1. a *"acceptio sive repraesentatio rerum"*, ou a coleta do material que dará conteúdo à profecia; 2. o *"iudicium de acceptis"*, ou o juízo definitivo sobre os conteúdos da profecia. Quando o Espírito Santo age em ambos os aspectos, tem-se a *profecia* propriamente dita: o Espírito *revela,* por exemplo, através de uma visão, a realidade que o profeta não pode conhecer por si, e o *ilumina* para que ele julgue sobre a realidade que lhe é revelada de maneira sobrenatural. De todo modo, dá-se verdadeira profecia também quando o Espírito Santo intervém apenas no juízo sobre os fatos e sobre os conhecimentos que o profeta adquiriu pela experiência ou por sua reflexão humana; em tal caso, o carisma permite-lhe julgar sobre estes dados 'humanos' de maneira infalível.

Este segundo modo, afirma são Tomás, é o caso ordinário da Sagrada Escritura, ou dos escritores sagrados,⁴⁰ aos quais o carisma divino concede precisamente a capacidade de "julgar segundo a verdade divina" os dados da experiência ou da história humana e as lições religiosas ou morais que disto derivam.

Alguns teólogos tomistas interpretaram rigidamente a distinção de são Tomás entre os dois casos de "profecia", até fazê-la coincidir com a distinção entre *revelação* (o caso em que o carisma produz, ao mesmo tempo, conteúdos e juízo), e *inspiração* na qual se tem apenas a iluminação sobrenatural do juízo. Pe. Benoit⁴¹ reage contra aquilo que ele chama forçar o texto de são Tomás, para o qual, na realidade, "revelação" e "inspiração" estão estreitamente coordenadas no interior do carisma da profecia como dois momentos ou aspectos do mesmo, até mesmo intercambiáveis: "Prophetia est (divina) inspiratio" e "Prophetia est divina revelatio".⁴² Não que estes dois termos sejam perfeita-

---

39 Cf. *Quaest. Disput,* q. 12 aa. 1256-1259; *Summa c. Gentes* III, 154; *Summa Theol.* II-II, qq. 171-174.
40 *Summa Theol.* II-II, q. 174, a. 2, ad 3.
41 P. Benoit, *Rivelazione e ispirazione,* pp. 7-32.
42 *De Verit.,* q. 12, a. 1; *Summa Theol.* II-II, q. 171, a. 4, ad 2.

mente equivalentes. Cada um deles conota um aspecto particular do carisma, e são Tomás se servirá de um ou de outro de acordo com o destaque particular que deverá dar ao aspecto correspondente. Por isso falando das representações sobrenaturais de boa vontade usará 'revelatio' porque elas são o canal normal da 'percectio divinorum'; mas quando o acento for colocado na causalidade eficiente da moção divina, então em sua pena aparecerão os termos 'inspirare' e 'inspiratio', e sublinharão a maneira transitória de tal moção. (...) Toda revelação, isto é, toda percepção de verdades divinas, ainda que adquiridas indiretamente por meio de conhecimentos naturais, exige uma elevação sobrenatural do espírito, isto é, uma 'inspiração'. E, inversamente, toda elevação sobrenatural do espírito, trazendo ao juízo uma luz divina, termina em certa percepção da verdade revelada, numa certa 'revelação', mais ou menos intensa ou extensa esta luz comporte ou não uma iluminação das mesmas representações que formam o objeto do conhecimento".[43]

Deve-se reconhecer que a íntima conexão entre "revelação" e "inspiração" focalizada por são Tomás corresponde muito bem ao dado bíblico que não limita a "inspiração" aos livros sagrados, mas a estende — embora de maneira analógica — a todo o processo da Revelação em eventos e palavras (ver cap. 9). É também positivo o fato de que o problema da inspiração "escriturística" não tenha sido tratado por são Tomás por si mesmo mas no contexto mais amplo da profecia-Revelação. Talvez se possa dizer que ele ainda se move numa problemática de verdade nocional de tipo grego, com todos os limites que ela comporta, para a qual "não só a *revelação* é uma percepção da inteligência elevada pela Graça, mas a própria *inspiração,* que se sobrepõe à inteligência, é também concebida essencialmente como uma iluminação de ordem especulativa".[44] Além disso, na problemática de são Tomás, "a ação dos autores inspirados era considerada apenas dentro do quadro geral da profecia, isto é, em função do *conhecimento* carismático das verdades divinas que caracteriza os depositários da revelação. Mas o problema da inspiração escriturística toca menos este aspecto das coisas do que a *comunicação* da revelação por parte daqueles que têm a missão de fixá-la por escrito, qualquer que seja a origem do conhecimento que eles têm".[45]

---

43 P. Benoit, *o.c.,* pp. 20-24.
44 *Ibid.,* p. 24.
45 P. Grelot, *La Bibbia e la teologia,* p. 100.

4. OS CONCÍLIOS FLORENTINO E TRIDENTINO

O *Concílio Florentino* (sessão IX — 4 de fevereiro de 1442) não repete apenas a fórmula tradicional de Deus "autor do AT e do NT", mas introduz — pela primeira vez nos documentos do Magistério — a categoria da "inspiração" como razão e fundamento do caráter divino dos livros sagrados:

> "A Santa Igreja Romana confessa que um só, idêntico Deus é autor do Antigo e Novo Testamento, isto é, da Lei, dos Profetas e do Evangelho, porque os santos de um e do outro Testamento falaram sob a inspiração do mesmo Espírito Santo *(eodem Spiritu Sanctu inspirante)*. Ela aceita e venera os seus livros, que são indicados por estes títulos..." *(EB 47; CE 500; FC 57)*.

O *Concílio Tridentino* não se encontrou diante de erros referentes à origem divina dos livros sagrados e a sua autoridade, que antes haviam sido os fundamentos dos Reformadores protestantes os quais tinham adotado as teses da *inspiração literal* ou *verbal* da Sagrada Escritura.[46] Baste citar *Lutero:* "Ut omne verbum vocale, per quemcumque dicatus, velut domino ipso dicente suscipiamus, credamus et humiliter subiiciamus nostrum sensum. Sic enim iustificabimur et non aliter";[47] e *Calvino:* "É este o princípio que distingue a nossa religião de todas as outras: nós sabemos que Deus nos falou, e estamos certos de que os profetas não falaram por própria iniciativa mas como *órgãos e instrumentos do Espírito Santo,* que eles anunciaram apenas o que tinham recebido do alto. Portanto, quem quiser aproveitar das Sagradas Escrituras tenha bem firme em si mesmo este fato: que a Lei e os Profetas não são uma doutrina confiada ao apetite ou à vontade dos homens, mas uma doutrina ditada *pelo Espírito Santo";* "As Escrituras... não podem ter plena certeza junto aos fiéis por nenhum outro título a não ser este: quando os fiéis têm como dado certo e definitivo que as Escrituras vieram do céu e que nelas os cristãos ouvem a Deus falando com sua própria boca".[48]

Portanto, o Concílio de Trento limitou-se a reafirmar, seguindo as pegadas do Florentino, o *fato* da inspiração bíblica; toda-

---

[46] Cf. um "excursus histórico" sobre a inspiração verbal nos Reformadores do século XVI, em Karl Barth, *Dogmatique,* vol. I, tom. 2, pp. 61-69.
[47] Cit. in K. Barth, *o.c.,* p. 61.
[48] Cit., *ibid.,* p. 62.

via, contra a posição da "Sola Scriptura" dos Reformadores, o Concílio estava interessado em definir a ação do Espírito Santo, não só nos livros sagrados, mas também "nas tradições não escritas de Cristo e dos apóstolos", às quais aplicou a fórmula *"dictare"* que sobretudo aqui não podia ter o valor de um "ditado verbal" (as tradições orais, como tais, não têm uma formulação verbal definitiva), mas era sinônimo em última instância de "inspirar":

> "O sacrossanto, ecumênico e geral concílio de Trento, legitimamente reunido no Espírito Santo (...) tem sempre presente que, afastados os erros, se conserve na Igreja a mesma pureza do Evangelho, aquele Evangelho que, prometido outrora através dos profetas nas sagradas Escrituras, o Senhor nosso Jesus Cristo, Filho de Deus, antes promulgou com sua boca, depois ordenou que fosse pregado a toda criatura por meio dos seus apóstolos, como fonte de toda verdade salvífica e da disciplina dos costumes *(tamquam fontem omnis et salutaris veritatis et morum disciplinae)*.
> E visto que o sínodo sabe que esta verdade e disciplina está contida nos livros sagrados e nas tradições não escritas — que, recolhidas pelos apóstolos da boca do próprio Cristo, e pelos mesmos apóstolos sob a ação do Espírito Santo *(Spiritu Sancto dictante)* transmitidas como que de mão em mão chegaram até nós — seguindo o exemplo dos padres ortodoxos, com igual piedade e reverência acolhe e venera todos os livros, tanto do antigo como do novo Testamento — com efeito, Deus é autor de um e de outro — e também as próprias tradições, que se referem à fé e aos costumes, visto que as considera ditadas pelo mesmo Cristo oralmente ou pelo Espírito Santo *(vel a Spiritu Sancto dictatas)*, e conservadas em sucessão contínua na Igreja católica. E para que ninguém possa duvidar quais sejam os livros aceitos pelo mesmo sínodo como sagrados, ele julgou oportuno acrescentar a este decreto o elenco..." (Sessão IV, 8 de abril de 1546; *EB* 57; *CE* 524ss.; *FC* 59).

A categoria do "ditar" que o Tridentino usava apenas para as tradições orais, é retomada e aplicada aos Livros sagrados pela *Providentissimus Deus* de Leão XIII (cf. *EB* 89 e 124), como também pela *Spiritus Paraclitus* de Bento XV com referência à doutrina de Jerônimo (cf. *EB* 448). Também aqui, a fórmula não deve ser entendida como um "ditar" à nossa maneira, não deve ser forçada a ponto de fazer dela um instrumento para explicar a natureza da inspiração bíblica. Ela mantém a finalidade que tinha nos Padres, a de acentuar a primariedade da ação de Deus e do Espírito Santo na origem do Livro sagrado. Todavia, precisamente porque pode induzir facilmente a equívocos, a fórmula não é mais retomada nos Concílios Vaticano I e Vaticano II e desaparece também na *Divino Afflante Spiritu* de Pio XII.

5. DO CONCÍLIO DE TRENTO AO CONCÍLIO VATICANO I

Foram os teólogos clássicos pós-tridentinos que reexaminaram o problema teológico da *natureza da inspiração bíblica*. A sua reflexão tomou duas direções diferentes.

Alguns defenderam a *inspiração verbal* da Bíblia, cujo representante mais ilustre foi o dominicano Domingos Bañez († 1604), que afirmava: "Spiritus Sanctus non solum res in Scriptura contentas inspiravit, sed etiam singula verba quibus scriberentur dictavit atque suggessit [O Espírito Santo não inspirou apenas os conteúdos da Escritura, mas ditou e sugeriu também cada uma das palavras mediante as quais aqueles conteúdos eram escritos]".[49] Bañez queria assim salvar a divindade da Escritura, mas acaba por negar uma real atividade humana no escritor sagrado e tornava difícil, entre outras coisas, explicar a diversidade de linguagem e de mentalidade que de fato existem entre os escritores da Bíblia.

Outros sustentaram, ainda que com matizes diversos, uma espécie de *inspiração real,* isto é, uma inspiração limitada aos conteúdos da Escritura e portanto não extensiva à expressão verbal dos mesmos. Assim o jesuíta L. Léssio († 1623) teve três teses sobre a inspiração bíblica[50] censuradas por sua Universidade de

---

[49] D. Bañez, no seu comentário *In Primam Partem Summae Theologicae*, q. 1, a. 8.

[50] As três teses de Léssio eram formuladas desta forma: "1) Para que o texto seja Sagrada Escritura, não é necessário que cada uma das palavras seja inspirada pelo Espírito Santo; 2) também não é necessário que cada uma das verdades e proposições seja inspirada imediatamente pelo Espírito Santo ao escritor; 3) se de determinado livro (como talvez seja o caso do segundo livro dos Macabeus) escrito por obra do homem sem a assistência do Espírito Santo, o Espírito Santo atestar que ali não há falsidade alguma, ele se torna Sagrada Escritura". Aos seus acusadores Léssio respondeu em maio de 1586, esclarecendo que "quis apenas dizer que não foi necessária uma nova e positiva inspiração para que os hagiógrafos escrevessem cada proposição e cada palavra..., mas que bastou um particular impulso do Espírito Santo

Louvain; nestas teses ele parecia fazer a inspiração coincidir com uma simples assistência do Espírito Santo que teria o escopo de assegurar a inerrância dos autores e dos escritos sagrados.

Avançando mais nesta mesma direção, J. Jahn († 1816) identificou a inspiração com a ausência de erros nos escritores sagrados,[51] e o beneditino D. B. Haneberg († 1886) julgou que uma das possíveis inspirações, ao lado daquela "antecedente" e "concomitante", fosse a "inspiração conseqüente", isto é, a sucessiva aprovação de um livro, como livro sagrado, por parte da Igreja.[52]

Em data de 24 de abril de 1870, foi promulgada pelo Concílio Vaticano I a "Constituição dogmática sobre a fé católica". No capítulo 2 da constituição, dedicado à "Revelação", afirma-se a propósito da Sagrada Escritura:[53]

> "A Igreja não considera os livros do Antigo e do Novo Testamento sagrados e canônicos porque, compostos por iniciativa humana, foram depois aprovados por sua autoridade, e nem somente porque contém a revelação sem erro, mas porque, **escritos sob a inspiração do Espírito Santo** *(Spiritu Sancto inspirante conscripti)*, têm a Deus por autor e como tais foram entregues à Igreja" *(EB 77; CE 762; FC 62).*

Antes de mais nada, o Vaticano I repele as duas opiniões minimistas sobre a inspiração, na prática aquelas já mencionadas de J. Jahn e de D. B. Haneberg. Mediante a sua aprovação "a Igreja não pode transformar em Palavra de Deus o que era palavra puramente humana. Nem pode o Espírito esperar que o resultado esteja completo para depois apoderar-se dele: não o conver-

---

para que escrevessem aquilo que antes tinham ouvido e visto ou de outra forma conhecido e, simultaneamente, a assistência, e eventualmente a direção do Espírito Santo sobre todas as proposições e as palavras que os hagiógrafos escreviam". Este esclarecimento fez com que Roma declarasse as proposições de Léssio "sanae doctrinae articulos". Deve-se notar que a terceira proposição de Léssio não cai de per si sob a condenação do Vaticano I: ele, com efeito, fala de aprovação do Espírito Santo, nem reduz a inspiração à simples aprovação conseqüente por parte da Igreja. Sobre as teses de Léssio, cf. C. M. Martini-P. Bonatti, *o.c.*, p. 61ss; L. Pacomio, o.c., p. 163; Ch. Pesch, *o.c.* pp. 279-281.

51 J.M. Jahn, *Einleitung in die göttlichen Schriften des Alten Bundes,* vol. 1/2, Viena, 1892, 2ª ed., pp. 91ss, 104-111.

52 Haneberg, *Versuch einer Geschichte der biblischen Offenbarung,* Ratisbona 1850, p. 714.

53 Cf. N. Y. Weyns, *De notione inspirationis biblicae iuxta Concilium Vaticanum,* in *Ang* 30 (1953) 315-336; J. Salguero, *El Concilio Vaticano I y la doctrina sobre la inspiracion de la S. Escritura,* in *Ang* 47 (1970) 308-347; J. Beumer, o.c., pp. 66-69 (com notas); C. M. Martini-P. Bonatti, *o.c.,* pp. 67-70.

terá desta forma em palavra sua. Do mesmo modo, Jesus Cristo não é Deus por uma apoteose tardia no seio da Igreja, que tributa honras divinas a seu herói; e nem por uma irrupção do Espírito que se apropria de um homem perfeito e o deifica. Não há nenhum momento na vida do homem Jesus, em que este homem não seja verdadeiro Deus".[54]

Seria igualmente errado afirmar que *na* Bíblia está *contida* a Palavra de Deus, embora sem erro, como se certo número de frases bíblicas fossem puramente palavra humana, e o resto Palavra de Deus: "Se o hagiógrafo escreveu sob o impulso do Espírito, as suas palavras são palavras de Deus, e toda palavra de Deus revela Deus. *Toda* a Bíblia é revelação para nós, porque é palavra de Deus; mas nem toda Bíblia foi composta com revelações previamente recebidas pelos autores".[55]

Depois destes esclarecimentos negativos, que constituem dois limites que a teologia católica não pode transpor, o Vaticano I repete de maneira positiva a verdade da inspiração bíblica, mas privilegiando os termos do Concílio Florentino: com efeito, usa a fórmula "Spiritu Sancto inspirante conscripti" e recupera a categoria tradicional de "Deus autor" dos Livros sagrados, mas sem assumi-la necessariamente no significado técnico e preciso de "autor literário" (ver 2b). O esquema proposto em dezembro de 1869 determinava o sentido de "autor" com as palavras "têm a Deus por autor e contêm verdadeira e propriamente a palavra de Deus escrita"; e na explicação afirmava-se que "Deus é o autor dos livros, ou autor da Escritura, de modo que a própria anotação ou escritura das coisas deve ser atribuída principalmente à operação divina que age no homem e por meio do homem". Um novo esquema corrige "contêm" para "são... palavra de Deus escrita". Finalmente, encerrada a discussão, o Concílio omite a última frase (isto é, afirma apenas: "Têm a Deus por autor"), deixando livre a discussão sobre o modo e a extensão do carisma.[56]

Concluindo — O Vaticano I afirma a origem divina da Escritura em virtude da inspiração, mas deixa o campo aberto para a ulterior reflexão teológica sobre a natureza do carisma.

---

54 L. Alonso Schökel, *o.c.*, p. 45.
55 *Ibid.*, p., 46.
56 Cit. in L. Alonso Schökel, *o.c.*, p. 72.

6. PARA O CONCÍLIO VATICANO II

O cardeal G. B. Franzelin, jesuíta, que tinha participado ativamente dos trabalhos do Concílio Vaticano I, publicou precisamente em 1870 o seu *Tractatus de divina Traditione et Inspiratione*. Ele parte do conceito de "autor literário" e o aplica a Deus autor das Sagradas Escrituras.

Num livro, diz ele, há dois elementos: um *formal*, isto é, os pensamentos e os conceitos; outro *material*, isto é, as palavras que os exprimem. O autor de um livro é tal também se se limita a oferecer os pensamentos e os conteúdos do livro e deixa o empreendimento de sua formulação escrita a um seu colaborador. Ora, Deus permanece verdadeiro autor dos livros da Bíblia mesmo se apenas o elemento formal da Escritura ("res, sententiae, argumentum") é propriamente de Deus; o elemento material, pelo contrário, (a expressão literária dos conteúdos) é do escritor humano, o qual porém em virtude da inspiração exprime de maneira infalivelmente exata o que Deus quer comunicar através dos livros sagrados.

Embora o Vaticano I não tivesse acolhido o conceito franzeliano de "autor" a teoria de Franzelin fez escola por vários decênios, embora tenha encontrado também fortes objeções. Merece ser lembrado J. M. Lagrange O. P. († 1938) que, em três artigos que apareceram em "Revue Biblique",[57] sublinhou aquilo que hoje parece ainda mais evidente, à luz da filosofia da linguagem: que, do ponto de vista da psicologia de um autor literário, não é concebível uma cisão entre pensamentos e linguagem, visto que o escritor não concebe pensamentos a não ser numa determinada linguagem.[58]

---

57 J. M. Lagrange, *Une pensée de Saint Thomas sur l'inspiration scripturaire*, in *RB* 4 (1895) 563-571; *Inspiration des livres saints*, in *RB* 5 (1896) 198-220; *L'inspiration et les exigences de la critique*, in *RB* 5 (1896) 495-518.

58 A propósito da "teoria" de Franzelin, L. Alonso Schökel (*o.c.*, p. 61) escreve: "Atualmente tal impostação está superada. Não só a solução 'Deus as idéias, o homem as palavras', mas a própria impostação 'ou as idéias ou as palavras', porque ela supõe uma concepção da linguagem e do estilo que na realidade não se verifica; é uma distinção especualtiva, de laboratório, que peca por intelectualismo, como se só as idéias tivessem importância. Além disso, o dilema implícito na argumentação 'Ou Deus dita as palavras, ou as palavras são apenas do hagiógrafo' não é correto; há um terceiro aspecto do problema, que é o impulso vital sem ditado em sentido estrito. Atualmente a maioria dos teólogos considera inspirado o concreto literário, sem distinguir entre fundo e forma: o concreto literário é um sistema de palavras significativas. Mas inspirar não é a mesma coisa que ditar, na comum acepção do termo".

a. Da "Providentissimus Deus" à "Divino Afflante Spiritu"

A Encíclica *Providentissimus Deus* de Leão XIII, de 1893, é o primeiro documento do Magistério ordinário que tenta uma descrição da natureza da inspiração, através de uma análise da psicologia do escritor sagrado na sua tríplice dimensão: intelectiva, volitiva e operativa. No contexto do problema da inerrância da Sagrada Escritura e depois de ter citado o texto do Vaticano I, a Encíclica descreve a natureza da inspiração bíblica "em termos que seguem muito de perto a apresentação de Franzelin":[59]

> "Por isso aqui não vale dizer que o Espírito Santo tenha tomado homens como instrumentos para escrever, como se algum erro tivesse podido escapar não certamente do autor principal, mas dos escritores inspirados.
> Com efeito, ele mesmo assim os excitou e moveu a escrever com a sua virtude sobrenatural, assim os assistiu enquanto escreviam de modo que todas aquelas coisas e aquelas somente que ele queria, as concebessem retamente com a mente, e tivessem a vontade de escrevê-las fielmente e as exprimissem de maneira apta com infalível verdade: do contrário, não seria ele mesmo o autor de toda a Sagrada Escritura" *(EB 125; FC 70).*

A Encíclica *Spiritus Paraclitus* de Bento XV, publicada em 1920, por ocasião do XV centenário da morte de são Jerônimo, de conformidade com o antigo doutor sublinha que o influxo inspirador, enquanto impede o escritor sagrado de ensinar o erro, não cria obstáculo algum à expressão própria do seu gênio e da sua cultura. E, quanto à natureza da inspiração, descreve-a do ponto de vista da dinâmica psicológica do escritor, na linha da *Providentissimus Deus:*

> "Conferida a graça, Deus dá antecipadamente uma luz à mente do escritor para propor aos homens a verdade como 'da parte da pessoa de Deus' (São Jerônimo); e, além disso, move a sua vontade e a impele a escrever; e o assiste, por fim, de modo especial e contínuo, até que tenha composto o livro" *(EB 448; FC 76).*
> (Segue depois a descrição da inspiração da "Providentissimus Deus", citada ao pé da letra).

---

[59] J. Beumer, *o.c.*, p. 76.

Por fim, a Encíclica *Divino Afflante Spiritu* de Pio XII, de 1943, evoca especificamente a idéia de instrumentalidade que é cara a são Tomás, e sublinha que as características pessoais do autor humano não são eliminadas nem reduzidas pela atividade do Espírito. A Encíclica não descreve a natureza da inspiração nos termos da *Providentissimus Deus* ou da *Spiritus Paraclitus;* ela afirma apenas que nesta questão os teólogos modernos puderam explorar e propor mais adequada e perfeitamente do que nos séculos passados a sua reflexão:

> "Partindo do fato de que o hagiógrafo na composição do livro sagrado é o *organon* ou o instrumento do Espírito Santo, mas instrumento vivo e dotado de inteligência, fazem observar precisamente que este instrumento, impelido pela moção divina, usa de tal forma as suas faculdades e as suas forças que todos facilmente podem verificar pelo livro, que é obra sua, a índole própria de cada um, os seus lineamentos, as suas singulares características" *(EB 556).*

b. O modelo "leonino"

O modelo "leonino", como o chama L. Alonso Schökel, ou a descrição da natureza da inspiração sugerida pela *Providentissimus Deus* de Leão XIII, dominou na praxe recente dos manuais.[60] Ali estão descritas as várias fases da atividade humana que o escritor percorre num trabalho literário: a concepção mental da obra, a decisão de escrever, a execução do escrito; e afirma-se que em todas estas fases, desde o início do empreendimento, os hagiógrafos foram movidos pelo Espírito Santo e pelo mesmo assistidos para que levassem a termo a obra literária, da qual Deus fosse o autor.

Que dizer do modelo "leonino"? "Antes de mais nada, afirmamos a sua validade fundamental. Um esquema psicológico conserva a sua validade enquanto é aceito como esquema, e perde a sua validade se for tomado como forma adequada e exclusiva. Deixando de lado a escritura automática e outros casos anormais e patológicos, todo processo literário pode ser decomposto esquematicamente em três tempos: um tempo intelectual de conheci-

---

60 Cf., por exemplo: E. Florit, C. M. Martini-P. Bonatti, H. Höpfl-L. Leloir, *o.c.;* G. M. Perrella-L. Vagaggini, *Introduzione alla Bibbia,* vol. I, *Introduzione generale;* F. Spadafora-A. Romeo-D. Fangipane, *Il libro sacro,* vol. I, *Introduzione Generale.*

mento — qualquer que seja a sua ordem —, um tempo de vontade livre para a objetivação literária, um tempo de execução ou realização. Que na realidade os tempos possam acavalar-se, que cada um possa desdobrar-se e adotar formas diversas, isso não priva o esquema de seu valor fundamental".[61]

Precisamente pelo fato de que nenhum esquema pode ser imposto "como forma adequada e exclusiva" em absoluto, outros teólogos, como L. Alonso Schökel, P. Benoit e K. Rahner (ver cap. 11), enveredaram por outros caminhos de reflexão.

7. O CONCÍLIO VATICANO II

Parece-me útil um confronto sinótico entre o texto do Esquema preparatório, base da discussão conciliar, e o texto definitivo da *Dei Verbum*, referentes à inspiração dos livros sagrados.

Esquema preparatório "De fontibus revelationis".

Definição e natureza própria da Inspiração

"Para compor esta divina Escritura, o próprio Deus excitou e moveu alguns autores sagrados ou hagiógrafos de modo que eles concebessem retamente com a mente e pusessem fielmente por escrito todas aquelas coisas e somente aquelas que Ele (Deus) como autor primário das Escrituras queria (cf. *Providentissimus Deus).*
Com efeito, a divina Inspiração, conforme à constante doutrina da Igreja, é um carisma especial em ordem a escrever mediante o qual Deus, agindo no hagiógrafo e através dele, fala aos homens mediante o es-

"Dei Verbum"

O fato da Inspiração

"As verdades reveladas por Deus, que se encontram e manifestam na Sagrada Escritura, foram escritas por inspiração do Espírito Santo. Com efeito, a santa Mãe Igreja, por fé apostólica considera como sagrados e canônicos os livros inteiros tanto do Antigo como do Novo Testamento, com todas as suas partes, porque, tendo sido escritos por inspiração do Espírito Santo (cf. Jo 20,31; 2Tm 3,16; 2Pd 1,19-21;3,15-16), têm a Deus por autor e como tais foram confiados à própria Igreja. Todavia, para escrever os Livros sagrados, Deus escolheu homens, que utilizou na posse das faculdades e capacidades

---

61 L. Alonso Schökel, *o.c.*, p. 160.

crito, e por isso Ele (Deus) é chamado e é em sentido verdadeiro o Autor principal de todo o texto sagrado. O hagiógrafo, ao contrário, ao compor o livro, é o *organon* ou o instrumento do Espírito Santo, mas instrumento vivo e dotado de razão, cuja índole própria juntamente com suas singulares características podem ser recolhidas do livro sagrado (cf. "Divino Afflante Spiritu"). Por isso a Igreja com todo direito desaprova toda tentativa de desvirtuar (extenuandae) a natureza da Inspiração, sobretudo a tentativa com a qual este modo conjunto de escrever de Deus e do homem é reduzido a um impulso meramente natural ou a um simples movimento do ânimo" *(De Fontibus Revelationis* 8). que tinham, para que, agindo Deus neles e por meio deles, pusessem por escrito, como verdadeiros autores, tudo aquilo e só aquilo que Ele quisesse" *(DV* 11).

Uma comparação entre as duas formulações evidencia algumas diversidades de notável importância.

a. O esquema "De fontibus Revelationis"

— Ele faz própria a análise da *Providentissimus Deus* sobre a psicologia do autor humano na sua tríplice dinâmica (intelectiva, volitiva e executiva) aplicada a Deus: "Da mesma forma, sendo Deus mesmo, por inspiração de seu divino Espírito, autor de toda a Sagrada Escritura, e portanto como o escritor *("veluti scriptor")* de todas as coisas ali redigidas pela mão do hagiógrafo, segue-se também que todas e cada uma das partes, também mínimas, dos livros sagrados são inspiradas" (ibid. 11).

— Ele cita a *Divino Afflante Spiritu* e explicita a idéia de instrumentalidade nas categorias tomistas de "autor principal de todo o texto sagrado", que é Deus, e de "órgão ou instrumento" que é o escritor sagrado.

b. O texto definitivo da "Dei Verbum"[62]

— A *DV* prescinde da rígida análise da psicologia do autor humano na sua tríplice atividade, não porque a considere falsa, mas com o objetivo de não ligar indissoluvelmente o dado de fé a uma formulação teológica que pode também mudar.

— A categoria de "Autor" aplicada a Deus permanece, mas naquela acepção geral que ela tinha nos Concílios Florentino, Tridentino e Vaticano I. Ou seja, ela exprime a atividade transcendente de Deus em ordem à Escritura, não categorizável em termos unívocos e imutáveis, perfeitamente — ainda que misteriosamente — coordenada com a atividade humana do escritor sagrado, que a inspiração suscita, dirige e envolve inteiramente.

— A *DV* conserva a idéia de instrumentalidade aplicada aos escritores sagrados ("sendo que Ele age neles e por meio deles") na acepção fundamental que ela já tinha no dado bíblico (ver cap. 9), no sentido de que Deus, para comunicar sua mensagem de salvação aos homens, se serve dos instrumentos intermediários que são os profetas e os escritores sagrados. Mas o Vaticano II não chama os hagiógrafos "instrumentos", mas "verdadeiros autores", como se quisesse dizer que a qualificação de "autor literário" cabe apenas ao leitor humano. Neste contexto é recuperado um dado da *Divino Afflante Spiritu* ("Deus escolheu e se serviu de homens na posse de suas faculdades e capacidades"), citado também no esquema preparatório, para significar que a inspiração não elimina nem substitui a plena, livre e consciente atividade do autor humano, e por isso não se resolve num "ditado" da parte de Deus e nem é equiparável a uma inspiração de tipo divinatório.

Concluindo — A *DV* do Vaticano II recapitula os dados da fé católica sobre a inspiração bíblica que são os mesmos da Bíblia, mas enriquecidos pela reflexão da Sagrada Tradição da Igreja na sua voz magisterial oficial. Entre outras coisas a *DV* estabelece a união que o Vaticano I já havia realizado entre a catego-

---

[62] Para a história das sucessivas redações que levaram do esquema "De fontibus" ao texto definitivo sobre a inspiração, cf. A. Grillmeier, in AA. VV., *La verità della Bibbia nel dibattito attuale*, p. 188-195.243-246; Id., in AA.VV. *Commento alla Cost. Dogm. sulla Divina Rivelazione*, pp. 124-129.137-139.

ria de "Deus autor" e a de "inspiração", indicando na ação inspiradora do Espírito Santo o motivo pelo qual Deus pode dizer-se — e realmente é — "autor da Sagrada Bíblia".

Mas o Concílio Vaticano II preferir abstrair de formulações mais precisas, não querendo oficializa-las e codificá-las numa Constituição dogmática. Com isto deixou amplo e livre espaço às posteriores reflexões e investigações teológicas (cap. 11), mas ao mesmo tempo fixa alguns limites dentro dos quais deverá mover-se sempre toda ulterior reflexão teológica.

Por fim, no que se refere às várias imagens que a Bíblia, a literatura dos Padres e a teologia nos ofereceram para formular e esclarecer o *mistério da Inspiração* bíblica, elas devem ser entendidas "como instrumentos de conhecimento, como ilustrações positivas e válidas, embora limitadas pelo fato transcendente, (...) como uma teologia 'simbólica', que precede historicamente a teologia conceitual, e a acompanha em todas as suas fecundas etapas. (...) A teologia não pode prescindir de símbolos e imagens, (...) e (a linguagem humana) deve emprestar-nos as suas imagens para subir, por meio da analogia, ao mistério da linguagem divina em linguagem humana".[63] Com maior ou menor inadequação de cada uma das analogias encontradas, "elas nos oferecem algum conhecimento positivo sobre a Inspiração. Todas, com o conhecimento dos seus limites, afirmam o mistério da Inspiração".[64]

---

63 L. Alonso Schökel, *o.c.*, p. 47-49.
64 *Ibid.*, p. 76.

11

PROBLEMAS ABERTOS[1]

Já antes do Vaticano II a reflexão dos biblistas e dos teólogos havia ultrapassado os limites de um tratado que se restringia mais ou menos à análise da psicologia do autor inspirado. Mas a *Dei Verbum*, além de aproveitar aquela reflexão (ver cap. 10, 7), sem dúvida alguma favoreceu o ulterior aprofundamento de uma problemática que ainda está aberta.

Ao critério de uma resenha, aliás utilíssima, dos nomes mais prestigiosos e das respectivas posições,[2] preferimos identificar nos contributos dos biblistas-teólogos contemporâneos algumas pistas de reflexão que coincidem com os problemas hoje em discussão acerca da história e da natureza da inspiração bíblica, confrontadas com os dados das ciências bíblicas modernas.

1. NÃO UM, MAS MUITOS AUTORES INSPIRADOS

Muitos livros da Bíblia não foram escritos por um só autor, mas foram surgindo e se formando aos poucos com a contribuição de diversas pessoas que freqüentemente permaneceram anôni-

---

1 *Bibliografia*

J. Beumer, *La théologie contemporaine dépuis le milieu du XIXe siècle*, in *L'Inspiration de la Sainte Écriture*, pp. 70-79.123-125 (nota); R. Cavedo, *Libro Sacro*, in *NDT* 765-770; H. Haag, *Problematica attuale dell'ispirazione*, in AA. VV., *Mysterium salutis*, vol. 1, pp. 474-482; W. Harrington, *Nuova introduzione alla Bibbia*, pp. 50-61; L. Pacomio, *Verso e oltre il Vaticano II*, in AA. VV., *I Libri di Dio*, pp. 196-224.

2 L. Pacomio, *o.c.*

mas, antes de adquirir sua forma literária definitiva (ver cap. 5). O nosso conceito de "autor", usado hoje na cultura das editoras e dos livros impressos, não basta mais para abraçar e explicar a nova realidade que emergiu da moderna investigação bíblica. O problema da inspiração bíblica adquire uma nova complexidade: está inspirado somente o redator final de um livro cujo contributo pessoal poderia até ser pouco relevante,[3] ou gozaram do carisma da inspiração todos os autores que contribuíram para a sua elaboração?

Limitar a inspiração ao último autor equivaleria, em diversos casos, a transformar em figuras de primeiro plano colaboradores em última análise secundários, e na prática excluiria a inspiração direta de boa parte do texto de alguns livros, precisamente aquilo que o redator simplesmente usou como "fonte" limitando-se a apropriar-se dela e assegurando-lhe a inspiração somente através de tal processo. Ao contrário, parece mais correto, estender a inspiração aos diversos autores que participaram da formação de um livro e na medida de sua contribuição: Deus teria guiado todo o processo da formação literária de um livro, sobretudo nos seus momentos decisivos. "Por isso, se um livro foi construído aos poucos, é preciso falar de vários autores inspirados. A inspiração destes indivíduos não se referiria mais à sua obra imediata, tomada em si mesma, mas a caracterizaria enquanto era por Deus ordenada, no teor e no sentido, ao livro bíblico definitivo. (...) A inspiração dos muitos, que colaboraram num escrito bíblico, seria vista assim como um todo e por isso produziria seu efeito de inerrância uma única vez, no momento do resultado final desta colaboração".[4]

2. O CARISMA DA INSPIRAÇÃO BÍBLICA NÃO É UM CARISMA ISOLADO

Dizer que existem não um só, mas diversos autores inspirados, não esgota o problema. A ação do Espírito — como bem sublinhou P. Benoit (ver cap. 9) — é enormemente mais ampla

---

[3] Ver cap. 5. Baste pensar no livro do profeta *Ezequiel*: a maior parte do texto é obra de Ezequiel, mas o livro de suas profecias foi composto mais tarde por um discípulo; mais ainda, o livro foi repetidamente enriquecido, sofrendo sucessivos acréscimos e reelaborações; na prática, o último redator seria diretamente responsável por menos da centésima parte do livro atual.
[4] N. Lohfink, *Il problema dell'inerranza*, em AA. VV., *La verità della Bibbia nel dibattito attuale*, p. 331 (21-63).

e antecede o ato de escrever, embora sempre com vista à redação final e com ela relacionada. Deus chama, educa, promove, julga e salva o seu povo por meio de intermediários que o seu Espírito suscita e move; antes que intervenha o carisma da inspiração escriturística, os *pastores inspirados* constroem juntamente com Deus, como seus instrumentos, a história da salvação, e os *profetas inspirados* educam o espírito e o coração do povo a compreender a história de Deus e dos homens, interpretam-na e a proclamam em nome de Deus.

Mais ainda, o carisma da inspiração bíblica propriamente dita insere-se organicamente e de maneira específica no conjunto dos carismas concernentes ao anúncio e à conservação da Palavra de Deus, carismas que estruturam a comunidade israelita do AT, e ainda mais aquela cristã do NT, escolhida, movida e assistida pelo Espírito do Senhor Jesus ressuscitado, para que esteja em condições de receber e transmitir o sagrado depósito da Revelação e de difundi-lo entre os povos. Esta é a tese de Pierre Grelot:[5] "Deus fez com que sua Palavra chegasse aos homens e fosse integralmente conservada no seu povo por meio de três espécies de carismas, confiando a uns a missão de profeta e de apóstolo, assistindo outros no exercício de diversas funções, inspirando outros ainda para que escrevessem livros".[6]

Os *profetas* do AT e os *apóstolos* do NT são, em virtude de seu carisma específico, os principais agentes da divina Revelação. Todavia, outros membros da comunidade, na qual a mensagem revelada é recebida e conservada, gozam da assistência divina do Espírito também em outras formas. São estes, na opinião de Grelot, "os carismas funcionais" que estruturavam a tradição viva do povo de Deus. Para o AT: "os anciãos" (Nm 11,16ss), "os sacerdotes levíticos" (Lv 8,12.30), "os cantores" do templo (1Cr 25,1-3), "os sábios" e "os escribas" (Eclo 15,1-6;24,33;39, 12,8), "os pastores" (EP 4,11), "os profetas" (1Cor 12,10.28; Rm 1-8;51,22-30; Sb 7,27;9,17); para o NT: "os presidentes" (Rm 12,8), "os pastores" (Ef 4,11), "os profetas" (1Cor 12,10.28, Rm 12,6; Ef 4,11), "os mestres" (1Cor 12,28; Rm 12,7; Ef 4,11), "os evangelizadores" (Ef 4,11).

Ora, quando é um profeta ou um apóstolo que escreve, o carisma escriturístico prolonga o carisma profético ou apostólico, com as necessárias e qualitativamente novas conotações que a

---

[5] P. Grelot, *La Bible Parole de Dieu*, pp. 48-66; *La Bibbia e la teologia*, pp. 101-104.
[6] Id., *La Bibbia e la Teologia*, p. 101.

redação da Palavra de Deus exige. Pelo contrário, para os livros não provenientes diretamente de um profeta ou de um apóstolo, o carisma escriturístico enxerta-se num carisma funcional ou ministerial já existente, mas necessitam de promover-se como carisma especial para que aqueles livros cheguem a possuir uma autoridade análoga àquela da própria palavra profética ou apostólica.

3. **DIMENSÃO COMUNITÁRIA DA INSPIRAÇÃO, MAS NÃO INSPIRAÇÃO COLETIVA[7]**

O número e, com freqüência, o anonimato dos escritores bíblicos não deve fazer pensar numa inspiração "coletiva", isto é, num carisma dado à coletividade como tal, à qual se atribuiria uma existência autônoma e preponderante na qual o indivíduo desaparece.

Tal concepção da comunidade, baseada nos pressupostos de E. Durkheim, parece desacreditada — para não dizer falsa — aos olhos dos sociólogos modernos: a comunidade não existe sozinha e muito menos é criadora, visto que é dependente e devedora com relação aos indivíduos escolhidos que a dirigem. Em todo caso, o povo suscitado e dirigido por Deus na história da salvação não é um grupo anônimo, mas uma comunidade organicamente estruturada em torno dos *líderes* carismáticos ou institucionais que a interpretam, a exprimem, a dirigem e a promovem; os livros da Bíblia não foram redigidos por uma anônima coletividade, mas por indivíduos, por mais numerosos e, freqüentemente, desconhecidos que fossem.[8]

7 Cf. J. L. McKenzie, *The social Character of Inspiration*, in *CBQ* 24 (1962) 115-124; D. J. McCarthy, *Personality, Society and Inspiration*, in *TS* 24 (1963) 553-576 (retoma, desenvolve, mas também redimensiona a tese de McKenzie); L. Alonso Schökel, *La Parola ispirata*, pp. 192-202 (expõe as posições de McKenzie e McCarthy, criticando-as); M. Adinolfi, *Aspetti comunitari dell'Ispirazione*, in *RBI* 14 (1966) 181-199.

8 A *Sancta Mater Ecclesia* (*Instrução sobre a verdade histórica dos Evangelhos*) da Pontifícia Comissão Bíblica, emanada durante o Concílio Vaticano II (Cf. *AAS* 56 [1964] 712-718) afirma textualmente no n. 1: "Quando for conveniente, será lícito ao exegeta examinar os eventuais elementos positivos oferecidos pelo 'método da história das formas' a fim de servir-se dele para inteligência mais profunda dos Evangelhos. Todavia, fará isto com cautela porque com freqüência tal método está relacionado com princípios filosóficos e teológicos que não podem ser admitidos, os quais não raro viciam tanto o próprio método como as conclusões em matéria literária". E entre estes princípios a Instrução lembra precisamente aquele da anônima comunidade criadora: "Outros fautores deste método, por fim, não levando na devida consideração a autoridade dos Apóstolos enquanto testemunhas de Jesus Cristo, como também o seu ofício e influxo na comunidade primitiva,

Isto não impede que entre sociedade-*comunidade* e escritor--*indivíduo* exista uma real interação diversamente articulada, que podemos descrever da seguinte maneira:[9]

a. O autor permanece condicionado pela força social da língua da sua comunidade, ainda que possa — e deva — não se deixar simplesmente "levar" pela língua de seu povo. Um verdadeiro escritor adapta a língua às suas necessidades e ao seu temperamento, afirmando assim uma liberdade criadora diante da realidade da língua de que depende. Através de sua obra literária, o escritor age indiretamente sobre a comunidade lingüística de que provém e de que depende, de modo a enriquecê-la com novas possibilidades de linguagem que ele mesmo criou.

b. O escritor é tributário não só com relação à língua, mas também com relação às formas literárias anteriores que o grupo social lhe oferece e que estão ligadas a situações sociais específicas, ou ao "Sitz im Leben" ou "Lugar na vida" (ver cap. 6). Ele não pode deixar de assimilá-las e utilizá-las, se quiser fazer-se compreender pelo grupo e comunicar-se com ele; e somente se estiver inserido nesta tradição "literária" poderá ele mesmo criar novas formas literárias e assim enriquecer o patrimônio literário do grupo social ao qual pertence.

c. O escritor é o intérprete e o porta-voz da sua comunidade a tal ponto que o povo se sente autor dos sentimentos expressos por seu cantor: veja-se, por exemplo, o caso de certa parte da literatura "litúrgica", das narrações "épicas", dos repertórios de "provérbios". Mas o autor sabe também ser "agressivamente social", no sentido de que não interpreta mais a comunidade, mas é provocado pela obra literária a uma atitude de "resistência social". Então ele não é mais porta-voz do povo, mas reage contra os sentimentos do povo, dirige-o para novas fronteiras, chega mesmo a contradizê-lo. É o caso típico de grande parte da literatura "profética".

Esta múltipla interação entre comunidade e escritores explica, também ela, o caráter "eclesial" dos escritos bíblicos, que são realmente "o Livro do povo de Deus":[10] naqueles livros a comu-

---

exageram o poder criador de tal comunidade" (n. 1). O parágrafo 19 da *Dei Verbum* não faz outra coisa senão resumir a Instrução *Sancta Mater Ecclesia*, e a cita expressamente em nota.
9 Cf. L. Alonso Schökel, *La Parola ispirata*, pp. 201-209.
10 B. Van Iersel, *La Bibbia come libro del popolo di Dio*, in Conc 4 (1965) 34-48.

nidade da Antiga e da Nova Aliança exprime-se, revela-se, autodefine-se e se autotransmite. Tal interação não anula a personalidade dos autores nem a dissolve numa massa amorfa à qual caberia uma inspiração vagamente coletiva. Também os que realizam a redação final, e com freqüência sobretudo eles, são "verdadeiros autores" *(DV* 11), com um carisma pessoal próprio. Todavia, o carisma do escritor bíblico tem sempre uma *dimensão comunitária,* porque se dirige à Igreja, porque nasce na "Igreja-comunidade", porque se relaciona com outros carismas na Igreja, porque naquele carisma escriturístico se exprime de maneira autoritativa e normativa uma senha da fé e da vida do povo de Deus.[11]

4. DEUS "AUTOR" DA BÍBLIA E HOMENS "ESCRITORES": UMA RELAÇÃO A APROFUNDAR (a tese de K. Rahner)

A afirmação de que Deus e o homem são ambos autores dos livros sagrados faz parte da linguagem do Magistério e da linguagem teológica. Mas é certo que a atividade de Deus como Autor da Sagrada Escritura não pode ser colocada no mesmo plano daquela exercida pelo homem-escritor, visto que a mesma obra, considerada sob o mesmo aspecto, só pode ter uma única causa. Se examinarmos o conceito de "autor" e o aplicarmos a ambos os termos da questão (Deus e o hagiógrafo) na acepção de "autor literário" e sob o mesmo ponto de vista, não sairemos do dilema: ou Deus é o Autor da Bíblia, e então o hagiógrafo é um puro secretário; ou o hagiógrafo é o verdadeiro autor da Bíblia, e então Deus fica relegado a um papel secundário, por exemplo, o papel daquele que aprova com uma espécie de *nihil obstat.*

O teólogo K. Rahner[12] parte desta e de outras objeções para

---

11 "Por isso, é justo afirmar que, se a Palavra de Deus convocou e gerou a Igreja, também é verdade que a Igreja foi de algum modo a matriz das Sagradas Escrituras, esta Igreja que exprimiu ou reconheceu nelas, para todas as gerações futuras, a sua fé, a sua esperança, a sua regra de vida neste mundo. Os estudos dos últimos decênios contribuíram de maneira notável para sublinhar a estreita relação e o vínculo que unem indissoluvelmente a Escritura à Igreja (...) As pesquisas sobre a história das tradições, das formas, da redação *(Tradition-Form-Redaktionsgeschichte)* que Nós encorajamos, com as correções metodológicas necessárias, na recente instrução *Sancta Mater Ecclesia* sobre a verdade histórica dos Evangelhos, não entram também nesta perspectiva?" (Paulo VI aos membros da Pontifícia Comissão Bíblica sobre a *Importância dos estudos bíblicos para a atividade da Igreja,* discurso pronunciado no dia 14 de março de 1974, in *AAS* 66 [1974] 235s).

12 K. Rahner, *Sull'Ispirazione della Sacra Scrittura* ("Quaestiones Disputatae" 1). A tese elaborada nesta monografia, encontra-se resumida por ele

uma reflexão teológica da qual resulte "que Deus seja autor da Escritura sob um ponto de vista que: a) deixe sem juízo prévio um ser verdadeiramente Deus (ainda que de maneira análoga) autor literário, e ao mesmo tempo não seja o mesmo ponto de vista sob o qual o homem é autor literário, e precisamente, b) de tal modo que este ponto de vista exija (e não apenas permita — e isto aliás só com subterfúgios arbitrários) que haja um autor literário humano".[13]

A tese de K. Rahner é assim articulada (em resumo):

1. Deus quer e cria a Igreja apostólica como fonte e norma da fé de todos os tempos posteriores, portanto com todos os seus elementos essenciais e definitivos, e realiza tudo isso de maneira única (isto é, não transferível) e definitiva. Com efeito, toda a história da salvação culmina em Jesus Cristo e na Igreja apostólica por ele fundada, porque é nela que se realiza a definitiva presença da Graça salvífica de Deus neste mundo.

2. Um dos elementos constitutivos, portanto essenciais e definitivos, da Igreja apostólica, querida e criada por Deus como fonte e norma da fé de todos os tempos, é *a Sagrada Escritura*. Com efeito, à Igreja Apostólica, para que ela seja o que Deus quer e que Deus de fato cria, não pode não competir a singular capacidade, não só de discernir o que lhe é próprio, mas também de representar e objetivar autêntica e puramente a sua essência. Mas esta atividade da Igreja apostólica de exprimir a si mesma em fórmulas permanentes e definitivas, *é sobretudo* uma atividade de objetivação literária: diz-se "sobretudo" porque, ao lado da Bíblia, há também a maneira complementar da Tradição oral e vital da Igreja apostólica. Os livros sagrados são, de fato, o modo privilegiado com que a Igreja apostólica exprime e objetiva a sua essência e a sua fé; por isso, é através dos Livros sagrados que a Igreja apostólica é colocada por Deus como fundamento e como norma de todas as sucessivas gerações de crentes.

3. Deste modo Deus é autor não só da Igreja apostólica mas também dos Livros sagrados, que são um dos seus elementos constitutivos. Mas não sob o mesmo ponto de vista do autor inspirado, ao qual compete com exclusividade o título de *autor literário* em sentido próprio, isto é, de compositor do livro *(Verfasser)*. Deus, ao contrário, é autor destes livros *(Urheber)*, exatamente no

---

mesmo em *L'ispirazione della Scrittura*, in AA. VV., *Discussione sulla Bibbia*, pp. 19-31; cf. também K. Rahner, *Corso fondamentale della fede*, pp. 470-477.
13 K. Rahner, *Sull'Ispirazione della Sacra Scrittura*, p. 21.

sentido de que Ele quer com absoluta predisposição a Igreja apostólica como regra normativa dos tempos cristãos posteriores, e quer esta Igreja como norma objetivada, de modo que corresponda àquela sua realidade, isto é, por meio de testemunhos escritos.

4. Esta relação "única" de Deus com a Escritura não é apenas uma relação transcendental, segundo o tipo daquela entre "Deus-causa primeira" e "o homem-criatura" no âmbito do concurso divino ao agir do homem, a qual não faz com que Deus seja responsável pelas ações e pelas obras do homem. Mas é também uma relação *categorial* de Deus com as Escrituras, porque Deus, precisamente pelo fato de ser autor da Igreja e da Escritura como seu elemento constitutivo no sentido acima explicado, cria autores autenticamente humanos, e propõe-se desde o princípio constituí-los como tais.

A "tese" de K. Rahner sem dúvida alguma tem alguns méritos dignos de serem sublinhados:

— Ele considera a inspiração bíblica em estreita relação com a História da Salvação, que encontra sua realização em Jesus Cristo e na Igreja apostólica fundada por Cristo. Por isso é lógico que Rahner desenvolva a sua teoria sobre a Inspiração partindo do NT e não do AT, que só pode ser plenamente entendido à luz da Nova Aliança da qual é a pré-história. A inspiração do AT é recuperada na tese de Rahner enquanto a Igreja apostólica vê nos livros veterotestamentários o testemunho (querido por Deus e realizado pelo Espírito Santo) da sua pré-história, da qual a Igreja não pode prescindir para compreender a si mesma e para oferecer a si mesma como norma e fundamento da fé que salva.

— Rahner coordena perfeitamente o aspecto pessoal e social da Inspiração bíblica, sublinhando a sua conexão com a Igreja e por isso o sentido eclesial dos autores e dos livros inspirados.

— Na sua tese não é necessário que o autor inspirado, quando escreve, esteja consciente (e de fato, em geral, não está) de agir sob um particular influxo inspirativo. O âmbito de sua consciência é outro; ele sabe que "o núcleo específico de suas afirmações é dado pela própria revelação de Deus em Cristo, que aconteceu na sua própria geração e é testemunhada por aquela comunidade santa à qual ele pertence e que agora neste tempo se vai formando precisamente de tal maneira que mais tarde será necessário ater-se unanimemente a esta doutrina e a estes fatos".[14]

14 *Ibid.*, p. 69.

Problemas abertos 191

— Rahner oferece um contributo — parece-me decisivo — para a solução do não fácil problema do reconhecimento por parte da Igreja pós-apostólica do caráter inspirado de todos e de cada um dos livros da Bíblia, considerada a lenta e nem sempre uniforme história do reconhecimento da extensão exata do Cânon bíblico (ver cap. 13). Para definir o Cânon da Sagrada Escritura não é necessária uma nova Revelação: é suficiente que a Igreja pós-apostólica reconheça um escrito da idade apostólica como expressão legítima da fé da Igreja primitiva e da sua "pré-história" no AT, como objetivação autêntica daquela fé que a Igreja guarda e transmite como ponto de referência primário da sua identidade. Em outras palavras, basta que a Igreja se reconheça naqueles livros nascidos do seu seio, se reconheça ali como na sua imagem. E é o Espírito santo que a guia neste processo de auto-reflexão, mediante o qual ela põe o primeiro e fundamental ato do seu solene e infalível Magistério: aquele precisamente de *conservar fielmente* (portanto, não modificar ou ampliar ou restringir) o *depositum fidei*, isto é, o dado original da fé que ela depois é chamada a compreender, pregar, atualizar fielmente.

5. AUTORES INSPIRADOS, MAS TAMBÉM OBRA LITERÁRIA INSPIRADA

A inspiração bíblica refere-se ao mesmo tempo aos hagiógrafos e à sua obra literária, aquela que é e permanece para nós "Sagrada Escritura", Palavra de Deus.

P. Benoit e L. Alonso Schökel prestam uma atenção particular à complexidade do trabalho literário, que deve ser levada em consideração quando se reflete sobre a natureza da inspiração bíblica. Todavia, a sua abordagem do tema é sem dúvida diferente: Benoit trata o problema como teólogo-especulativo, Schökel como biblista-teólogo dotado de singular sensibilidade literária.

a. O modelo "Benoit"

P. Benoit[15] percorre criticamente a história das discussões modernas sobre a inspiração bíblica, a partir de Franzelin, no qual todos censuram acertadamente uma distinção simplista entre "as idéias" e "as palavras": em virtude da inspiração "Deus

---

15 P. Benoit, *Rivelazione e ispirazione*, cap. III, *Critiche e proposte riguardo alle discussioni moderne*, pp. 56-92.

entraria com as idéias, com o pensamento", "o escritor sagrado entraria com as palavras, com o estilo" (ver cap. 10,6). Levesque, contra Franzelin, afirma que a inspiração não é dada para *conhecer* a verdade, mas para *transmiti-la fielmente:* a inspiração se refere unicamente à composição do livro, não à aquisição dos conhecimentos que a ele serão confiados. A disputa prossegue com o auxílio de uma distinção que é introduzida no debate, partindo da *acceptio rerum* e do *iudicium de acceptis* de são Tomás (cap. 10, 5), mas distinguindo o *iudicium de acceptis* em *juízo especulativo* (com o qual se afirma a verdade das idéias ou dos conteúdos mentais, dizendo: "É verdade") e *juízo prático* (com o qual se decide escrever o que se considerou verdadeiro, dizendo: "Convém que o escreva"). Para alguns (por exemplo, Ch. Pesch), os juízos especulativos, sejam eles naturais ou sobrenaturais pelo objeto, são apenas requisitos prévios: o carisma da inspiração só deve ser colocado no âmbito dos juízos práticos. Para outros (por exemplo, J. M. Lagrange), a inspiração é primariamente uma iluminação do intelecto que se refere ao juízo especulativo sobre a verdade das afirmações a escrever. E, "em geral, até a segunda guerra mundial, adotou-se uma opinião de compromisso em que eram consideradas necessárias intervenções divinas tanto no juízo prático como no juízo especulativo, com maior acentuação, em geral, deste último".[16]

Depois de ter esclarecido os termos exatos da teologia da inspiração em são Tomás (ver cap. 10, 4), aplica de maneira mais articulada os critérios do juízo teórico (ou especulativo) e do juízo prático à complexidade do trabalho de formulação literária do livro sagrado, um dado adquirido pela moderna crítica bíblica. Com A. Desroches distingue não dois, mas três tipos de juízo: juízo *especulativo absoluto,* que se refere à verdade em si mesma; juízo *especulativo de ação,* que tem por objeto a verdade na sua referência à obra... enquanto possível; juízo *prático,* que tem por objeto a verdade prática e tende na forma devida à obra como tal. Aplica estes critérios à inspiração da Bíblia e resume assim a sua tese:

"1. A composição dos Livros Sagrados exige juízos especulativos sobrenaturais além dos juízos práticos.
2. Estes juízos especulativos não são forçosamente anteriores aos juízos práticos, mas podem ser também concomitantes ou posteriores a eles.

16 R. Cavedo, *o.c.,* p. 766.

3. Estes juízos especulativos podem ser qualificados pela influência dos juízos práticos".[17]

Ora, todo o longo e complexo processo literário, que leva à composição da obra e no qual juízos especulativos e juízos práticos se entrelaçam com peso e matizes diversos, deve ser colocado sob a influência do carisma divino.

b. O modelo "Alonso Schökel"

Alonso Schökel reconhece que o modelo "Benoit" diferencia e aperfeiçoa o esquema Leonino, sobretudo "porque se aproxima mais da realidade psicológica da criação literária"; todavia, na sua opinião ele "não satisfaz todas as necessidades: centraliza tudo no juízo, abaixa sempre à condição de faculdades executoras fatores eminentemente criativos do poeta".[18] R. Cavedo atribui ao modelo "Benoit" certa rigidez: "Está estreitamente ligado ao conceito de verdade a exprimir; parece ainda um pouco dependente de divisões e subdivisões escolásticas".[19]

b.1. A obra inspirada

Schökel[20] acentua a necessidade de reequilibrar os dois aspectos da inspiração bíblica, o dos "escritores sagrados" e o outro da "obra literária". Ele parte dos dois textos clássicos da inspiração (ver cap. 9, 3), um dos quais se refere aos autores: "movidos pelo Espírito Santo, alguns homens falaram em nome de Deus" (2Pd 1,20), e outro às suas obras: "toda a Escritura é inspirada por Deus" (2Tm 3,16). Qual das duas afirmações é mais importante?

Os santos Padres preferem a fórmula da "Escritura inspirada", como faz o resto do NT quando cita o AT, como fazem os comentadores medievais quando aplicam a teoria dos "quatro sentidos da Escritura" (ver cap. 16) não aos autores mas aos livros, às obras. A mesma definição do Concílio Vaticano I toma como objeto os livros, os quais "são sagrados e canônicos... porque, escritos sob a inspiração do Espírito, têm a Deus por autor e como tais foram confiados à Igreja (ver cap. 10).

17 P. Benoit, o.c., p. 71.
18 L. Alonso Schökel, La Parola ispirata, p. 164s.
19 R. Cavedo, o.c., p. 767.
20 Cf. L. Alonso Schökel, o.c., pp. 231-254.

Foi a especulação escolástica do século passado sobre o carisma profético que se concentrou sobre o aspecto psicológico da inspiração, isto é, sobre a mente do autor, "com um exclusivismo perigoso". Portanto, diz ele, "convém equilibrar o enfoque psicológico com outro mais literário. (...) Por ordem de importância e de intenção vêm em primeiro lugar as obras, e toda a fadiga dos autores e a sua vocação se subordinam à obra".[21]

De outro lado, esta colocação do problema se relaciona com uma tendência da atual investigação literária: "Hoje os estudos afirmam que o objeto da ciência literária é a obra literária; que o autor, a época, a sociologia só interessam enquanto ajudam a compreender a obra".[22] Portanto o processo inspirativo sobre o autor está ordenado à obra como a seu termo, e à obra literária na sua "pluralidade estruturada": com efeito, a obra é uma unidade "gestáltica" que só uma análise feita num segundo momento pode dividir, e que somente uma "intuição totalizante" pode perceber na sua visão unitária. Também no caso em que se percorre — como normalmente se faz e se deve fazer em exegese — o caminho de isolar unidades e explicá-las separadamente, deve-se depois voltar ao estágio sintético, precisamente aquele de uma visão unitária da obra, assim como ela foi transmitida.[23]

Afirmar a inspiração da obra literária na sua concretude total, juntamente com a dos autores, explica também melhor a riqueza múltipla da Sagrada Escritura exaltada pelos autores medievais, como também o seu mistério de "expressão humilde da divina Providência": "Afirmar que todos os planos da obra concreta caem sob a inspiração não significa nivelar todos os planos: não significa elevar uma fração rítmica expressiva à condição de proposição infalível. Quando dizemos que a natureza humana de Cristo foi assumida pela Pessoa divina, de um lado não excluímos da encarnação nenhum membro, nem órgão nem tecido; de outro, não nivelamos numa massa uniforme o complexo organismo do homem Cristo. Todo membro e órgão é assumido segundo a sua função particular. (...) De maneira análoga devemos conceber a obra, que é a imagem do homem: é inspirada sua inteira criação, todo elemento segundo a sua função em oferecer-nos a revelação de Deus. Se nos parecer que com isto a simples, espiritual e puríssima intelecção de Deus fica humilhada, aceitemos este mistério de humilhação ou 'esvaziamento' como reve-

21 *Ibid.*, p. 232s.
22 *Ibid.*, p. 233.
23 Cf. *ibid.*, p. 243ss.

lação de amor. Juntamente com o *humiliavit semetipsum* da encarnação, os Padres repetem o ocultamento da divindade 'na expressão humilde' ".[24]

b.2. Um modelo mais literário

Mas o conhecido professor do Pontifício Instituto Bíblico não se limitou à afirmação de princípio de que a inspiração bíblica é antes de tudo e sobretudo um carisma que interessa todos os planos da obra literária completa como tal. Partindo não de um conceito intelectualista de autor literário, mas da experiência da criação literária como a conhecemos pelas confissões de autênticos escritores,[25] ele também propõe um *esquema em três tempos*,[26] que eu caracterizaria assim:

1. *Materiais*. A matéria pode ser uma experiência vital, uma série de experiências próprias ou de outrem, experiências ditadas por um conhecimento puro, ou por informações, ou por materiais literários pré-elaborados: tudo isto ainda não cai necessariamente sob a inspiração bíblica.
2. *Intuição*. É o verdadeiro momento inicial da obra literária e se converte numa central de energia que faz fermentar todos os materiais, põe em movimento e ilumina todo o processo sucessivo que levará à obra escrita. Tal intuição acontece, nos autores sagrados, sob o impulso do Espírito e é reveladora de uma realidade (literária), se bem que não ainda em forma de proposição.
3. *Execução*. Ela segue a intuição, seja como uma espécie de necessidade interior de escrever ou de compor, seja sobretudo como processo de realização ou execução literária, colocada em movimento pelo impulso interno. Todo este processo de formulação literária é um momento criativo, que devemos conceber como desenvolvido sob a ação do Espírito Santo: a inspiração bíblica é essencialmente um carisma de linguagem.

Além disso — e é, na minha opinião, a contribuição mais original e interessante de Alonso Schökel — ele faz uma tentativa de penetrar no mistério da obra literária concreta inspirada

---

[24] *Ibid.*, p. 239s.
[25] L. Alonso Schökel, *o.c.*, pp. 165-170.
[26] Cf. *ibid.*, pp. 190-194.

da Bíblia, examinando alguns exemplos tirados sobretudo do AT, que apresenta uma variedade literária mais rica: a inspiração *num grande poeta*, como Oséias; num *simples artesão* da linguagem, como o autor do *Salmo* 119; na *visão de uma imagem*, como acontece em *Jeremias* 1,11-12; *numa particularidade de estilo*, como aquela de Isaías 1,21; num *salmo de imitação*, como o *Salmo* 29; *numa narração*, como aquela das pragas do *Êxodo* 7-11; *numa formação literária progressiva*, como, por exemplo, aquela do Pentateuco através das sucessivas tradições J, E e P; na *entoação épica*, como aquela da narração das pragas. Não é possível resumir aqui estas páginas belíssimas,[27] mas de boa vontade as indicamos e recomendamos ao leitor.

6. SAGRADA ESCRITURA E PALAVRA DE DEUS

A fé do antigo e do novo Israel proclama: *A Bíblia é Palavra de Deus* (ver cap. 8). A inspiração dos livros sagrados (ver cap. 9) dá fundamento e razão ulterior a esta afirmação da fé, tão habitual no crente que corre o risco de não perceber mais seu aspecto inaudito de mistério. Mas como entendê-la?

Certamente, no tempo em que se tinha uma concepção mecânica e miraculosa da inspiração, como se Deus tivesse inspirado *diretamente* os escritores sagrados, como num ditado, tudo o que deviam escrever mais ou menos como "secretários" de Deus, podia-se sem nenhuma dificuldade equiparar imediatamente a Sagrada Escritura com a Palavra de Deus. Mas agora a própria crítica literária bíblica nos obrigou a considerar os hagiógrafos não como secretários, mas como "verdadeiros autores" literários *(DV* 11), e a Bíblia como um livro profundamente humano, no qual não nos é oferecida diretamente a divina Palavra, mas o seu mais autorizado testemunho. A Escritura participa da causalidade e da contingência de tudo o que é humano; os autores sagrados "falaram de Deus como puderam", escreve santo Agostinho no início de seu Comentário ao Evangelho de João:

> "Explicar o que se diz ali, no seu significado pleno, é algo que supera toda capacidade humana. Não hesito em dizer, meus irmãos, que talvez nem o próprio João tenha sido capaz: *falou como pôde, porque era um homem que falava de*

---

27 Cf. *ibid.,* pp. 170-187, exemplos do NT (Evangelhos e Epístolas).

Deus. Certamente inspirado, mas sempre homem.* Graças à inspiração, algo pôde dizer: se não tivesse sido inspirado, nada nos teria dito. Mas, embora fosse inspirado, não pôde dizer-nos todo o mistério: *disse o que um homem podia dizer*".[28]

Apesar disto a Igreja considera objeto da própria convicção de fé e da própria experiência que *a Escritura é Palavra de Deus,* enquanto Palavra que saiu e que sai de Deus, e dá testemunho de Deus. Ainda uma vez: qual é o significado desta profissão de fé?

a. A Palavra de Deus é uma realidade analógica[29]

A teologia cristã reconhece que "a Palavra de Deus é algo que deve ser visto em diversos níveis, em diversas situações. É um conceito análogo, não é algo que se possua univocamente e apenas numa determinada situação sempre igual".[30]

K. Barth propõe a distinção entre: a *Palavra de Deus revelada* (isto é, Jesus Cristo), Palavra de Deus *escrita* (a Bíblia, inspirada por Deus), Palavra de Deus *pregada* (a pregação da Igreja). De modo parecido ao de K. Barth, e fazendo próprias as reflexões de A. Schlatter e O. Weber, P. Stuhlmacher[31] afirma que já no NT, como aliás também no AT, a Palavra de Deus tem um aspecto múltiplo:

1. Palavra de Deus como *Palavra acontecida* que está na base e precede todo testemunho humano: é a própria pessoa de Jesus Cristo;

2. Palavra de Deus como *Palavra testemunhada,* quando os discípulos de Jesus e os apóstolos dão testemunho de Jesus Cristo como o Senhor e Salvador: é o próprio NT, como redação e documentação daquela palavra testemunhada e elevada à condição de Cânon da Igreja, através da qual a Palavra acontecida se tornou terrenamente acessível e historicamente transmissível;

---

28 In Joh. Evang. 1, 1 (Comentário ao Evangelho de João, vol. I, Città Nuova, Roma 1965, p. 20).
29 Cf. C. M. Martini, *Parola di Dio e parola umana,* in AA. VV., *Incontro con la Bibbia,* pp. 43-47 (*Il libro sacro nell'ambito della Parola di Dio*); P. Stuhlmacher, *Vom Verstehen des Neuen Testaments. Eine Hermeneutik,* pp. 45-47 (*Autorität und [dreifache] Gestalt des biblischen Zeugniswortes*); O. Semmerloth, *Teologia della Parola,* pp. 17-172; K. H. Schelkle, *Sacra Scrittura e Parola di Dio,* in AA. VV., *Esegesi e Dommatica,* pp. 11-37.
30 C. M. Martini, *o.c.,* p. 44.
31 P. Stuhlmacher, *o.c.*

3. Palavra de Deus como *Palavra anunciada* através da pregação da comunidade, seja na forma de anúncio missionário programado, seja naquela de testemunho missionário factual. Para Stuhlmacher, se quisermos falar da Escritura como Palavra de Deus, é aconselhável partir do seu caráter de testemunho e ler a profissão de fé no contexto da tríplice forma da palavra de Deus e em conexão recíproca: "A Bíblia é devedora à Palavra revelada de Deus, que adquire na Pessoa de Jesus Cristo a sua forma completa; ela é o documento, elevado a Cânon da Igreja, do testemunho daquela Palavra de revelação historicamente desenvolvida; é o documento que provoca o anúncio da Palavra de Deus por parte da Igreja e ao mesmo tempo legitima seu conteúdo".[32]

C. M. Martini propõe uma série mais longa de distinções, considerando-a "didaticamente mais útil para ajudar-nos a compreender as analogias da Palavra de Deus".[33] A Palavra de Deus pode assumir cinco significados:

1. A Palavra de Deus é, na linguagem da revelação trinitária, o *Verbo de Deus* de Jo 1,1-2, que está na base de todos os outros significados do termo e exprime a comunicabilidade de Deus que é o Logos de Deus, em toda a sua extensão e a sua intensidade; 2. A Palavra de Deus é por excelência *Jesus Cristo, o Verbo no meio de nós* de Jo 1,14, Deus manifestado a nós na história. É Jesus em toda a extensão de sua vida, morte, ressurreição e senhorio glorioso do universo, que nos manifesta o Pai: toda a realidade que na Igreja e na história merece de alguma forma o nome de Palavra de Deus deve ser referida a Jesus Cristo. Fala-se do "senhorio glorioso", porque a Palavra de Deus em Jesus Cristo não é apenas a que é tornada presente no Jesus Cristo histórico que culmina na Ressurreição, mas também aquela que estará presente em extensão máxima no Reino de Deus entregue ao Pai na plenitude dos tempos (cf. 1Cor 15,24; *DV* 4, último parágrafo): "Podemos dizer que somente neste momento a comunicação de Deus ao homem alcançará o âmbito definitivo máximo da sua expressão *extensiva*, mesmo se consideramos que o âmbito máximo da sua expressão *intensiva* permanece a cruz e a Ressurreição".[34] 3. A Palavra de Deus se torna *Palavra de Deus* no plural, "palavras para", "palavras a": são as *palavras ditas,* as palavras faladas na história da salvação pelos profetas

32 *Ibid.,* p. 47.
33 C. M. Martini, *o.c.,* p. 42.
34 *Ibid.,* p. 45.

e pelos apóstolos para manifestar o plano divino a ser realizado ou que se realiza em Jesus Cristo. São estas palavras da pregação profética e apostólica que, de fato, a Escritura chama normalmente "Palavra de Deus"; e, em relação à plenitude extensiva da Palavra de Deus no primeiro e no segundo significado, se vê como já aqui as Palavras de Deus têm certo inacabamento, que põe em destaque seu caráter dinâmico: são "Palavras para", "Palavras a". 4. "Palavras de Deus são também as *palavras escritas* de todos aqueles que, em conexão com a atividade profética e apostólica, escreveram por inspiração divina. São os profetas escritores, os apóstolos, os evangelistas, os sábios, os cronistas, os legisladores, os poetas. Eis a Bíblia, que aparece neste quarto momento de análise da Palavra de Deus. Somente agora passamos da palavra falada à palavra escrita. A Bíblia nos conserva as palavras dos apóstolos, dos profetas etc., postas por escrito por inspiração de Deus, para manifestar o seu plano de salvação em Cristo".[35] 5. Finalmente, Palavra de Deus é a *palavra da pregação cristã viva:* quando se prega a fé, a conversão, Jesus Cristo, tem-se na Igreja um evento que se pode chamar "Palavra de Deus".[36]

b. A Bíblia é Palavra de Deus

No contexto destas múltiplas realidades, todas elas redutíveis à *Forma primeira* que é a Palavra de Deus, a qual transcende todas as palavras divinas que são testemunho dela e como tais fazem parte dela,[37] podemos tentar descrever o significado da profissão de fé: "A Bíblia é Palavra de Deus" com a ajuda de algumas proposições sucessivas:

1. A Sagrada Escritura não é identificável sem mais, nem com o Logos de Deus e nem com a revelação de Deus na história e no mundo que teve seu ápice em Jesus Cristo; ela é o testemunho histórico privilegiado da Revelação, é a "imagem canônica da Revelação".[38] Em virtude deste privilegiado-canônico testemunho da Revelação que é a Bíblia, tornou-se possível e presente a todos os homens a presença da Palavra de Deus e sobre Deus, feita carne em Jesus Cristo: Palavra verdadeira de Deus (não

---

[35] Ibid., p. 46.
[36] Cf. a monografia de D. Grasso, *L'annuncio della salvezza*, D'Auria, Nápoles 1970, especialmente o cap. II.
[37] Cf. H. Urs von Balthasar, *Glória*, vol. 1, pp. 495-521; Dom N. Edelby, intervenção no Concílio Vaticano II, cit., ver. cap. 2, 5d.
[38] H. Urs von Balthasar, o.c., p. 509.

simples idéia vaga, não simplesmente balbucio), Palavra dita por Deus sobre si mesmo, sobre o mundo, sobre todo ser humano.

2. Enquanto testemunho histórico autoritativo da Revelação, as Sagradas Escrituras não só *contêm* a Palavra de Deus, mas *são* Palavra de Deus: "As Sagradas Escrituras contêm a Palavra de Deus e, *porque inspiradas, são verdadeiramente Palavra de Deus" (DV* 24). É este, parece-me, o ponto decisivo da questão, intimamente relacionado com uma concepção, adequada ou não, robusta ou enfraquecida, que se tem da inspiração bíblica. Como escreve C. M. Martini: "A Bíblia tem de um lado uma relação imediata com a palavra profética e apostólica de Israel e da Igreja primitiva, e, de outro, com Cristo e com o Pai, mediante o Espírito que a inspira. E é por isto que a palavra da Bíblia representa um momento privilegiado da revelação. Se ela fosse apenas uma transcrição histórica dos oráculos proféticos teria valor como livro das origens, como documento da fé das antigas gerações, sem conter necessariamente e sempre uma palavra normativa para as gerações futuras. Pelo contrário, a relação que tem com o Verbo por meio do Espírito faz desta palavra uma força viva e permanente de manifestação de Deus para todos os tempos".[39] Ainda que a Escritura, por força da inspiração seja *formalmente* Palavra de Deus, não o é *imediatamente:* Palavra imediata de Deus é somente o Logos de Deus.[40]

3. A relação permanente que a Escritura, por força da inspiração, tem com Deus e com a sua Palavra, faz com que a Palavra de Deus permaneça através da Escritura com toda a sua força viva e eficaz. A inspiração não é apenas um fato isolado, passado, mas uma qualidade permanente, uma força espiritual sempre atual e presente na Escritura que mantém todo o poder da Palavra de Deus: "Por isso se deve aplicar por excelência à Sagrada Escritura o que foi dito: "A palavra de Deus é viva e eficaz" (Hb 4,12), "que tem o poder de construir o edifício e de vos conceder parte na herança com todos os santificados" (cf. At 20,32; 1Ts 2,13)" *(DV* 21).

4. Certamente, a Escritura "não é Palavra de Deus com aparência gloriosa, mas servil, oculta e velada, como a Palavra primordial de Deus ao mundo, que é Cristo de quem Fl 2,6-11 diz: "Ele, tendo a condição divina... esvaziou-se a si mesmo, e assu-

---

39 C. M. Martini, *o.c.*, p. 46.
40 Cf. Semmerloth, *o.c.*, p. 140ss.

Problemas abertos

miu a condição de servo, tomando a semelhança humana. E, achado em figura de homem, humilhou-se... até a morte de cruz". Tal é, como diz a teologia, a Palavra do livro (o Logos *embiblos*), oculta e sem rosto como a Palavra na carne (o Logos *ensarkos*), que é o centro de verdade da Escritura".[41]

7. A ESCRITURA "INSPIRADA POR DEUS" TAMBÉM "INSPIRA DEUS"?

Naquele amplo e articulado contexto pneumático, anterior e sucessivo à inspiração bíblica propriamente dita de que temos falado (ver cap. 9), encontra solução mais adequada um problema que voltou a ser atual no moderno debate ecumênico entre a Igreja Católica e as Confissões Protestantes. A Bíblia é Palavra de Deus porque "inspirada por Deus", ou é tal porque "inspira Deus, comunica Deus" ao coração do crente? A Bíblia *é em si mesma* Palavra de Deus, ou *se torna* Palavra de Deus somente quando e em quem a acolhe como tal mediante a fé?

a. Lutero e Calvino[42]

Lutero e Calvino, os grandes pais da Reforma protestante, acentuam o aspecto objetivo da inspiração da Escritura a ponto de sustentar a *inspiração verbal* (cap. 10, 4): nenhuma dúvida para Lutero sobre o significado passivo do *theopneustos* de 2Tm 3,16, que ele traduzia com *von Gott eingegeben*.[43]

Mas os Reformadores acentuaram também o aspecto subjetivo da inspiração, isto é, a intervenção do Espírito Santo no leitor: no sentido de que a palavra da Bíblia não pode ser reconhecida como Palavra de Deus se aquele mesmo Espírito não continuar a agir sobre aqueles que a escutam e se não se torna também para eles um evento. Para Lutero "Spiritus solus intelligit Scrituras recte et secundum Deum. Alias autem, etsi intelligunt non intelligunt"; "haereticus est qui scripturas sanctas alio sensu quam Spiritus Sanctus flagitat, exponit".[44] Também para

---

41 K. H. Schelkle, *o.c.*, p. 16s.
42 Cf. L. Pacomio, *Erasmo di Rotterdam e i riformatori protestanti: Lutero e Calvino*, in AA. VV., *I Libri di Dio*, pp. 127-149; K. Barth, *Dogmatique*, vol. I, tom. 2, pp. 61-69.
43 "Denn alle Schrift von Gott eingegeben ist nütze zur Lehre, zur Strafe..." (2Tm 3,16): cf. *Die Bibel oder die ganze Heilige Schrift des alten u. neuen Testaments* (nach der deutschen Uebersetzung D. Martin Luthers), vol. II, Köln 1959, p. 219.
44 Cit. in K. Barth, *o.c.*, p. 63.

Calvino, somente Deus pode testemunhar de si: "Ele (Deus) só é testemunha suficiente de si, na sua Palavra" primeiro, e "no coração dos homens" depois;[45] o Espírito Santo põe em ato a sua ação iluminadora em ambas as direções: "Por isso é necessário que o mesmo Espírito que falou pela boca dos profetas entre em nossos corações e os toque a fim de persuadi-los de que os profetas expuseram fielmente o que lhes era ordenado do alto".[46] E é a mesma Sagrada Escritura o "instrumento com o qual o Senhor dispensa aos fiéis a iluminação do seu Espírito".[47]

Todavia a afirmação de princípio da dimensão objetiva da inspiração já entra em crise em Lutero quando, devendo decidir sobre a extensão exata da inspiração no NT, aplica um critério substancialmente subjetivo: *Ist Bibel was Christum treibt*, que o leva inevitavelmente a distinguir no NT entre livros inspirados ou não, livros mais inspirados ou menos inspirados (ver cap. 13, 3). Não diversamente em Calvino, para quem o critério que qualifica a realidade divino-inspirada da Escritura e a sua canonicidade não é a Igreja, mas a própria Sagrada Escritura: com efeito, a Escritura "é por si mesma suficiente..., tem força bastante para comover-nos";[48] ela "está em condições de fazer-se conhecer por virtude poderosa e infalível, assim como as coisas coloridas mostram a sua cor e as coisas doces ou amargas o seu sabor".[49] Bíblia inspirada e crentes que a reconhecem como tal mediante a iluminação do Espírito fecham o círculo teológico hermenêutico da Escritura. Faltando o terceiro elemento, a Igreja ou de qualquer forma uma concepção que a substitua, o subjetivismo acaba por prevalecer.

b. K. Barth e E. Brunner[50]

K. Barth, na linha dos padres da Reforma, sublinha de maneira polêmica as duas dimensões da inspiração bíblica.

"Nós dissemos que o mesmo Paulo já vê no cânon da antiga aliança uma carta santa, uma escritura revestida de autori-

---

45 G. Calvino, *Instit.* I, 7, 4 (G. Tourn I, 179).
46 *Ibid.*
47 *Instit.*, 1, 9, 3 (G. Tourn I, 197s).
48 *Instit.*, I, 8, 1 (G. Tourn I, 183).
49 *Instit.*, I, 7, 2 (G. Tourn I, 176).
50 Cf. também B. Mondin, *Os grandes teólogos do século XX (I-II)*, Edições Paulinas, São Paulo, 1981; B. Cherardini, *La seconda Riforma*, vol. II, pp. 80-196; H. Bouillard, *Karl Barth*, 3 vol.

dade divina, e considera as suas palavras como 'ditadas pelo Espírito'. Como negar que a obra do Espírito Santo comporta também este aspecto? Mas então por que apegar-se a ela, por assim dizer, de maneira exclusiva? Compreende-se então o que significa a inspiração dos profetas e dos apóstolos, quando se esquece que somente através do Espírito eles tiveram a comunicação da revelação que está na base de seus testemunhos falados e escritos, e que seus ouvintes e leitores têm, eles mesmos, necessidade deste mesmo Espírito para realmente entendê-las? Não significa obscurecer perigosamente a intervenção da livre graça, tão claramente indicada em Paulo, colocar no primeiro plano e como que ao nosso alcance um dos seus efeitos, dizendo: um dia, em tal lugar, alguns falaram e escreveram sob o impulso do Espírito Santo? Certamente, a coisa é perfeitamente exata: os profetas falaram e escreveram sob o impulso do Espírito Santo. É um fato confirmado por todas as afirmações do próprio Paulo. Mas a graça e o mistério que com razão foram reconhecidos neste fato ainda são a graça e o mistério de Deus, da sua Palavra no sentido bíblico do termo, quando se reduz seu alcance a este único ato?"[51]

Mas Barth, coerentemente com a sua teologia da *analogia fidei* contra toda *analogia entis*,[52] arremete contra toda pretensão humana de compreender a inspiração bíblica que é milagre de Deus, "de conceber (aquele milagre) na sua própria inconcebivilidade e torná-lo natural naquilo que tem de sobrenatural".[53] Em todas as três formas em que a Palavra de Deus nos alcança: *Palavra revelada* (revelação), *Palavra escrita-inspirada* (Bíblia) e *Palavra pregada* (pregação),[54] a Palavra de Deus tem sempre esta característica essencial: é *Dei loquentis persona*. Deus é e permanece sempre o *sujeito* da sua Palavra, e nenhuma das três formas é em si mesma Palavra de Deus entregue ao *conhecimento* do homem, mas somente confiado ao *reconhecimento* da fé mediante o Espírito de Deus: o conhecimento que o homem pode ter da

---

51 K. Barth, *Dogmatique*, vol. I, tom. 2, p. 59.
52 A *analogia entis* considera que pode dizer alguma coisa de Deus, da sua natureza, dos seus atributos, partindo do ser das criaturas; a *analogia fidei* é aquela que se baseia na revelação divina e na graça, que alcança a nós e os instrumentos do nosso pensar e falar, e nos permite fazer uso dos instrumentos (pensamentos e palavras) que a própria revelação põe à nossa disposição.
53 K. Barth, *Dogmatique, ibid.*
54 Cf. K. Barth, *Dogmatique,* vol. I, tom. 1, pp. 85-120.

divina Palavra só pode consistir no *"reconhecimento"*, e o reconhecimento só pode tornar-se real e compreensível "pela ação desta mesma Palavra".[55] Isto vale também, e sobretudo, para a Escritura que é "o instrumento concreto mediante o qual a Igreja pode recordar a efetiva revelação de Deus, e ser solicitada, autorizada, guiada à espera da revelação futura e, com ela, à pregação".[56] Então, em que sentido para K. Barth se pode afirmar: *A Bíblia é Palavra de Deus*? Ele responde:

> "A proposição: 'A Bíblia é a Palavra de Deus' é uma confissão de fé, uma proposição da fé que entende o próprio Deus falando na palavra humana da Bíblia. E certamente, quando afirmamos esta proposição na fé, nós a consideramos verdadeira independentemente da nossa fé e acima de toda fé, nós a reputamos verdadeira contra a nossa própria incredulidade, verdadeira, não tanto como descrição da nossa experiência relativa à Bíblia, mas como descrição da ação de Deus na Bíblia, sejam quais forem as experiências que pudemos ter ou não realizado. Mas é precisamente a fé que pode distinguir e captar, para além de si mesma e de todas as experiências ligadas ou não à fé, a ação de Deus, o seu acontecimento em nós: em outras palavras, não é o homem que se apodera da Bíblia, mas é a Bíblia que se apodera dele. Assim a Bíblia *se torna* Palavra de Deus, e o termo "é" na proposição dada: 'a Bíblia é a Palavra de Deus', refere-se ao seu *ser* neste *devir*. Não é por causa do nosso conceder-lhe a nossa fé que a Bíblia se torna a Palavra de Deus, mas porque ela se torna deste modo, para nós, revelação. Mas, de outro lado, que a Bíblia se torne para nós revelação para além de nossa fé, que ela seja Palavra de Deus apesar de nossa incredulidade, é o que nós não podemos reputar verdadeiro e confessar a não ser mediante a fé, contra toda incredulidade, na fé no seio da qual olhamos para a ação de Deus além da nossa fé ou da nossa falta de fé — mas na fé e não na incredulidade. Eis por que não podemos prescindir da ação de Deus em virtude da qual a Bíblia deve tornar-se para nós, incessantemente, Palavra de Deus".[57]

---

55 *Ibid.*, pp. 192-220.
56 *Ibid.*, p. 107.
57 *Ibid.*, p. 106.

E. Brunner move-se na mesma linha de Barth e da sua "teologia dialética", fundada na oposição-contradição entre Deus e o homem, entre a Palavra de Deus e o pensamento do homem. Todavia Brunner se separa de Barth quando se trata de determinar a natureza destes dois opostos e as relações entre eles existentes. Mas enquanto Barth só tem *não* para o pólo humano, Brunner reconhece no homem um *ponto de contato (Anknüpfungspunkt)*, isto é, o seu ser *imago Dei* que não foi tirada nem mesmo ao homem pecador e que o torna capaz de receber a Palavra de Deus e de ser responsável por ela: "A Palavra de Deus não causa no homem a capacidade de receber a Palavra. Ele nunca perdeu tal capacidade; ela constitui a condição para que o homem possa ouvir a Palavra de Deus. Pelo contrário, o crer na Palavra de Deus, como também a capacidade de ouvi-la como quem crendo a escuta, são causados diretamente pela Palavra de Deus".[58]

Mas, mesmo no contexto desta diferente teologia dialética que em Brunner se torna "teologia da correspondência, na qual o homem é definido como 'ser responsável', 'ser que responde', e, vice-versa, a Revelação é concebida como resposta de Deus mediante a sua automanifestação pessoal efetuada uma vez para sempre",[59] a resposta de Brunner à pergunta: *Em que sentido a Bíblia é Palavra de Deus,* não é diferente daquela de Barth:

"A fé cristã é a fé na Bíblia, no sentido de que a Bíblia é o único lugar em que Deus se dirige a nós, nos julga com a sua Palavra, nos liberta do juízo e se comunica a nós como o amor gratuito com o qual Deus nos cria de novo".[60]
"A Palavra da Bíblia se torna Palavra de Deus somente quando o próprio Deus nos fala. O que diante de Deus nos enche de autêntica adoração, de confiança e de amor, não é este princípio axiomático, mas o autêntico encontro com o Deus que se revela a nós através da Escritura..., nos chama e se entretém conosco".[61]
"Somente Deus, enquanto ele é Aquele que se comunica a mim, é a Palavra de Deus. É o 'Eu' do Senhor que me eleva à categoria de 'seu servo' e que, ao mesmo tempo, mediante a palavra pessoal e paterna faz de mim, em Jesus Cristo, o seu filho. Deus não nos instrui sobre isto ou aquilo. Deus

---

58 E. Brunner, *Natur und Gnade*, Furche, Berlim 1934, p. 19.
59 B. Mondin, *o.c.*, p. 70.
60 E. Brunner, *Dogmatique*, tom. III, p. 299.
61 *Ibid.*, p. 298.

se abre pessoalmente a mim e com isso me abre também a mim mesmo. Tal é o significado de que se reveste 'a Palavra de Deus' no seu encontro comigo por meio da Bíblia: é um diálogo entre pessoa e pessoa; toda generalização, toda reificação, toda objetivação está excluída. A Palavra de Deus não é alguma coisa, algo objetivo em si mesmo, mas um processo direto, uma palavra-exigência e uma palavra-graça. A Bíblia não é "em si" Palavra de Deus: é-o tão pouco como a fé 'em si' é a fé. Mas nesta relação entre a Palavra de Deus e a fé, a palavra-ato de Deus, isto é, aquilo que se produziu na história, vem antes como ação criadora, e a fé vem sempre depois como aquilo que é criado".[62]

c. Dimensão "objetiva" e "subjetiva" da inspiração

Certamente, pode ter havido unilateralidade por parte da teologia católica na defesa da inspiração e da autoridade divinas do *livro* da Bíblia enquanto tal; pode ter havido uma insistência unilateral e radicalizada na origem da inspiração *(Deus spirat)*, negligenciando o objetivo que a confirma *(spirat Deum)*. Mas, será realmente necessário escolher entre os dois pólos, ou não convirá antes recuperar a ambos numa teologia completa da inspiração bíblica e da Palavra de Deus? Os católicos insistiram sobre a origem da Bíblia, que é Deus, autor dela por meio da inspiração; os protestantes insistiram no objetivo da Bíblia, que é Deus que salva os homens através da fé. O católico falava de *inspiração*, e pensava na inspiração que parte de Deus e faz de Deus o autor da Bíblia; o protestante falava de *inspiração* e pensava na inspiração que sai da Bíblia e vai para a vida. O católico deve recuperar mais claramente, no seu conceito de inspiração, a influência e o objetivo que a ação inspiradora de Deus quer alcançar na vida dos homens; o protestante deve recuperar mais claramente a dimensão objetiva da inspiração, que é o *fundamento* do objetivo que a inspiração se propõe. A Bíblia *não é* apenas *uma palavra humana que fala de Deus,* mas é também *uma palavra dita por Deus:* independentemente daquilo que o leitor (crente ou não) percebe dentro de si, a realidade da Palavra de Deus existe por si mesma, objetivamente.

---

62 *Ibid.*, p. 306.
63 F. Hahn, *Sacra Scrittura e Parola di Dio,* in AA. VV. *Nuovo Libro della Fede,* pp. 104-108.

Problemas abertos

O dado bíblico e de fé que a Bíblia é inspirada por Deus e por isso Palavra de Deus, não é uma questão pessoal e subjetiva, dependente da fé ou falta de fé de quem dela se aproxima. A fé não transforma, com uma intervenção subjetiva a palavra humana da Bíblia em "Palavra de Deus"; a fé "descobre" a Palavra de Deus na Bíblia, não "faz" da Bíblia uma Palavra de Deus. O parágrafo "Sagrada Escritura e Palavra de Deus", redigido pelo teólogo evangélico Ferdinand Hahn, aparece na exposição comum na qual todos os cristãos podem encontrar-se, e não na secção das "Questões abertas para as Igrejas" do "Novo Livro da Fé".[63] Formulado nos termos do evangélico Hahn, o problema encontra, parece-me, adequada solução, embora deixando a cada confissão o enfoque que lhe é próprio. A propósito desta frase: "Deveríamos antes dizer que a Bíblia *não* é a Palavra de Deus, mas *se torna* Palavra de Deus para aquele que crê nela como na Palavra de Deus?", Hahn afirma:

"Esta frase tem um som perigoso. Dela se poderia deduzir que a Palavra de Deus é uma questão puramente subjetiva. Se se entende ou não se entende a Bíblia como palavra de Deus parece uma questão de fé, e esta última depende da vontade do homem. Mas isto seria um equívoco perigoso. A fé é a única capaz de escutar a Palavra de Deus naquela bíblica porque ela está fundada precisamente no convite, que só ela capta na palavra bíblica, a construir sobre Deus que se anunciou libertador na história de Israel e em Jesus Cristo. (...) Para quem não acolhe este convite, para quem *não* crê, a Bíblia *permanece* nem mais nem menos palavra humana que de fato é. Mesmo se o historiador e em particular o historiador das religiões devem admitir que esta palavra humana da Bíblia contém uma série de surpreendentes peculiaridades que não é dado observar em outra parte, isto não significa de forma alguma que *enquanto* historiadores, *enquanto* estudiosos das religiões, possamos por assim dizer aclamar cientificamente a presença da Palavra de Deus na Bíblia... Por isso, se afirmamos a plena autoridade da Palavra de Deus escrita, isto não quer dizer que a Palavra de Deus 'esteja ali', de modo que não seja necessário fazer outra coisa senão indicá-la a quem for capaz de ler. A Palavra de Deus vem ao homem como prometida e pretendida, e só percebe sua força quem se expõe a ela. Igualmente errôneo seria afirmar que a palavra de Deus 'acontece' ali onde a palavra bíblica é escutada como Palavra de Deus. A Palavra de Deus, o convite à fé, de fato encontrou sua verbalização definitiva na Escritura. É certo que a Palavra de Deus na Bíblia apela para a fé e através da fé se faz palavra viva e criadora de vida: e tudo acontece não sem uma ação 'subjetiva': não existe fé que prescinda da vida 'subjetiva', pessoal e da sua referência a uma comunidade. Se apesar disto não resvalamos para certo 'subjetivismo', isto depende da estrutura da própria fé: a mesma fé que entende e experimenta a si mesma como ato absolutamente pessoal do homem, entende-se ao mesmo tempo não como prestação 'subjetiva' do homem, mas como dom de Deus. Mas com isto a fé não 'faz' da Bíblia a Palavra de Deus, com uma intervenção subjetiva: ela a *descobre* como Palavra de Deus, fazendo-a descer ao coração inesperada, incoercível, insuspeitada, como interpelação libertadora de Deus".[64]

Parece-me, pois, que mais uma vez se deva exprimir o problema não nos termos de um "aut... aut", mas nos de um "*et... et*". As dimensões 'objetiva' e 'subjetiva', tanto da inspiração como da densidade teológica da Palavra de Deus, devem ser conservadas, distinguidas mas não separadas porque a primeira é o fundamento da segunda.

A Bíblia, porque "inspirada por Deus" *já é em si mesma Palavra de Deus* em linguagem humana; mas esta Palavra de Deus escrita espera incessantemente *tornar-se* Palavra de Deus *viva e eficaz* para a salvação dos homens, aqui e agora, mediante uma audição e um acolhimento de fé. Para descobrir a Palavra de Deus na Bíblia é preciso colocar-se não "fora" mas "dentro" (cf. Mt 4,11-12), isto é, faz-se necessário pôr a fé em ato. De outro lado, não é possível aproximar-se da Palavra de Deus mediante a fé, sem a moção e a iluminação do próprio Espírito Santo (cf. *DV* 5 e 12), que é a origem daquela Palavra de Deus (primeiro vivida e falada, depois escrita) e que suscita também a resposta do crente. Na verdade, a única antena capaz de pôr em sintonia de obediente audição da Palavra de Deus é o Espírito Santo presente no homem que crê. Sem este Espírito, a Bíblia permanece ali, em última instância sem serventia, como um potencial de luz e de vida que o homem só com suas forças não pode captar

---

[64] *Ibid.*, p. 106s.

(ver cap. 18, A, 3). A oração de santo Agostinho, teologicamente exata, deveria estar presente a todo leitor crente:

"Faze-me ouvir e descobrir como *no começo criaste o céu e a terra*. Assim escreveu Moisés, para depois ir embora, sair deste mundo, de ti para ti. Agora não posso interrogá-lo. Se pudesse, eu o seguraria, implorá-lo-ia, esconjurá-lo-ia no teu nome para que me explicasse estas palavras... mas não posso interrogá-lo; por isso dirijo-me a ti, Verdade, Deus meu, de quem era possuído quando disse coisas verdadeiras; dirijo-me a ti: *perdoa os meus pecados*. E tu, que concedeste a teu Servo enunciar estas coisas verdadeiras, concede também a mim compreendê-las *(et qui illi servo tuo dedisti haec dicere, da et mihi haec intelligere)*".[55]

8. OS LIVROS SAGRADOS DAS GRANDES RELIGIÕES[66]

Os historiadores distinguem as religiões segundo a presença ou ausência de um livro sagrado: religiões com uma revelação escrita e religiões que vivam na base de uma tradição oral.

Deixando de lado a legitimidade ou não de tal distinção, o fato é que muitas religiões, além daquela hebraica e cristã, encontram (ou encontraram) a norma de sua fé e da sua prática moral e religiosa nos respectivos livros sagrados. Pense-se, com relação às grandes religiões vivas: no *Corão do islão*, nos *Veda* do hinduísmo, no *Tripitaca* do budismo, no *Kojikei* e no *Nihonshoki* do shintoísmo etc.

O fenômeno do *livro sagrado* pode adquirir, global ou separadamente, as seguintes caracterizações:[67] *exclusividade* do livro, considerado como único portador da revelação ou de um estatuto salvífico ou normativo, com tendência a fixar sua extensão exata (cânon); *uso litúrgico* dos textos e tendência a ritualizar a atitude cultual com relação ao livro; a sua função de *tábua de fundação* das estruturas sociais do grupo e de norma para os seus comportamentos; a conseqüente *abordagem exegética* do texto sagrado, de tipo fundamentalista ou hermenêutico.

---

65 *Conf.* XI. 3. 5.
66 Cf. AA. VV., *Libri Sacri e Rivelazione;* AA. VV., *Research Seminar on non-biblical Scriptures;* AA. VV., *Rethinking non-Biblical Scriptures;* I. Vempeny, *Inspiration in the non-biblical Scriptures;* P. Rossano, *Teologia e Religioni: un problema contemporaneo*, in AA. VV., *Problemi e prospettive di Teologia fondamentale*, pp. 374-376 (359-378).
67 A. M. di Nola, *Libro Sacro*, in *ER*, vol. 3, col. 1505-1513.

O significado e o valor dos livros sagrados das grandes religiões vivas é hoje particularmente vivo e rico de conseqüências para o cristianismo que vive em contato com outras religiões, como na Índia e na África, onde o problema pastoral-litúrgico do uso ou não de textos não cristãos com freqüência se torna ineludível.[68]

No contexto da Inspiração da Bíblia, objeto do nosso interesse, *levantamos uma só questão: se, e — em caso afirmativo — em que termos, se pode falar de "Inspiração" com referência aos livros sagrados das outras grandes religiões*. Trata-se, evidentemente, de uma tentativa de resposta do ponto de vista cristão e católico.

a. Revelação e as grandes religiões não cristãs

A tentativa de resposta parte de uma premissa teológica, que tem os seus fundamentos na Sagrada Escritura e que a Tradição da Igreja, culminando para nós no Concílio Vaticano II, tornou mais explícita. Ainda que com o inevitável risco de simplificação, procuro descrever tal premissa com uma série de proposições.

Nós cremos na vontade salvífica universal de Deus. Deus não é uma realidade que se oculta, mas em vista de uma universal salvação se revela, se torna acessível, se autocomunica. Deus nunca cessou, desde os primórdios da criação, de revelar-se aos homens mediante uma Revelação que alcança de muitas maneiras todo homem e que podemos chamar Revelação natural. A definitiva e completa Revelação de Deus, em vista da salvação universal, é aquela sobrenatural-histórica que alcança o incomparável em Jesus de Nazaré. O caráter absoluto da Revelação de Deus em Jesus Cristo não cancela o caráter genuíno daquelas revelações que continuamos a chamar *naturais,* ainda que tenham acontecido através de experiências religiosas singulares de alguns *homens líderes,* que estão na origem das grandes religiões não cristãs. Os elementos genuínos de revelação e de experiência religiosa presentes nestas religiões *tendem,* na intenção de Deus, por isso objetivamente, à Revelação completa bíblico-cristã, assim como os crentes não cristãos estão ordenados na intenção de Deus, por isso objetivamente, à Igreja Povo de Deus. Os valores positivos das grandes religiões foram traduzidos para os respectivos livros sagrados,

---

68 Cf. *Conc* 2 (1976), dedicado inteiramente ao *Uso das escrituras hindus, budistas, muçulmanas no culto cristão.*

ainda que mesclados — do ponto de vista cristão — a erros mais ou menos graves, no plano tanto doutrinal como moral.

Disto segue-se a atitude do catolicismo com relação às outras grandes religiões, sugerida pelo próprio Concílio Vaticano II:

"A Igreja Católica não rejeita nada que seja verdadeiro e santo nestas religiões. Considera com sincero respeito esses modos de agir e viver, esses preceitos e doutrinas, que, embora em muitos pontos difiram do que ela mesma crê e propõe, não raro refletem um raio daquela Verdade que ilumina todos os homens. (...)
Eis porque a Igreja exorta os seus fiéis a que — com prudência e caridade, por meio do diálogo e da colaboração com os membros de outras religiões, e sempre dando testemunho da fé e da vida cristã — reconheçam, conservem e façam progredir os valores espirituais, morais e socioculturais que nelas se encontram" *(NAe 2)*.
"Tudo o que de verdade e de graça se encontrava já entre os gentios como uma secreta presença de Deus, expurga-o de contaminações malignas e restitui-o ao seu autor, Cristo... O que de bom há no coração e no espírito dos homens ou nos ritos e culturas próprias dos povos, não só não se perde, mas é purificado, elevado e consumado para glória de Deus, confusão do demônio e felicidade do homem" *(AG 9;* cf. também *AG 3* e citações patrísticas na nota 2 do mesmo parágrafo).

b. Inspiração e livros sagrados das outras religiões

Reconhecer nas grandes religiões "elementos de verdade e de graça" ou "um raio daquela verdade que ilumina todos os homens" (note-se todavia como o Concílio evita acuradamente o termo "Revelação" também natural), significa levantar de certa forma o problema do valor dos respectivos livros sagrados, instrumento privilegiado de transmissão e conservação daquelas verdades.

À questão que nos propusemos no início: "Se podemos falar de inspiração daqueles livros", proponho a seguinte tentativa de resposta descritiva:

1º — Os livros sagrados das outras religiões não podem ser chamados inspirados, no sentido da Inspiração que o cristão aplica à Bíblia que é Palavra de Deus porque escrita sob a inspiração do Espírito Santo. Escreve M. Dhavamony: "Falando de inspiração, devemos distinguir entre *inspiração numinosa ou religiosa* e *inspiração bíblica*. Do ponto de vista fenomenológico, a inspiração numinosa é aquela experiência percebida por uma pessoa religiosa quando está em contato com o sagrado ou com o divino e o exprime, da forma como o julga verdadeiro, autêntico e significativo, mediante composições orais ou escritas. Uma pessoa nestas condições sente-se chamada a realizar certas tarefas religiosas. (...) As composições orais ou escritas destes homens religiosos com freqüência são ditas inspiradas porque contém ditos inspirados; os homens são seus únicos autores. Mas a inspiração bíblica requer que o Espírito Santo intervenha como impulso vital, como força que tudo anima nos eventos e nas palavras contidas na Bíblia e que levou à redação. A Bíblia é obra do Espírito Santo no sentido direto e real do termo. A redação da Bíblia é parte da estrutura abrangente dos eventos guiados pelo Espírito. O homem e Deus são, ao mesmo tempo, autores da Bíblia. As *Escrituras hindus* (por exemplo) podem ser chamadas inspiradas somente na acepção numinosa do termo, na medida em que elas contêm palavras de elevado valor religioso pronunciadas por homens que eram iluminados".[69]

A definição do Vaticano I sobre a Inspiração das Sagradas Escrituras (cap. 10, 5) pode ser aqui oportunamente evocada. O fato de "conter a Revelação sem erro" não é argumento suficiente para assegurar a Inspiração da Bíblia; com mais razão, a presença de fragmentos de verdade ou também de verdades parciais sobre Deus e sobre o homem nos livros sagrados das outras religiões, nem fundamenta a sua inspiração, nem tem necessidade da inspiração para ser justificada. A Inspiração bíblica propriamente dita não se refere tanto aos conteúdos dos livros quanto à atividade da linguagem escrita; além disso, falta absolutamente aos escritos sagrados das religiões a *garantia eclesial* da sua inspiração (ver o "como tais foram confiados à Igreja" do Vaticano I), precisamente aquela que a economia histórica da Revelação hebraico-cristã e da Inspiração requer por sua natureza.

2° — Excluída a inspiração no sentido técnico e católico, pode-se falar de "presença" e de "atividade" do Espírito de Deus? É a escolha feita pelo "Seminário de pesquisa sobre as escrituras não Bíblicas" de Bangalore (Índia), organizado pelo "Centro Na-

[69] M. Dhavamony, *Induismo. La posizione della liturgia cristiana nei confronti dei testi sacri indù*, in Conc 2 (1976), 30-31.

cional Bíblico Catequético e Litúrgico", de 11 a 17 de dezembro de 1974.[70] Na *Declaração* final (nn. 45-78), aprovada por unanimidade com uma só abstenção, estão contidas as *perspectivas doutrinais* sobre as quais os participantes do Seminário desejariam que a Igreja Católica na Índia baseasse a sua ação pastoral.[71]

A Igreja na Índia deve "procurar compreender como o pluralismo das religiões está relacionado com o mistério da presença de Deus em Cristo, e o papel que as Sagradas Escrituras, que guardam zelosamente estas experiências, ocupam no manifestar a vinda salvífica de Deus entre nós" (n. 45). A nossa fé em Cristo não pode isolar-nos das outras religiões: "Estamos conscientes em nossa experiência de fé de uma viva conexão recíproca com as experiências de outras religiões" (n. 47). Enquanto Cristo continua a manter para nós um papel absolutamente único (nn. 48-49), nós cremos na ação do Espírito Santo nas outras experiências religiosas (n. 50). Se o Espírito de Deus é ativo nestas religiões, é também "a atividade do Espírito Santo que faz com que estes textos reflitam as experiências destas comunidades e por isso as torne autorizadas para estas comunidades (...) Esta ativa presença do Espírito não comporta a completa adequação a cada um dos ensinamentos e à concepção do mundo destes sagrados textos; contudo, nós, cristãos, cremos que esta ação do Espírito leva a estas escrituras uma autoridade religiosa suprema *(an over-all religious authority)* para estas comunidades, como meios dados por Deus para conduzi-las ao seu último destino" (n. 54). "O Espírito Santo nos leva a reconhecer os seus dons prodigalizados a estes textos (...) Somos chamados a um profundo diálogo com os nossos irmãos de outras religiões. É nesta perspectiva que devemos considerar o uso das escrituras não cristãs na nossa vida e no culto (n. 55).

Nenhuma declaração cristã, como esta de Bangalore — ainda que não contenha nenhum carisma de oficialidade da Igreja na Índia como tal —, havia chegado até este ponto. Na resposta ao problema: "Se e em que sentido as escrituras de outras religiões podem ser consideradas inspiradas", nas conclusões do Seminário de Bangalore evitou-se o uso do termo "inspiração", mas a presença e atividade do Espírito Santo na formação daqueles textos sagrados é explicitamente reconhecida, como aspecto da divina

---

70 Cf. AA. VV., *Research Seminar on non-biblical Scriptures,* Bangalore.
71 Cf. *Statement of the Seminar,* ibid., pp. 681-695; para uma breve resenha sobre "Seminário" de Bengalore, cf. J. Neuner, *Induismo. Seminario sui testi sacri non biblici,* in *Conc* 2 (1976), 36-46.

Providência com relação àqueles povos e para o seu crescimento espiritual. A conclusão do *Statement* (n. 78, p. 695) afirma:

"Neste Seminário oferecemos uma nova visão das 'maravilhosas obras de Deus' ocultas nas tradições religiosas do nosso país. Reconhecemos, como nunca o fizéramos antes, nos sagrados textos das outras religiões a dinâmica presença do Espírito, que leva nossos concidadãos sempre mais profundamente para aquele mistério que nos foi revelado em Jesus Cristo".[72]

Se compararmos os parágrafos 45-57 da *Declaração final* do Seminário com os parágrafos 15-33 da *Síntese interdisciplinar das folhas de investigação preparatória*,[73] impõe-se à atenção do leitor a *linguagem oportunamente mais matizada* da Declaração final. Antes de tudo desaparece, tanto nos títulos como no texto, o termo "inspiração-inspirados", que era usado em várias ocasiões — embora num sentido analógico — para os livros sagrados hindus (ver especialmente os nn. 17-20). Além disso, desaparece o paralelismo, várias vezes afirmado nas folhas preparatórias (nn. 19.28-32), entre as escrituras das outras religiões e o Antigo Testamento. Lá se dizia: como o AT foi inspirado enquanto "lei propedêutica para Cristo e para o NT", assim os outros livros sagrados poderiam dizer-se inspirados enquanto "compreensão preliminar do Evangelho" e "registro de genuínas experiências religiosas, que fazem parte da única história de salvação que culmina em Jesus Cristo" (n. 19); e ainda: "Precisamente como o AT não mostrava *quem* é Cristo, mas *que coisa* ele é, do mesmo modo não poderiam dizer-nos as escrituras não cristãs *que coisa* é Cristo?" (Legrand). "Visto que Jesus Cristo é o Senhor, toda religião do mundo, na providência de Deus, tem um papel especial, ousaria até dizer, um papel cristológico ou cristocêntrico a desempenhar (Prasannabhai)" (n. 30).

Tal paralelismo entre escrituras não cristãs e AT não nos parece defensável, ao menos naqueles termos. Quando muito o paralelismo é com aquela história religiosa universal de que se fala em Gn 1-11, que precede a história de Abraão (Gn 12ss), ou — se quisermos — com os *santos pagãos do AT*[74] os quais

---

72 *Research Seminar on non-biblical Scriptures*, p. 695.
73 Cf. *ibid.*, pp. 670-678.
74 J. Daniélou, *Les Saints païens de l'Ancient Testament*, Du Seuil, Paris 1956.

constituem como que o sacramento de uma experiência religiosa e de uma santidade que percorre como um fio misterioso — mas real — toda a história da família humana. Em Abraão, esta história universal, simbolizada em Gn 1-11, é seletivamente reconduzida pelo desígnio revelador de Deus a um novo princípio: "...em ti serão abençoadas todas as famílias da terra" (Gn 12,3). A revelação histórica, que se inicia com Abraão, é um *specificum*, um *novum* que não tem propriamente paralelos nas escrituras das outras religiões, que além do mais são genericamente *a-históricas;* além disso, a inspiração fatual e profética que prepara a inspiração bíblica do NT (ver cap. 9, 2), recordada em Bangalore (cf. n. 18), tem também ela um "specificum", ligado à escolha histórica do plano revelador e sacrifício de Deus, qualitativamente diferente da presença e ação do Espírito divino nas iluminações e experiências religiosas ligadas à aliança cósmica.

c. Palavra de Deus e Espírito de Deus inseparáveis

Certamente, o Espírito "sopra onde quer" (Jo 3,8), e não podemos limitar sua presença e ação. Mas como conhecê-lo, de modo a poder afirmar historicamente sua presença, com base em alguns critérios que sejam de algum modo objetivamente verificáveis? Apelar para a unidade do projeto salvífico de Deus e para a orientação para Cristo em toda autêntica experiência religiosa ainda é genérico e não probativo, e muito menos justifica um paralelismo dos livros sagrados não cristãos com o AT e os seus livros, cuja inspiração e relativo reconhecimento estão ligados a uma economia histórica precisa, que culmina em Jesus Cristo e na Igreja apostólica.

Por isso proponho a seguinte reflexão. De um extremo ao outro da Bíblia, Palavra de Deus e Espírito de Deus não cessam de agir juntos (ver cap. 9). É o Espírito de Deus que preside, interna e profundamente, à primeira e universal Palavra de Deus que é a criação e que ressoa na consciência de cada homem "criado à imagem de Deus", criado por Deus; é o Espírito de Deus que preside à História da Salvação (história e profecia) do antigo e do novo Israel, tornada livro humano e divino na Bíblia, em virtude da Inspiração. Mas o Verbo, "por meio do qual tudo foi criado", "ilumina todo homem" (Jo (1,3.9), e a "história da salvação" tem os mesmos limites da primeira e da segunda criação. Reconhecer na história-palavra universal "os germes do

Verbo" (santo Ireneu), significa simultaneamente afirmar a presença e a ação do único e idêntico Espírito de Deus que tudo predispõe e atrai para a plenitude da Verdade-Salvação, isto é, Jesus Cristo. "Tudo o que é verdadeiro, nobre, justo..." (Fl 4,8) não pode não jorrar do Espírito de Deus, que é "um só" (1Cor 12,4-11; Ef 4,4-6); a Presença do Espírito Santo sobre os pagãos (cf. At 10,44) foi para a Igreja apostólica a demonstração histórica de que "o Espírito de Deus havia sido difundido sobre todo homem" (Gl 2,28; At 2,17-18).

Existem, pois, "germes do Verbo" e também "germes do Espírito" nas grandes religiões e nos seus escritos sagrados? Sem dúvida alguma. Verdades e valores, não em contradição com o mistério da salvação revelado e realizado em Cristo, e até em profunda harmonia com algumas verdades da revelação bíblica, parecem ali espalhados, ainda que de maneira fragmentária, misturados com desvios e inseridos numa concepção global do mundo e da história divergente. Do ponto de vista cristão e católico, não me parece que exista outro *critério* historicamente verificável que não seja o do *confronto com as Sagradas Escrituras do AT e do NT. Ali onde as verdades expressas nos livros sagrados não cristãos se encontram com a Revelação bíblica, ali está o sinal da presença e da ação do Espírito de Deus, ali está também a sua misteriosa orientação para Cristo.* "Eternamente concebido, Cristo foi longamente gerado: é este um dos significados das genealogias evangélicas, que são por excelência "preparações evangélicas". A encarnação preparava-se desde a emissão do Verbo eficaz, mediante o qual Deus une a si o que ele cria; preparava-se depois mediante a voz dos profetas de Israel e também *(mas não da mesma forma)* mediante a voz da consciência lúcida dos homens mais sublimes de todos os povos, e ainda mediante estas vozes, difusas e confusas, portadoras de tradições, que formam o pensamento comum e a herança cultural de toda sociedade humana. É nesta profundidade que a graça divina predispõe a humanidade a uma progressão que deve realizar-se na plenitude do Cristo total".[75]

Reconhecer a presença divina do Espírito de Deus nos fragmentos ou raios de Verdade contidos nas grandes religiões e nos respectivos livros sagrados, não é um convite ao sincretismo reli-

---

75 J. Dournes, *Lecture de la Déclaration par un Missionaire d'Asie*, in AA. VV., *Les relations de l'Église avec les Religions non chrétiennes. Déclaration "Nostra Aetate"*, p. 91.

gioso ou ao relativismo, e nem à aceitação passiva de dois tipos de verdades religiosas destinadas a caminhar paralelamente sem se encontrarem. Enquanto os cristãos são chamados a descobrir vestígios da Verdade revelada nos livros sagrados das outras religiões, os não cristãos são chamados a ver em Cristo e nas Escrituras hebraicas e cristãs a realização última dos seus livros sagrados e das experiências genuinamente religiosas que ali se refletem. O cristianismo considera a si mesmo como o ápice de toda a divina Revelação, mas considera as outras religiões capazes de iluminar a Revelação absoluta de Deus em Jesus Cristo, e, indiretamente, de torná-la mais clara. Vêm à mente as palavras de Romano Guardini: "Há somente um indivíduo que poderia sugerir a idéia de uma aproximação com Jesus: Buda. Grande é o mistério que cerca este homem. A liberdade que ele possui é enorme, quase sobre-humana. Mas ele demonstra também uma bondade extraordinária, poderosa, como o é uma força de dimensões mundiais. Buda *talvez* seja o último indivíduo com o qual o cristianismo é chamado a confrontar-se. O que ele significa do ponto de vista cristão, ainda ninguém no-lo disse. *Talvez* Cristo não tenha querido somente um predecessor no AT, João, o último dos profetas, mas também outro que vem do coração da cultura antiga, Sócrates, e um terceiro que proferiu a última palavra do conhecimento e superação religiosa orientais. E este é Buda".[76]

---

[76] R. Guardini, *Der Herr*, Würzburg 1961[12], p. 360

QUARTA PARTE
O CÂNON DAS SAGRADAS ESCRITURAS

Na experiência humana tudo é provisório, relativo, ambivalente. É tão difícil encontrar uma norma certa, um critério universalmente válido para o discernimento do bem, para a orientação da vida e da história dos homens. Hoje, mais do que nunca, estamos em busca de um Cânon. Temos olhos, mas não vemos. "Quem, pois, dentre os homens, conhece o que é do homem, senão o espírito do homem que nele está? Da mesma forma, o que está em Deus, ninguém o conhece senão o Espírito de Deus" (1Cor 2,11).

Para a fé cristã, Deus enveredou por um dos mil caminhos da história, precisamente o da atormentada vicissitude do povo hebraico que culmina em Jesus Cristo e na Igreja Apostólica, como critério certo a oferecer aos homens para compreender e viver a história universal da salvação.

O significado do Cânon da Bíblia, no fundo, está todo aqui. "Com a Bíblia na mão", os homens podem "visitar" o mundo e a vida, não como simples turistas, mas como empreendedores responsáveis. A Bíblia é Guia para ler e compreender o projeto de Deus e realizá-lo. Graças à ressurreição de Jesus Cristo e à comunicação do Espírito Santo, nasceram os olhos para ver, o coração para compreender, o poder para avançar. A Igreja, em virtude do Espírito Santo de Jesus ressuscitado, reconheceu os vestígios de Deus e do Espírito em alguns livros, dos quais fez um elenco preciso, chamado Cânon. Os crentes vão buscar nas Escrituras Sagradas os pontos firmes de referência para compreender e viver a vida em dimensão humana:

"Abre-me os olhos, ó Deus, para que eu veja
as maravilhas da tua Palavra.
Sou estranho sobre a terra,
não me ocultes os teus mandamentos.
Os meus caminhos perscrutei,
mas depois meus passos para teus mandamentos encaminhei.
Antes de ser humilhado eu andava errando,
mas agora tua Palavra vou observando.
Sou mais sábio que todos os meus mestres,
porque medito os teus ensinamentos.
Lâmpada para meus passos é tua Palavra,
no meu caminho ela é luz" (do Sl 119).

12
O CÂNON DO ANTIGO TESTAMENTO¹

1. HISTÓRIA E SIGNIFICADO DE UMA TERMINOLOGIA²

Já pudemos vislumbrar o duplo significado do termo *Cânon* (do grego *Kanon*). O primeiro e fundamental é aquele de *metro, norma, regra*. São Paulo aplicava a categoria de *cânon* ao seu ensinamento sobre a irrelevância da circuncisão para a salvação: "Ademais, nem a circuncisão é alguma coisa, nem a incircuncisão, mas a nova criatura. E a todos os que pautam a sua conduta por esta norma *(cânon)*, paz e misericórdia sobre eles e sobre o Israel

---

1 *Bibliografia*

Para o Cânon do AT e do NT, cf. von Campenhausen, *Die Entstehung der christlichen Bibel* ("Beiträge zur historischen Theologie" 39), Mohr, Tübingen 1968; H. Höpfl, *Canonicité*, in DBS, vol. I, col. 1022-1045; C. M. Martini-P. Bonatti, *Il messaggio della salvezza*, vol. 1, *Introduzione generale*, pp. 113-152; P. Neuenzeit, *Canone*, in DT, vol. 1, pp. 200-216; Id., *Canone*, SM, vol. 2, col. 20-30; L. Pacomio, *Scrittura (Sacra)*, in *DTI*, vol. I, pp. 210-215; J. C. Turro-R. E. Brown, *Canonicità*, in *Grande Commentario Biblico*, pp. 1499-1523. Para o Cânon do AT, cf. O. Eissfeldt, *The Old Testament. An Introduction*, pp. 559-668; S. A. Leiman, *An Introduction to the Canon and Masorah of the Hebrew Bible. Selected Studies with a Prolegomenon by S. Z. Leiman*, Ktav, Nova York 1971; Id., *The Canonization of Hebrew Scripture: The Talmudic and Midrashic Evidence*, Archon Books, Hamden (CT) 1976; R. E. Murphy-A. C. Sundberg-S. Sandmel, *A Symposium on the Canon of Scripture*, in CBQ 28 (1966) 189-207; A. C. Sunberg, *The Old Testament of the Early Church*, Harvard university Press, Cambridge (Mass.) 1964; J. Sanders, *Torah and Canon*, Fortress, Philadelphia 1972 (tr. fr. *Identité de la Bible. Torah et Canon* ("Lectio Divina" 87), Du Cerf, Paris 1979; Id., *Text and Canon: Concepts and Method*, in *JBL* 98 (1979) 5-29.

2 H. W. Beyer, *Kanon*, in GLNT, vol. V, col. 169-186; H. Höpfl, *Canonicité*, in *DBS*, vol. I, col. 1022-1024.

de Deus" (Gl 6,15-16). Nos primeiros três séculos, com o termo *cânon* é designada "a magnífica e sublime *regra* da tradição",[3] segundo a qual o cristão deve viver; ou "a regra da fé" ou "regra da verdade",[4] isto é, a verdade vinculativa como é anunciada pela Igreja. Segundo Eusébio, Clemente Alexandrino escreveu uma obra intitulada: "O cânon eclesiástico"; este cânon incluía, provavelmente, tanto a profissão de fé batismal considerada "regra de verdade", como a doutrina vigente da Igreja em todo o seu conjunto.[5] Por isso, até o século III, o cânon designa substancialmente "a regra de fé" cristã, ainda sem uma explícita referência à Sagrada Escritura, embora pressupondo que o conteúdo da "regra" fosse bíblico.

No começo do século IV, a este uso geral do termo foi acrescentado outro complementar, precisamente o de *elenco normativo* dos livros inspirados. O Concílio de Laodicéia, na Frígia (cerca de 360), estabelece no can. 59: "Na assembléia não devem ser recitados salmos privados ou livros *não canônicos,* mas apenas livros *canônicos* do NT e AT" *(EB* 11); e no can. 60 dá-se o elenco (cf. *EB* 12-13). Santo Atanásio, logo depois de 350, diz do "Pastor de Hermas" que "não faz parte do cânon" (cf. *EB* 15). Anfilóquio de Icônio, no fim do século IV, conclui o catálogo dos livros sagrados dizendo: "Este seria o Cânon veraz das Escrituras inspiradas por Deus".[6] Foi muito importante para este uso de *Cânon* o conceito de *norma* implícito no termo, ou então o conteúdo objetivo dos livros inspirados, entendido como "norma da verdade cristã". A partir de então os livros inspirados, isto é, escritos sob a inspiração do Espírito Santo, são chamados *livros canônicos,* porque reconhecíveis como tais pela Igreja e por ela propostos aos crentes como *norma* de fé e de vida.

Depois do Concílio de Trento, Sixto de Siena († 1569), para distinguir os livros não acolhidos no Cânon dos Reformadores dos outros livros, introduziu na Igreja Católica a terminologia ainda vigente, embora infeliz, de *protocanônicos* e *deuterocanônicos,*[7] que faz pensar em livros que entraram no Cânon bíblico "num primeiro tempo" e em outros que entraram "depois".

---

3 S. Clemente Romano, 1 *Cor.* 7, 2; PG 1, 224.
4 S. Ireneu, *Adv. haer.,* 1,9,4s; 4,35,4; PG 7,545.1089.
5 Cf. Eusébio, *Hist. eccles.* 6,13,3: PG 20, 548. Clemente Alexandrino fala de "cânon da verdade" *(Strom.* 4,1,3: PG 8, 1216), mas também de "cânon da Igreja" *(Strom.,* 1,19,96: PG 8,813), que é contraditado pelos que celebram a Eucaristia só com pão e água, sem vinho.
6 *Jambi ad Seleucum* 318s: PG 37,1598.
7 Sisto da Siene, *Bibliotheca sancta* I, 1, p. 10.

Antigos autores cristãos gregos, como Eusébio de Cesaréia,[8] tinham usado uma terminologia mais apropriada: chamaram *omologoumenoi* (isto é, unanimemente reconhecidos) os escritos chamados "protocanônicos", e *antilegomenoi* (isto é, contrastados) ou *amphiballomenoi* (isto é, discutidos) os livros considerados "deuterocanônicos".

Os deuterocanônicos são sete para o AT e sete para o NT. Para o AT, além de algumas secções escritas em grego nos livros de Daniel (Dn 13-14) e de Ester (Est 10,4-16,24): Tb, Jt, 1 e 2Mc, Br e carta de Jr (= Br 6), Eclo, Sb. Para o NT: Hb, Tg, 2Pd, 2 e 3Jo, Jd, Ap.

O Cânon dos Hebreus exclui do AT os deuterocanônicos acima mencionados. Os Reformadores protestantes optaram pelo Cânon dos Hebreus, chamando "apócrifos" os deuterocanônicos do AT; para o NT, Lutero e outros Reformadores alemães rejeitaram Tg, Jd, Hb e Ap; as outras Igrejas reformadas não discutiram o Cânon do NT, e os próprios luteranos voltaram ao cânon tradicional do NT no século XVII. No protestantismo moderno, os deuterocanônicos do AT não reencontraram a sua autoridade, mas os do NT geralmente são comentados da mesma forma que os protocanônicos e na ordem tradicional (ver cap. 14).

2. O CÂNON DO AT JUNTO AOS HEBREUS

Aqui não se trata de delinear a história da longa e progressiva formação da literatura do AT (ver cap. 5), da qual se sabe que Israel teve consciência nos vários períodos de sua história de possuir livros nos quais se encontrava a Palavra de Deus, como fonte de uma *regra* de fé e de vida.

Agora se trata de estabelecer — se possível e com todas as incertezas que ainda subsistem a este respeito — a partir de quando na história de Israel se pode começar a falar de um Cânon, no sentido de uma coleção oficial de livros, de um *corpus* de Escrituras Sagradas claramente distintas e separadas de outros livros ou tradições.

a. O prólogo do Eclesiástico

Se nos ativermos às informações de que dispomos, isto aconteceu muito tarde. O primeiro esboço de um Cânon do AT pode

---

8 Cf. *Hist. eccl.*, 3, 35, 4: PG 20, 268.

ser encontrado no prólogo que o tradutor grego (cerca de 130 a.C.) antepôs à sua versão do hebraico do livro do Eclesiástico. Os livros que constituem o tesouro e a glória do povo hebreu estão distribuídos em três grupos "A Lei, os Profetas e os outros escritos" (prólogo Eclo 1,7-9.25-25).

A Lei, ou os cinco livros da *Torá* (Gn, Ex, Lv, Nm, Dt) já desde há muito constituía uma entidade bem definida, isto é, desde quando recebeu a sua forma definitiva, provavelmente no tempo de Esdras (cf. Esd 7,1.25-26; Ne 8).

A mesma coisa se pode dizer do segundo grupo, os Profetas, que compreende os livros Js, Jz, 1 e 2Rs (chamados no cânon dos Hebreus "profetas anteriores") e os livros de Is, Jr, Ez e dos *doze profetas menores* (chamados "profetas posteriores"). Esta coleção já está completa por volta de 180, quando foi escrito o Eclesiástico; com efeito, o "louvor dos Pais" em Eclo 44-50 evoca os principais personagens e episódios da história hebraica precisamente segundo a ordem e a sucessão deste segundo grupo. Bem mais complicada é a formação e a fixação do terceiro grupo, designado com o termo genérico de *os outros escritos*. O tradutor do Eclesiástico sabe que pode introduzir ali a obra de seu avô que ele traduz, contudo não nos oferece critério para delimitar a extensão do grupo. Além do mais, ele não cita no seu "louvor dos Pais" personagens como Esdras, Ester ou Daniel; e a passagem de 2Mc 15,9, pouco posterior, menciona apenas "a lei e os profetas".

b. Existe um Cânon "alexandrino"?

Com o objetivo de delimitar mais exatamente a extensão deste terceiro grupo de livros, apela-se para a versão grega Setenta (ver cap. 7), iniciada no século III a.C. e levada a termo no limiar da era cristã. É a tese clássica dos manuais, segundo a qual teriam existido dois cânones no judaísmo antigo: o *Cânon palestino*, mais curto, isto é, sem os deuterocanônicos, fixado depois definitivamente no Sínodo de Jâmnia, no fim do século I d.C.; e o *Cânon alexandrino*, mais longo, que inclui também os deuterocanônicos, cuja principal testemunha seria precisamente a versão grega Setenta.

Esta tese, que sem dúvida resolveria o problema, nos últimos 10-15 anos foi submetida a uma severa crítica.[9] Com efeito, se o

9 Cf. A. C. Sundberg, *o.c.*

AT tivesse sido traduzido para o grego todo junto e mais ou menos no mesmo tempo, poder-se-ia falar de um número fixo de livros no judaísmo alexandrino; mas, uma vez reconhecido o caráter legendário da informação de Aristéia (ver cap. 7, nota 7) e aceito o fato de que a Setenta é o produto de três séculos, seja de tradução seja de composições originais em grego, se torna realmente problemático falar de um cânon alexandrino fixo.

Além disto, não podemos determinar a extensão exata da versão judaica Setenta e nem mesmo o fim de seu longo processo, já que não possuímos o texto original, mas apenas uma transcrição cristã, cujos códices — que são os mesmos do texto grego do NT — não vão além do século III d.C.

Por fim, a pretendida rigidez do Cânon bíblico em Alexandria dá lugar a dúvidas, visto que os grandes códices cristãos da Setenta não concordam totalmente quanto à extensão. Por exemplo, no caso dos livros dos Macabeus, o códice B não contém nenhum, o códice S contém 1 e 4 Macabeus, o códice A contém os quatro.

> "Conseqüentemente, é difícil negar a tese de Sundberg, segundo a qual os judeus em Alexandria não possuíam uma lista fixa de livros. Encontravam-se na mesma situação dos seus parentes palestinos do século I d.C., isto é, tinham um grande número de livros sagrados, alguns dos quais eram totalmente reconhecidos como mais antigos e mais sagrados do que os outros (...) Na verdade, quando os judeus alexandrinos finalmente aceitaram um cânon, eles, como todos os judeus que se encontravam em outros lugares, aceitaram este último cânon fixado, através de várias discussões, pelo fim do século II nas escolhas rabínicas da Palestina".[10]

c. Existe um Cânon "palestinense"?

Mesmo prescindindo da tese do "Cânon alexandrino", a mesma idéia de um Cânon restrito em vigor no judaísmo palestino apresenta dificuldades.

Apela-se antes de mais nada, para o testemunho de Flávio Josefo, nascido em 37 d.C. e morto no ano 100. Mas, embora se possa encontrar ali algo já mais próximo de um "Cânon", tam-

---

10 J. C. Turro-R. E. Brown, *o.c.*, 1509.

bém Josefo é testemunha de certa incerteza e fluidez quanto à extensão do terceiro grupo de escritos do AT. Ele escreve no *Contra Apião* 1,8, pelo ano de 95 d.C.:

> "Entre nós não existe uma infinidade de livros discordantes e contraditórios, mas apenas 22 que incluem a história de todos os tempos e que acertadamente são considerados divinos. Estão entre estes os cinco livros de Moisés, que contêm as leis e o relato dos eventos que se desenvolveram desde a criação do homem até a morte do legislador dos hebreus (...) A partir da morte de Moisés até o reinado de Artaxerxes, os profetas que sucederam a Moisés narraram em 13 livros os fatos que se desenvolveram no seu tempo. Os outros quatro livros contêm hinos em honra de Deus e preceitos utilíssimos para a vida humana. Desde Artaxerxes até nós, os acontecimentos também foram postos por escrito; mas estes livros não adquiriram a mesma autoridade dos precedentes, porque a sucessão dos profetas não foi bem estabelecida".[11]

Flávio Josefo não dá o elenco dos 13 livros dos profetas e dos outros 4. Ordinariamente, segundo as indicações que se encontram em outros escritos seus, o elenco é assim reconstruído: os bem conhecidos 5 livros da *Torá;* os 13 profetas que seriam: Js, Jz com Rt, 1 e 2Sm (um só livro), 1 e 2Rs (um só livro), Is, Jr com Lm, Ez, os doze profetas menores (um só livro), Jó, Est, Dn, Esd e Ne (um só livro), 1 e 2Cr (um só livro); por fim, os últimos quatro livros, que seriam: Sl, Pr, Ct, Ecl. Poucos anos depois do escrito de Flávio Josefo, o 4 Esdras 14,18-47 faz menção de 24 livros publicamente aceitos pelos judeus, provavelmente os mesmos de Flávio Josefo, mas computando à parte Rt e Lm.

Do texto de Flávio Josefo fica-se sabendo que aqueles 22 livros "são acertadamente considerados divinos", e por isso aceitos por todos; e apresenta uma prova disto afirmando logo depois: *"A veneração de que cercamos estes livros mostra-se pelo fato de que desde há tantos séculos ninguém tenha ousado acrescentar, tirar ou mudar alguma coisa deles. Com efeito, inculca-se a todos os judeus, desde a tenra idade, que se deve acreditar que ali se encontram ordens de Deus, que é necessário observá-las e, se necessário, morrer voluntariamente por elas"* (ibid., 1,8,42).

---

[11] *Contra Apion*, 1,8,38-41: *Flavius Josèphe. Contra Apion*, "Les Belles Lettres", Paris 1930, pp. 9-10.

Mas é muito difícil estabelecer em que medida ele pretendia excluir outros livros, ou até que ponto refletia — escrevendo dessa forma — a opinião unânime do judaísmo do seu tempo. Além do mais, Flávio Josefo, que cita a versão grega Setenta, em seus escritos usa alguns livros que não faziam parte da lista dos 22: isto é, 1Mc, 1Esd, e os suplementos de Est.

d. Há um Cânon em Qumran?

Apesar dos notáveis e novos elementos que Qumran ofereceu ao problema do Cânon, nem mesmo as descobertas qumrânicas nos dão uma chave segura para saber qual era a extensão precisa do Cânon judaico na Palestina, antes de 70 d.C.

Dentre os livros protocanônicos do AT, entre os rolos e fragmentos de Qumran, falta apenas Est: e isto pode ser devido a um fator acidental. Todavia, o fato de que Est nunca mencione Deus e sobretudo ponha em destaque a festa dos *Purim* (coisa certamente não agradável aos qumrânicos que mantinham uma posição rígida a propósito do calendário e das festas), pode ter determinado uma exclusão consciente.

Dos deuterocanônicos do AT estão presentes em Qumran a carta de Jeremias (= Br 6), Tb, e Eclo, estes últimos dois em vários exemplares, ainda que em fragmentos. Dos *livros apócrifos* encontraram-se diversos exemplares: Jubileus, Enoc e o Testamento dos 12 patriarcas.

Que dizer, então? Em Qumran fazia-se distinção (e que distinção) entre os livros bíblicos? Entre estes e os apócrifos? Entre estes e os livros da comunidade? "A Biblioteca de Qumran dá a impressão de certa seletividade, mas dificilmente de uma distinção sutil entre um Cânon fechado e todos os outros textos".[12]

e. Foi estabelecido um Cânon em Jâmnia?

Com freqüência sugere-se que o Cânon hebraico foi fixado numa espécie de Sínodo rabínico que se realizou em Jâmnia (*Jabneh* é uma cidade na costa mediterrânea, a oeste de Jerusalém), onde o Rabi Johanan ben Zakkai havia fundado a sua escola no tempo da queda de Jerusalém. Sempre segundo a tradição talmúdica, cerca de 10 anos mais tarde, Gamaliel II tornou--se chefe da escola e no período entre 80 e 117 d.C. ele e Eleazar

---

12 *Ibid.*, 1508; da mesma opinião é P. W. Skehan, *Qumran et le Canon de l'AT*, in *DBS*, vol. IX, col. 818-819.

ben Azariah foram seus mestres mais famosos. Propôs-se até que pelo ano 90-100 o Concílio dos rabinos em Jâmnia teria fixado de uma vez por todas a lista definitiva dos livros inspirados, isto é, o chamado "Cânon palestinense" que compreende os 22-24 livros de Flávio Josefo e de IV Esdras.

Recentemente, também esta tese foi criticada.[13] Por isso impõe-se maior cautela: 1. Em Jâmnia certamente havia uma escola rabínica para o estudo da Lei, mas não há provas de que ali tenha sido compilada uma lista definitiva dos livros sagrados; 2. Os rabinos reconheceram que alguns livros eram sagrados e "sujavam as mãos", sendo necessária a purificação depois de seu uso *(Mixná, Jadaim* 3,2): mas Flávio Josefo já havia estabelecido isto a propósito dos 22 livros da sua lista; 3. Uma discussão específica para a aceitação em Jâmnia é documentada *apenas* para *Ecl* e *Ct;* de outro lado, as discussões sobre estes dois livros continuaram no judaísmo também depois de Jâmnia; 4. Não conhecemos livros que tenham sido propositalmente excluídos em Jâmnia. Por exemplo, um livro como o Eclesiástico — do qual em 1964 foi descoberto um rolo hebraico também nas ruínas de Massada, último reduto da resistência judaica de 73 d.C., e que depois não será incluído na Bíblia hebraica — foi lido e reproduzido pelos judeus também depois do período de Jâmnia. É verdade que a *Tosefiá (Yadaim* 2, 13) lembra que o Eclesiástico foi declarado livro que "não suja as mãos", isto é, não sagrado, mas não nos diz nem onde nem quando isto ficou decidido.

f. Conclusão

A tese de um Cânon palestinense mais curto, fixado em Jâmnia em oposição a um mais longo Cânon alexandrino, não parece ter aquela solidez crítica que parecia possuir. "Se tivesse existido um Cânon palestinense, os hebreus alexandrinos, que seguiam a orientação espiritual dos rabinos de Jerusalém, certamente não teriam pensado em formar um cânon diferente".[14]

Tem-se a impressão de estar mais perto da verdade quando se afirma:

1. Com a destruição do Templo, em 70 d.C., a religião judaica tornou-se sempre mais uma religião "do Livro", com a

---

13 Cf. J. Sanders — S. A. Leimann, *o.c.*
14 J. Mckenzie, *Dicionário Bíblico,* Edições Paulinas, São Paulo, 1984, p. 141.

conseqüente e lógica necessidade de um Cânon normativo definitivo; mas o caminho para chegar a isto foi mais longo e complexo do que se possa imaginar.

2. As disputas surgidas dentro do judaísmo, particularmente entre os fariseus e as seitas judaicas de tendência apocalíptica, sem dúvida constituíram um estímulo ulterior para a fixação de um Cânon, que além do mais a própria concorrência feita pelos livros cristãos devia apressar.

3. Mesmo se no século I d.C. se podia falar em aceitação popular de 22 ou 24 livros como sagrados, não houve um Cânon hebraico rigidamente fixado a não ser no fim do século III.

4. A adoção do Cânon mais amplo feita pelos cristãos através da versão grega Setenta pode ter sido o motivo decisivo e também o critério definitivo com base no qual o judaísmo limitou o Cânon do AT aos livros mais antigos e somente àqueles que *de fato* circulavam na época na língua original hebraica ou aramaica.

3. O CÂNON DO AT JUNTO AOS CRISTÃOS

Se é verdadeira a conclusão a que chegamos, segue-se que a Igreja apostólica não pôde receber da Sinagoga um Cânon já definido em todos e cada um dos livros do AT que depois fizeram parte da Bíblia cristã. A história do Cânon do AT entre os cristãos também tem sua complexidade que procuraremos delinear através de algumas etapas, as principais.

a. Os escritores do NT

O NT conhece a divisão tripartida da Bíblia hebraica já indicada no Prólogo do Eclesiástico, mas nos termos de: "A Lei, os Profetas e os Salmos" (Lc 24,44). Os Salmos, neste caso, dão o título ao terceiro grupo dos escritos, mas não se diz que eles constituem o único livro.

Poderíamos chegar a uma solução pelo conjunto das citações do AT no NT,[15] se estas não tivessem caráter ocasional e por isso não dirimente; o silêncio para alguns livros do AT não equivale a desaprovação. Em todo caso, para os deuterocanôni-

---

15 Cf. L. Venard, *Citations de l'AT dans le NT*, in DBS, vol. II, col. 23-51.

cos a situação é a seguinte: no NT existem alusões bastante explícitas de Sb (Cf. Rm 1,19ss; Hb 8,14), Tb (cf. Ap 8,2), 2Mc (cf. Hb 11,34s), Eclo (cf. Tg 1,19), Jt (cf. 1Cor 2,10). De outro lado, nem todos os protocanônicos do AT são citados: efetivamente, faltam Esd, Ne, Rt, Ecl, Ct (?), Ab, Na, Pr.

Encontram-se até alusões a livros que mais tarde serão considerados apócrifos, como: Salmos de Salomão, 1 e 2 *Esdras*, 4 *Macabeus*, Assunção de Moisés. A carta de Judas chega a citar o livro de *Enoc* (ver cap. 13,5), introduzido todavia não com a fórmula clássica: "Está escrito" ou "A Escritura diz", mas com: "Profetizou também para eles Enoc, sétimo depois de Adão, dizendo..." (Jd 14,15).

É também verdade que das 350 citações do AT no NT, cerca de 300 correspondem à versão Setenta, como ademais, acontecerá ainda para a literatura cristã depois do período neotestamentário. Por isso a Setenta foi a fonte principal destas citações; mas, visto que a própria versão grega reflete — como vimos acima — a ausência de um Cânon rigidamente fixado pelo judaísmo, segue-se que os cristãos não possuíam, no período neotestamentário (de 50 a cerca de 120), diretrizes precisas a este respeito.

b. Os Padres da Igreja

Quando na Palestina do século II começaram no seio do judaísmo as discussões sobre o Cânon que depois levaram ao Cânon restrito, estas se refletiram também nas diversas Igrejas cristãs.

Os Padres Apostólicos, que citam a versão grega Setenta, sem dúvida estão familiarizados com os deuterocanônicos do AT. A Didaqué cita Eclo e Sb; Clemente Romano, na 1 Coríntios, cita Jt, Sb, Eclo, Dn e passagens de Est grego; são Policarpo, na Carta aos Filipenses, cita Tb; o Pastor de Hermas cita Eclo, Sb, e 2Mc. Todavia, encontram-se também citações dos apócrifos, como o livro de Enoc: sinal portanto de que um verdadeiro e próprio Cânon ainda não está fixado. O mesmo se pode dizer para outros grandes autores cristãos do fim do século II e início do III: santo Ireneu, Clemente Alexandrino, Tertuliano, santo Hipólito, são Cipriano e são Dionísio Alexandrino.

Mas a progressiva fixação no âmbito do judaísmo, pelo fim do século II, de um Cânon restrito, acabou tendo repercussões — embora de tipo oposto — sobre as Igrejas cristãs que viviam em contato com comunidades hebraicas e sobre autores cristãos empenhados em controvérsias com os judeus. São Justino († cerca de 165 d.c.) em suas disputas com os judeus prefere citar somente os protocanônicos, mas afirma que se deve manter como parte da Escritura tudo o que se encontra na versão Setenta, também aquelas partes que os judeus arbitrariamente tiraram.[16] Melitão de Sardes († cerca de 193), pelo contrário, fornece-nos a mais antiga lista dos livros do AT usados pelos cristãos, que praticamente coincide com o Cânon restrito dos hebreus.[17]

Embora pelo fim do século IV — como atestam os Concílios provinciais de Hipona (393) e de Cartago (397) — a Igreja ocidental acabe por aceitar no Cânon também os deuterocanônicos rejeitados pelos hebreus, ainda no século IV alguns padres, tanto do Oriente como do Ocidente, optam pelo Cânon restrito dos hebreus: no Oriente, santo Atanásio († 373), são Cirilo de Jerusalém († 386), são Gregório Nazianzeno († 390), são Rufino († 410) e são Jerônimo († 420).

A *Hebraica Veritas* seduz sobretudo são Jerônimo, na sua longa estada em Belém que o pôs em estreito contato com o judaísmo palestino. Pelo ano de 390, no prefácio à versão do hebraico dos livros de Samuel e dos Reis, inseria o elenco apenas dos livros protocanônicos à guisa de *prologus galeatus,* ou prólogo bem armado contra todas as possíveis intrusões de livros não canônicos: *"Hic prologus, quasi galeatum principium, omnibus libris, quos de hebraico vertimus in latinum, convenire potest, ut scire valeamos, quidquid extra hos est, inter apocripha esse ponendum".*[18] Para agradar aos amigos, Jerônimo traduziu apressadamente Tb e Jt, mas explicando que estes livros eram considerados apócrifos pelos hebreus;[19] traduziu também, em apêndice à sua Bíblia traduzida do hebraico, os suplementos gregos de Est e Dn, mas deixou de traduzir os outros deuterocanônicos.

Que esta fosse a opinião pessoal de Jerônimo é fora de dúvida, mas também é verdade que ele não pretendia absolutizar o seu ensinamento contra o comum ensinamento da Igreja, que ele respeitava. Jerônimo pôde escrever: *"Melius esse judicans Pharisearum displicere iudicio, et episcoporum iussionibus deservire".*[20] O prestígio de Jerônimo não deixou de exercer influência

16 Cf. *Dial. con. Trif.,* 71; PG 6, 641-646.
17 A lista nos foi conservada por Eusébio, *Hist. Eccl.,* IV, 26, 12-14; PG 20, 396.
18 *Praef. in Sam et Mal.:* PL 28, 600.
19 Cf. *Praef. in Tob. et Jud.:* PL 29, 23-26.39-42.
20 *Praef. in Tob.:* PL 29, 25.

também posteriormente no Ocidente, na Idade Média, e mesmo até o tempo do Concílio de Trento, embora o Concílio de Florença (1441) tivesse aceito o Cânon mais amplo. Manifestaram-se contra os deuterocanônicos, ou ao menos contra alguns deles: são Gregório Magno († 604); Hugo de São Vítor (séc. XII), Nicolau de Lira (séc. XIV), santo Antonino de Florença (séc. XV), e o cardeal Caietano (séc. XVI).

c. **As decisões do Magistério da Igreja, até o Concílio de Trento**

A incerteza entre o Cânon mais breve e o mais amplo reflete-se, inicialmente, também nos pronunciamentos do Magistério ordinário, ou nos Concílios de província.

Se no Oriente o Concílio de Laodicéia da Frígia (cerca de 360), no Cânon 60 *(EB* 12), defende o Cânon restrito hebraico,[21] no Ocidente a carta do Papa Inocêncio I a Exupério de Tolosa (405) cita o Cânon completo *(EB* 21), que depois é sancionado pelos Concílios africanos de Hipona (393), I e II de Cartago (397 e 419). Mas no Concílio de Trullo (692) a ambigüidade volta a surgir: são sancionados, colocando-os lado a lado, os Cânones diferentes da Laodicéia da Frígia e de Cartago.

É preciso esperar o século XV para ver um concílio ecumênico tomar posição sobre a questão do Cânon. O Concílio de Florença, no "Decreto para os jacobitas" (1441), enumera o Cânon longo *(EB* 47) que depois será definido em Trento. Mas o pronunciamento de Florença não parece ter o valor de um Cânon solene, universal e normativo para toda a Igreja, visto que os padres conciliares em Trento, antes de adotar e definir o Cânon de Florença, discutiram durante muito tempo até que ponto a decisão do Concílio Florentino era vinculatória, e entre os próprios padres não faltou quem — como o card. Caietano — defendesse a lista breve do Cânon hebraico.

Mas em Trento, contra os Reformadores protestantes (ver cap. 14) para os quais o princípio da "Scriptura sola" tornava a questão do Cânon particularmente importante e que tinham optado pelo Cânon hebraico restrito, na sessão de 18 de abril de 1546, o Concílio definiu solenemente, "semel pro semper", o Cânon mais amplo do AT:

---

21 O cânon 60 de Laodicéia não é mais reconhecido como obra do Concílio mas como uma compilação feita na Ásia Menor pelo fim do século IV. Todavia o documento mantém seu valor, porque é expressão da fé numa parte da Igreja no fim do século IV.

"...Julga oportuno acrescentar ao presente decreto o elenco dos livros sagrados, para que ninguém possa duvidar quais sejam os livros reconhecidos como sagrados pelo mesmo Concílio. São os seguintes: *Antigo Testamento:* Os cinco livros de Moisés, isto é, Gênesis, Êxodo, Levítico, Números, Deuteronômio; Josué, Juízes, Rute, quatro livros dos Reis, dois livros dos Paralipômenos (ou Crônicas), livro I de Esdras e II de Esdras (ou Neemias), Tobias, Judite, Ester, Jó, Saltério de Davi de 150 salmos, Parábolas (ou Provérbios), Eclesiastes, Cântico dos Cânticos, Sabedoria, Eclesiástico, Isaías, Jeremias com Baruc, Ezequiel, Daniel, doze profetas menores, isto é, Oséias, Joel, Amós, Abdias, Jonas, Miquéias, Naum, Habacuc, Sofonias, Ageu, Zacarias, Malaquias, o primeiro e o segundo livro dos Macabeus.

Novo Testamento: Os quatro Evangelhos, segundo Mateus, Marcos, Lucas, João; Atos dos Apóstolos escritos pelo evangelista Lucas; catorze cartas do apóstolo Paulo: aos Romanos, duas aos Coríntios, aos Gálatas, aos Efésios, aos Filipenses, aos Colossenses, duas aos Tessalonicenses, duas a Timóteo, a Tito, a Filêmon, aos Hebreus; duas do apóstolo Pedro; três do apóstolo João, uma do apóstolo Tiago, uma do apóstolo Judas, e o Apocalipse do apóstolo João.

E se alguém não acolher como sagrados e canônicos os mesmos livros, com todas as suas partes, como se costuma lê-los na Igreja católica e se encontram na antiga Vulgata latina, e conscientemente desprezar as mencionadas tradições, seja excomungado" *(EB* 57-60; CE 525-526; *FC* 59-60).

Portanto, o Concílio de Trento oferecia também dois critérios nos quais fundava a solene declaração sobre o Cânon da Bíblia: a leitura litúrgica dos livros na Igreja, e a sua presença na antiga versão latina chamada *Vulgata.* Os dois critérios podem também prestar-se a algumas dificuldades;[22] em todo caso, é preciso ter sempre em mente que o objeto de fé definida é o decreto conciliar, não as argumentações que estão por trás dele.

O Concílio Vaticano I refere-se explicitamente ao Decreto Tridentino, para cortar rente qualquer discussão sobre livros protocanônicos e deuterocanônicos:

"...Estes livros do Antigo e do Novo Testamento, tomados integralmente com todas as suas partes — assim como são elencados no decreto do mesmo Concílio (isto é, o Concílio de Trento) e como estão contidos na antiga edição da Vulgata — devem ser aceitos como sagrados e canônicos" *(EB 77; CE 762; FC 62).*

A *Dei Verbum* do Vaticano II cita simplesmente o Vaticano I:

"Com efeito, a santa Mãe Igreja, por fé apostólica considera como sagrados e canônicos os livros inteiros tanto do Antigo como do Novo Testamento, com todas as suas partes, porque, tendo sido escritos por inspiração do Espírito Santo (cf. Jo 20,31; 2Tm 3,16; 2Pd 1,19-21; 3,15-16) têm a Deus por autor e como tais foram confiados à própria Igreja" *(DV* 11);

mas identifica na Sagrada Tradição o critério definitivo para a definição do Cânon da Bíblia (ver cap. 13):

"Esta mesma Tradição mostra à Igreja quais são exatamente todos os Livros Sagrados e faz compreender mais profundamente, na Igreja, esta mesma Sagrada Escritura e torna-se operante sem cessar" *(DV* 8).

---

22 Cf. J. C. Turro-R. E. Brown, *o.c.,* p. 1510: ver cap. 13, 4.

13

O CÂNON DO NOVO TESTAMENTO[1]

Também a história do Cânon do NT, como se desenvolveu na cristandade dos primeiros séculos, tem a sua complexidade e incerteza, embora com motivações diferentes daquelas referentes ao Cânon do AT. O problema não parece poder ser reduzido aos termos com os quais os manuais[2] normalmente o resolvem: a um primeiro período de universal e pacífica aceitação de todos os livros hoje contidos no Cânon, teria sucedido um segundo período de dúvidas com relação a alguns deles; por fim, a volta à unanimidade. Esta colocação simplifica demasiadamente o problema.

Por clareza, procuraremos reconstruir a história do Cânon do NT através dos períodos que mais a caracterizam.

1. O PERÍODO DA ERA APOSTÓLICA

Já delineamos uma breve história da formação literária dos livros do NT (ver cap. 5) e dos motivos que determinaram a com-

1 *Bibliografia*
Além das obras citadas (ver cap. 12, nota 1) de J. C. Turro-R. E. Brown, H. von Campenhausen, H. Höpfl, C. M. Martini-P. Bonatti, cf.: AA. VV., *Das Neue Testament als Kanon* (coorden. E. Käsemann); K. H. Ohlig, *Woher nimmt die Bibel ihre Autorität? Zum Verhältnis von Schrift Kanon, Kirche und Jesus*, Patmos, Düsseldorf 1970; N. Appel, *The New Testament Canon: Historical Canon and Spirit's Witness*, em *TS* 32 (1971) 627-646.
2 Cf. por exemplo, G. M. Perrella-L. Vagaggini, *Introduzione alla Bibbia*, vol. I, *Introduzione generale*, pp. 97-103; C. M. Martini-P. Bonatti, *Il Messaggio della Salvezza*, vol. I, *Introduzione generale*, pp. 139-152.

posição das obras neotestamentárias, de cerca do ano 50 d.C. até o início do séc. II.

Agora se levanta o problema de saber se e quando, durante este período, se pode falar — ao menos em parte — de um Cânon bíblico neotestamentário.

Em 2Pd 3,16 lê-se que "as cartas de Paulo" são colocadas em pé de igualdade com "as outras escrituras" (ver cap. 9,3). Portanto, no tempo em que foi escrita a segunda carta de Pedro (a data é incerta: vai-se do ano 100 ao ano 120 d.C.), já se haviam recolhido algumas das cartas de Paulo, que eram lidas e interpretadas como livros inspirados no mesmo nível das outras Escrituras.

Também a expressão da 1Tm 5,18 poderia referir-se indiretamente ao Evangelho de Lucas como a um livro inspirado e reconhecido como tal, se ali se pretende citar como Escritura o *logion* de Jesus que de fato lemos em Lc 10,7.[3]

Além disto, sabemos que diversos escritos apostólicos eram destinados a Igrejas locais para fazer frente a problemas particulares desta ou daquela Igreja, e que os próprios quatro evangelhos tiveram na origem uma destinação particular. Todavia, também é verdade que algumas cartas revelam uma destinação mais vasta, ainda que não universal: assim Rm e Ef, com suas exposições dogmáticas de valor universal; a carta de Tg, destinada "às doze tribos da diáspora" (Tg 1,1); a 2Cor destinada "a todos os cristãos da Acaia" (2Cor 1,1); a 1Pd, enviada "aos fiéis de várias províncias da Ásia Menor" (1Pd 1,1); a carta aos Colossenses, da qual Paulo recomenda a leitura por parte dos cristãos de Laodicéia, e aquela aos cristãos de Laodicéia (que se perdeu) recomendada aos de Colassas (Cl 4,16).

---

[3] N. Brox (*Le lettere pastorali*, Morcelliana, Brescia 1970, p. 294), nega-o resolutamente, mas segundo nossa opinião de maneira demasiado apressada, sobretudo apriorística: "Se a sucessiva palavra de Jesus tirada de Lc 10,7, que aduz a mesma motivação, fosse introduzida aqui como uma palavra da Escritura, dever-se-ia supor que na Igreja já se conhecia uma 'Sagrada Escritura' ao lado do AT (neste caso, uma coleção de Lucas ou uma coleção de *logia*) o que seria um anacronismo para o fim do século I, a época das pastorais". E por que não deveria ser possível o que ficará ainda mais claro, dois ou três decênios depois, em 2Pd 3,16? O texto grego, assim como soa, faz pensar que o autor queira citar como "a Escritura" também este *logion* de Jesus, ou como proveniente de Lucas, ou ao menos de um dos relatos escritos anteriores ao Lucas canônico (cf. Lc 1,1-4). Esta leitura é ao menos tão possível como aquela sugerida por Brox e outros, segundo a qual, a Dt 25,4, o único a ser citado como Escritura, seria acrescentado pelo autor da carta um provérbio que também Jesus usou no mesmo contexto (cf. Lc 10,7).

Estas poucas informações de que dispomos parecem levar à conclusão de que: as diversas Igrejas locais possuíam no início apenas uma coleção incompleta de escritos sagrados; pelo fim do século I ou pouco depois, existia uma coleção de cartas de Paulo, de importância indeterminada; os quatro Evangelhos, embora destinados a comunidades particulares, tinham adquirido importância singular e eram conservados, porque provenientes dos apóstolos ou de pessoas ligadas a eles e pelo prestígio das comunidades às quais estavam associados (Mateus com Antioquia, Marcos com Roma, Lucas com Roma ou com a Grécia, João com Éfeso).

2. A TRADIÇÃO PÓS-APOSTÓLICA E O CÂNON DO NT

a. Para o conceito de NT

Pela metade do século II, são Justino dá testemunho de que os Evangelhos são lidos juntamente com os escritos dos Profetas na liturgia eucarística:

> "No dia chamado do sol (isto é, no domingo) reunimo-nos num mesmo lugar, da cidade ou do campo, e lemos as Memórias dos Apóstolos (em 1,66, Justino acrescenta: 'chamadas Evangelhos') e dos escritos dos Profetas, até que o tempo o permite".[4]

A chamada "2ª carta de Clemente aos Coríntios" (cerca de 150), depois de ter citado *Isaías* 54,1 (cf. 2 *Clem* 2,1), cita *Mateus* 9,13 assim: "Outra escritura diz: 'Não vim chamar os justos mas os pecadores'" (2 *Clem* 2, 4).[5]

Estes dois textos, juntamente com 2Pd 3,16 já fazem pensar num primeiro conceito de NT. Mas provavelmente foi Marcião, com sua recusa do AT em favor de uma coleção limitada de 10 cartas de Paulo e do Evangelho de Lucas, que fez emergir — por contraposição — que os escritos cristãos formavam uma só unidade, ao lado daquela do AT.

---

[4] *Apol.* 1, 67: PG 6, 429 (*Le Apologie*, sob a direção de I. Giordani, Città Nuova, Roma 1962, p. 125).
[5] 2 *Clem.* 2, 4: PG 1. 333; para o autor e a data de origem desta carta, cf. B. Altaner, *Patrologia*, Marietti, Turim, 1977, 7ª ed., pp. 90-91.

Pelo ano de 170, Melitão de Sardes, enumerando as escrituras judaicas, fala delas como dos livros do Antigo Testamento[6] dando a entender implicitamente que existe um Novo Testamento. Mas o primeiro a usar a atual expressão de "Novo Testamento" foi Tertuliano pelo ano de 200,[7] e isto coincide com o aparecimento de listas de livros do NT no Fragmento Muratoriano e em Orígenes. Sinal, portanto, de que neste período já se havia firmado o conceito de uma coleção de Escrituras cristãs.

b. Explicitação progressiva da extensão do NT

Das citações dos Padres no II e também no III século, dado o caráter ocasional das mesmas, é difícil tirar conclusões definitivas e universais sobre o Cânon do NT neste período. Com efeito, nenhum autor cita *todos* os livros do NT; e a não citação em nenhum deles de Fm e da 3Jo (talvez também da 2Jo; cf. todavia são Policarpo, *Ad Philip.* 7,1) pode facilmente explicar-se pela brevidade destes escritos e o seu não destacado conteúdo doutrinal.

O aparecimento das *primeiras listas* de livros do NT é sem dúvida de notável interesse para o problema do Cânon do NT, porque implicam na aceitação de um livro como inspirado, especialmente quando não estão separadas mas juntadas às listas dos livros do AT. Todavia, nem elas dirimem o problema.

A lista considerada mais antiga é o célebre *Fragmento Muratoriano* (cf. *EB* 1-7), que representa o uso romano do NT pelo fim do século II. Na primeira categoria de escritos, isto é, "os que são lidos universalmente na Igreja", não estão incluídos Hb, Tg, 1 e 2Pd, e — talvez a 3Jo.

A lista de Orígenes do século III, transmitida por Eusébio, levanta dúvidas a propósito da 2Pd e da 2 e 3Jo:

> "Pedro ... deixou-nos uma carta incontestavelmente aceita por todos e, talvez, também uma segunda: a coisa é duvidosa (...) João também nos deixou uma carta muito breve, e talvez mais duas, cuja autenticidade não é admitida por todos: juntas, elas não têm mais do que cem linhas".[8]

Pelo ano de 310, Eusébio, depois de ter pesquisado sobre os testemunhos da tradição quanto aos livros do NT, distingue

---
6 Cf. Eusébio, *Hist. eccl.* 4, 26.13-14: PG 20, 397s.
7 Tertuliano, *Adv. Marc.* 4, 1,6; 4, 22,3; PL 2, 390s. 443.
8 Cf. Eusébio, *Hist. eccl.* 6,25,1-14: PG 20, 580-585.

explicitamente entre "os livros reconhecidos por todos *(emologoumenoi)*", "os livros discutidos *(antilegomenoi)*" e "os livros espúrios *(notha)*":[9] entre os segundos, isto é, entre os discutidos, menciona Tg e Jd.

O "Cânon Claromontano" do século IV (assim chamado porque transcrito no códice Claromontano do século VI, mas que remonta a um tempo anterior ao Concílio de Hipona de 393) não menciona na sua lista Hb. O "Cânon Momseniano" de aproximadamente 360 (descoberto e publicado por Momsen, em 1886) não menciona Hb e Jd.

No Ocidente, somente com as listas do fim do século IV, isto é, de Atanásio, Agostinho, dos concílios de Hipona (393) e de Cartago (397), se tem a documentação de um acordo em grande parte da Igreja do Ocidente: elas apresentam o Cânon completo que depois será retomado pelo Concílio de Florença e definido pelo Tridentino. O próprio são Jerônimo, no fim do século IV e no início do V, declara-se decididamente a favor de todos os escritos do NT, ainda que lembre dúvidas anteriores sobre os deuterocanônicos, com exceção de Tg. Mas o Códice Sinaítico do século IV, copiado no Egito, contém ao lado dos livros que nós consideramos canônicos também a Carta de Barnabé e o Pastor de Hermas; e o Códice Alexandrino do século V, também ele copiado no Egito, traz 1 e 2 de Clemente. A consideração destas obras, que não farão parte do Cânon do NT, provavelmente é devida ao fato de que, ao menos algumas, trazem o nome de discípulos de Apóstolos: Barnabé era amigo de Paulo; Clemente era considerado o mesmo Clemente mencionado em Fl 4,3, que foi sucessor de Pedro em Roma.

A *Igreja Siríaca* e aquela *Antioquena* constituem um caso particular. Quando, no século IV, gregos e latinos começaram a aproximar-se do Cânon completo dos 27 livros, a Igreja da Síria usava um Cânon composto de apenas 17 livros: o "Diatéssaron" de Taciano em substituição aos 4 Evangelhos, Atos dos Apóstolos e 15 Cartas de Paulo (incluída a carta aos Hebreus e 3 cartas aos Coríntios); mas faltam as 7 epístolas católicas (1, 2 e 3Jo; 1 e 2Pd; Jd e Tg) e o Apocalipse. São testemunhas deste período os escritos de santo Afraates, a "Doutrina de Addai" (início do séc. V) e o chamado "Cânon Siríaco", um catálogo encontrado no fim do século passado entre os manuscritos do monte Sinai e que remonta ao século IV. Nos inícios do século V, na Igreja da

---

9 *Ibid.*, 3, 25, 1-5: PG 20, 268-273.

Síria, os 4 Evangelhos substituem o 'Diatéssaron'; e terceira carta aos Coríntios é omitida; recuperam-se três cartas católicas, isto é, Tg, 1Pd e 1Jo. É este o Cânon documentado pela versão siríaca chamada *Pesitta* (ver cap. 7), que omite 2Pd, 2 e 3Jo, Jd e Ap.

A *Igreja Antioquena* sofre o influxo da vizinha Igreja Siríaca e parece ignorar a existência de 2Pd, 2 e 3Jo, Jd e Ap, que não são citados (e talvez desconhecidos) por são João Crisóstomo († 407) e Teodoreto de Ciro († 458). Mesmo Teodoro de Mopsuéstia († 428) parece aceitar o primeiro Cânon da Igreja Síria, não citando nunca nenhuma carta católica, nem o Apocalipse. E os *nestorianos*, cuja seita teve origem em Antioquia, são os únicos cristãos que ainda hoje não reconhecem como inspirados 2Pd, 2 e 3Jo, Jd e Ap.

Concluindo — A história do Cânon do NT nos primeiros cinco séculos, tanto no Ocidente como no Oriente, não é portanto tão simples, nem redutível — parece-nos — ao rígido esquema de um primeiro período de pacífico reconhecimento, ao qual se teria seguido o período das dúvidas, antes que a unidade dos inícios pudesse recompor-se.

De outro lado, isto não deve causar surpresa se se consideram: a destinação inicialmente particular de alguns escritos do NT; a objetiva dificuldade de comunicação entre as diversas Igrejas; o fato de que na Igreja dos primeiros séculos, como veremos, o juízo da canonicidade era freqüentemente determinado pelas tradições sobre a paternidade literária apostólica dos escritos, nem sempre segura.

c. Causas das incertezas sobre os deuterocanônicos

As causas das incertezas e das dúvidas que surgem a propósito dos deuterocanônicos compreendem-se melhor se partirmos dos critérios que, na tradição pós-apostólica, estão na base da conservação e da aceitação no Cânon dos livros sagrados cristãos. Tais critérios podem ser reduzidos a dois: 1. A origem apostólica, real ou aparente, de um livro; 2. A conformidade de um escrito com a "regra da fé", ou com o pensamento dos Apóstolos fundadores. Assim aconteceu que a dúvida sobre a paternidade apostólica real de alguns escritos, e/ou seus presumidos contrastes doutrinais com a "regra da fé", acabaram por tornar discutível sua inspiração e canonicidade.

Mais concretamente:

— A canonicidade de Ap, Hb e 2Pd foi discutida porque se duvidava que tivessem sido escritos respectivamente por João, Paulo e Pedro.

— O Ap, em particular, encontrou dificuldades doutrinais. No *Ocidente*, os montanistas abusavam dele em sentido "milenarístico"; os álogos, não querendo admitir o Logos joanino, opunham-se ao Evangelho de João e ao Apocalipse. No *Oriente*, a heresia "milenarística" dos *quiliastas*, que interpretavam Ap 20, 1-6 nos termos de um novo paraíso terrestre instaurado por Cristo aqui na terra antes da parusia, levou a maior parte dos Padres da Síria e da Ásia Menor a rejeitar o Ap, cuja paternidade se tornava ainda mais problemática pela incerta paternidade joanina do escrito (o grego louco do Ap não é o do Evangelho de Jo, como observa Dionísio Alexandrino).

— A 2 e 3 de Jo eram menos conhecidas e menos apreciadas por causa de sua brevidade e seu limitado conteúdo teológico.

— Quanto às cartas de Tg e Jd foi levantada a questão da paternidade literária; e a dúvida sobre a sua canonicidade foi reforçada por algumas questões doutrinais consideradas suspeitas; em Tg, a afirmação de que "a fé sem obras é morta"; em Jd, a citação do apócrifo Enoc.

— Por fim, alguns escritos do tempo sub-apostólico — como a 1 e 2 de Clemente, a Didaqué, Hermas e Barnabé — puderam ser acolhidos por algumas comunidades como livros canônicos, ou porque traziam o nome de discípulos dos apóstolos (como dissemos acima), ou por sua indiscutida antiguidade: por exemplo, a 1 *Clemente* e a *Didaqué* podem ter sido escritas antes da canônica 2Pd.

Concluindo — Façamos nossas duas reflexões que, além de esclarecer as incertezas mencionadas, já iluminam o problema do "critério definitivo" da canonicidade dos livros inspirados.

P. Grelot escreve: "O critério da apostolicidade certamente desempenhou seu papel (na determinação do Cânon do NT); mas não era muito simples servir-se dele. De um lado, corria-se o risco de admitir no Cânon certas obras pseudepígrafas, como o evangelho ou o apocalipse de Pedro; era precisamente nisto que se baseavam os grupos heréticos para fundamentar seus livros. De outro, ao contrário, corria-se o risco de ligar a canonicidade à estrita autenticidade literária dos escritos, a ponto de colocá-la em dúvida no caso de que esta autenticidade fosse discutida. Este é o motivo da existência de certos deuterocanônicos no Oriente como no Ocidente. Estes perigos opostos mostram também a insuficiência dos critérios objetivos usados sozinhos".[10] De outro lado, somente hoje sabemos que o problema da paternidade literária é um problema histórico que deve ser resolvido com base em critérios científicos de estilo e de conteúdo de um escrito, e que não pode ser indissoluvelmente ligado a ele o caráter inspirado e canônico de um livro. Por este motivo, "a Igreja absteve-se sabiamente de afirmações dogmáticas a propósito da paternidade literária dos livros sagrados. Os decretos da Pontifícia Comissão Bíblica, entre 1905 e 1915, que se referem à paternidade literária não são dogmáticos, mas prudenciais, e depois foi dada plena liberdade aos estudiosos católicos com relação a estes decretos".[11]

3. CARÁTER DEFINITIVO DO CÂNON DE TRENTO

Os humanistas do século XVI haviam renovado as antigas discussões a propósito de alguns livros do NT. O próprio Erasmo foi censurado pela Faculdade Teológica da Sorbona porque retomava, sem refutá-las, as antigas dúvidas quanto a opinião apostólica de Hb, Tg, 2Pd, 2 e 3Jo, Ap. Lutero, como que antecipando as modernas discussões protestantes de "O Cânon no cânon" (ver cap. 14), introduziu uma distinção nos livros do NT e atribuiu um papel secundário a Hb, Tg, Jd e Ap, colocando-os no fim de sua Bíblia traduzida para o alemão, depois dos outros que considerava "os verdadeiros, seguros e mais importantes livros do NT".

Contra este Cânon mutilado dos Reformadores, o Concílio de Trento pronunciou-se com a *solene definição* já citada (ver cap. 12, 3 c) e que havia sido preparada por diversos enunciados do Magistério anterior: a carta do Papa Inocêncio I a Exupério, Bispo de Tolosa (405), os Concílios provinciais de Hipona (393), II e IV de Cartago (397 e 419), o Concílio de Florença (1441).

O Concílio de Trento, depois de ter dado o elenco definitivo dos livros do AT e do NT, acrescenta:

> "Se alguém não aceitar conscientemente como livros sagrados e canônicos estes livros, *inteiros com todas as suas partes,* como se costuma lê-los na Igreja Católica e se encontram na edição antiga da Vulgata latina, e desprezar conscientemente as mencionadas tradições, seja anátema" *(EB* 60; *CE* 526; *FC* 60).

10 P. Grelot, *La Bibbia e la Teologia,* p. 134.
11 J. C. Turro-R. E. Brown, *Grande Commentario Biblico,* p. 1520.

Com a explicitação contida no inciso: "inteiros com todas as suas partes", fica evidente Pelas Atas do Concílio[12] que o Tridentino quis pôr a salvo antes de mais nada a canonicidade de algumas breves secções do NT, posta em dúvida ou negada por alguns, isto é: Mc 16,9-20 (o longo final de Marcos, com o relato da Ascensão); Lc 22,43-44 (o suor de sangue) e Jo 7,53-8,11 (o episódio da adúltera). Com efeito, as três passagens, embora não gozando de certa e universal atestação nas testemunhas do texto grego (códices e papiros) do NT, encontram-se na antiga Vulgata latina, que constitui um dos dois critérios de canonicidade — ao lado da leitura comum na Igreja católica — indicados pelo Tridentino. Nem vem ao caso a diferença entre a Vulgata original de Jerônimo e a Vulgata Sisto-Clementina (1592), isto é, a edição oficial da Vulgata para satisfazer a exigência do Tridentino de uma edição mais crítica, visto que ambas as edições contém as passagens em questão.

Mais difícil é a solução do problema da canonicidade ou não dos incisos de Jo 5,4 (o anjo que agita as águas da piscina de Betesda) e 1Jo 5,7-8 (o coma joanino), visto que a Vulgata Sisto-Tridentina os contêm, ao passo que a Vulgata de Jerônimo os ignora. O problema de sua canonicidade "parece se deva resolver na base da ciência da crítica textual, em vez de se recorrer a uma aplicação mecânica do princípio de Trento".[13]

O Concílio Vaticano I (ver cap. 12) apela explicitamente para o decreto do Concílio de Trento, mas acrescenta um parágrafo esclarecedor que explica a canonicidade, como reconhecimento magisterial por parte da Igreja da inspiração dos livros sagrados (ver cap. 10). A *Dei Verbum* do Vaticano II repete a doutrina do Vaticano I (cf. *DV* 11), mas afirma também expressamente que "esta mesma Tradição mostra à Igreja quais são exatamente todos os Livros Sagrados" *(DV* 8).

4. O CRITÉRIO DEFINITIVO DA FIXAÇÃO DO CÂNON DOS LIVROS SAGRADOS

Por isso, a *Dei Verbum* do Vaticano II não se limita a repetir a doutrina do Vaticano I sobre a inspiração e sobre o Cânon

---

12 Cf. A. Theiner, *Acta genuina Concilii Tridentini*, Zagabriae 1874, pp. 17-78.84s; a passagem em questão dos *Acta* encontra-se em H. Höpfl-B. Gut, *Introductio specialis in NT*, D'Auria-Arnodo, Neapoli-Romae 1949, 5ª ed., p. 92.
13 J. C. Turro-R. E. Brown, *o.c.*, p. 1521.

(DV 11) mas — falando da Sagrada Tradição da Igreja — faz uma importante e explícita afirmação sobre o Cânon da Bíblia:

"Esta mesma Tradição mostra à Igreja quais são exatamente todos os Livros Sagrados" *(DV* 8).

Aqui se afirma não só um dado de fato, que aliás verificamos amplamente ao delinear uma "história" do Cânon do AT e do NT na Igreja cristã, mas também *um dado de fé,* ainda que a *DV* não diga como e com base em que argumentos ou critérios a Tradição ofereça à Igreja a certeza dos Livros Sagrados e Canônicos.

a. O critério na teologia protestante

O problema dos "critérios de canonicidade" foi levantado expressamente na época da Reforma, quando os reformadores substituíram os critérios externos, ligados à autoridade da Igreja magisterial e da sua Tradição, por critérios *internos* capazes de se imporem a todo crente e à própria Igreja (ver cap. 11, 7).

Lutero apelava para o testemunho dado pela Escritura a Cristo e à sua obra redentora, e nesta base distinguia diversos graus de autoridade entre os livros sagrados do NT. *Calvino* falava de uma soberana decisão de Deus que causou um consenso público na Igreja primitiva quanto aos Livros Sagrados. As sucessivas *Confissões de fé reformadas* acentuaram ainda mais o papel do Espírito Santo, que se torna o fiador no coração dos crentes do caráter divino das Escrituras.[14]

Mas, a partir do século XIX voltou-se a dar importância aos critérios objetivos. T *Zahn*[15] pensa no papel de edificação desempenhado nas comunidades cristãs pelos escritos apostólicos, que eram lidos nas assembléias. *A. von Harnack*[16] pensa nos carismas eclesiásticos que teriam levado a considerar como inspirados os livros escritos sob seu influxo. *K. Barth,* afirma que "a fixação do Cânon, como regra da fé, é obra da Igreja por volta dos anos 400"; mas afirma também: "Discutindo o problema do Cânon, a Igreja não podia fazer outra coisa senão procurar foca-

---

14 Cf. S. De Dietrich, *Le Renouveau Biblique,* Delachaux, Neuchâtel 1949, pp. 22-23.
15 T. Zahn, *Geschichte des neutestamentlichen Kanons,* Band I, Erlangen 1888; cf. H. Höpfl, *Canonicité,* DBS 1 (1928), 1038s.
16 Cf. H. Höpfl, *o.c.,* col. 1040s.

lizar o fato de que a regra da verdade *já existia* e se *havia já revelado a ela* (...) Pode-se dizer que os textos de que se discute, precisamente porque já eram canônicos, puderam ser reconhecidos e proclamados tais em seguida".[17]

O Cullmann[18] parece dar maior consistência ao Cânon como ato da Igreja: a fixação do Cânon é precisamente um ato da Igreja que mediante este reconhecimento das Escrituras exprime a sua submissão à Palavra de Deus. M. Lods,[19] muito acertadamente falou de uma espécie de *intuição religiosa* concedida à Igreja no século II para estar em condições de discernir quais eram os escritos portadores de uma autêntica revelação divina.

Estas breves palavras sobre a teologia do Cânon dos teólogos reformados, que tirei de P. Grelot,[20] demonstram — apesar de tudo — que não se pode deixar de lado "a Igreja" quando se trata de enfrentar o critério da canonicidade. E, em última instância, é a concepção da Igreja que divide católicos e protestantes, muito mais do que o problema do Cânon. Mais ainda, é precisamente a noção da Igreja nas várias Confissões reformadas, para nós insuficiente e incompleta, que torna para eles ainda hoje problemática a questão do Cânon, a ponto de poder (ou dever!) considerá-la uma questão ainda aberta, nos termos de "um Cânon no cânon" (ver cap. 14).

b. O critério na teologia católica

Como resolver então a questão dos critérios, com base nos quais a Igreja fez definitivamente o discernimento de quais e quantos são os livros inspirados e canônicos, isto é, normativos da fé e do comportamento moral? Ou então, retomando a fórmula de *DV 8*: *de que maneira* "esta mesma Tradição mostra à Igreja quais são exatamente todos os Livros Sagrados?"

b.1. A relação entre Escritura e Tradição

Nos manuais de teologia, antes do Vaticano II, Sagrada Escritura e Tradição eram apresentadas como duas formas *materialmente* distintas da Revelação, e a Tradição constituía a fon-

---

17 K. Barth, *Dogmatique*, vol. I, tom. 2, p. 16s.
18 Cf. O. Cullmann, *La Tradition*, in AA. VV., *Catholiques et Protestants — Confrontations théologiques*, pp. 30-41.
19 Cf. M. Lods, *Tradition et Canon des Écritures*, in AA. VV., *Études Théologiques et religieuses*, Paris 1961, p. 58.
20 Cf. *La Bible Parole de Dieu*, pp. 156-158.

te mais ampla: algumas verdades reveladas, a começar pela verdade do Cânon dos livros inspirados, estariam contidas na Tradição e não na Escritura.[21]

Esta hipótese parecia acolhida pelo "Esquema preparatório da comissão teológica" do Concílio Vaticano II:

"A Tradição, e somente ela, é a via mediante a qual algumas verdades reveladas, antes de tudo as que se referem à inspiração, à canonicidade e integridade de todos e cada um dos livros sagrados, se tornam claras e se dão a conhecer à Igreja" *(Esquema,* n. 5).

A afirmação foi objeto de intervenções críticas por parte de muitos padres conciliares,[22] e todo o Esquema preparatório foi rejeitado em bloco pela maioria relativa dos padres (ver cap. 15, 2, a. 1).

A *DV* vê de outra forma as relações entre Escritura e Tradição:

"A Sagrada Tradição, portanto, e a Sagrada Escritura estão estreitamente relacionadas entre si. Derivando ambas da mesma fonte divina, fazem como que uma coisa só e tendem ao mesmo fim. A Sagrada Escritura é palavra de Deus enquanto foi escrita por inspiração do Espírito Santo; a Sagrada Tradição, por sua vez, transmite integralmente aos sucessores dos Apóstolos a palavra de Deus, confiada por Cristo Senhor e pelo Espírito Santo aos Apóstolos, para que os sucessores destes, com a luz do Espírito de verdade a conservem, a exponham e a difundam fielmente na sua pregação..." *(DV* 9; cf. todo o capítulo II da *DV).*

Portanto, o Concílio falou da Sagrada Escritura e da Sagrada Tradição como dois modos diversos, mas entre si estreitamente relacionados, de transmitir o único e mesmo objeto que é a divina revelação; em outras palavras, não falou de duas fontes

---

21 "Traditionem excedere amplitudine Scripturam patet ex his quae diximus de existentia traditionum divinarum constitutivarum: dantur veritates revelatae nobis per traditionem asservatae, quae in Sacris Scripturis *nullatenus* continentur": T. Zapelena, *De Ecclesia Christi* (pars altera: *Apologetico-Dogmatica),* PUG Romae, 1954, p. 274.

22 Cf. U. Betti, *La rivelazione divina nella Chiesa,* p. 56. Para a história das sucessivas redações do texto sobre a relação entre Tradição e Cânon, cf. *ibid.,* pp. 139.159s. 175.237s.

materialmente distintas como faziam alguns teólogos. Mais ainda, as discussões e as Atas do Concílio demonstram que os padres conciliares não quiseram dirimir a questão da distinção só formal ou também material,[23] mas quando muito se orientaram — e é o espírito de todo o capítulo II da *DV* — para a solução da distinção *apenas formal*, em harmonia com a constante praxe da Igreja que, ao definir as verdades de fé no seu Magistério solene, sempre as justificou com um apelo mais ou menos direto à Escritura.[24]

Portanto as palavras da *DV* 8 sobre o Cânon: "Esta mesma Tradição mostra à Igreja quais são exatamente todos os livros sagrados", não devem ser necessariamente interpretadas como se a verdade do Cânon estivesse contida somente na Tradição e de forma alguma — nem mesmo implícita e indiretamente — na própria Sagrada Escritura. Ademais, já vimos, através da história do Cânon, o quanto é improvável a hipótese que soaria mais ou menos assim: "O círculo dos apóstolos, ou mesmo o último apóstolo teria pronunciado 'oralmente' o próprio juízo sobre o Cânon das Escrituras, e esta voz — que se teria perdido no decurso dos séculos II e III — teria sido depois recuperada, não se sabe como, pela Igreja do século IV".

b.2. O critério da Tradição na definição do Cânon

Certamente, no reconhecimento definitivo por parte da Igreja desempenharam um papel importante alguns critérios objetivos, como: a destinação de um escrito apostólico a uma Igreja oficial e o uso que ela fez deste escrito; a origem ou a aprovação apostólica de um livro; a sua conformidade com a "regra da fé". Mas eles, por si sós, não são suficientes para dirimir a questão.

A solução "católica" do problema deve ser buscada — parece-me — em duas direções, aliás substancialmente convergentes, traçadas por P. Grelot e por K. Rahner, mas já preparadas pelos estudos de J. R. Geiselmann,[25] como também de P. Lengsfeld e Y. Congar.[26]

---

23 Cf. U. Betti, *La rivelazione divina nella Chiesa*, cit.; Id., *La tradizione della divina rivelazione*, in AA. VV., *La constituzione dogmatica sulla divina Rivelazione*, pp. 250-255; L. Alonso Schökel, *Il dinamismo della tradizione*, pp. 177-189.
24 Ver, a título indicativo, um elenco destas verdades em U. Betti, *La tradizione della divina Rivelazione*, p. 252, nota 94.
25 J. R. Geiselmann, *La Tradition*, in *Questions théologiques aujourd'hui*, tom. I, pp. 95-148.
26 P. Lengsfeld, *Tradition, Écriture et Église dans le dialogue oecuménique*; Y. J. M. Congar, *La tradizione e le tradizioni*.

P. Grelot escreve a propósito da tarefa da Igreja na determinação do Cânon:

"A insuficiência dos critérios objetivos leva a ver no discernimento o fruto da ação do Espírito Santo. A teologia protestante tem razão em afirmá-lo decididamente. Resta saber qual é o *sujeito* ao qual chega este testemunho do Espírito Santo. Neste ponto, a sua dogmática tem uma noção da Igreja muito insuficiente para que seu juízo seja aceitável. Com efeito, não é aos crentes em particular que o Espírito Santo infunde uma persuação relativa ao Cânon. Nem a deu à Igreja (ou melhor, às Igrejas) de um determinado século, para que estas possam estar sujeitas a uma tradição apostólica já cortada da tradição viva. O Espírito Santo que inspirou os Apóstolos e os autores sagrados continua a agir na Igreja com os mesmos carismas funcionais de que o NT já fala explicitamente, e em particular com aqueles que se relacionam com as funções de ensino e de autoridade. Assim continua a *assistir* a Igreja para que ela conserve fielmente o depósito apostólico na sua integridade.

Portanto, é a este título e por fim com este método que a Igreja de todos os séculos pode reconhecer na sua tradição viva os livros que a põem em contato direto com a tradição apostólica. Neste campo, como em qualquer outro, o seu magistério goza da infalibilidade apenas para *conservar* (não para modificar ou ampliar) o dado original. Não se pode argumentar a partir das variações que a tradição eclesiástica sobre o Cânon apresenta para pôr em dúvida este indefectível apego ao depósito apostólico. Com efeito, um exame objetivo dos casos particulares demonstra que, tanto no AT como no NT, eles se explicam com a interferência de influências fundamentalmente estranhas ao problema da canonicidade: apelo aos critérios internos (autenticidade, etc.) ou recurso à autoridade do Cânon hebraico. Todos os problemas levantados a propósito dos deuterocanônicos vêm de uma ou de outra destas duas causas. Nesta perspectiva o Cânon restrito dos reformadores protestantes não pode ser considerado verdadeiramente tradicional; é um Cânon mutilado e esta mutilação denuncia o perigo de uma teologia da Igreja em que a Escritura não se encontra mais no seu devido lugar, na sua relação real com as outras estruturas estabelecidas pelos apóstolos".[27]

Para Grelot, portanto, a definição do Cânon constitui o *primeiro* (em sentido lógico) *ato solene* do magistério da Igreja pós-apostólica com relação ao depósito da Revelação, que ela é chamada a conservar e guardar para proclamá-la aos homens de todos os tempos. Conservar significa, antes de mais nada, saber identificar os limites exatos do sagrado depósito, por isso não diminuí-lo, nem ampliá-lo e nem modificá-lo: é este o caráter "específico" da definição do Cânon da Bíblia. Ao fazer isto, a Igreja é guiada com absoluta infalibilidade pelo próprio Espírito Santo que, depois de ter inspirado os apóstolos no proclamar autenticamente a Revelação trazida por Cristo e os autores sagrados que a fixassem por escrito, assistiu a Igreja para guardar o depósito da Revelação na sua integridade (é neste ponto que se situa a definição do Cânon) e continua a assisti-la no seu proclamar e atualizar fielmente a definitiva palavra de Deus.

K. Rahner dá ao problema uma resposta análoga, mas teologicamente mais articulada, e enfrenta explicitamente a questão de *como* também a verdade do Cânon — ainda que no seu caráter de unicidade e singularidade — pode ter um fundamento *implícito* na Sagrada Escritura. De sua "Tese sobre a Inspiração da Sagrada Escritura", que já recordamos e descrevemos (ver cap. 11), Rahner tira as seguintes conclusões a propósito do Cânon:

"Se a tese que propusemos é certa, ela oferece uma solução para o beco sem saída (do problema do Cânon). Devemos distinguir somente duas coisas: de um lado, a revelação fundamental como tal (com evento) sobre a inspiração de um escrito e, de outra, a formulação em proposição reflexa, e o ato de dar expressão a esta revelação. A primeira deve ter-se completado 'com a morte do último apóstolo'. Mas a segunda, não (...) A revelação da inspiração de um escrito verifica-se simplesmente porque o escrito em questão surge como genuína atuação da essência da Igreja. Com isto a sua inspiração já é revelada bastante, salvo que se pretenda que alguma coisa possa ser revelada só numa proposição, e não também num fato aberto à compreensão direta; mas esta seria uma concepção muito estreita, falsamente conceitualista das possibilidades próprias da revelação. Uma vez que se apresente o fato (realizado por uma ação de Deus na história), pode ser compreendido e formulado também de ma-

27 P. Grelot, *La Bibbia e la Teologia*, p. 135.

neira reflexa, mesmo no período pós-apostólico, sem que para isto intervenha uma nova revelação. Não há contradição alguma em admitir que somente a Igreja possua o dom de discernir com absoluta certeza, necessário para descobrir que este ou aquele escrito do tempo apostólico (o tempo da Igreja das origens) é um elemento intrínseco, homogêneo da autoconstituição da Igreja (...) A Igreja, repleta do Espírito, julga com "conaturalidade", insere um livro na Escritura enquanto este é algo que corresponde à sua natureza. Se este for ao mesmo tempo 'apostólico', isto é, um elemento na realização da vida da *Igreja primitiva* como tal, e como tal concebido, então, segundo os pressupostos de nossa teoria, é *ipso facto* inspirado e como tal reconhecido de maneira reflexa, sem que este conhecimento, que se tornará reflexo eventualmente só mais tarde, deva representar o próprio fato da revelação, ou se pelo menos contemporâneo dela".[28]

Em resumo, e traduzindo a linguagem de Rahner, pode-se concluir assim. As Escrituras, quando nascem como genuína auto-representação da Igreja Apostólica, e somente elas, são por isso mesmo "inspiradas e canônicas", ainda que o definitivo reconhecimento explícito de sua inspiração e canonicidade se verifique mais tarde. Deve-se distinguir — segundo Rahner — entre a *revelação* do caráter inspirado de certos livros, e a sua percepção *reflexa e formulada:* são dois momentos entre os quais pode muito bem transcorrer um lapso de tempo relativamente longo. A Igreja possuía um Cânon muito preciso antes de ter um conhecimento pleno e reflexo dele, antes de defini-lo; a Igreja "sentia" a singularidade destes livros, antes mesmo de tê-la declarado. O posterior e definitivo "reconhecimento" da inspiração (o ato da definição do Cânon) foi um ato "conatural" à Igreja no sentido de que ela — com a ajuda do Espírito Santo que sempre a assiste, através de uma resposta reflexa e sem a ajuda de silogismos — reconheceu aqueles escritos como os únicos que correspondiam à sua natureza e a exprimiam. A definição do Cânon é um ato, o primeiro em sentido verdadeiro, de autoconsciência por parte da Igreja, que tem por objetivo um aspecto fundamental do seu ser, precisamente as Sagradas Escrituras.

Isto vale também para o AT, cujo Cânon só foi estabelecido definitivamente pela Igreja cristã. Se é verdade que toda Escritu-

---

28 K. Rahner, *Sull'Ispirazione della Sacra Scrittura*, pp. 72-73.

O Cânon do Novo Testamento 251

ra veterotestamentária está ordenada para Cristo e para o NT e somente por esta relação é história da salvação e como tal pode ser reconhecida, então vale para o AT o que foi dito dos livros do NT. Os livros do AT são inspirados enquanto Deus os quer e os realiza *como* memória definitiva da *pré-história* da Igreja, ou da experiência de Deus e de sua Aliança que Israel tinha conhecido por revelação: desta forma Deus inspira a Escritura do AT, ele a faz sua, torna-se seu autor. Mas, sendo o AT destinado constitutivamente ao NT e à Igreja, sobre ele a Igreja — e somente ela de maneira definitiva — põe em ato, por "conaturalidade", a sua autoconsciência mediante o reconhecimento explícito da inspiração e da canonicidade dos livros de Israel.[29]

5. PODEM EXISTIR LIVROS "INSPIRADOS" MAS NÃO "CANÔNICOS"?

O Concílio de Trento foi extremamente claro ao definir quais os livros, que juntamente com as suas partes, deviam ser aceitos como inspirados e canônicos. Mas Trento não disse "explicitamente" que aqueles eram os "únicos" livros inspirados. Existirá ainda um espaço de discussão sobre eventuais outros livros inspirados?

Para alguns autores a discussão não teria caráter puramente acadêmico, quando se presta atenção a alguns casos concretos que aqui enumeramos.

a. Cartas perdidas de Paulo

Por 1Cor 5,9 ficamos sabendo que Paulo tinha escrito "uma carta anterior" aos Coríntios; além disto, Cl 4,16 lembra uma carta "aos Laodicenses", cuja leitura Paulo recomenda aos mesmos cristãos de Colossas. Estas duas cartas se perderam. Eram inspiradas?

Não me parece que o problema possa ser resolvido nos termos um tanto simplistas de J. C. Turro-R. Brown: "A paternidade paulina não seria realmente suficiente (para decidir sobre a inspiração e canonicidade), porque, se a ausência de paternidade literária apostólica exclui a inspiração, a sua existência não

---

[29] Cf. *ibid.,* pp. 55-59.

a implica automaticamente".[30] Considero que se deve ter presente, antes de tudo, a distinção entre "inspiração" e "canonicidade".

Quando um texto deriva de um apóstolo e aquele texto exprime o seu carisma e ministério de apóstolo, tal texto não pode deixar de ter por si mesmo também o caráter de livro "inspirado" e portanto "normativo" para aqueles aos quais se destina. Se este texto posteriormente se perdeu e conseqüentemente não pôde usufruir de um longo uso nas Igrejas como livro inspirado (um dos critérios acenados pelo Concílio de Trento), compreende-se porque não tenha podido entrar no Cânon. Evidentemente, o escrito não acrescentaria nada de novo e de substancial ao depósito da Revelação, já contida nos livros inspirados e reconhecidos como tais pela Igreja; e — embora a questão pareça "acadêmica" — o dia em que tal escrito fosse encontrado e se pudesse provar com certeza (mas como?) que é o escrito apostólico de um apóstolo, a Igreja não seria obrigada a reabrir o Cânon dos Livros Sagrados, ainda que se admitisse seu caráter de inspiração. Levando-se em consideração o *modo histórico* que Deus escolheu para revelar a sua Palavra e para transmiti-la a todos os homens, não deve causar estranheza o fato de que nem todos os livros 'inspirados' tenham podido ser conservados. É necessário e suficiente que o desígnio histórico de Deus tenha assegurado que a mensagem revelada da salvação universal chegasse *íntegra* através daqueles livros inspirados que foram conservados e que a Igreja reconheceu como canônicos, isto é, normativos.

b. O caso de livros "apócrifos" citados no NT

A carta de *Judas* cita no v. 9 a disputa do arcanjo Miguel com o demônio, que parece tirada da *Assunção de Moisés;* e nos vv. 14-16 cita o apócrifo *Enoc* 1,9, referindo-se a ele como se fosse uma "profecia": "Profetizou também por eles Enoc, sétimo depois de Adão, dizendo: 'Eis que o Senhor veio com suas miríades de anjos para fazer o juízo contra todos, etc...' "
O que dizer disto? Está fora de dúvida que o livro de Enoc gozava de uma predileção especial junto a alguns ambientes do judaísmo e que na própria Igreja cristã antiga foi ocasionalmente considerado e até usado como livro da Sagrada Escritura: por exemplo, na *Carta de Barnabé* 16,5; em Tertuliano, *De idol.* 15, 6 e *De Cultu femin.* 1, 3,1-3; em Clemente Alexandrino, *Eclogae*

---

30 Cf. o.c., p. 1521.

Proph. 2, 1 e 53, 4. De outro lado, é verdade que as dúvidas levantadas pela Igreja antiga sobre a inspiração e sobre a canonicidade da carta de Judas derivam precisamente do fato de que ela citava e fazia referência a livros apócrifos. Sinal, pois, de uma disparidade de juízo e ulterior confirmação de que neste período não existia um Cânon preciso e definitivo.

Todavia, permanece um problema: o que é que o autor da carta de Judas pensava do livro de Enoc, que ele cita como "profecia?" Com freqüência foi dito que ele pôde falar de uma "profecia" de Enoc do mesmo modo que Paulo em *Tito* 1,12 chama Epimênides "profeta", sem com isto considerá-lo "inspirado". Mas, também no caso de que o autor de *Jd* considerasse verdadeiramente inspirado Enoc (como ademais fazem outros escritores de época posterior), o fato por si só não implica a inspiração-canonicidade de Enoc, que de fato não foi reconhecido pela Igreja. A este propósito escreve J. Michl: "Não é possível explicar os livros bíblicos segundo uma teoria pré-fabricada de inspiração. É preciso distinguir entre a verdade que o autor ensina, e a forma pela qual ele a propõe. Tais verdades são os juízos de Deus sobre os pecadores e a pecaminosidade de toda oposição à vontade de Deus. Ora, para ser mais bem compreendido, o autor da carta escolhe *exemplos* tirados de lendas bem conhecidas dos seus cristãos (isto é, lendas judaicas), com a finalidade de tornar mais evidentes os ensinamentos e as admoestações por ele dadas (...) Mesmo que o autor (como outros homens do seu tempo e daquele posterior) tivesse considerado como realmente inspiradas por Deus as palavras de Enoc, vale sempre a consideração de que, quando muito, se tem uma idéia do autor (na realidade errada), mas nenhuma afirmação da qual se possa dizer que Deus quis ensiná-la aos homens através desta carta".[31]

c. A versão grega Setenta

Não existe nem pode existir um verdadeiro problema de inspiração das versões da Bíblia, ainda que antigas. Destinatários da inspiração bíblica são os escritores sagrados, e o objeto da inspiração são os textos originais saídos das suas mãos. Mas o problema foi levantado recentemente a propósito da versão grega Setenta (ver cap. 7), única no seu gênero.

---

[31] J. Michl, *Le lettere cattoliche*, Morcelliana, Brescia 1968; p. 118: da última frase dei uma versão mais precisa do texto original (cf. *Die Katholischen Briefe*, Pustet, Regensburg 1968, p. 88).

Um pouco de história.[32] A crença numa inspiração da Setenta nasceu no judaísmo alexandrino, e a legendária "Carta de Aristéia" do século II a.C. poderia ter sido, no início, um meio para exprimir uma fé já existente, mais do que uma prova legendária para dar-lhe um fundamento. Em todo caso, a origem legendária da versão, especialmente no relato miraculoso apresentado por Fílon (ver cap. 10, 1 b), contribuiu para manter (ou fazer nascer) no judaísmo tanto alexandrino como palestino a crença da inspiração da Setenta: ver Fílon Alexandrino[33] nos inícios da era cristã, e rabi Judas, o Santo, codificador da *Mixná* pelo ano de 150 d.C.[34]

Esta crença passou para a Igreja cristã dos primeiros séculos, apoiada não só por sua "legendária" origem, mas também por um novo argumento: a versão grega Setenta tornara-se praticamente a *Bíblia cristã*, mais ou menos em antítese com a Bíblia hebraica, mais breve, do judaísmo. A inspiração da Setenta é afirmada por são Justino,[35] santo Ireneu,[36] Clemente Alexandrino,[37] são Cirilo de Jerusalém;[38] no Oriente grego sua autoridade permaneceu intacta no decurso dos séculos e a sua inspiração é professada hoje nas Igrejas orientais. Mas é atestada também no Ocidente, onde a antiga versão latina, a *Vetus latina* sob todas as suas formas, foi feita segundo o texto da Setenta. Santo Agostinho escreve: "A propósito de tudo o que há na Setenta e não nos manuscritos hebraicos, podemos dizer que o Espírito de Deus quis revelar-no-lo através dos escritos do primeiro documento mais do que através daqueles do segundo, a fim de mostrar que tanto uns como outros foram profetas".[39] São Jerônimo, antes de iniciar a sua nova versão latina dos textos hebraicos, escreve que os tradutores gregos "Spiritu Santo pleni, ea quae vera fuerant transtu-

---

32 Cf. P. Grelot, *La Bible Parole de Dieu*, pp. 166-174; Id., *La Bibbia e la Teologia*, pp. 136-140.

33 "Eles (os LXX tradutores) profetizaram, como se Deus tivesse tomado posse do seu espírito, não cada um com palavras diferentes, mas todos com as mesmas palavras e os mesmos giros de frase, como se cada um estivesse sob o ditado de um invisível inspirador" (*De vita Mosis* 2, 37).

34 "O Santo pôs o seu conselho dentro do coração de cada um dos tradutores, e aconteceu que eles mostraram ter a mesma opinião; todavia eles escreveram... (seguem 13 passagens bíblicas que os LXX teriam alterado)" (*Mixná*, bT, *Megilá* 9 a).

35 *Apol.* I, 31: PG 6, 376.
36 *Adv. haer.* 3,21,2: PG 7,947s.
37 *Strom.* 1, 22: PG 8, 893.
38 *Catech.* 4,34: PG 33,497.
39 *De Civ. Dei* 18, 43: PL 41, 604.

lerunt";[40] mas depois a descoberta da *hebraica veritas* levou-o a criticar a versão grega: "Longum est nunc resolvere, quanta Septuaginta de suo addiderint, quanta dimiserint",[41] a ponto de dizer que os apóstolos a usaram apenas quando ela não discrepava do texto hebraico! Assim a nova versão latina de são Jerônimo acabou, no Ocidente cristão, por fazer com que a Setenta parecesse nada mais do que uma das tantas versões gregas.

O golpe decisivo à idéia da inspiração da Setenta foi desferido no século XVI, quando um número crescente de estudiosos rejeitou como apócrifa a legendária "Carta de Aristéia". Por fim, em 1720, Dom A. Calmet[42] não só refutou a lenda de Aristéia, mas encontrou uma série de argumentos para refutar a inspiração da Setenta, em primeiro lugar o fato de que o Espírito Santo não podia ser o autor dos muitos erros de tradução que podem ser encontrados na antiga versão grega. Esta opinião manteve-se comum nos séculos XIX e XX.

O problema voltou a ser levantado a partir dos anos 50, sobretudo por obra de P. Benoit[43] e de P. Grelot.[44] Eles tendiam para uma solução positiva do problema, baseando-se nos seguintes argumentos: 1. A versão grega é uma direta e providencial preparação à sucessiva composição do NT em língua grega; 2. Diversas passagens da Setenta não são uma simples tradução, mas representam um progresso e uma evolução com relação às idéias do texto hebraico (por exemplo, Is 7,14 em Mt 1,23; Sl 16,8-11 em At 2,25-31 e 13,35-37; Gn 12,3 e 18,18 em Gl 3,9 e At 3,25; etc...); 3. Alguns textos de origem hebraica se perderam e de fato só os encontramos na versão grega; 4. Existe a este propósito a tradição da Igreja do Oriente, nunca interrompida, e a tradição no Ocidente nos primeiros três séculos.

O Magistério da Igreja nunca se pronunciou, dando liberdade à discussão do problema. Pessoalmente, não julgo decisivos os argumentos a favor da inspiração da Setenta, e proponho as seguintes reflexões:

1. Que esta versão (como Bíblia dos hagiógrafos do NT e da Igreja cristã no momento de sua formação, como instrumento pro-

---

40 *Praef. in Paralip.*: PL 29, 402 (424).
41 *Ep. 57 ad Pammachium* 11: PL 22, 577.
42 Dom A. Calmet, *Dissertation pour servir de prolégomènes de l'Écriture Sainte*, tom. 1/2, Paris 1720, pp. 79-93.
43 P. Benoit, *La Septante est-elle inspirée?*, in *Exégèse et Théologie*, tom. I, pp. 3-12; Id., *L'inspitation des Septante d'après les Pères*, in *L'homme devant Dieu* (*Mélanges H. de Lubac*), Aubier, Paris 1964, tom. I, 169-187.
44 P. Grelot, *o.c.*

videncial da língua greco-bíblica do NT que será veículo da revelação definitiva neotestamentária) tenha um prestígio todo particular e constitua realmente um evento providencial na história da transmissão da Revelação, é algo fora de discussão. Mas, afirmar sua inspiração, significa levantar mais problemas do que os que se quer resolver.

2. É preciso prestar mais atenção ao *conceito articulado de inspiração*, com todos os seus precedentes na fase da transmissão factual, oral e também parcialmente escrita nas tradições que precedem o texto bíblico definitivo: precisamente nos termos da análise de P. Benoit e do próprio P. Grelot (ver cap. 9). Isso permite reconhecer uma particular presença e ação do Espírito Santo nestes tradutores gregos, como através de uma tradução no âmbito do povo de Deus, sem com isto dever concluir por uma inspiração de sua versão à maneira dos escritores sagrados.

3. No que se refere ao uso que os autores do NT às vezes fazem de alguns textos do AT conforme à versão da Setenta (e em desacordo com o texto hebraico), a inspiração do texto do NT é mais que suficiente para assegurar o uso que se faz da antiga versão grega, sem que se deva invocar a inspiração da mesma.

4. Um último argumento em favor da inspiração da Setenta, no qual P. Grelot insiste tanto, é constituído pelos livros deuterocanônicos do AT dos quais se perdeu o original hebraico ou aramaico. Estes livros (ver cap. 6), acolhidos no Cânon, só chegaram à Igreja em sua forma grega, ainda que — com exceção de Sb, 2Mc, Br 4,5-5,9 e os suplementos do livro de Est — derivem todos de originais semíticos, em parte reencontrados na gruta de Qumran (Tb, Eclo), nas ruínas de Massada (Eclo) e na *Geniza* do Cairo (Eclo). Nestes casos, onde se deve buscar o original inspirado? No texto semítico perdido, e hoje — ao menos em parte — reencontrado? Será talvez necessário, segundo a irônica observação de Orígenes,[45] que a Igreja peça aos judeus que lhe comuniquem os textos "puros", com a finalidade de corrigir a sua Bíblia? Sem dúvida, este é o argumento mais consistente, mas não o considero decisivo para um "sim" à inspiração na versão da Setenta na sua totalidade.

Com efeito, aqueles que se revelam ou se revelassem como verdadeiros e próprios acréscimos ao original semítico, fazem

---

45 *Carta a Júlio Africano* 4: PG 11, 57-60.

parte de uma tradição judaica autêntica e consagrada num escrito que tem todas as garantias da inspiração, na mesma categoria dos livros do AT escritos originariamente em grego: a Igreja cristã reconheceu o AT inspirado e canônico com aquela extensão que a versão grega e depois a latina lhe conferem. Para o resto dos casos, parece-me que o problema é, antes de tudo e sobretudo, um problema da crítica textual, que deve ser resolvido com critérios desta ciência mais do que com critérios teológicos.

14

O CÂNON DA BÍBLIA NO PROTESTANTISMO MODERNO[1]

Até aqui o diálogo entre católicos e protestantes sobre a Bíblia limitava-se sobretudo a *dois problemas* de fundo, preliminares a qualquer outra discussão.

O *primeiro* referia-se à relação entre Escritura e Tradição. O princípio da *Scriptura sola* obrigava os Reformadores a reduzir

[1] *Bibliografia*

AA. VV. (coorden.. E. Käsemann), *Das Neue Testament als Kanon. Dokumentation und kritische Analyse zur gegenwärtigen Diskussion*. Käsemann recolhe ali 13 ensaios de exegetas ou teólogos protestantes (G. Gloege, H. Strathmann, W. G. Kümmel, O. Cullmann, H. von Campenhausen, E. Käsemann, K. Alan, H. Diem, H. Braun, W. Marxsen, C. H. Ratschow, W. Yoest, G. Ebeling) e dois de teólogos católicos (H. Küng e P. Lengsfeld): cf., em particular, H. Strathmann, *Die Krisis des Kanons der Kirche* (pp. 41-61); E. Käsemann, *Begrundet der neutestamentliche Kanon die Einheit der Kirche?* (pp. 124-133); H. Diem, *Das Problem des Schriftkanons* (pp. 159-174); H. Braun, *Hebt die heutige neutestamentlichexegetische Forschung den Kanon auf?* (pp. 219-232); W. Marxsen, *Das Problem des neutestamentlichen Kanon aus der Sicht der Exegeten* (pp. 233-246); W. G. Kümmen, *Notwendigkeit und Grenze des neutestamentlichen Kanons* (pp. 62-97); H. Küng, *Der Frühkatholizismus im Neuen Testament als kontroverstheologisches Problem* (pp. 175-204); trad. ital., in *La Chiesa al Concilio*, Borla, Turim, 1964, pp. 147-183); E. Käsemann, *Kritische Analyse* (pp. 336-398), *Zusammenfassung* (pp. 399-410). N. Appel, *Kanon und Kirche*; M. Bouttier, *Catholicité et canonicité. Remarques sur un récent débat oecuménique*, in ETR 40 (1965) 181-192; H. Conzelmann, *Teologia del NT*, pp. 361-394; Id., *Die Mitte der Zeit*. J. C. B. Mohr, Tübingen 1957 (trad. ingl., *The Theology of St. Luke*, Faber a. Faber, Londres, 1961); J. D. G. Dunn, *Unity and diversity in the New Testament;* J. D. Kästli, *L'Eschatologie dans l'oeuvre de Luc;* H. Küng, *Strutture della Chiesa*, pp. 151-171; K. O. L. Ohlig, *Woher nimmt die Bibel ihr Autorität?;* I. de la Potterie, *Le problème oecuménique du Canon et le Protocatolicisme*, em *"Axes"* 4 (1972)7-19; H. Riesenfeld, *Unité et diversité dans le Nouveau Testament* (trad. fr.), Du Cerf, Paris 1979; G. Segalla, recensão de *Das Neue Testament als Kanon*, in *RBI* 20 (1972) 303-306.

a Tradição mais ou menos a uma elaboração humana, indevidamente acrescentada à Palavra de Deus escrita; para o catolicismo, pelo contrário, valia — e vale — a doutrina do Concílio de Trento (ver cap. 10, 3-4), retomada e resumida pelo Vaticano I: "Esta Revelação sobrenatural, segundo a fé de toda a Igreja ilustrada pelo Sagrado Concílio de Trento, está contida nos livros escritos e nas tradições não escritas, que ouvidas da boca do próprio Cristo pelos Apóstolos, ou transmitidas como que de mão em mão pelos mesmos Apóstolos por inspiração do Espírito Santo, chegaram até nós" (EB 77; CE 762; FC 62).

Mas hoje o problema se coloca em termos diferentes também entre os protestantes. Os estudos bíblicos e a reflexão teológica fizeram com que todos tomassem consciência, inclusive os protestantes, de que Escritura e Tradição não são duas realidades dissociáveis entre si: a Tradição precede a Escritura; a própria Escritura é fruto da elaboração da Tradição, e até mesmo seu momento privilegiado; a Tradição continua também depois da Escritura; a Escritura — como momento privilegiado da Tradição — constitui o primeiro critério de validade para julgar o desenvolvimento sucessivo da Tradição. E o Concílio Vaticano II deu uma contribuição decisiva ao diálogo ecumênico sobre as relações entre Escritura e Tradição, quando se orientou para uma distinção apenas formal, e não material, entre Escritura e Tradição (ver cap. 13, 4 b1.). O *segundo* problema refere-se à extensão exata do Cânon tanto do AT como do NT. Mas também aqui, como veremos, as posições entre católicos e protestantes se estão aproximando, ao menos no que se refere aos "deuterocanônicos" do NT.

Recentemente, no protestantismo na Alemanha foi levantado um *problema novo,* que tem também grandes repercussões no diálogo ecumênico. Se é verdade que o NT nasce da Tradição e entrega por escrito uma Tradição dinâmica e progressiva, então podem-se distinguir no NT diversas tradições, em algumas das quais (especialmente naquelas transcritas nos livros mais recentes) já estão presentes os sinais típicos do catolicismo, que a exegese protestante alemã chama *Frühkatholizismus (Protocatolicismo).* Isto colocaria o protestantismo num dilema: ou aceitar todo o NT e acolher — negando a Reforma — os elementos típicos do catolicismo ali já presentes; ou permanecer fiéis à Reforma protestante e optar por um "Cânon no Cânon".

1. AS BÍBLIAS PROTESTANTES, HOJE

Para o *Antigo Testamento*, no protestantismo moderno especialmente europeu há sinais de uma volta à posição mais moderada dos primeiros Reformadores. Lutero, na sua versão do AT em alemão, de 1534, agrupava no fim os deuterocanônicos (ver cap. 12, 1), com o título de *"Apócrifos"* e com esta nota: "Apócrifos: estes são livros que não são considerados iguais às Sagradas Escrituras, mas são igualmente úteis e bons para serem lidos". O termo *Apócrifos*, ou *livros ocultos*, é aplicado aos deuterocanônicos, porque excluídos da leitura litúrgica.

É preciso esperar até o século XIX para que os Deuterocanônicos, colocados até então em apêndice, sejam totalmente excluídos das traduções da Bíblia difundidas pelas várias Sociedades Bíblicas.[2] Mas em nossa época também as Bíblias protestantes trazem em apêndice ao AT os chamados "Apócrifos", embora antepondo-lhes um prefácio especial que explicita seu caráter de "livros excluídos do Cânon dos Hebreus".[3]

Para o *Novo Testamento*, ao contrário, nas Bíblias protestantes modernas, não só figuram todos os livros deuterocanônicos do NT (ver cap. 12, 1), mas também são apresentados na ordem tradicional, ao contrário de Lutero que havia classificado os livros de acordo com sua importância, antecipando assim, de certa forma, a moderna discussão do "Cânon no cânon". Com efeito, ele atribuía um papel secundário a Hebreus, Tiago, Judas e Apocalipse (cap. 13, 3), colocando-os no fim de sua versão, depois dos outros livros que ele considerava "os verdadeiros, seguros e mais importantes livros do NT". Lutero foi seguido por alguns Reformadores alemães, mas as outras igrejas reformadas não puseram em discussão o Cânon do NT; e os próprios luteranos voltaram ao Cânon tradicional no século XVII. Também as reservas que Lutero fazia a propósito de Hebreus, Tiago, Judas e Apocalipse, em geral caíram. Sirva como exemplo o juízo de O. Cullmann sobre a Carta de Tiago: "Ao contrário do juízo negativo de Lutero que a chamava 'Carta de palha', ela tem

---

2 Cf. *La Sacra Bibbia*, reeditada pela "Società Biblica Britannica e Forestiera" com sede em Roma: tanto na tradução de G. Diodati (1607), como naquela revista por G. Luzzi (1931).
3 Cf. *The New English Bible* (*with Apocripha*), *Oxford-Cambridge* 1970, vol. II, pp. V-VII; *La Biblia*, traduzida e comentada por G. Luzzi, vol. X (*Apocrifi dell'AT*), Fides et Amor, Florença 1930; *TOB* (*Traduction oecuménique de la Bible*), vol. I (*Ancien Testament*), Du Cerf, Paris 1975, pp. 1887ss. (*Les Livres Deutérocanoniques*): trad. it. *TOB* (*Traduzione ecumenica della Bibbia*) — *Antico Testamento*, vol. 2, LDC, Turim-Leumann 1979, pp. 693-697.

um incontestável valor teológico. Encontramos ali alguns ecos do Sermão da Montanha e sobretudo uma real preocupação com os pobres. Considerada à parte, ela certamente não daria uma idéia da mensagem cristã, mas tem seu lugar *ao lado dos escritos do NT*".[4]

2. O "CÂNON NO CÂNON". O "PROTOCATOLICISMO" NO NT

Sem dúvida, é bastante evidente que alguns livros da Bíblia tenham maior valor que outros. A *DV* diz expressamente dos Evangelhos: "Ninguém ignora que, entre todas as Escrituras mesmo do Novo Testamento, têm os Evangelhos o primeiro lugar, enquanto são o principal testemunho da vida e doutrina do Verbo Encarnado, nosso Salvador" *(DV* 18). E o Decreto sobre o Ecumenismo lembra que "existe uma ordem ou 'hierarquia' nas verdades da doutrina católica, sendo diverso o seu nexo com o fundamento da fé cristã" *(UR* 11). Mas isto não significa que se deva introduzir uma distinção no Cânon bíblico, como se houvesse livros inspirados e livros não inspirados, ou livros mais inspirados e livros menos inspirados.[5]

É igualmente evidente que, afora as diferenças entre o AT e o NT, solúveis nos termos de um progresso da Revelação, também no interior do NT vêm depositar-se diferentes tradições e estão presentes diferentes abordagens do evento de Jesus Cristo e do mistério cristão. Mas as diferentes tradições ou teologias, ainda que só do ponto de vista exegético, não se encontram em antítese tal que se excluam mutuamente; podem ser reconduzidas a reflexões e acentuações diversas, mas complementares, devidas também a um efetivo progresso de compreensão do mistério cristão, não rejeitável a priori no tempo da Igreja apostólica.[6] Para dar um

---

[4] O. Cullmann, *Il Nuovo Testamento*, p. 115.

[5] "O depósito revelado não permite nem seleções de conteúdo nem gradação de obséquio da fé. Certamente, existe uma hierarquia dos dogmas da Igreja (cf. Conc. Vatic. II, decr. *UR*, n. 11), no sentido de que alguns se fundam sobre os outros como principais e são por eles iluminados; mas todos devem ser igualmente cridos como divinamente revelados" (Sacra Congr. para a doutrina da fé, *In margine alla dichiarazione sulla teologia di H. Küng*, III/2: *Osserv. Romano* 19-12-1979; *Regno/Docum.* 1 (1980) 15.

[6] "O mesmo discurso sobre a 'pluralidade das teologias' ou melhor, sobre os aspectos diversos e complementares nos quais podem ser apresentados e ilustrados diversos temas fundamentais do NT como a salvação, a Igreja e o próprio mistério da posse de Cristo, não evoca de novo a sinfonia coral da comunidade viva (isto é, a comunidade primitiva do NT), com as suas vozes múltiplas que professam todas a fé no único mistério?" (Paulo VI, *Discurso*

exemplo, as divergências entre a carta de Tg e as cartas de Paulo aos Romanos e aos Gálatas, não tornam de forma alguma contraditórios os três escritos nem obrigam a uma escolha discriminatória dentro do Cânon do NT.[7]

Pelo contrário, o problema de uma discriminação no Cânon do NT, ou de um "Cânon no cânon", foi recentemente levantado por alguns exegetas e teólogos de língua alemã, em conexão com o tema do *Frühkatholizismus* ou *Protocatolicismo*.

a. O "Protocatolicismo": de Harnack a Käsemann

A expressão *Protocatolicismo* cunhada por A. von Harnack (1851-1930), designa nestes autores os estágios iniciais do sacramentalismo, da hierarquia, dos ministros ordenados, do dogma; em resumo: o início das notas características do cristianismo católico.

Os pais da Reforma protestante sentiam-se herdeiros espirituais da Igreja do primeiro milênio; para eles, o catolicismo só tinha tomado corpo na Idade Média. A. von Harnack, pelo contrário, fazia começar a chamada "degeneração católica" no século II, quando se consumou — como ele o chama — o "pecado original" entre helenismo e cristianismo, que punha fim ao período apostólico e introduzia o do protocatolicismo ou catolicismo primitivo. Harnack escrevia:

"O segundo século, mais do que qualquer outro anterior, é o século da contaminação entre as religiões, da teocrasia. O cristianismo devia inserir-se neste processo como elemento ao lado dos outros, ainda que fosse o mais importante. Aquele helenismo, que realizava esta tentativa, já se apropriara de todos os mistérios, da sabedoria do culto oriental, de tudo o que nela havia de mais sublime ou de mais absurdo e, através do meio infalível da interpretação filosófica,

aos membros da Pontifícia Comissão Bíblica sobre a "importância dos estudos bíblicos para a atividade da Igreja", 14 de março de 1974: *AAS* 66 (1974) 236.

7 "É o que se confirma por uma comparação aprofundada entre Paulo e Tiago. O primeiro explicitou que o que teria valor aos olhos de Jesus Cristo para a nossa justificação era a fé, mas a fé que se traduz em obras (Gl 5, 6); ele falou da ação da fé (1Ts 1,3) e indicou para as obras, enquanto frutos da fé e do Espírito Santo, o seu lugar na economia da salvação. A doutrina paulina da justificação pela fé não nos dispensa de traduzir a fé em obras. O que o nosso autor (o autor de Tg) estaria contestando, pois, seria uma compreensão errada da história de Abraão e talvez da doutrina paulina" (O. Cullmann, *Il Nuovo Testamento*, p. 114).

isto é, alegórica, havia tecido uma esplêndida tela. Agora se lançava, é preciso dizê-lo, sobre o anúncio cristão (...) O gnosticismo, como se chama este movimento, composto de uma miríade de experiências religiosas (...) procurou dar forma a elementos ainda não estruturados, levar à conclusão o que parecia incompleto e atrair para o próprio sulco toda a corrente do movimento cristão. A maioria dos crentes, guiados por seus bispos, não se deixou seduzir, mas começou a combater este movimento convencida de que ali se ocultava uma tentação demoníaca (...) *A luta contra o gnosticismo obrigou a Igreja a dar forma estável e normas rígidas à sua doutrina, ao seu culto, à sua disciplina e a excluir quem não lhes prestasse a devida obediência (...)* Se se entende como católica a igreja da doutrina e da lei, então ela surgiu naquele momento, na luta contra o gnosticismo".[8]

Do século II ao período do NT a passagem era breve. Para R. Bultmann o catolicismo começa ainda antes: já está presente no próprio NT.

A propósito da organização da Igreja segundo as cartas pastorais (1 e 2Tm; Tt), Bultmann não pode deixar de constatar que nelas já se encontra a passagem do "ofício carismático" ao "ofício institucional" em sentido católico.[9] A conclusão que ele tira é a de uma *unidade* do Cânon do NT apenas *relativa:*

"De fato, o Cânon (do NT) reflete uma multiplicidade de concepções da fé cristã ou dos seus conteúdos. Portanto a sua unidade interna se torna *uma questão* (...) Ao lado dos Sinóticos, que mostram diferenças também entre si, está João e ao lado dos Evangelhos em sua totalidade está Paulo! Do lado de Paulo está Hebreus, do outro, Tiago! Estas variações não eram necessariamente percebidas como opostas, e também como variações só eram percebidas em casos extremos, como na questão se Hebreus e Apocalipse deviam ou não pertencer ao Cânon. Mas no decurso da história estas diferenças desembocaram inevitavelmente em opostos; e quando no fim as várias confissões e seitas cristãs apelaram todas elas para o Cânon, isto só foi possível porque em

---

[8] A. von Harnack, *L'essenza del Cristianesimo*, pp. 198-199 (188-200).
[9] Cf. R. Bultmann, *Theologie des Neuen Testaments*, par. 52, *Die kirchlichen Ämter*, pp. 446-457 (parágrafos 51-53, pp. 440-463).

cada uma delas um dos vários motivos contidos nos escritos canônicos se tornou o motivo dominante".[10]

E. Käsemann, H. Conzelmann, H. Braun e W. Marxsen[11] — para citar os nomes mais prestigiosos — levaram às últimas conseqüências o discurso bultmanniano. O elemento tipicamente católico na concepção do ministério, da sucessão apostólica, da ordenação dos ministérios e da doutrina, já se encontra em pleno NT: a organização da Igreja descrita nas cartas pastorais, e até nos Atos dos Apóstolos, é de caráter decididamente "protocatólico", em contraposição às comunidades de Paulo que têm uma orientação claramente carismática. A resistência contra as heresias gnósticas é realizada sob a direção de um único centro, o Delegado Apostólico (Tito, Timóteo), e o *"Presbyterium"* ligado a ele; a própria palavra *charisma* já designa a autoridade de "ordenar" e a ordem de guardar o "depositum fidei" (cf. 1Tm 4,14); 2 Tm 1,6). Com as cartas pastorais está estreitamente relacionada a 2a. de Pedro, o escrito provavelmente mais recente do NT e o mais protocatólico: ali o magistério eclesiástico é depositário do carisma de ministério e toda interpretação *privada* da Escritura é banida (cf. 2Pd 1,20 e 3,16). Elementos tipicamente católicos encontram-se até na obra de Lucas, Evangelho e Atos. A teologia lucana da "história da salvação" nas três etapas: "Israel — Jesus — Igreja", é um sinal típico de um afastamento da tensão escatológica presente em Jesus e em Paulo; "protocatólica" é também a imagem lucana de uma história da Igreja que se instala no mundo e ali introduz aquela que outro protestante, J. D. Kästli, chamou "a moral burguesa de Lucas", isto é, uma moral que se adapta à duração da história "através da busca de um *modus vivendi* com as autoridades políticas e de um comportamento racional, burguês, diante dos problemas da vida diária".[12]

b. Critérios de um "Cânon no cânon". O Cânon do NT e as confissões cristãs

Portanto, ali onde se encontram nos livros ou nas secções do NT: 1. a passagem do carisma à instituição; 2. a diminuição da

---

10 R. Bultmann, *ibid.*, p. 486. Bultmann conclui, citando Käsemann: "Portanto, é válido o juízo de Käsemann: 'O Cânon do NT, como tal, não é o fundamento da unidade da Igreja. Pelo contrário, o Cânon, como tal, é o fundamento da multiplicidade das confissões' (Käsemann)".
11 Cf. o.c.
12 *L'Eschatologie dans l'oeuvre de Luc*, p. 125.

tensão escatológica; 3. a evolução na apresentação da moral cristã, ali os autores citados falam de penetração espúria do "protocatolicismo" e portanto de contaminação do Evangelho puro, com novas e graves conseqüências para o problema do Cânon. O atual NT é muito vasto e compreende elementos que não são mais puros: dever-se-ia reduzi-lo para reencontrar, *dentro do Cânon* atual e tradicional, a pureza do Evangelho.

Mas *com que critério* é possível identificar o "centro do NT",[13] o Evangelho puro? Não é por acaso que as respostas são tão diferentes. Para Lutero era autenticamente inspirado, canônico e cristão somente "o que leva a Cristo" e o manifesta. Para W. Marxsen é "o Querigma primitivo logo depois da Páscoa", e por isso é preciso dar prioridade aos escritos do NT mais arcaicos. Para E. Käsemann e H. Conzelmann é o tema típico da Reforma protestante, isto é, "a justificação do pecador em virtude da fé".

Uma prova ulterior, também neste novo problema, do *subjetivismo*, enraizado na exegese e na teologia das Igrejas da Reforma.

Abordado e compreendido desta forma, o Cânon do NT deixa de ser o fundamento da unidade da Igreja e se torna o fundamento da diversidade das Igrejas cristãs. E. Käsemann faz a si mesmo a pergunta se "o Cânon do NT constitui o fundamento da unidade da Igreja",[14] e a sua resposta é um decidido não. Ele baseia sua tese em três argumentos:[15] a variabilidade do próprio Querigma neotestamentário presente nos Evangelhos (quatro e não um só); a extraordinária quantidade de posições teológicas mais vasta ainda do que aquela resultante dos escritos do NT, que geralmente têm caráter ocasional; a incompatibilidade das várias teologias do NT. Destes argumentos, Käsemann tira uma conclusão para ele inequívoca: "O Cânon do NT não estabelece, em si e por si, a base da unidade da Igreja. Pelo contrário, na sua estrutura, isto é, nos elementos compósitos que o historiador pode ali encontrar, constitui o fundamento da pluralidade das confissões cristãs".[16] Deve-se aplicar ao NT, segundo Käsemann, o paulino "discernimento dos espíritos": os "espíritos bons" do NT são apenas aqueles testemunhos que são ou podem tornar-se "Evangelho", isto é, que anunciam a "justificação pela

---

13 Cf., por exemplo, W. G. Kümmel, *La teologia del NT. Gesù, Paolo, Giovanni*, pp. 9-16.415ss.
14 É precisamente este o título do ensaio de E. Käsemann, que se encontra em *Das neue Testament als Kanon*: cf. nota 1.
15 Cf. uma síntese dos argumentos de Käsemann in H. Küng, *La Chiesa al Concílio*, pp. 151-154.
16 E. Käsemann, *o.c.*, p. 131.

fé"; os outros escritos são "espíritos maus". E, apesar das boas intenções de Käsemann que não gostaria de eliminar do Cânon do NT certos livros ou certos textos, a sua escolha se torna *escolha seletiva* e *programática*. Não se vê outra conclusão senão esta: um "Cânon no cânon", um novo parcial e redutivo NT.

3. UMA RESPOSTA AO PROBLEMA DO "CÂNON NO CÂNON"

O problema levantado pelos representantes mais radicais do protocatolicismo colocou o próprio protestantismo num dilema. E. Käsemann exprime-o assim: "A época em que se podia opor ao catolicismo o conjunto da Escritura pode estar irremediavelmente sepultada. Com este princípio formal, isto é, o princípio formal do protestantismo, o princípio da autoridade soberana da Escritura na sua totalidade, o protestantismo hoje não pode mais trabalhar sem questionar a autenticidade de sua análise histórica. O Cânon do NT não se encontra entre o judaísmo e o protocatolicismo, mas ele oferece no seu interior um lugar e uma base tanto para o judaísmo como para o protocatolicismo".[17] Com palavras ainda mais explícitas, M. Bouttier fala de uma "escolha dilacerante" à qual o problema do "Cânon no cânon" parece obrigar os protestantes: "Ou converter-se, como H. Schlier ao catolicismo romano, ou questionar certos aspectos da tradição protestante (...) ou acolher o conjunto do testemunho do NT, e renunciar a fazer ouvir claramente a voz do Evangelho; ou fazer ressoar esta voz e renunciar à catolicidade (isto é, ao conjunto) do NT".[18]

a. Uma resposta protestante

A maioria dos teólogos e exegetas do protestantismo moderno aceita todo o Cânon tradicional e censuram Käsemann e seus amigos por terem exagerado até ao extremo as diversidades que existem no interior do NT.

O. Cullmann, referindo-se diretamente ao nosso problema "sobre o que constitui a unidade da Bíblia e sobre o que deve ser considerado como norma na Bíblia (o "Cânon no cânon"), escreve: "O problema não é novo. Já se havia apresentado quando Lutero propôs o critério que é conforme às Escrituras só "o que

17 *Ibid.*
18 M. Bouttier, *Catholicité et canonicité*, pp. 182-183.

leva a Cristo e comunica Cristo" *("was Christum treibt")*. Toda época da história eclesiástica fez, contudo, uma escolha entre os motivos bíblicos com base nos próprios pensamentos preferidos. Para Erasmo e para os iluministas, no centro estava o Sermão da Montanha; segundo Käsemann, recentemente, estaria em vez disso a justificação pela fé. Mas toda escolha é necessariamente subjetiva, arbitrária. Se considerarmos seriamente o conceito de um Cânon que compreende o Antigo e Novo Testamento, deveremos dizer — não com base numa preferência teológica, e ademais não com base numa escolha nossa — que só se pode tratar da história da salvação, porque na realidade só ela pode compreender todos estes livros (...) Não podemos rejeitar aquilo que, unindo estes livros entre si, forma a 'Bíblia': ou seja, a história da salvação. O princípio de Lutero *("was Christum treibt")*, não pode ser rejeitado sem mais, mas deve ser integrado levando em consideração o fato de que a obra de Jesus Cristo (...) é o centro ordenador e, ao mesmo tempo, o sumário de todo um processo histórico que a ele conduz e que dele procede (...) De outra forma corremos o risco de reduzir de novo também 'o que leva a Cristo e põe em comunhão com ele' àquilo que nos 'interpela' e de assim voltar a uma escolha, chegando talvez ao ponto de não saber o que fazer com o Apocalipse joanino".[19] Para Cullmann, portanto, a história da salvação não só não é apenas um fenômeno do protocatolicismo, mas constitui a própria essência da Revelação e aquilo que une os vários livros sagrados e faz deles a "Bíblia". Não se trata de eliminar a história da salvação da Bíblia e com ela os livros que mais a refletem, mas de integrá-la aos outros elementos essenciais.

Outro protestante, o suíço J. D. Kästli, em sua tese de Licenciatura consagrada à escatologia na obra de Lucas, dedica um capítulo ao problema do protocatolicismo em Lucas.[20] Reconhece que Lucas faz a tradição evangélica sofrer uma historicização, mas quer mostrar que esta historicização faz parte do próprio querigma e corresponde a uma intenção teológica legítima.

H. Diem, professor protestante de teologia sistemática em Tübingen, dá razão a Käsemann quando afirma que os escritos no Cânon do NT não constituem uma unidade de doutrina, mas rejeita decididamente um "Cânon no cânon". O princípio da justificação pela fé, que Käsemann adota como critério para

---

19 O. Cullmann, *Il Mistero della Redenzione nella storia*, pp. 407-408.
20 *Luc et le Catholicisme primitif. Le problème de l'Église lucanienne*, in o.c., pp. 93-108.

discernir um "Cânon no cânon", para Diem não é uma doutrina, mas um processo no qual, através da história da revelação, a justiça em Cristo é imputada ao crente. Somente aceitando o limite de fato imposto no Cânon e reconhecido pela Igreja, a história da revelação se torna um processo obrigatório para a justificação: "Esta obrigatoriedade, para nós, do processo em que se realiza a história da Revelação, consiste no fato de que a Igreja entendeu a Palavra de Deus só na proclamação que lhe foi feita por estas testemunhas e que, portanto, também nós, por nossa vez, devemos entendê-la exclusivamente nelas e transmiti--la somente através delas. *Esta é uma realidade que não se pode deixar de admitir, mas que, em linha de princípio, não pode ser justificada de algum modo* (...) Este uso estritamente objetivo da Escritura representa também, do ponto de vista teológico, a única forma de *limitação* possível com relação à tradição da Igreja (...) A Igreja compreendeu a Palavra de Deus exclusivamente na proclamação destes testemunhos e por isso também nós, exclusivamente através destes testemunhos podemos entender e transmitir a Mensagem".[21]

Na realidade, *para Diem*, não existe um verdadeiro protocatolicismo" no NT; para ele, a passagem ao protocatolicismo deve ser interpretada como "desvio do NT". E diante dos elementos tipicamente "protocatólicos" do NT, (ministério episcopal, magistério, sucessão de Pedro, ordenação, sacramentos etc.), Diem não faz outra coisa senão adotar o sistema freqüentemente aplicado pela teologia protestante, isto é, o de negligenciar, minimizar e atenuar estes elementos.[22] Diem censura em Käsemann uma "escolha programática", mas acaba por realizar uma *escolha de fato*, uma escolha prática.

b. Uma resposta católica

Uma resposta católica ainda válida ao problema do "Cânon no cânon" foi dada pelo *primeiro* H. Küng em dois ensaios de 1962-63, substancialmente idênticos.[23] Escolhi H. Küng precisa-

---

21 Cit. in H. Küng, *La Chiesa al Concilio*, pp. 159s. 166.
22 A questão do encurtamento, ao menos de fato, do Cânon, é algo que aparece nas *Teologias do NT* de autores protestantes: cf. G. Segalla, *Quindici anni di teologie del NT. Una rassegna* (1962-1977), in *RBI* 27 (1979) 359-395.
23 H. Küng, *Der Frühkatholizismus im Neuen Testament als Kontroverstheologisches Problem*, im *TQ* 142 (1962) 385-424: é o ensaio incluído por Käsemann in *Das Neue Testament als Kanon*, e inserido por Küng in *La*

mente porque o erro fundamental de uma escolha parcial no interior do NT, por ele tão agudamente censurada em Käsemann, é o mesmo erro em que parece ter caído Küng, sobretudo a partir do seu *Die Kirche,* de 1967. Considero até que a origem principal de todas as perplexidades objetivas suscitadas pelas obras do *segundo* H. Küng e que culmina na Declaração da Sagrada Congregação para a Doutrina da Fé, de 15 de dezembro de 1979 que o priva do mandato de "Teólogo católico" pelo fato de que "desviou-se, nos seus escritos, da integridade da verdade da fé católica",[24] depende em última instância deste erro de origem: a sua falta de atenção ao NT na sua catolicidade, na sua universalidade. Küng tinha então proclamado e defendido fortemente "a aceitação integral do NT"; será que depois ele mesmo acabou fazendo uma escolha parcial, redutiva?

Naquela ocasião H. Küng polemizou tanto com a escolha "programática" de Käsemann, como com a escolha "prática" de Diem, afirmando o que segue:

1º — Pode-se e deve-se conceder que não há perfeita unidade nas teologias dos diversos escritos do NT, no sentido de que "o NT não é uma *summa theologica* sistemática, não é um sistema doutrinário unitário que, prescindindo do seu caráter de mensagem, possa ser doutrinalmente explicado e demonstrado. Os vários textos foram compostos por diferentes pessoas em situações diversas com orientações teológicas diversas. E agora devem falar a pessoas diversas, com orientações diversas. A tarefa perene da Igreja é precisamente a de transferir e traduzir continuamente o *Querigma* em termos modernos".[25]

2º — Pode-se e deve-se procurar no interior das verdades e das diversidades do Cânon do NT aquilo que Käsemann chama *o Evangelho,* isto é, o essencial do evento-mensagem de Jesus Cristo expresso de várias maneiras no NT, ou melhor, daquilo que "os testemunhos sucessivos (isto é, mais tardios do NT) não podem e não querem ser senão interpretações (...) Quanto mais um testemunho está longe (isto é, longe do evento-mensagem de Jesus Cristo, seja no tempo seja no seu material interno), tanto

---

Chiesa al Concilio, pp. 147-183; Id., *Strukturen der Kirche,* Herder, Fr. i. Br. 1963; trad. it., *Strutture della Chiesa,* cap. VI (*Concilio e ordini ecclesiastici*), parágr. 3 (*Nuove tendenze*), pp. 151-171.
24 Sagrada Congreg. para a Doutrina da Fé, *Declaração sobre a teologia de H. Küng,* de 15 de dezembro de 1979: *AAS* 72 (1980), 90-92; *Regno Docum.* 1 (1980) 14.
25 H. Küng, *Strutture della Chiesa,* p. 161s.

mais os exegetas e os dogmáticos devem preocupar-se com a maneira pela qual ele trata da salvação de Jesus Cristo: isto é, examinar quais são os fatores em jogo nos vários pregadores em cada situação, fatores que podem incitar ou frear, confirmar ou enfraquecer, acentuar ou minimizar. Assim todo testemunho deve ser visto no quadro de todo o NT, partindo da mensagem de Jesus e do centro de gravidade original, e os testemunhos posteriores não devem portanto suplantar aqueles anteriores, as cartas pastorais não devem suplantar, por exemplo, o Sermão da Montanha. É inegável que os católicos às vezes supervalorizaram desmedidamente as cartas pastorais, chegando assim a transformar boa parte da eclesiologia em hierarcologia. Todavia, este mau uso das pastorais não autoriza a colocá-las de lado como se fossem pura e simplesmente produtos do primeiro catolicismo".[26]

3º — Käsemann e os outros estão errados ao apresentar de maneira dura e absoluta, e portanto ao radicalizar as diversidades no Cânon do NT, até torná-las antitéticas e contraditórias. Tais diversidades não são a causa das diversas confissões cristãs, como se o protestantismo fosse de inspiração "paulina", a ortodoxia de inspiração "joanina" e o catolicismo de inspiração "petrina". As diferentes teologias do NT são o fundamento *possível,* mas *não* o fundamento *necessário:* "O que significa esta rejeição programática oposta ao critério de compreensão sintética, complexiva do NT e a uma aceitação integral, em favor de uma *escolha* que se concentre em determinados pontos? Não significa outra coisa senão a clara rejeição integral de uma *catolicidade* na interpretação da Escritura, em favor de uma *hairesis.* Para sermos precisos, deve-se pois dizer que o Cânon do NT, na sua heterogeneidade, é antes *premissa,* ocasião da variedade das confissões, mas não é — em sentido estrito — *causa, razão* (...) A verdadeira e própria causa da pluralidade das confissões não é o cânon neotestamentário, que, compreendido na sua unidade, em sentido católico *(kath'olou)* é premissa da unidade da Igreja, mas a *heresia (hairesis)* que dissolve a unidade da Igreja".[27] Mais ainda: "O protesto contra todo o catolicismo primitivo é protesto contra tudo o que é católico (...) O protesto contra a catolicidade da Igreja torna-se, porém, necessariamente (enquanto protesto protestante) protesto contra a catolicidade da Escritura, na qual ela queria basear exclusivamente a sua

---
26 *Ibid.,* p. 167; cf. *La Chiesa al Concilio,* p. 180s.
27 *La Chiesa al Concilio,* p. 164.

rejeição da catolicidade da Igreja. O protesto, de corretivo (como o entendia Lutero na origem) torna-se constitutivo (como pretende o protestantismo nas suas diversas expressões). O protesto se congela e se neutraliza por si mesmo, desagregando com suas próprias mãos os fundamentos sobre os quais se colocou (...) O conceito *erroneamente entendido* da *sola Scriptura* leva àquele da *sola pars Scripturae*, e este, em resposta, a um conceito de *sola pars Ecclesiae*, em resumo, a um caos desastroso na proclamação e na doutrina e a uma progressiva desagregação do protestantismo".[28]

4º — O juízo de H. Küng sobre o "Cânon no cânon" chega a surpreender por seu rigor e sua severidade: "O ousado programa do "Cânon no cânon" exige nada menos do que sermos mais bíblicos do que a Bíblia, mais neotestamentários do que o NT, mais evangélicos do que o Evangelho, mais paulinos do que Paulo. A sua intenção é uma valorização radical absoluta, o resultado é uma desagregação absoluta. Contra toda *hairesis* que, ao querer tornar-se norma absoluta acaba involuntariamente na *hybris*, a atitude católica procura manter-se aberta e livre a todo o Novo Testamento. É uma atitude que com freqüência parece menos coerente e menos convincente do que sustentar com toda energia e com toda parcialidade uma *linha determinada*. Paulo sozinho pode, às vezes, parecer mais lógico e convincente do que todo o conjunto heterogêneo do NT, e o Paulo autêntico (aquele despojado de todo "sacramentalismo" e "misticismo") às vezes pode parecer mais lógico e mais convincente do que o Paulo integral. Mas o verdadeiro Paulo é o Paulo integral, e o verdadeiro NT é o NT integral".[29]

Concluindo — Não se pode deixar de concordar com esta rigorosa crítica que o *primeiro* H. Küng propôs nos anos do Concílio ao problema do "Cânon no cânon". Käsemann procurou responder a Küng, censurando-o por não ter compreendido bem o problema: "O meu tema não é o todo e as suas partes, ainda que o católico partindo de suas concepções da tradição, talvez deva vê-la assim. O meu tema é o problema da reta interpretação do todo".[30] Mais uma vez Käsemann, para resolver precisamente aquele problema, não pode deixar de apelar, na conclusão

---

[28] *Ibid.*, p. 177.
[29] *Ibid.*, p. 168s.
[30] E. Käsemann, *Kritische Analyse*, in *Das Neue Testament als Kanon*, p. 376.

de sua resposta a Küng,³¹ para o princípio interpretativo que parte da identificação do Evangelho (na sua pureza original) com a doutrina da justificação gratuita. Portanto, voltamos à estaca zero.

De outro lado, como já disse, também contra H. Küng foram dirigidas censuras e críticas por não ter sido coerente com a aguda crítica feita contra Käsemann. No seu *Die Kirche*³² ele "elabora(va), em contradição com o ponto de vista verdadeiramente católico que ele mesmo havia sublinhado, uma eclesiologia inspirada quase exclusivamente em alguns textos paulinos sobre a Igreja de Corinto, na qual os carismas desempenhavam um papel importante, isto é, uma eclesiologia de tipo quase exclusivamente carismático".³³

4. IMPORTÂNCIA DO PROBLEMA DO "CÂNON NO CÂNON" PARA O ECUMENISMO

À primeira vista, o problema do "Cânon no cânon" parece dar aos católicos apenas satisfação, visto que também os protestantes reconhecem já presentes no NT aqueles elementos tipicamente católicos contra os quais a Reforma protestante combateu.

A história da conversão ao catolicismo do exegeta-teólogo protestante H. Schlier, lembrada também por H. Küng,³⁴ revela-se a este propósito extremamente importante. Em 1955, depois de sua conversão, H. Schlier, discípulo de R. Bultmann e também de Käsemann, escrevia: "O Novo Testamento impeliu-me, paulatinamente, a perguntar-me se a confissão luterana e especialmente se a nova fé evangélica, que tanto se afasta do Novo Testamento, é conciliável com o seu testemunho, e gradualmente cheguei à convicção de que a Igreja que o Novo Testamento tem diante dos olhos é a Igreja católica romana. Foi, pois, se assim posso dizer, um caminho autenticamente protestante aquele pelo qual cheguei à Igreja, um caminho até previsto, ainda que não naturalmente considerado necessário, pelos escritos de profissão luterana. E aqui devo mencionar também outro fato: o que me orientou para a Igreja foi o Novo Testamento como se apresentava desde que

---

31 Id., *Zusammenfassung, ibid.*, pp. 399-410.
32 Tr. it., *La Chiesa*, Queriniana, Brescia 1979.
33 I. de la Potterie, *a.c.*, p. 18; cf. também Y. Congar, *L'Église de Hans Küng*, in *RSPT* 53 (1969) 693-706.
34 H. Küng, *Strutture della Chiesa*, pp. 158s. 164s.

fosse analisado historicamente sem preconceitos".³⁵ E na coletânea de ensaios exegéticos (quase todos do tempo de seu período evangélico), publicada também ela em 1955, Schlier quer perguntar ao leitor "uma só coisa: se não é exato o que eu percebi aqui no Novo Testamento, e se o Novo Testamento, para resumir, não é no fundo católico, se os princípios católicos não são no fundo aqueles apostólicos".³⁶ Então, com um pouco de triunfalismo ecumênico, poderíamos ser tentados de dizer: "Que os protestantes escolham: ou se tornam católicos como Schlier, visto que os elementos tipicamente católicos já estão todos dentro do NT, considerado na sua totalidade e no seu desenvolvimento histórico; ou então são obrigados a renegar o próprio princípio da Reforma protestante da *sola Scriptura*".

Na realidade, a problemática recente do "Cânon no cânon" refere-se também aos católicos e nos solicita a uma reflexão crítica que abre novos caminhos ao ecumenismo: "Nós mesmos, católicos, devemos perguntar-nos se, na teologia católica, não fizemos também nós, às vezes, certa escolha. Toda a diferença entre a posição protestante e a posição católica consiste nisto: os protestantes excluem uma parte da Revelação, e isto deriva da *hairesis*, da *heresia;* a Igreja católica nunca excluiu uma parte da Revelação; mas será que não lhe aconteceu fazer inconscientemente certas *escolhas*, no interior do Novo Testamento, acentuando demasiadamente certas partes, em detrimento de outras partes igualmente autênticas, e isto, sobretudo em função da polêmica contra o protestantismo, depois do Concílio de Trento?"³⁷

Não faltam exemplos de semelhante e, às vezes, unilateral acentuação na teologia católica, ao menos até o tempo do Concílio Vaticano II e da renovação teológica e pastoral do pós-Concílio: uma eclesiologia que corria o risco de transformar-se — para usar uma expressão de Y. Congar — numa teologia da "hierarquia"; uma teologia dos sacramentos que corria o risco de esquecer a importância decisiva da fé que o sacramento pressupõe, como também do empenho pessoal na vida e na história conseqüente ao sacramento, etc. Assim sendo, o empenho em ter presente *todo o NT* é também para nós, católicos, uma questão de fidelidade ao "depósito da Revelação e da fé" e é também um

---

35 Cit. in H. Küng, *ibid.*, p. 159
36 H. Schlier, *Il tempo della Chiesa*, p. 495 (cf. todo o "post-scriptum", pp. 494-504).
37 I. de la Potterie, *a.c.*, p. 18.

programa preciso pela causa ecumênica entre cristãos das diversas confissões. É nosso dever considerar com muita atenção os elementos do NT nos quais nossos irmãos protestantes ou ortodoxos mais insistem; e isto com o objetivo de dar-lhes a importância que merecem, sem com isto comprometer os outros aspectos por nós mais acentuados, e por isso sem nunca renegar a nossa tradição mais tipicamente católica. Assim na eclesiologia: a função do Espírito Santo na Igreja, na qual tanto insistem os ordotoxos, pode e deve ser plenamente recuperada — como aliás fez o Concílio Vaticano II — numa eclesiologia, que do contrário correria o risco de tornar-se demasiadamente jurídica; do mesmo modo a importância dos "carismas", nos quais insistem os protestantes, pode e deve ser recuperada numa eclesiologia, que do contrário permaneceria muito institucional. Somente desta maneira, por parte de todos — católicos, ortodoxos e protestantes — "o respeito integral pelo Cânon do NT pode abrir um caminho (novo) para a unidade dos cristãos".[38]

38 *Ibid.*, p. 19.

15

A VERDADE DA BÍBLIA[1]

A *verdade* da Sagrada Escritura — em terminologia pré--conciliar, a sua *inerrância* — é normalmente tratada nos manuais e nos dicionários entre os efeitos ou conseqüências da Inspiração, e até mesmo como uma das conseqüências primárias.[2] Com efeito, somente em virtude da Inspiração, os livros sagrados da Bíblia são para nós Palavra de Deus em linguagem humana e oferecem ao homem a verdade sem erro que o guia para a salvação histórica e escatológica. Portanto, este capítulo podia muito bem figurar como conclusão da terceira parte, dedicada a "A Bíblia: Palavra de Deus".

1 *Bibliografia*

Além dos vários comentários à *Dei Verbum* (v. Bibliografia geral): AA.VV., *La 'verità' della Bibbia nel dibattito attuale*, particularmente os ensaios de N. Lohfink, *Il problema dell'inerranza* (pp. 21-63); P. Grelot, *La verità della Sacra Scrittura* (pp. 87-146): tr. it. de *La vérité de l'Ecriture*, in *La Bible Parole de Dieu*, pp. 96-134; P. Benoit, *La verità nella Bibbia. Dio parla il linguaggio degli uomini* (pp. 149-179); A. Grillmeier, *La verità della Sacra Scrittura. Sul terzo cap. della Cost. dog. 'Dei Verbum' del Vaticano II* ((p. 183-264); I. de la Potterie. *Verità della Sacra Scrittura e storia della Salvezza alla luce della cost. dog. 'Dei Verbum'* (pp. 281-306); O. Loretz, *La Verità della Bibbia*; I. de la Potterie, *Storia e verità*, in AA. VV., *Problemi e prospettive di Teologia fondamentale*, pp. 115-139.
2 Cf. por exemplo: AA. VV., *Mysterium Salutis*, vol. I, pp. 482-488; R. F. Smith, in *Grande Commentario Biblico*, pp. 1494-1498; C. M. Martini-P. Bonatti, *Il Messaggio della Salvezza*, vol. I, *Introduzione generale*, pp. 89-107; G. M. Perrella-L. Vagaggini, *Introduzione alla Bibbia*, vol. I, *Introduzione generale*, pp. 55-72; W. Harrington, *Nuova Introduzione alla Bibbia*, pp. 63-74; etc.

Todavia, a *verdade* da Escritura pode também ser considerada como a conclusão lógica do "Cânon da Bíblia", ao menos por dois motivos: 1. o significado primeiro e fundamental de "Cânon" é o de *norma, regra* da verdade (ver cap. 12,1); 2. a Bíblia é uma unidade inteira e completa, AT e NT juntos, e somente no contexto deste conjunto unitário (uma "analogia Scripturae" semelhante à "analogia fidei") cada elemento da Bíblia pode ser entendido no seu sentido autêntico e pode ser afirmado como *verdadeiro*. Isto é, estabelecido o Cânon do AT e do NT nos seus limites precisos e definitivos, o discurso sobre a verdade da Sagrada Escritura encontra no Cânon seu âmbito e seu contexto perfeitamente adequados.

1. BREVE HISTÓRIA DO PROBLEMA

Que a Sagrada Escritura não engane e não possa enganar (inerrância de fato e de direito) porque é Palavra de Deus, isto está subentendido no próprio dogma da Inspiração (ver cap. 8-9), de conformidade com a fé judaica e cristã. Baste recordar o que Fílon afirmava, resumindo a fé dos judeus: "As palavras da Torá foram colocadas à maneira de oráculo na mente do profeta pelo próprio Deus, ao qual não pode ser atribuído nenhum erro";[3] preste-se atenção a algumas afirmações do NT: "A Escritura não pode ser destruída" (Jo 10,35); "A Escritura deve cumprir-se" (Lc 24,44; At 1,16); e a fórmula: "Está escrito", que introduz a Escritura como argumento absolutamente irrefutável (cf. Mt 4,4; At 15,15; Rm 1,17; 1Pd 2,6 etc.).

Todavia, já no judaísmo estavam bem presentes as discordâncias, ao menos aparentes, entre os livros do AT; e a tradição rabínica assegurava que uma das bênçãos que se receberia na volta de Elias seria a explicação das aparentes discordâncias entre Ezequiel e a Torá (cf. b *Menahoth* 45a). As dificuldades cresceram para o cristianismo primitivo, obrigado a uma comparação entre AT e NT; mas os escritores cristãos só puderam dar uma resposta ditada pela fé: uma abordagem crítica do problema era impossível.

a. Das origens ao século XVI

São Justino responde ao judeu Trifão que queria pô-lo em dificuldade colocando-o diante de contradições das Escrituras:

[3] *De praem. et poen.*, 55.

A verdade da Bíblia

"Que as Escrituras possam opor-se entre si, é coisa que não ousarei pensar nem dizer; e se houvesse alguma coisa na Escritura que parecesse ser assim, preferiria confessar que não compreendo o que aquilo significa e procurarei persuadir também os que suspeitam que as Escrituras estão em contraste entre si, para que pensem como eu".[4] Santo Ireneu escreve: "Se não podemos encontrar uma solução para todas as dificuldades que aparecem na Bíblia, assim mesmo não deixaria de ser uma grande impiedade querer procurar um Deus diferente daquilo que ele é. Deveríamos confiar tais coisas a Deus que nos fez, reconhecendo que as Escrituras são perfeitas porque foram pronunciadas pela Palavra de Deus e por seu Espírito".[5]

As discordâncias da Bíblia foram *um* dos motivos pelos quais os antigos escritores cristãos de boa vontade recorreram à interpretação alegórica de algumas passagens bíblicas, como a única maneira que lhes permitia reencontrar aquela verdade divina que de outra forma parecia comprometida. Isto valia para o AT, mas também para Evangelhos no que se refere às discordâncias entre os Sinóticos e João. Assim Orígenes, a propósito dos inícios do ministério de Jesus nos Sinóticos e em são João, escreve: "É necessário precisar que a verdade, no que se refere a estes fatos, reside em seu significado inteligível, do contrário, se não se dá uma explicação da discordância nos relatos evangélicos (entre João e os outros três evangelistas), (muitos) perdem a fé nos evangelhos, como se não fossem verdadeiros nem escritos por inspiração de um Espírito mais divino nem precisos em recordar os fatos (...) Ora, os que aceitam os quatro evangelhos e também estão convencidos de que a discordância aparente não se resolvia com a interpretação analógica, expliquem-nos então, além das dificuldades por nós indicadas anteriormente, a propósito dos quarenta dias da tentação que não podem ser absolutamente inseridos na narração de João, digam-nos quando o Senhor veio a Cafarnaum. Se ele foi para lá depois dos seis dias sucessivos ao batismo, dado que no sexto se realizou a "economia" das bodas de Caná na Galiléia, é claro que Jesus não foi tentado, não esteve em Nazaré e João ainda não havia sido preso (...) Mas também em numerosos outros pontos, se alguém examinar atentamente os evangelhos sobre sua discordância sob o aspecto estritamente histórico (...), vem-lhe vertigens; e neste ponto, ou perde a vontade de demonstrar a verdade dos evange-

---
4 *Dial. c. Triph.*, 65: PG 6, 625.
5 *Adv. haer.*, 2,28,2: PG 7. 804s.

lhos ou então, se não sente coragem para eliminar totalmente a fé sobre aquilo que se refere a nosso Senhor, escolhe um dos evangelhos segundo seu capricho e a ele adere; ou então aceita os quatro e dirá que a sua verdade não consiste no que é corpóreo".[6] No fundo trata-se da mesma atitude acrítica.

Sempre a propósito de aparentes contradições nos Evangelhos, numa longa carta a são Jerônimo, santo Agostinho confessava: "Se nestes escritos encontro alguma coisa que tenha a aparência de ser contrária à verdade, sem a mínima hesitação penso que o códice (no qual leio) é falho, ou que o tradutor não foi capaz de traduzir fielmente o pensamento, ou que não compreendo nada".[7] Todavia, é preciso sublinhar que, ao menos no que se refere à pretensão de verdade científica da Bíblia, santo Agostinho tinha dado uma lição bem precisa, que infelizmente não foi levada em consideração nos tempos de Galileu: "(O Senhor) queria fazer cristãos, não cientistas";[8] e: "O Espírito de Deus que falava através dos autores sagrados não quis ensinar aos homens coisas que não seriam de nenhuma utilidade para a sua salvação".[9]

São Tomás reafirmou o princípio de fé: "Quidquid in Sacra Scriptura, verum est",[10] isto é, a verdade da Sagrada Escritura não é uma questão de fato, mas de direito, porque deriva do conhecimento profético de que autores sagrados foram beneficiados. Mas afirmou também que o dado de fé da verdade da Escritura deve ser objeto de um exame crítico. Para resolver as dificuldades do primeiro capítulo do Gênesis, santo Tomás afirma que: 1. é preciso manter firmemente a "verdade da Escritura"; 2. quando a Escritura permite várias interpretações, é preciso descartar aquelas que *a razão* mostra serem inexatas, para não expor a Palavra de Deus ao escárnio dos incrédulos e assim fechar-lhes o caminho da fé.[11]

---

6 Orígenes, *In Joh.* 10, 2: PG 14, 309-311 (*Commento al Vang. di Giov.* UTET, Turim 1968, p. 382s).
7 *Epist.* 82,1,3: PL 33, 277 (*Le Lettere*, vol. I, Città Nuova, Roma 1969, pp. 675-677).
8 *De Actis cum Felice Manich.* 1,10: PL 42,525.
9 *De Gen. ad litt.* 2,9: PL 34,270 cf. *ibid.* 2,10: PL 34, 271s.
10 *Quodl.* 12, q. 17, a. 1, ad I; cf. *Summa Theol.* II-II, q. 171, a.6.
11 Cf. *Summa Theol.*, I, q. 68, a. 1.

b. O "caso Galilei"

A primeira verdadeira e própria contestação do princípio da verdade da Escritura só aconteceu na época moderna com o *caso-Galilei*, que no fundo não foi mais do que uma discussão--choque sobre a inerrância da Sagrada Escritura, colocada em confronto com as ciências naturais. Galileu, ao fazer a terra girar em torno do sol, na opinião de seus juízes atribuía um erro à Bíblia, que parecia afirmar o contrário. Na verdade, a posição exegética de Galileu, ao menos a que resulta de sua "Carta a Cristina de Lorena, Grã-Duquesa de Toscana", de 1615, era extremamente precisa e, na prática, antecipava aquela adotada por Leão XIII na encíclica. "Providentissimus Deus" de 1893. Depois de ter citado as palavras de santo Agostinho segundo o qual "o Espírito de Deus que falava através dos autores sagrados não quis ensinar aos homens coisas que não teriam utilidade alguma para a sua salvação", Galileu escrevia:

> "Descendo destas coisas ao que nos interessa, segue-se por necessária conseqüência que não tendo querido o Espírito Santo ensinar-nos se o céu se move ou está parado, nem se a sua figura é em forma de esfera, de disco, ou plana, nem se a terra está contida no centro dela ou de um lado, também não terá tido a intenção de informar-nos sobre outras conclusões do mesmo tipo, e relacionadas com as que acabei de mencionar, como determinar o movimento ou a quietude desta Terra e do Sol. E se o Espírito Santo não quis ensinar--nos semelhantes proposições por não corresponderem à sua intenção, isto é, a nossa salvação, como se poderá agora afirmar que defender esta ou aquela posição seja tão necessário que uma seja *de Fide* e a outra errônea? Acaso poderá haver opinião herética que não se refira de maneira alguma à salvação das almas? Ou se poderá dizer que o Espírito Santo quis ensinar-nos coisas não referentes à salvação? Atenho-me ao que ouvi de pessoa eclesiástica em eminentíssimo grau (o cardeal Barônio), isto é, que a intenção do Espírito Santo é ensinar-nos como se vai ao céu, e não como vai o céu".[12]

---

[12] G. Galilei, *Lettera alla Serenissima Madama la Granduchessa Madre (Cristina di Lorena)*, in *Le opere di Galileo*, ed. Nazionale, G. Barbera, Florença 1895, vol. V, p. 319.

E a propósito do "Sol, detém-te" de Js 10, 12-14, Galileu escrevia:

"...Porque as suas (de Josué) palavras eram ouvidas por gente que talvez não tinha outro conhecimento dos movimentos celestes a não ser o do máximo e comuníssimo nascer e pôr do sol, adaptando-se às suas capacidades e não tendo a intenção de ensinar-lhes a constituição das esferas, mas apenas que compreendessem a grandeza do milagre feito pelo prolongamento do dia, falou de acordo com o entendimento deles.[13]

c. Em direção ao Concílio Vaticano II

O problema da inerrância da Bíblia tornou-se ainda mais agudo no século XIX com o progresso das ciências e particularmente da história. À teoria evolucionista de Darwin opôs-se o "concordismo": por exemplo, nos dias da criação do relato P de Gn 1, pretendia-se encontrar os diversos períodos geológicos da ciência evolucionista. Mas a estratégia concordista revelou-se precária e vã, seja pelo contínuo desenvolvimento dos sistemas científicos, seja pela inadequação crítica de uma exegese concordista: no caso de Gn 1, por exemplo, é bem claro que o autor P entende os dias da criação como dias solares (cf. o estribilho: "Houve uma tarde e uma manhã: primeiro dia", etc.),

No campo da ciência histórica o problema era ainda mais sério. Com os progressos da arqueologia e o estudo das línguas orientais e das literaturas extra-bíblicas, o conhecimento do antigo Oriente Médio e da sua história se tornou mais preciso e parecia contestar o valor da Bíblia como fonte de informação histórica. As respostas da exegese católica foram no início de certo tipo: isto é, limitar o âmbito da Sagrada Escritura. O card. Newman julgava que a inspiração (e portanto a inerrância) não se estendia aos *obiter dicta* da Sagrada Escritura, isto é, ao material de pouca importância ou meramente anedótico, sem relação com a matéria de fé e de moral. Mais tarde, o Pe. F. Prat, numa série de artigos na Revista *Études* de 1900-1902, elaborou uma teoria das *citações implícitas*, segundo a qual os autores sagrados, quando mencionam narrações de outros sem citar

---

13 *Ibid.*, p. 344.
14 Cf. J. Levie, *La Bible parole humaine et message de Dieu*, pp. 9-226; L. Pacomio, in AA. VV., *I libri di Dio*, pp. 172-194.

expressamente sua proveniência, não se tornariam fiadores delas. Mas precisamente a "Pontifícia Comissão Bíblica" respondeu em 1905 que, admitido que existam citações implícitas na Bíblia, pressupõe-se que o autor as faça suas pelo fato de que não cita as fontes: o contrário deve ser claramente provado (cf. *EB* 160).

A resposta que fez mais história foi a de limitar a inerrância bíblica *apenas aos conteúdos de fé e de moral*. Mons. Maurice D'Hulst, Reitor do Instituto Católico de Paris, num artigo que apareceu em *Le Correspondant* de janeiro de 1893 com o título *La question Biblique*, formulava assim a sua teoria:[15] "Uma coisa é revelar, outra é inspirar. A revelação é um ensinamento divino, que só pode referir-se à verdade. A inspiração é uma ação motora que leva o escritor sacro a escrever, guia-o, impele-o, vigia-o. Esta moção, segundo a hipótese que exponho, garantiria o escrito de todo erro em matéria de fé e de moral; mas se admitiria que a preservação (de erros) não vai além disto; ela teria então os mesmos limites que a infalibilidade da Igreja". D'Hulst prosseguia citando J. Didiot, Reitor do Instituto Católico de Lille, e fazendo própria a reflexão dele: "A Igreja, quando exerce nos concílios a sua autoridade de interpretar infalivelmente a Escritura, aplica-a ou a supõe aplicada sempre às coisas de fé e moral, mas não a aplica às outras. Ora é pouco provável, parece, que Deus tenha feito a Bíblia infalível em alguns pontos, em alguns assuntos nos quais a Igreja não o teria sido ou ao menos não teria pretendido sê-lo. É difícil crer que a infabilidade do guarda seja menos ampla do que aquela do tesouro a guardar".

A teoria de D'Hulst parecia ter resolvido definitivamente a questão bíblica, mas na realidade partia de uma distinção artificial e acabava por prejudicar a universalidade da inspiração: "Uma distinção deste tipo, entre a doutrina religiosa e as coisas profanas da Bíblia, é bastante artificial. De um lado, pressupõe uma concepção intelectualista da revelação, como se Deus se tivesse revelado comunicando ao homem apenas doutrinas; concepção que felizmente foi superada pelo Concílio (...) De outro lado, a limitação da inerrância apenas às coisas religiosas implicaria necessariamente que na Bíblia muitas coisas são puramente profanas. Mas como admitir que Deus tenha inspirado os autores sagrados com a finalidade de fazer-lhes escrever coisas profanas? Em vez disso, deve-se dizer que a Palavra de Deus, sempre

---

15 Cit. in F. Spadafora-A. Romeo-D. Frangipane, *Il livro sacro*, vol. I, *Introduzione generale*, pp. 163s., notas 467 e 469.

e em toda parte, se refere ao desígnio de Deus; portanto, é evidente que a Bíblia tem sempre de alguma forma um caráter religioso".[16]

A Encíclica *Providentissimus Deus* de Leão XIII apressou-se (o artigo de D'Hulst era de janeiro de 1893, a Encíclica é de dezembro do mesmo ano) em condenar explicitamente a solução de D'Hulst; e ele enviou logo para Roma sua retratação. A Encíclica afirmava: "É totalmente ilícito, ou restringir a inspiração a algumas partes somente da Sagrada Escritura, ou conceder que o mesmo autor sagrado tenha errado. Não se pode tolerar a maneira de agir daqueles que, para desfazer-se das objeções (contra a verdade da Escritura), não hesitam em afirmar que a inspiração divina se refere às coisas de fé e moral, e nada mais... A inspiração divina é incompatível com qualquer erro: por sua essência, ela não só exclui todo erro, mas o exclui com a mesma necessidade com a qual Deus, suma Verdade, não é autor de erro algum. Esta é a fé antiga e o costume da Igreja" *(EB 124; FC 69)*. A condenação da limitação material da inspiração e da inerrância bíblica foi repetida pelas Encíclicas *Spiritus Paraclitus* de Bento XV em 1920 (cf. *EB 454), Pascendi* de Pio X em 1907 (cf. *EB 279*) e *Divino Afflante Spiritu* de Pio XII, em 1943 (cf. *EB 539s*).

Todavia, deve-se reconhecer que na posição de D'Hulst havia uma intuição justa, isto é, que precisa de alguma forma interpretar a verdade bíblica sob o aspecto religioso, como dirá o Concílio Vaticano II na *DV* 11.

Outras respostas, inadequadas ou falsas, foram dadas depois da "Providentissimus Deus". A teoria da *verdade relativa* e de uma falibilidade parcial do escritor sagrado (praticamente admitiam-se erros na Bíblia para coisas científicas e históricas, e não na religião e na moral), defendida entre outros pelo modernista A. Loisy, foi condenada pela *Pascendi* de Pio X (cf. *EB 279*). M. J. Lagrange e F. von Hummelauer sustentaram a teoria das *aparências históricas,* que estendia às secções narrativas históricas da Bíblia o que se pode e se deve dizer (afirmava-o também a *Providentissimus Deus:* cf. *EB 121*) das coisas científicas. Para eles o hagiógrafo, como não descreve a essência íntima do fenômeno científico mas somente a sua aparência sensível, assim pode expor não a realidade objetiva dos fatos, mas os fatos como são apresentados pela narração popular. Mas também aqui, mesmo admitindo que às vezes o relato da história na Bíblia pode assumir o

---

16 I. de la Potterie, in *La 'verità' della Bibbia*, pp. 283-284.

gênero literário do relato popular, o equívoco é grande. Não há paridade, em ordem à revelação bíblica, entre fenômenos da natureza e acontecimentos históricos no âmbito da história da salvação. Que tipo de história seria esta "segundo as aparências"? E, com efeito, a Encíclica *Spiritus Paraclitus* de Bento XV rejeitou firmemente esta interpretação, determinando o fim da teoria das "aparências históricas": "Com efeito, que semelhança pode haver entre as coisas naturais e a história, quando as coisas físicas se referem a tudo o que aparece sensivelmente e por isso deve concordar com o fenômeno, ao passo que pelo contrário a principal lei da história é esta: a necessidade de que o escrito concorde com as coisas acontecidas, assim como realmente aconteceram?" *(EB* 457).

A Encíclica *Divino Afflante Spiritu* de Pio XII, em 1943, abriu um caminho novo para a solução do problema da inerrância da Bíblia, no que se refere às narrações históricas. Depois de ter recordado que os antigos escritores expunham os fatos com uma técnica expositiva e lingüística diferente da nossa, a Encíclica afirma: "Quando alguns presumem lançar em rosto dos autores sagrados ou algum erro histórico ou inexatidão ao relatar os fatos, vendo as coisas bem de perto, verifica-se que se trata simplesmente daqueles modos usuais e nativos de dizer ou de narrar que os antigos costumavam usar na mútua troca das idéias na convivência humana, e que realmente se usavam licitamente por tradição comum" *(EB* 560; *FC* 83). Em outras palavras, a *Divino Afflante Spiritu* reconhece na Bíblia uma variedade no gênero literário "histórico" e convida os exegetas a um uso amplo e correto dos gêneros literários" para resolver o problema da verdade bíblica nas narrações históricas.

A reflexão sobre o problema da verdade da Escritura continuou entre os exegetas e os teólogos católicos também depois da *Divino Afflante Spiritu,* colocando assim as premissas da solução sancionada pelo Concílio Vaticano II; recuperaremos alguns destes contributos no parágrafo final (ver adiante, 3) depois de ter assegurado a pedra miliar que a *Dei Verbum* assinalou no caminho da exegese e da teologia.

ESQUEMA I	ESQUEMA II	ESQUEMA III	ESQUEMA IV	ESQUEMA V
pré-conciliar - rejeitado (1ª sessão, 20 nov. 1962)	elaborado (C. mista) - não discutido (2ª sess., 1963)	reelab. (C. doutr.) - disc. (3ª sess., 30 set.-6 out. 1964)	discutido (4ª sessão) 20-22 set. 1965	promulgado (4ª sessão) 18 nov. 1965.
12. A inerrância conseq. da Inspiração	11. Inspiração e inerrância	11. Inspiração e inerrância	11. Inspiração e VERDADE	11. Inspiração e VERDADE
Desta extensão da divina Inspiração a tudo, deriva direta e necessariamente a imunidade absoluta do erro em toda a S. Escritura... (a fé) nos ensina que seria totalmente ilícito conceder que o autor sagrado errou, porque a divina Inspiração por si mesma exclui e rejeita assim necessariamente todo erro, em qualquer coisa religiosa ou profana, visto que é necessário que Deus, suma Verdade, não seja o autor de nenhum erro.	Por isto, visto que Deus é declarado autor principal de toda a Escritura e o é verdadeiramente, segue-se que toda a Escritura divinamente inspirada é absolutamente imune de todo erro.	Por isto, visto que tudo o que o autor inspirado... afirma, deve-se considerar afirmado pelo Espírito Santo, é preciso sustentar também, como conseqüência, que os livros inteiros da Escritura... ensinam sem nenhum erro a VERDADE.	Portanto, visto que tudo o que o autor inspirado... afirma, deve-se considerar afirmado pelo Espírito Santo, deve-se ter como certo também, como conseqüência, que os livros inteiros da Escritura... ensinam firme, fiel e integralmente e sem erro a VERDADE salvífica.	Portanto, como tudo quanto afirmam os autores inspirados ou hagiógrafos... se deve ter como afirmado pelo Espírito Santo, por isso mesmo haveremos de acreditar que os Livros da Escritura ensinam com certeza, fielmente e sem erro a VERDADE relativa à nossa salvação, que Deus quis fosse consignada nas sagradas Letras.
13. Como a inerrância deve ser julgada	12. Como a Sagrada Escritura deve ser interpretada.	12. Como a Sagrada Escritura deve ser interpretada.	12. Como a Sagrada Escritura deve ser interpretada.	12. Como a Sagrada Escritura deve ser interpretada.
Todavia, esta inerrância deve ser julgada segundo o modo pelo qual se alcança a VERDADE no livro sagrado. ...O modo de alcançar a VERDADE deve ser julgado também pelo sentido que o hagiógrafo exprimiu... com efeito, a VERDADE e a credibilidade da S. Escritura, isto é, se o autor realmente quis significar ao escrever, com freqüência não é entendida corretamente, se não se presta a devida atenção aos modos habituais de pensar, falar e narrar, que estavam em vigor no tempo dos hagiógrafos. ...principalmente não devem ser acusados de erro visto que semelhantes e análogas fórmulas eram	Mas visto que Deus escreveu por meio de homens... o intérprete da Sagrada Escritura, para que apareça qual a VERDADE que Deus quis comunicar-nos, deve investigar com atenção o que o hagiógrafo na realidade quis significar. ...o modo de alcançar a VERDADE deve ser julgado pelo sentido que o hagiógrafo quis exprimir e exprimiu... Portanto, a VERDADE, isto é, o que o autor sagrado quis significar ao escrever, não pode ser retamente entendida se não se presta a devida atenção àqueles modos habituais de pensar, falar e narrar, que estavam em vigor nos tempos do hagiógrafo e nas relações mútuas dos homens. ...Principalmente não devem ser acusados de erro quando semelhantes, ou	...O intérprete da Sagrada Escritura, para bem compreender qual a VERDADE que Ele (Deus) quis comunicar-nos, deve investigar com atenção o que os hagiógrafos na realidade quiseram significar e a Deus aprouve manifestar com suas palavras. ...O intérprete procure o sentido que o hagiógrafo quis exprimir e exprimiu. Com efeito, a VERDADE, isto é, o que o autor sagrado quis significar ao escrever, não é entendida corretamente, se não se presta a devida atenção etc... (cf. o Esquema II).	...o intérprete da Sagrada Escritura, para compreender bem o que Ele quis comunicar-nos, deve investigar com atenção o que os hagiógrafos na realidade quiseram significar e o que aprouve a Deus manifestar com as suas palavras. ...que o intérprete busque o sentido que o hagiógrafo quis exprimir e exprimiu. Com efeito, a VERDADE, isto é, o que o autor sagrado quis afirmar ao escrever, não é retamente compreendida, sem entender-se bem etc.	...O intérprete da Sagrada Escritura, para saber o que Ele quis comunicar-nos, deve investigar com atenção o que os hagiógrafos realmente quiseram significar e aprouve a Deus manifestar por meio das palavras deles. ...que o intérprete busque o sentido que o hagiógrafo pretendeu exprimir e de fato exprimiu... Para entender retamente o que o autor sagrado quis afirmar por escrito, deve entender-se bem etc.

2. A VERDADE DA SAGRADA ESCRITURA SEGUNDO O CONCÍLIO VATICANO II

A DV exprime-se assim:

"Portanto, como tudo quanto afirmam os autores inspirados ou hagiógrafos se deve ter como afirmado pelo Espírito Santo, por isso mesmo havemos de acreditar que os Livros da Escritura ensinam com certeza, fielmente e sem erro a verdade relativa à nossa salvação, que Deus quis fosse consignada nas sagradas Letras" (DV 11).

Para compreender o significado do texto conciliar e o seu alcance histórico, é necessário percorrer — ainda que brevemente — o itinerário das sucessivas redações que o texto sofreu no debate conciliar,[17] antes de sua formação definitiva. Transcrevemos *em sinopse* os vários esquemas, para ajudar o leitor a um confronto crítico. (Ver p. 284).

a. Do esquema pré-conciliar ao esquema IV

a1. O esquema pré-conciliar

Seu tom é preferentemente negativo. Em seu vocabulário encontram-se muitas vezes os termos *inerrância* e *erro*. O termo *verdade* aparece três vezes no n. 13, mas sem uma relação explícita com a revelação e a salvação: "verdade" é apenas conformidade com a realidade objetiva que o autor sagrado quis narrar por escrito.

Sobretudo, o esquema afirma que a inspiração exclui necessariamente todo erro, "*em qualquer coisa religiosa ou profana*", indo muito além da *Providentissimus Deus*. Esta se havia limitado — em resposta à distinção de D'Hulst entre verdades religiosas e profanas da Bíblia — a afirmar que a inerrância não podia limitar-se a uma só parte do conteúdo bíblico, isto é, somente às verdades de fé e moral. O esquema pré-conciliar faz própria a distinção na Bíblia entre conteúdos religiosos e profanos, e afirma a Inspiração e a inerrância da Bíblia também nos pretensos conteúdos profanos. Sem dúvida, ele cita a *Providentissimus Deus* e a *Divino Afflante Spiritu*, as quais afirmam que a Bíblia não

---

17 Cf. A. Grillmeier, in *La 'verità' della Bibbia*, pp. 181-264.

contém e não pode conter erros em nenhuma de suas partes; mas deixa de citar aquele *critério positivo* indispensável para aplicar a inerrância absoluta, já formulado por santo Agostinho e que já Leão XIII havia evocado com referência aos problemas da ciência: "O Espírito de Deus, que falava através dos autores não quis ensinar aos homens estas coisas (isto é, a íntima constituição das coisas visíveis) que não teriam sido de nenhuma utilidade para a sua salvação *(nulli saluti profutura)" (EB* 121; *FC* 67).

Todo o esquema pré-conciliar, depois de uma acesa discussão que se prolongou de 14 a 20 de novembro de 1962, foi rejeitado na primeira sessão do Concílio por 1368 padres conciliares. Não tendo sido conseguida a maioria de dois terços, segundo o regulamento, a discussão devia ir adiante com base no primeiro texto.[18] Surgiu logo um sentimento de profundo mal-estar entre os padres; e o papa João XXIII, usando sua autoridade, decidiu-se por uma revisão geral do texto, confiando-a a uma comissão mista de que fizeram parte os membros da "Comissão doutrinal" e os membros do "Secretariado para a união dos cristãos".

a2. Do II ao IV esquema

No esquema II da comissão mista (que entre outras coisas não foi nem discutido na Aula conciliar, mas apenas distribuído aos padres para que fizessem suas observações por escrito) foi supressa a frase da inerrância bíblica "em qualquer coisa religiosa ou profana". Além disto, no n. 12 que traz o título mais positivo ("Como se interpreta a Sagrada Escritura"), o termo "verdade" adquire agora um conteúdo teológico, no sentido de que se sublinha a dimensão vertical com uma explícita referência à Revelação: "...para que apareça qual a Verdade que (Deus) quis comunicar-nos..."

O esquema III constitui uma verdadeira *virada* na gênese do texto conciliar. No n. 11, finalmente, de uma formulação até aqui negativa ("A Escritura divinamente inspirada é absolutamente imune de todo erro"), passa-se a uma formulação positiva que acentua a finalidade da Bíblia inspirada, aquela precisamente de *ensinar sem nenhum erro a Verdade"*. A Bíblia é o livro de Deus, não porque isenta de erros, mas porque ensina sem erro a Verdade de Deus: precisamente, "a Verdade que Deus quis comunicar-nos..., que aprouve a Deus manifestar com as palavras dos hagiógrafos" (n. 12).

18 *Acta Synodalia*, vol. I, pars III, pp. 254-255.

Desta nova formulação surgia espontânea uma pergunta, à qual os padres conciliares não podiam subtrair-se: *Que* verdade ensina a Bíblia? Uma primeira resposta nos é dada pelo esquema IV. Nele muda-se o título do n. 11, formulado positivamente: "Estabelece-se o fato da inspiração e *da verdade* da Sagrada Escritura"; sobretudo, o termo novo "verdade" é especificado em *"verdade salvífica (veritatem salutarem)"*. O adjetivo "salutarem" que especificava a verdade da Bíblia, desempenhou o papel de protagonista nas últimas e tenacíssimas polêmicas dentro e fora da Aula conciliar.

Como se havia chegado à nova formulação? Na discussão do esquema III, que teve lugar de 2 a 6 de outubro de 1964, algumas intervenções tinham solicitado que "lealmente, sem ambigüidade e artifício" se especificasse que verdades a Bíblia quis ensinar-nos, devendo dar-se conta de que às vezes, em coisas de história e de ciências naturais, ela "deficit a veritate". Assim o card. König de Viena, falando em nome da conferência episcopal de língua alemã, chamava a atenção para os dados das descobertas no Oriente e afirmava que, se de um lado haviam confirmado a credibilidade do AT, de outro, também tinham oferecido outro resultado que não seria facilmente contraditado pelo progresso das ciências: "Laudata scientia rerum orientalium insuper demonstrat in Bibliis sacris notitias historicas et notititas scientiae naturalis *a veritate quandoque deficere"*. Para confirmar isto, König aduz alguns exemplos: Mc 2,26 comparado com 1Sm 21,5ss (não se trata do sumo sacerdote Abiatar, mas de seu pai Aquimelec); Mt 27,9 (na realidade cita-se Zc 11,12 e não Jeremias); Dn 1,1 (o assédio de Jerusalém não aconteceu no terceiro ano do rei Joaquim, mas três anos mais tarde); e acrescentava: "Aliae indicationes geographicae et chronologicae eodem modo citandae essent".[19] Nas coisas que se referem somente à *veste exterior* da Revelação manifesta-se a "condescensio Verbi Divini" de que fala *DV* 13; e a sua falibilidade não questiona a Verdade da Bíblia, que é unicamente a *Verdade revelada,* precisamente aquela de que se fala em toda a Constituição *DV*. Nestes termos era especificada a "Verdade" da Bíblia.

Nas pegadas de König, os bispos brasileiros intervieram para confirmar a tese e, fazendo própria uma proposta dos professores do "Pontifício Instituto Bíblico" de Roma, propuseram uma fórmula equivalente: "a Verdade, isto é, a *Revelação sem erro",*

---

[19] Cf. toda a intervenção do Card. König, in *Acta Synodalia,* vol. III, pars III, pp. 275-276; para o comentário, cf. A. Grillmeier, o.c., pp. 197-199.

apelando para o Concílio Vaticano I que tinha usado tal expressão (cf. *EB* 77). Como conclusão da intervenção afirmava-se: *"Criterium veritatis Sacrae Scripturae* non est illa accurata adaequatio cum factis praeteritis, quam periti scientiae historicae profanae obtinere conantur, sed est *intentio auctoris inspirati,* quae semper aliquo modo se refert ad *revelationem salutis".*[20]

Com base nestas e noutras intervenções orais e escritas, a Comissão mista escolheu a fórmula *veritarem salutarem,* ainda que — assim como soa — não tivesse sido proposta por nenhum padre. O motivo da escolha era: "Com esta palavra *(veritatem salutarem)* compreendem-se também *os fatos* que na Escritura estão relacionados com a história da salvação".[21] A "verdade salvífica" contida na Escritura é o desenvolvimento da história da salvação, e portanto refere-se não só às palavras e às doutrinas, mas também aos fatos.

b. Rumo ao texto definitivo (esquema V)

A fórmula "verdade salvífica" já havia sido usada pelo Concílio de Trento a propósito do Evangelho chamado "a fonte de toda verdade salvífica" *(fontem omnis... salutaris veritatis":* cf. *EB* 57); constava inclusive na própria *DV* 7, quando ela fala do Evangelho "como a fonte de toda verdade salutar e de toda regra moral". Mas era "novo" o fato de aplicá-la ao problema da inerrância bíblica: novo e — segundo a opinião de muitos — "ambíguo e perigoso". A fórmula "veritatem salutarem" foi qualificada com estes adjetivos num opúsculo que, no intervalo entre a terceira e quarta sessão do Concílio, o chamado "Comitê episcopal internacional" havia divulgado em muitos países".[22] Nas cotações sobre o cap. III da *Dei Verbum,* no início da quarta e última sessão, os "placet iuxta modum" foram 324, e destes ao menos 200 se referiam a esta fórmula:[23] ela parecia limitar a inerrância bíblica unicamente às "res fidei et morum", contradizendo a Encíclica *Providentissimus Deus* e o Magistério posterior da Igreja.

No dia 14 de outubro de 1965, um grupo de padres conciliares escreveu diretamente ao Papa Paulo VI: "A fórmula 'veri-

---

20 Cf. *Acta Synodalia,* vol. III, pars III, p. 448.
21 "Commissioni visum est adhibendum esse appositum: 'salutarem' ad 'veritatem', quo verbo cointelleguntur *facta* quae in Scriptura cum historia salutis iunguntur" *(Acta Synodalia,* vol. IV, pars I, p. 359).
22 Cf. G. Caprile, *Aspetti positivi della terza sessione del Concilio,* in *CC* 116/1 (1965), p. 329, nota 16.
23 Cf. *Acta Synodalia,* vol. IV, pars II, p. 10.

tatem salutarem' havia sido introduzida propositadamente para restringir a inerrância apenas às coisas sobrenaturais, referentes à fé e aos costumes; ela contrastava abertamente com o ensinamento constante da Igreja; teria aberto um caminho à audácia dos exegetas; teria desferido um golpe gravíssimo à vida da Igreja". O Papa, através de uma carta do Secretário de Estado ao Cardeal Presidente da Comissão doutrinal, convidava esta comissão "a considerar com nova e grave reflexão a conveniência de omitir no texto a expressão 'veritas salutaris', relativa à inerrância da Sagrada Escritura..., seja porque se trata de doutrina ainda não comum ao ensinamento bíblico teológico da Igreja, seja porque não parece que a fórmula tenha sido suficientemente discutida na Aula conciliar, e seja porque, a juízo de autoridades competentíssimas, tal fórmula não está imune de perigo de má interpretação. Parece prematuro que o Concílio se pronuncie neste problema tão delicado... Com a omissão, não se impede o estudo futuro da questão".[24]

A Comissão, embora tendo previamente esclarecido que a fórmula "veritas salutaris" não queria introduzir nenhuma limitação material da verdade bíblica, mas querendo indicar a sua "especificação formal", teve que renunciar à fórmula. Reuniu-se no dia 19 de outubro e adotou uma equivalente, de modo a eliminar o equívoco de uma limitação material da inerrância bíblica e, ao mesmo tempo, focalizar o objeto formal específico de toda verdade bíblica.[25] É precisamente a formulação que lemos no texto definitivo e que transcrevemos em latim:

> "Cum ergo omne id, quod auctores inspirati seu hagiographi asserunt, retineri debeat assertum a Spiritu Sancto, inde Scripturae libri *veritatem, quam Deus nostrae salutis causa* consignari voluit, firmiter, fideliter et sine errore docere profitendi sunt" (DV 11).

c. A verdade da Bíblia segundo a "Dei Verbum"

Qual é, pois, a resposta do Vaticano II aos muitos problemas levantados pela inerrância bíblica? Em outras palavras, qual é

---

24 Citado in G. Caprile, *Tre emendamenti allo schema della Rivelazione*, in *CC* 117/3 (1966), p. 225.
25 "Voce 'salutaris' nullo modo suggeritur S. Scripturam non esse integraliter inspiratam et verbum Dei (...) Ut autem omnis abusus in interpretatione praecaveatur, admittit commissio emendationem a 73 Patribus propositam, ita ut textus sit: 'Cum ergo omne id, quod auctores', etc." (*Acta Synodalia*, vol. IV, pp. 708-709).

o significado e o alcance do texto conciliar, interpretado à luz da complexa história da sua redação?

1º — O Concílio assumiu uma atitude *positiva* quanto a este problema. Até então falava-se de *inerrância* da Bíblia, e com razão: era preciso defendê-la no mesmo terreno dos que a impugnavam em termos tais que comprometiam os próprios propósitos da Revelação bíblica. Em lugar de uma atitude prevalentemente apologética, surge agora uma instância positiva: a interpretação da Sagrada Escritura tem a tarefa primária de descobrir e explicar a Revelação e a realidade salvífica que Deus nos deu em Jesus Cristo. Ninguém deve abeirar-se da Escritura simplesmente porque 'ela não erra', mas porque nela nos é dado encontrar o "Verbum salutis", "a Palavra da Salvação" (At 13,26).

2º — Na nova e definitiva fórmula, o "nostrae salutis causa" *(causa,* é ablativo) qualifica o verbo "consignari voluit" e não diretamente a palavra "veritatem": isto é, interpreta a linha das intenções de Deus que inspira e do hagiógrafo inspirado que escreve (ver o verbo no passivo *consignari,* que dá lugar ao contributo ativo do escritor sagrado). Inspiração e inerrância devem ser entendidas em primeiro lugar à luz da vontade de Deus. Através dos escritores sagrados, Deus quer comunicar-nos a sua Verdade salvífica, de modo que os livros da Escritura a contenham "firmemente, fielmente e sem erro". Além disso, para sublinhar ainda mais claramente o alcance salvífico da inspiração, cita-se 2Tm 3,16-17, que assim se torna texto conciliar: "Toda Escritura é inspirada por Deus e útil para instruir, para refutar, para corrigir, para educar na justiça, a fim de que o homem de Deus seja perfeito, qualificado para toda boa obra" *(DV* 11).

3º — Enquanto a formulação anterior "veritatem salutarem" se prestava aos mencionados equívocos, com a nova formulação não é possível uma interpretação errada da verdade bíblica, como se a Escritura estivesse dividida *materialiter* numa parte inspirada *(e* inerrante) e numa não inspirada *(e* exposta ao erro). O texto conciliar não introduz nenhuma limitação material à inspiração e nem à inerrância, mas indica apenas "a sua especificação formal". O "em vista da nossa salvação" da *DV* 11 constitui o *princípio formal* segundo o qual se deve julgar o que Deus quer comunicar e o que o hagiógrafo quer exprimir. O ponto de vista específico, o ângulo visual a partir do qual são consideradas *todas* as afirmações da Sagrada Escritura, aquelas que uma exegese

A verdade da Bíblia

acurada demonstra verdadeiramente tais, é unicamente o plano revelador e salvífico de Deus. Com tal princípio formal, que permeia todo o conteúdo dos livros sagrados, pode-se e deve-se resolver também as dificuldades das inexatidões geográficas e cronológicas da Bíblia. O Concílio deu-nos uma doutrina, não quis construir uma teoria; pela frente está todo o itinerário da pesquisa exegética e teológica, permanecendo sempre firme o princípio de que a "verdade" a buscar na Sagrada Escritura será sempre, em última instância, "a verdade em sentido pleno bíblico", isto é, a vontade salvífica de Deus solenemente sancionada pela antiga e nova aliança, aquela vontade que Deus quis revelar precisamente através da Sagrada Escritura.[26]

3. PRINCÍPIOS FUNDAMENTAIS QUE PRESIDEM À VERDADE DA BÍBLIA

A especificação formal "salvífica" da Verdade da Bíblia, assegurada pela *DV,* não esgota nem resolve todos os problemas levantados pela inerrância bíblica; aliás, nem é a única indicação conciliar sobre o problema.

Neste parágrafo queremos resumir os princípios fundamentais, afirmados pelo Concílio Vaticano II ou em todo caso não em contradição com o texto conciliar, que presidem a Verdade da Bíblia e a sua identificação numa hermenêutica bíblica católica. É evidente que a reflexão dos exegetas e dos teólogos contemporâneos, alguns dos quais ofereceram, como "peritos", uma contribuição decisiva ao Concílio, encontra aqui a sua justa colocação.

a. O objeto formal da Revelação e da verdade bíblica

Não quero repetir o que disse sobre o texto conclusivo da *DV* 11 sobre a Verdade da Sagrada Escritura; quero apenas mostrar como aquele princípio pode ser expresso num projeto hermenêutico e ser aplicado concretamente.

A Revelação histórica da Bíblia compreende conteúdos que são também objeto — *iuxta propria principia* — da filosofia, da história e das ciências exatas. Para o juízo sobre as "verdades"

---

[26] Sobre o conceito bíblico de *Verdade,* cf. O. Loretz, *La verità della Bibbia;* I. de la Potterie, *La Vérité dans Saint Jean,* tom. I, pp. 23-36 e tom. II, pp. 1003-1060.

destes conteúdos — afirma Grillmeier — "não se deve partir de sua realidade profana isolada, mas do ponto de vista especial do como e quanto o objeto formal da inspiração, o 'salutis causa' se realiza neles ... Comunicar a 'verdade salvífica' é objeto formal permanente da Sagrada Escritura. Assim também as verdades ou notícias profanas adquirem um caráter salvífico. São escolhidas e fornecidas em consideração à salvação. E estão livres de erro *enquanto* notícias que contém o agir ou o revelar salvífico de Deus, ou *em proporção, maior ou menor, da relação* que têm com tal agir divino (...) Inspiração e inerrância (ou positivamente verdade) estendem-se a toda parte da Escritura, a segunda em graus diferentes dependendo da maneira como se realiza o objeto formal da Escritura inspirada. As afirmações salutares reveladas verdadeiras e próprias, ou também, se tencionadas por Deus, determinadas verdades adquiríveis naturalmente ou fatos naturalmente constatáveis, são como tais essencialmente inerrantes; o resto com relação às verdades reveladas 'nostrae salutis causa', tem uma função de serviço; é meio ou moldura das verdades propriamente tencionadas, e por isso é participante da inerrância só em virtude deste serviço à Palavra de Deus verdadeira e própria. Desta forma, tudo na Sagrada Escritura é participante da "veritas, quam Deus nostrae salutis causa Litteris Sacris consignari voluit", ou *direta e essencialmente,* ou *indiretamente* e *em virtude do seu serviço* à verdade salvífica. Precisamente nesta gradação é fornecida a garantia do 'firmiter, fideliter et sine errore docere'. Mas nos sagrados livros tudo está sob o carisma da inspiração".[27] P. Grelot[28] aplica o princípio do objeto formal da Revelação e da Verdade bíblica aos âmbitos nos quais estão co-interessadas a metafísica, as ciências e a história.

a1. No âmbito da metafísica

"No que se refere à *metafísica,* os sagrados livros não oferecem nenhuma tentativa de explicação racional das coisas, elaborada através da reflexão abstrata e que possa desembocar na construção de um sistema coerente como o de Platão, Aristóteles ou Fílon. Deste ponto de vista técnico, a Bíblia nada ensina. Em compensação, traz em si a afirmação, explícita ou difusa de certas realidades ou de certos valores que não caem sob os sentidos e que, de certa forma, regem toda a metafísica: a unicidade do

---

27 A. Grillmeier, in *La 'verità' della Bibbia,* pp. 252-254.
28 Cf. P. Grelot, in *La 'verità' della Bibbia,* pp. 106-124.

Deus vivo, a relação do mundo com Deus definida em termos de criação, a antropologia imune de qualquer dualismo etc.; afirmando-os, a Revelação retifica dados racionais que se haviam obscurecido, relacionando-os ao mesmo tempo com o desígnio salvífico".[29]

a2. No âmbito das ciências naturais

Falando sobre o caso Galilei, já vimos que a Bíblia não pretende instruir-nos sobre a conformação física das coisas; os autores sagrados falam disto seguindo as opiniões comuns da sua época, como já haviam intuído santo Agostinho e são Tomás. As idéias podem mudar, a ciência pode e deve progredir, sem que a mensagem bíblica venha a sofrer com isto. Ao enfrentar estes problemas, é fundamental que não se cometam extrapolações. O biblista e o teólogo devem vigiar para que não se emprestem à Bíblia afirmações que ela não faz; mas também o cientista deve estar atento a não introduzir, na sua teoria, de maneira sub-reptícia, alguma afirmação metafisicamente errônea. "Por exemplo, a idéia de criação, corretamente entendida, deixa intacta a questão de como Deus cria, quais as partes que ele confia às causas segundas na produção dos efeitos devidos ao seu ato criador, das etapas através das quais passou a história evolucionista da criação etc.".[30] Também na delicada questão da afirmação bíblica da unidade do gênero humano e da nossa universal solidariedade "em Adão", comparada com o problema paleontológico do "monofiletismo" ou "polifiletismo" (estes, mais do que "monogenismo" ou "poligenismo", são os termos científicos do problema), é necessária muita cautela. A própria Encíclica *Humani generis* de Pio XII, de 1950, usava uma linguagem matizada, em forma negativa: "...Ora *não aparece de algum modo como* estas afirmações *se possam harmonizar* (não diz: "De modo algum se podem harmonizar") com o que as fontes da Revelação e os atos do Magistério da Igreja nos ensinam sobre o pecado original..." (*DS* 3897; *FC* 179-180). E, com efeito, a reflexão dos teólogos empenhou-se em explicar a doutrina bíblica e católica do pecado original também num contexto de hipótese "filetística" da criação do homem.[31]

29 P. Grelot, *La Bibbia e la Teologia*, p. 118; mais extensamente, in *La 'verità' della Bibbia*, pp. 107-109 (*La Bible Parole de Dieu*, pp. 109-111).
20 Id., *La 'verità' della Bibbia*, p. 110.
31 Cf. M. Flick-Z. Alszeghy, *Il peccato originale*, Queriniana, Brescia 1972, pp. 305-335.

a3. No âmbito da história

O problema da "história" na revelação bíblica e na sua interpretação envolve muitos aspectos, entre os quais está o da variedade do gênero literário "histórico"; aqui interessa-nos aplicar o objeto formal específico da revelação bíblica no âmbito da história.

É ainda P. Grelot que escreve: "A concepção positivista da história-ciência, que dominou todo o século XIX e de que ainda são tributários muitos dos nossos contemporâneos, infelizmente pesa nas discussões referentes a este campo. A história não é um objeto de ciência como os outros; para além daqueles fenômenos externos que ela tende a reconstruir para poder dizer-se *exata*, é-lhe também necessário conjugar-se com a experiência humana que constituiu sua unidade e lhes deu um sentido: somente sob esta condição ela se torna *verdadeira*... Nesta perspectiva, é importante não confundir a história exata com a história verdadeira.

O ensinamento dos livros sagrados não pode ignorar a história porque a revelação não se refere a verdades abstratas ou a uma espiritualidade desencarnada, mas a um *fato*: a realização da salvação por meio de Cristo, como ponto de chegada de uma longa preparação histórica e ponto de partida para uma nova etapa no desígnio salvífico de Deus. Mas vê-se logo em que perspectiva se situa a Escritura para falar de história: ela considera os acontecimentos *sob o ponto de vista das relações entre os homens e Deus,* do drama espiritual em que estas relações vêm à luz graças à situação particular do povo de Deus. Os acontecimentos adquirem ali um sentido enquanto *atos de Deus* no tempo... É evidente que a *materialidade* dos fatos como tais é aqui menos importante do que a sua *relação* com o mistério da salvação que determina o seu significado. A experiência passada do povo de Deus é assim captada em outro nível de profundidade: aquele ao qual só a fé dá acesso. Em resumo, o ensinamento positivo dos autores sagrados refere-se *à história como mistério*, qualquer que seja a natureza dos materiais por eles empregados para exprimir o aspecto fenomênico".[32]

32 P. Grelot, *La Bibbia e la Teologia*, p. 119s; mais extensamente, Id., in *La 'verità' della Bibbia*, pp. 111-124 (*Scrittura e storia*) e pp. 130-145 (*Il problema del mito. Il problema della storia nell'AT e nel NT*): *La Bible Parole de Dieu*, pp. 112-120 e 124-133.

b. Os "gêneros literários" e a verdade da Bíblia

Assegurado o princípio teológico fundamental do objeto formal específico das afirmações bíblicas ("em ordem à salvação"), estamos ainda longe de ter resolvido todas as questões referentes à verdade da Bíblia e ao modo de atingi-la.

O princípio teológico do caráter revelador-salvífico da verdade bíblica não nos deve fazer esquecer um princípio de crítica literária, consagrado pela *Divino Afflante Spiritu* e confirmado pela *Dei Verbum*: a identificação e o uso dos "gêneros literários", indispensáveis para poder chegar às autênticas afirmações bíblicas e à sua verdade (ver cap. 18).

Já demos a definição de "gênero literário" (ver cap. 6, 3 a), cujo caráter específico é o *nexo íntimo* entre forma literária e conteúdo que se quer exprimir e comunicar; daqui a necessidade de identificar o gênero literário de um livro ou de um texto da Bíblia, se quisermos descobrir o seu significado. Visto que em toda época da história bíblica a cultura humana do ambiente condicionou a linguagem e as formas literárias usadas pela Escritura, já a *Divino Afflante Spiritu* lembrava ao exegeta o dever de indagar como a maneira de falar ou o gênero literário do hagiógrafo podem levar à verdadeira e exata interpretação" dos textos bíblicos *(EB 560)*. A *Dei Verbum* faz disto um imperativo preciso:

> "Para descobrir a intenção dos hagiógrafos, *devem-se* ter em conta, entre outras coisas, também os "gêneros literários". A *verdade* é proposta e expressa de modos diferentes, segundo se trata de textos históricos de várias espécies, ou de textos proféticos ou poéticos ou ainda de outros modos de expressão. Importa, pois, que, o intérprete busque o sentido que o hagiógrafo — em determinadas circunstâncias, segundo as condições do seu tempo e da sua cultura — pretendeu exprimir e de fato exprimiu usando os "gêneros literários" então em voga. Para entender retamente o que o autor sagrado quis afirmar por escrito, deve atender-se bem quer aos modos peculiares de sentir, dizer ou narrar em uso nos tempos do hagiógrafo, quer àqueles que na mesma época costumavam empregar-se nos intercâmbios humanos" *(DV 12: para um exame detalhado deste texto, ver cap. 18, A. 2).*

Tomemos como exemplo o livro de *Jonas*. Ele dá a impressão de uma narração histórica: o relato da histórica missão de um profeta que se chama Jonas. Mas a impressão depois é contraditada por uma série de dados que não resistem à crítica histórica;[33] e a história do grande peixe não tem apenas caráter imaginário e miraculoso, mas insere-se — do ponto de vista literário e etnológico — no contexto dos mitos de ingestão bastante difundidos naquele tempo e relacionados com a cidade de Jafa (a *Jope* de Jonas). J. L. McKenzie[34] descreve assim a formação do relato bíblico: uma saga popular surgida na cidade de Jafa ou nas suas proximidades infiltrou-se também na tradição dos gregos (ver o mito de Perseu-Andrômeda) e dos próprios hebreus; em Israel, a história foi relacionada com o nome de Jonas (do qual 2Rs fornece apenas o nome) talvez porque *Jonas* significa *pomba* em hebraico e encarna muito bem o povo de Israel (cf. Os 7,11), ao mesmo tempo ingênuo e culpado.

Em Israel e na cultura do tempo ensina-se narrando; e, quando se narra, eventos e personagens não podem faltar, sobretudo devem despertar a curiosidade, causar prazer e divertir. "O livro (de Jonas) está destinado a distrair e também instruir: é um *relato didático*. O seu ensinamento assinala um dos vértices do AT. Rompendo com o particularismo no qual a comunidade pré-exílica era tentada de fechar-se, este livro prega um universalismo extraordinariamente aberto... Em Mt 12,14 e Lc 11,29-32, Cristo citará como exemplo a conversão de Nínive e Mt 12,40 verá em Jonas encerrado no ventre do monstro a figura da permanência de Cristo no túmulo. Este uso da história de Jonas não deve ser invocado como uma prova da historicidade do livro: Jesus utiliza este apólogo como os pregadores cristãos utilizam as parábolas do NT: é a mesma preocupação de ensinar os ouvintes com imagens familiares, sem que se emita um juízo sobre a realidade dos fatos".[35] No que se refere ao uso tipológico da

---

33 Por exemplo; no tempo de Jeroboão II e de Jonas de que se fala em 2Rs 14, Nínive não era nem a residência do Rei da Assíria; assim sendo, não se podia falar de Nínive como de uma metrópole: as ruínas de Nínive exploradas pelos arqueólogos não correspondem a uma cidade para cuja travessia são necessários três dias; uma cidade que tem 120.000 crianças supõe uma população de mais de um milhão de habitantes, cifra impossível para Nínive; o título de "Rei de Nínive" nunca aparece nos documentos nem bíblicos nem assírios, nos quais se fala sempre de Rei de Assur; nem a Bíblia fora do livro de Jonas, nem os anais assírios contêm uma palavra sobre a missão de um profeta e a conseqüente conversão sensacional de Nínive; a língua hebraica em que está redigido o livro de Jonas é recente e tem paralelos com aquela de Esdras-Neemias e Crônicas: estamos, pois, no pós-exílio; etc.
34 Cf. verbete *Jonas*, in *DB*, p. 415s.
35 *Bíblia de Jerusalém*, p. 984

história de Jonas em Mt 12,40, é preciso lembrar que existem no NT "tipologias" não apenas históricas, mas também literárias.

Encontramos um caso análogo em Hb 7,1-3, a propósito de Melquisedec que no relato de Gn 14,17ss é de fato apresentado "sem pai, sem mãe, sem genealogia", coisa insólita para um personagem bíblico importante, e por isso é literariamente um "tipo" de Jesus Cristo que permanece "Sacerdote para sempre", sem genealogia.

Assegurado também este indispensável instrumento, deve-se contudo afirmar que o uso dos "gêneros literários" não é uma "panacéia" que resolve todos os problemas: "Fala-se tanto acerca dos gêneros literários" que se dá a impressão de que todas as dificuldades referentes à inerrância bíblica podem ser facilmente resolvidas com uma boa análise do gênero literário dos textos em questão. Mas na realidade não é assim".[36] A pesquisa deve ser direcionada em outros sentidos.

c. Progresso da Revelação e verdade das afirmações bíblicas

A Bíblia é um livro do povo de Deus, o instrumento de sua divina educação. O mistério da salvação é revelado na história e através da história, e portanto cresce com o tempo. Deus conduz os homens gradualmente, até o conhecimento de Cristo e à vida nele: "Muitas vezes e de modos diversos falou Deus, outrora, aos Pais pelos profetas; agora, nestes dias que são os últimos, falou-nos por meio de seu Filho..." (Hb 1,1-2). A própria *DV* sublinha em várias ocasiões e de várias maneiras a dimensão histórica e o caráter progressivo da Revelação bíblica (ver cap. 3, 6) e nem teme reconhecer que os livros do AT "contém coisas imperfeitas e temporárias":

"A economia do Antigo Testamento destinava-se sobretudo a preparar, a anunciar profeticamente (cf. Lc 24,44; Jo 5, 39; 1Pd 1,10) e a significar com várias figuras (cf. 1Cor 10, 11) o advento de Cristo, redentor universal, e o advento do Reino Messiânico. E os livros desse mesmo Antigo Testamento, segundo a condição do gênero humano antes da era da salvação operada por Cristo, manifestam a todos o que é Deus e o que é o homem, e, ao mesmo tempo, o modo como Deus, justo e misericordioso, trata os homens. Tais

36 N. Lohfink, in *La 'verità' della Bibbia*, p. 56.

livros, apesar de conterem também coisas imperfeitas e passageiras, revelam verdadeira pedagogia divina..." *(DV* 15).

Portanto, existe uma *história da Revelação,* da qual derivam sérias conseqüências do ponto de vista dogmático e moral.

c1. Do ponto de vista dogmático

"*Do ponto de vista dogmático,* nenhum texto do AT apresenta uma doutrina completa sobre qualquer ponto da fé. É necessário relê-los todos a partir de Cristo, projetando neles a sua luz, para compreender seu alcance exato. Isto não significa que eles não tenham em si mesmos algum elemento positivo, mas também fazem eco às ignorâncias humanas (por exemplo, a propósito da retribuição na outra vida), ou usam fórmulas imperfeitas às quais a história de Cristo dará o verdadeiro sentido (por exemplo, com relação ao messianismo régio). Portanto, a *verdade* destes textos não é absoluta sob todos os pontos de vista; é proporcionada à luz que Deus infunde aos seus autores, em vista da situação em que se encontrava naquele momento a comunidade de salvação e da tarefa que eles devem realizar na pedagogia divina".[37]

c2. Do ponto de vista moral

"*Do ponto de vista moral,* é exatamente a mesma coisa. A revelação da lei de perfeição só veio com Jesus Cristo, e com ela o dom do Espírito que permite ao homem observar os mandamentos. Antes disto, encontram-se mais de uma vez na Escritura imperfeições por causa da 'dureza dos corações' (Mt 19,8), e Jesus deverá corrigi-las para "levar à perfeição a Lei e os Profetas" (Mt 5,17-19). Portanto, o conteúdo positivo dos textos só pode ser avaliado com a ajuda de um critério fornecido pelo Novo Testamento. Assim a *verdade* dos textos escriturísticos surge da *totalidade* da Bíblia de modo que a teologia bíblica é por natureza histórica: ela deve seguir o desenvolvimento das idéias e dos assuntos de uma extremidade a outra dos dois Testamentos para assegurar as bases da dogmática e da moral cristã".[38]

---

[37] P. Grelot, *La Bibbia e la Teologia,* p. 120; cf. Id., in *La 'verità' della Bibbia,* pp. 125-127.
[38] *Ibid.,* 121; cf. *ibid.,* 127s.

c3. Algumas dificuldades "morais" concretas na leitura do Antigo Testamento

Sabendo-se que o objeto da verdade bíblica não é o comportamento das pessoas, mas o juízo que dele faz o autor sacro; sabendo-se também — conforme a *DV* 15 e o princípio exposto acima em c2. — que o critério de honestidade moral, com base no qual os escritores do AT (especialmente os mais antigos) julgam as ações e os comportamentos dos personagens não é o critério da moral do Evangelho, examinemos alguns casos concretos de discutida moralidade ou de imoralidade que se encontram no AT.[39]

1º — O costume do *herem*, isto é, do *interdito* lançado sobre as cidades inimigas de Israel, com a conseqüente total (ou quase) morte dos habitantes, incluídas as mulheres e crianças (cf. Js 6-8; 10,28; 11,20).

— O *herem* era o costume da guerra do tempo. Um exemplo: Na "Estela de Mesa" narra-se que Mesa, rei de Moab, inimigo de Israel, combateu contra as cidades israelitas, assediou-as e as condenou ao interdito para prestar homenagem ao seu deus, o deus Kemos.[40] O rei sentia-se vigário e representante da divindade; a sua vitória era a vitória do seu deus; a vitória inimiga tornava-se o objeto de uma oferenda sacrificial em honra de deus, protetor do país e do exército.

— O *herem* do livro de Josué deve ser redimensionado. A destruição dos centros cananeus deve ter sido muito mais limitada, se de fato — como resulta do livro dos Juízes — os israelitas, também depois da destruição com base no *herem* realizada por Josué, foram obrigados a viver lado a lado com os cananeus e suportar seus influxos idolátricos. Josué é livro épico, com todos os exageros e simplificações típicas do relato épico.

— Nos livros históricos do AT o *herem* desaparece depois da guerra de Saul contra os amalecitas (cf. 1Sm 15,1ss). Sinal de que a prática do *herem*, herança de tempos primitivos e bárbaros, desapareceu também em Israel com o progresso religioso e moral do povo de Deus.

---

39 Para uma exposição mais ampla, cf. J. Levie, *La Bible parole humaine et message de Dieu*, pp. 261-275.
40 Para o texto da "Estela de Mesa", cf. G. Ricciotti, *Storia d'Israele*, vol. I (*Dalle origini all'esilio*), SEI, Turim 1960, par. 439.

— A dificuldade mais grave surge diante de certas passagens do Deuteronômio (cf. Dt 2,34;7,1-7;13,13-19;20,10-15; o *herem* aplicado às "cidades distantes;" cf. Dt 20,15-18: aquele aplicado às "cidades próximas"), passagens estas que dão a impressão de que o *herem* não só era agradável a Deus mas até ordenado por Deus.

A este propósito, e sem prescindir da revelação histórica e progressiva da Bíblia, devem ser levados em consideração dois fatos. *Primeiro* — O *herem* tem diversos graus de intensidade e de extensão, dependendo da maior ou menor proximidade das cidades inimigas com relação às cidades de Israel (ver os textos do Dt acima citados): sinal de que, no fundo do *herem* bíblico existe a preocupação e a intenção de salvaguardar Israel da idolatria que constituia o perigo mortal do Javismo. *Segundo* — Pode-se distinguir entre "vontade-ordem" de Deus e "interpretação humana", contingente e temporária do querer e da ordem divinos. A idéia religiosa que inspira o interdito é o dever por parte de Israel de permanecer fiel a Yahweh e à sua aliança, e por isso de evitar todo perigo de contaminação idolátrica: tanto é verdade que também a uma cidade israelita, na qual estivesse presente a idolatria, era aplicado o *herem* (cf. Js 13,13-19). Mas as medidas tomadas, isto é, o *herem* em concreto, são as que os costumes do tempo ditavam; elas constituiriam (então) a inevitável interpretação humana e contingente do imperativo divino contra a idolatria.

2º — *A matança no monte Carmelo por obra de Elias profeta* (1Rs 18)

— Aos contemporâneos ela pareceu uma justa réplica da morte dos profetas de Iahweh decretada por Jezabel, mulher do ímpio rei Acab (cf. 1Rs 18,4;19,10-14).

— O conjunto do "ciclo de Elias" tem claramente o caráter de tradição popular, com as simplificações e os exageros típicos deste gênero literário.

— A matança semelhante de Jeú com relação a Jezabel e aos descendentes de Acab, aprovada por 2Rs 9,30-10,1ss, é explicitamente condenada pelo profeta Oséias (cf. Os 1,4-5).

— O espírito que está na base destas típicas aplicações da antiga "lei do talião", é rejeitado e anulado por Jesus Cristo (cf. 2Rs 1,10 e Lc 9,54; Ex 21,24 e Mt 5,38-42).

3° — *Vingança e salmos imprecatórios.*

A "lei do talião" (Ex 21,23-24), presente também no código de Hamurabi, impondo um castigo igual ao dano sofrido, tende por si a limitar os excessos da vingança privada, louvada no cântico da espada de Lamec (cf. Gn 4,23-24). Na sociedade nômade ou seminômade do deserto, sem polícia nem tribunais, a lei do talião constituía um corretivo à vingança ilimitada e indiscriminada, único instrumento de defesa para a pessoa, a família, o clã, a tribo.

— Para os "Salmos imprecatórios" ou "de maldição", não só contra os inimigos da nação (cf. Sl 137) mas também contra os inimigos pessoais (cf. Sl 58,4-12;109,1-20 etc.), devem ser levados em consideração dois fatores. *Primeiro* — Invoca-se a vingança divina porque se tem um senso agudíssimo da justiça do Deus Iahweh, que prometeu dar a cada um segundo as suas obras e deve fazer justiça ao ímpio e às suas impiedades perpetradas em prejuízo do justo. Mas, no estágio ainda incompleto da Revelação, a idéia de uma justa retribuição escatológica (para além da morte) não podia intervir na teologia dos salmistas; para eles a justiça de Deus encontra na vida temporal o único âmbito para mostrar-se e tornar-se efetiva. *Segundo* — A verdadeira solução está no NT, particularmente nos Evangelhos: de um lado, Deus é amor misericordioso e assim quer os seus filhos (cf. Mt 18,21-22; Lc 6,36; 1Jo 4,7-11); de outro, o reino escatológico de Deus será a última verificação definitiva da justa retribuição de Deus aos homens.

d. A verdade de cada texto na globalidade de toda a mensagem do AT e do NT

Parece-me que é este o ponto de vista mais amplo com relação à dimensão histórica e progressiva da Revelação bíblica, de que falamos acima em c. É o princípio hermenêutico da *analogia Scripturae,* consagrado pela própria *Dei Verbum:* "Ao investigarmos o sentido bem exato dos textos sagrados, não devemos atender menos ao conteúdo e à unidade de toda a Escritura" *(DV* 12). P. Grelot escreve: "Ministros da Palavra de Deus para o seu tempo, os escritores bíblicos integram a sua mensagem pessoal a uma *mensagem global* que forma um todo, de Adão a Cristo, ao último apóstolo. Desta forma, cada texto se insere organicamente numa arquitetura de conjunto que lhe dá as suas justas proporções".[41] Já Hugo de S. Vítor dizia muito bem que "toda Escritura divina é um só livro e este único livro é o próprio Cristo *(Omnis scriptura divina unus liber est et ille unus liber, Christus est")*. A Bíblia é realmente um grande livro, onde tudo vive por força do todo.[42]

Também a nova visão do Cânon, ou melhor do seu lento processo evolutivo, especialmente para muitos livros do AT, vem dar dimensão ulterior à *analogia Scripturae,* como definitivo critério hermenêutico de cada texto e de cada livro. "A formação do Cânon (do AT) pós-exílico, ao menos por aquilo que nos é dado saber a este respeito, parece uma simples continuação da formação de novos livros, que se verificou antes do exílio. Novas camadas são colocadas sobre as precedentes; novos textos vão entrando, levando assim a conjuntos sempre mais vastos. Com efeito, não há diferença real entre a relação que têm entre si as várias obras: Javista, Eloísta, Sacerdotal e a relação que medeia entre a história deuteronomista e aquela das Crônicas, ainda que as primeiras estejam reunidas num só livro (a *Torá),* ao passo que as segundas o são apenas no cânon. Em ambos os casos, foram aproximados diferentes ensaios de história, que se corrigem e se completam mutuamente, constituindo juntos, quanto ao significado, um novo e mais vasto conjunto. O mesmo fenômeno verificou-se também no cânon para os livros sapienciais. Eles se completam e se criticam mutuamente, formulando juntos uma sublime unidade, que é uma espécie de contraponto ao Pentateuco e aos Profetas (...) O antigo era sempre iluminado de novo, explicado, completado e reelaborado. Nada era deixado de lado; tudo era retomado, no caminho para novos objetivos, só de Deus conhecidos. Quando um livro era acolhido no cânon, o seu teor verbal, salvo pequenos acréscimos ou glosas, tornava-se fixo e imutável. Mas isto valia só para as palavras, não para as idéias. Com efeito, elas se transformavam necessariamente toda vez que um novo texto começava a fazer parte de alguma coletânea. Deste modo, todo o cânon tendia sempre para o seu sentido global e definitivo".[43]

Por isso a "verdade" de cada texto e de cada livro do AT não teria um caráter de *definitividade,* mas de "abertura e complementariedade" com relação a todo o conjunto dos livros do

---

41 P. Grelot, in AA. VV., *La Revelation divine,* tom. II, p. 376.
42 Cf. H. de Lubac, *Esegesi Medievale,* pp. 592-616 *(Concordia dei Testamenti),* em particular pp. 607-609.
43 N. Lohfink, in *La 'verità' della Biblia,* pp. 37-40.

A *verdade da Bíblia* 303

AT reconhecidos no cânon: "O todo compreende e conserva também o particular. Em relação ao todo, cada livro, cada afirmação, até mesmo cada uma das camadas de sentido (depositadas, sob o ponto de vista histórico, umas sobre as outras), participam da única inerrância da Bíblia. Esta sua participação é proporcionada à medida com que elas, no âmbito do sentido geral da Escritura, contribuíram para realizar a mensagem global".[44]

Não só, mas o próprio AT não tem um significado definitivo em si mesmo, mesmo tomado na sua globalidade de livros reconhecidos no cânon veterotestamentário. Com efeito, com a aceitação do cânon do AT por parte de Jesus Cristo, dos apóstolos e da Igreja primitiva, o AT somente no NT recebe o seu último e definitivo sentido, a sua última e definitiva "verdade": "Foram Jesus, os apóstolos e a Igreja primitiva que tomaram a decisão, com relação ao cânon hebraico que chegou até eles, de que ele devia, precisamente como Antigo Testamento, constituir a pré-história permanente e o documento autêntico do Novo Testamento, que se realizou em Jesus Cristo... Poder-se-ia quase dizer, com uma fórmula paradoxal que, segundo a doutrina dogmática da Inspiração, o Novo Testamento foi um 'hagiógrafo' do Antigo. Mais ainda, seu último hagiógrafo, porque foi o último desenvolvimento a que foi submetido o Antigo Testamento".[45]

e. **Valor perene do AT**

Todavia, uma coisa deve ficar bem clara a fim de evitar perigosos equívocos sobre o AT, sobre o seu significado e sobre a sua verdade. A *globalidade* do sentido da Escritura e da sua verdade não deve ser tomada apenas na direção AT→NT, mas também vice-versa, isto é, NT→AT. Em outras palavras, não é só o AT que é iluminado pelo NT, mas o próprio NT é iluminado pelo Antigo: "In Vetere Novum latet, et in Novo Vetus patet".[46] A escolha difícil que a Igreja fez nos três primeiros séculos da era cristã, isto é, aquela de um cânon que compreende também o cânon AT, é um evento dogmático de importância fundamental. Às vezes, poderíamos ser tentados de pensar: "Se o AT é provisório e incompleto, tomemos o NT e basta!" Isto seria heresia, além de uma gravíssima perda hermenêutica. Cristo não veio *abolir*, mas "levar à perfeição" (Mt 5,17) a Lei e os Profetas.

44 *Ibid.*, p. 46.
45 *Ibid.*, p. 42; cf. todo o parágrafo com o título significativo: *"L'ultimo vero autore dell'AT"*, pp. 41-43.
46 S. Agostinho, *Quaest. in Hept.* 2, 73: PL 34, 623.

A *DV* dedica todo o capítulo IV *(DV* 14-16) ao AT e reafirma o valor perene dos seus livros, divinamente inspirados; o seu caráter de economia reveladora e salvífica como preparação para a definitiva economia de Cristo redentor; os tesouros religiosos e morais ali presentes e perenemente válidos, apesar das "coisas imperfeitas e temporárias que ele contém"; a unidade e a complementaridade dos dois Testamentos, que santo Agostinho consagrava com aquela sua expressão lapidar já lembrada e que *DV* 16 cita.

A exposição de um tema tão articulado sobre o AT não entra no nosso plano: remetemos o leitor a alguns comentários ao cap. IV da *DV*[47] e a algumas monografias sobre as relações entre AT e NT.[48] Faço questão de acentuar as palavras de Pio XI na Encíclica contra o Nazismo *Mit brennender Sorge (Com viva ânsia)* de 14 de março de 1937, à qual faz referência também a *DV* 15:

"Os livros sagrados do AT são todos palavras de Deus, parte orgânica da sua revelação. De acordo com o desenvolvimento gradual da revelação, sobre eles pousa o crepúsculo do tempo que devia preparar o pleno meio-dia da redenção. Em algumas partes, narra-se a imperfeição humana, sua fraqueza e seu pecado, como não podia deixar de acontecer quando se trata de livros de história e de legislação. Além das inúmeras coisas altas e nobres, eles falam da tendência superficial e material, que apareceu em várias ocasiões no povo do antigo pacto, depositário da revelação e das promessas de Deus. Mas para quem não está cego pelo preconceito ou pela paixão, só pode resplandecer ainda mais luminosamente, apesar da fraqueza humana de que fala a história bíblica, a luz divina do caminho da salvação, que no fim triunfa sobre todas as fraquezas e os pecados.

---

47 Cf. L. Alonso Schökel, in AA. VV., *La Révélation divine*, tom. II, pp. 383-400; Id., in AA. VV., *La Bibbia nella Chiesa dopo la "Dei Verbum"*, pp. 109-133; A. Kerrigan, in AA. VV., *Commento alla Cost. Dogm. sulla divina Rivelazione*, pp. 155-185, A. Penna, in AA. VV., *La Cost. Dogm. sulla divina Rivelazione*, pp. 323-366.
48 Cf. P. Grelot, *Sens chrétien de l'Ancien Testament;* Id., *La Bibbia e la Teologia*, primeira parte: *L'antica Alleanza*, pp. 1-79; C. C. Larcher, *L'Actualitè chrétienne de l'Ancien Testament* ("Lectio divina" 34), Du Cerf, Paris 1962; J. Coppens, *Les Harmonies des deux Testaments*, Desclée, Tournai-Paris 1949; H. Duesberg, *Les valeurs chrétiennes de l'Ancien Testament*, Casterman, Tournai-Paris 1950; S. Amsler, *L'Ancien Testament dans l'Église*, Delachaux, Neuchâtel 1960.

É precisamente sobre este pano de fundo, freqüentemente sombrio, que a pedagogia da salvação eterna se amplia em perspectivas, que ao mesmo tempo dirigem, admoestam, sacodem, erguem e tornam felizes. *Somente a cegueira e a teimosia podem fazer fechar os olhos diante dos tesouros de salutares ensinamentos, ocultos no AT. Por isso quem quiser expulsos da Igreja a história bíblica e os sábios ensinamentos do AT, blasfema contra a palavra de Deus, blasfema contra o plano da salvação do Onipotente e faz de um acanhado e estreito pensamento humano o juiz dos planos divinos".*[49]

O anti-semitismo é uma constante tentação e assume também o caráter de desestima com relação ao AT. Ora, o Concílio Vaticano II nos lembra que uma robusta educação religiosa e moral dos cristãos passa através da freqüência assídua e devota do AT, para aprender a sua sublime lição sobre a progressiva realização da revelação e da salvação, no sentido religioso da presença de Deus vivo, sobre a salutar *sabedoria também humana* que deve guiar a existência do homem na difícil e preciosa arte de orar. A *DV* oferece exemplificações, sem querer dar-nos uma síntese de teologia e espiritualidade bíblica. Pense-se ainda, para dar algum outro exemplo de grande atualidade, na criação cósmica confiada à guarda ativa e responsável dos homens, nos valores perenes da antropologia bíblica,[50] na dimensão histórica e social da salvação (ver cap. 18 B, 5) particularmente sublinhada no Êxodo e nos Profetas.

Conversando, gosto de dizer com freqüência: "É preciso que sejamos sadiamente veterotestamentários para que nos tornemos bons neotestamentários, bons cristãos!"

Concluindo — Se dediquei um longo capítulo ao problema da verdade sem erro na Bíblia, é porque o problema é real e não pode ser resolvido com respostas simplistas, ricas em lugares comuns. O cristão que crê na inspiração e na verdade da mensagem bíblica, deve conhecer as razões, hoje, desta sua fé.

Sem dúvida, o Vaticano II prestou um serviço histórico à fé dos cristãos com *nostrae salutis causa* da *DV*.[11] Mas, uma vez professada a verdade da Escritura no sentido global explicado e com base na natureza da Bíblia como *mensagem de salvação,* estamos ainda longe de ter resolvido todas as questões referentes ao senti-

---

[49] Pio XI, *Mit brennender Sorge* 3 (I. Giordani, *Le Encicliche sociali dei Papi,* Studium, Roma 1956, 4ª ed., p. 579s).

do de tal ou tal afirmação e aos seus limites, de termos eliminado todas as dificuldades. O próprio princípio dos "gêneros literários", instrumento que hoje não pode ser posto de lado, não resolve todas as dificuldades e exige — para ser aplicado — honestidade e rigor científico, unidos à coragem e abertura. Além disto, nunca se deve esquecer que também as proposições da Escritura foram pronunciadas dentro de horizontes de compreensão histórica, cultural e teologicamente condicionados. Por fim, o católico que vai em busca da verdade na Bíblia "deve levar na devida conta a tradição viva de toda a Igreja e da analogia da fé" *(DV* 12), critérios dos quais falaremos no capítulo 18.

Somente se tivermos presentes e aplicarmos estes princípios, e os tivermos presentes *simultaneamente* (por isso não isolando nem absolutizando nenhuma das pistas de reflexão seguidas), sem recorrer a estratégias de arranjo arbitrário ou de camuflagem vil das dificuldades, não só se encaminham soluções para muitas dificuldades que a leitura da Bíblia levanta para o homem contemporâneo, mas abre-se a mente e o coração para a Verdade da Bíblia, uma verdade a compreender, defender e sobretudo viver:

> "Quanto a ti, filho do homem, os filhos do teu povo põem-se a conversar a teu respeito, junto aos muros e junto às portas das casas, dizendo entre si, cada um com seu irmão: 'Vamos ouvir qual é a palavra que vem da parte de Iahweh'. Dirigem-se a ti em bando, sentam-se na tua presença e ouvem a tua palavra, mas não a põem em prática. O que eles praticam é a mentira que está na sua boca; o que o seu coração busca é o seu lucro. Tu és para eles como uma canção suave, bem cantada ao som de instrumentos de corda: eles ouvem as tuas palavras, mas não as praticam. Ora, quando isto acontecer — e acertadamente vai acontecer — saberão que um profeta esteve no meio deles" (Ez 33,30-33).

---

50 Cf. V. Mannucci, *Ecco l'uomo. Appunti per una "antropologia biblica"*, pp. 33-50.

QUINTA PARTE
A INTERPRETAÇÃO DA SAGRADA ESCRITURA

A Bíblia é a expressão em palavras humanas da Palavra de Deus, dirigida aos homens tendo em vista a sua salvação: "Escuta, Israel..." Dt 6,4); "Compreendeis o que vos fiz?" (Jo 13,12). Ouvir e compreender constituem a resposta do homem à Palavra de Deus.

O ouvir é a abertura existencial do ser, enquanto o ser está "com" o outro, "diante" dele. O compreender, que se segue a esta abertura, é o encontro, a proximidade, a afinidade, a comunhão com aquele que fala, com a sua intencionalidade, o seu mundo, a sua mensagem. E o princípio hermenêutico por excelência é o amor (E. Fuchs). Amar é compreender.

As palavras mais difíceis de compreender são as que, depositadas num escrito, nos alcançam de muito longe. Um texto é a realização de uma idéia, o encarnar-se de uma intencionalidade, de um projeto, de uma mensagem naquele estranho material que são os sinais lingüísticos e as categorias culturais de que o autor se serviu para ex-primir-se. O leitor sério está empenhado no esforço de compreender o que o escritor diz; o primeiro lugar de tal compreensão é o texto.

A interpretação é um itinerário longo e difícil, que compromete toda a subjetividade do intérprete: "Não ardia o nosso coração quando ele nos falava pelo caminho, quando nos explicava as Escrituras?" (Lc 24,32). O compreender "é um ir-e-vir de mim ao texto e do texto a mim; é uma colaboração-luta entre leitor e autor" (A. Rizzi), e empenha o intérprete numa audição obediente. A pessoa estará em condições de compreender se estiver aberta à exigência interpeladora das palavras e da Palavra. Pode-se ler, estudar e compreender, simplesmente como estudioso: *tomar conhecimento, respeitar, talvez reconhecer como verdadeiro e admirar; mas isto não basta para compreender a Bíblia:*

ela requer crentes. *É preciso ouvi-la e compreendê-la como imperativo absoluto para a própria vida, certeza inabalável da própria decisão. "Dura é esta linguagem, quem pode compreendê-la? (Jo 6,60): "Se alguém quer compreender sua vontade, saberá se minha doutrina é de Deus ou se falo por mim mesmo" (Jo 7,17).*

16
HISTÓRIA DA INTERPRETAÇÃO DA BÍBLIA (DAS ORIGENS AO CONCÍLIO VATICANO II)[1]

É fora de discussão que exista uma *moderna hermenêutica,* cuja paternidade é comumente atribuída a F.D.E. Schleiermacher (ver cap. 17). Mas a hermenêutica, como arte e ciência de interpretar a divina Palavra, é tão antiga como a própria Bíblia. Descrever *brevemente* sua história não vai de encontro apenas ao interesse do *historiador.* As pesquisas de tempos passados e as soluções (ao menos implícitas) dadas no passado ao problema hermenêutico iluminam as pesquisas e as soluções do nosso tempo, a sua "novidade", mas também a sua "tradicionalidade".

1. A BÍBLIA COMO PRIMEIRO MOMENTO HERMENÊUTICO

a. Antigo Testamento

Israel nunca deixou de reinterpretar o seu passado e as Escrituras que o haviam codificado, à luz das novas intervenções

---

1 *Bibliografia*

G. Benedetti, *La Bibbia nella teologia patristica e medievale* in AA. VV., *I libri di Dio,* pp. 53-118; R. E. Brow, *Ermeneutica,* in *Grande Commentario Biblico,* pp. 1616-1640; Th. A. Collins-R. E. Brown, *Dichiarazioni del Magistero,* in *Grande Commentario Biblico,* pp. 1641-1651; P. Grelot, *La Bible Parole de Dieu,* pp. 181-204; Id., *La Bibbia e la Teologia,* pp. 142-152; J. Levie, *La Bible parole humaine et message du Dieu,* pp. 1-226 (*Progrès historique et exégèse biblique. A travers un siècle de recherche exégètique: de 1850 à nos jours);* H. de Lubac, *Exégèse médiévale,* tomos I-IV; R. Marlé, *Il problema teologico dell'ermeneutica.*

2 L. Alonso Schökel, *La Bibbia come primo momento ermeneutico,* in AA. VV., *Esegesi ed Ermeneutica,* pp. 137-148; F. Dreyfus, *L'actualisation à l'interieur de la Bible,* in *RB* 83 (1976) 161-202.

de Deus na história da salvação e sob o impulso de exigências e problemas novos na comunidade.

A própria história da formação literária de muitos livros ou conjuntos literários do AT (ver cap. 5) demonstra que a literatura bíblica se desenvolveu através da contribuição destas "reinterpretações", destinadas também elas a tornar-se "Sagrada Escritura".

Alguns exemplos:

— A história J dos Patriarcas e de Moisés no século X a.C. é retomada e reinterpretada por P no século VI segundo sua maneira literária e teológica.

— O código Deuteronômico (Dt 12-26) é, em muitos casos, uma reinterpretação, atualizada e adaptada às mudanças da vida econômica e social de Israel já instalado em Canaã, do direito de uma sociedade de camponeses e de pastores que estava fixado e guardado no "Código da Aliança" Eloísta (Ex 20,22-23,3); em outros casos, ele recupera prescrições estranhas àquele código e às vezes arcaicas, mas adaptando-as aos novos tempos e introduzindo nelas a teologia particular do Deuteronômio: os direitos de Deus sobre a terra e sobre o seu povo; a predileção pelos fracos e pobres que devem ser protegidos.

— O Eclesiástico é, geralmente, uma reflexão existencial sobre temas antigos e textos relativos: Eclo 3 é um comentário do quarto mandamento; Eclo 15 é um comentário de Gn 3; Eclo 17,1-12, um comentário à criação de Gn 1; Eclo 34,18-35,4, uma retomada do tema do culto e da justiça social. Ver também Sb 17, que reinterpreta a nona praga, a das trevas.

— A literatura profética é, talvez, aquela onde sobressai a interpretação sobreposta aos oráculos originais,[3] realizada mediante algumas técnicas como: a glosa (cf. Is 7,20), a montagem (cf. Is 8,1-10), e a adição que aplica e explica o oráculo à nova situação (cf. Is 11,10-16).

Destes poucos exemplos emerge certo tipo de *compreender*, uma busca do sentido das Escrituras que parte da convicção de seu caráter, *antigo e novo* ao mesmo tempo. O sentido procurado não é exatamente aquele que podia ser compreendido pelos primeiros leitores com base nas circunstâncias do seu tempo; é antes o que o leitor recente pode descobrir em vista dos problemas que lhe são contemporâneos e à luz da Revelação que se

3 Cf. P. Grech, *Interprophetic Re-interpretation and Old Testament Eschatology*, in *Aug* 9 (1969), 235-265.

realizou no tempo intermediário entre o antigo escritor e o escritor-leitor atual. Trata-se, em última instância, de uma atualização dos textos antigos que no judaísmo tomará o nome de *midraxe*.

b. O Judaísmo[4]

Consciente de que a Escritura deverá ser norma de vida para a comunidade dos crentes também na mudança das estações históricas, o judaísmo intertestamentário percebeu a exigência de uma interpretação 'oficial' da Escritura. Assim nasceu o *Midraxe (pesquisa,* do verbo darash = *procurar)*, no seu duplo desenvolvimento: a *halacá (caminho* ou *norma,* de halak = *caminhar)*, que explicava sobretudo as secções legislativas da Escritura para tirar daí as regras de conduta moral, jurídica e ritual; a *hagadá (narração,* de nagad = *narrar)*, que explicava sobretudo as secções históricas ou proféticas da Escritura, enriquecendo-as com muitos motivos legendários e sempre com intenção moral parenética: dos antigos escritos tirava-se o alimento para a fé e a esperança, para a edificação e a oração.

Em Qumran encontra-se também uma forma particular de *interpretação* midráxica, chamada *pesher* (de pashar = *interpretar)*, que lê alguns textos (por exemplo, Dn 2; 4; 5; 7) como predição oculta dos acontecimentos presentes, que aparecem como o prelúdio da grande crise escatológica.

A estes princípios que poderíamos chamar "teológicos", o judaísmo unia também princípios *técnicos* de exegese, necessariamente ligados à cultura do tempo: exegese *simples,* baseada no sentido óbvio dos textos; exegese *filológica,* que especula sobre as particularidades lingüísticas do texto; exegese dialética, que gosta de raciocinar sobre o conteúdo do texto. Os rabinos palestinenses codificaram suas regras a partir do século II d.C.

A exegese praticada no judaísmo alexandrino depende daquela do judaísmo palestinense, mas se adapta ao espírito da cultura alexandrina: assim em Fílon, seu mais ilustre representante, a exegese se conjuga com a reflexão filosófica e recorre sistematicamente à *alegoria* para explicar os textos sagrados.

---

4 Cf. A. George-P. Grelot, *Introduzione al nuovo testamento,* vol. I. A*gli inizi dell'èra cristiana,* pp. 55ss; AA. VV., Qumran, DBS, vol. IX, col. 737-1014; verbete *Rabbinique (Litterature)*, in *DBS,* vol. IX, col. 1019ss.

c. O Novo Testamento[5]

c1. A exegese de Jesus de Nazaré

Jesus é antes de tudo o verdadeiro e definitivo *exegeta* do Pai: "Ninguém jamais viu a Deus: o Filho Unigênito, que está voltado para o seio do Pai, este o revelou *(exegesato)*" (Jo 1,18). Nele a eterna e preexistente Palavra de Deus se fez carne e história humana; nele, na sua pessoa, na sua vida, na sua morte e ressurreição, o Reino de Deus se fez presente e atual, se revelou. Deste novo acontecimento que *é* a pessoa de Jesus, deriva toda a novidade da exegese que ele mesmo faz das Escrituras antigas. O Evangelho no-lo mostra enquanto "interpreta *(diermeneuesen)* em todas as Escrituras as coisas que se referem a ele, começando por Moisés e por todos os profetas" (Lc 24,27). Não *explica* as Escrituras, mesmo que fosse com um método ainda desconhecido; ele *revela* o sentido das Escrituras, porque "as Escrituras falam dele" (Jo 5,39), porque ele "veio cumprir *(plerosai)* a Lei e os Profetas" (Mt 5,17). Como bem afirmou Jo 19,28-30, as Escrituras não tanto "se realizam" em Jesus, mas nele "se cumprem" *(teleoithe* em Jo 19,28), porque só ele pode dizer: "Está consumado" *(tetelestai)* (Jo 19,30). A novidade (cf. Mc 1,27) e a autoridade (Mc 1,22) da exegese de Jesus está toda aqui.

Ademais, também Jesus é Filho do seu tempo e, falando com os judeus, usa as suas técnicas exegéticas. Na discussão sobre o divórcio, funda solidamente em Gn 2,24 uma nova *halacá ("Por isso, aquilo que Deus uniu, o homem não separe"* de Mt 19,6), com a qual declara acabada a tolerância da lei mosaica e da tradição rabínica. Na discussão sobre a ressurreição (cf. Mt 22,23-32), apela para Ex 3,6 ("Eu sou o Deus de Abraão e o Deus de Isaac e o Deus de Jacó"), argumentando segundo o modo da *hagadá*: "Portanto, não é Deus dos mortos, mas dos vivos". Nas discussões com os escribas, recorre às argumentações de tipo rabínico (cf., por exemplo, Jo 10,34-36).

c2. A exegese da Igreja apostólica

Também ela é dominada pelo evento-Jesus Cristo, como novo princípio hermenêutico. Quando os apóstolos e os escrito-

---

[5] Cf. P. Grelot, o.c., J. Bonsirven, *Exégèse rabbinique et exégèse paulinienne*, Paris 1939; M. McNamara, *I Targum e il Nuovo Testamento*, Dehoniane, Bolonha 1978; P. Grech-G. Segalla, *Metodologia per uno studio della teologia del NT*, cap. IV (*La reinterpretazione dell'AT nel Nuovo*).

res do NT tomam nas mãos o AT, no início da grande partitura está escrito para eles o fato de Jesus, como nova chave musical pela qual tudo é determinado. Compreender *todas* as antigas Escrituras (não somente os Profetas), significava ler ali Cristo e a realidade cristã, com aquela inteligência plena à qual os abriu a ressurreição de Cristo: "Depois Jesus disse 'São estas as palavras que eu vos falei, quando ainda estava convosco: era preciso que se cumprisse tudo o que está escrito sobre mim na Lei de Moisés, nos Profetas e nos Salmos'. Então abriu-lhes a mente para que entendessem as Escrituras..." (Lc 24,44).

Esta operação exegética, tendente a definir as relações entre os dois Testamentos, lança mão sucessivamente de termos *técnicos* como *typos* e *anti-typos,* ainda que com uso diverso. Para são Paulo e a 1Pd, o AT é o *typos, do qual* Cristo e a experiência cristã constituem o *anti-typos* (cf. 1Cor 10,6-11; Rm 5,14; 1Pd 3,21); pela carta aos Hebreus a consumação celeste do mistério de Cristo é o *typos* (o arquétipo) do qual o AT apresenta modelos *(ypodeigma),* figuras *(anti-typos),* símbolos *(parábolas),* sombras *(skia),* ao passo que a experiência cristã constitui sua verdadeira imagem *(eikon).* Neste quadro geral a exegese da Igreja apostólica haure tanto da cultura rabínica quanto da alexandrina: *halaká, hagadá, pesher,* argumentações de tipo rabínico, procedimentos de tipo filoniano, a alegoria. A exegese da Igreja apostólica deixa uma herança hermenêutica em que se pode encontrar um elemento *teológico* e permanente, que é a leitura em chave cristológica e cristã do AT, e um elemento *cultural,* o dos procedimentos exegéticos próprios do tempo (ver cap. 18, B, 6a).

2. A ÉPOCA DOS PADRES DA IGREJA

A primeira grande reflexão sobre o problema hermenêutico, no sentido moderno, remonta a Orígenes. Com a edição da *Hexapla* (ver cap. 7, 3, b. 2), Orígenes realiza um trabalho de crítica textual a fim de estabelecer e estudar rigorosamente o texto das Escrituras. Mas conhece-se também a profundidade do seu esforço na busca do sentido último, *espiritual* dos textos bíblicos: a *alegoria* de Fílon torna-se em Orígenes e na Escola Alexandrina o instrumento hermenêutico que permite pôr em evidência Cristo e o seu mistério presentes na Bíblia. Não é por acaso que H. De Lubac, para expor a doutrina do grande alexandrino, escolhe o título: *Histoire et Esprit (L'intelligence de l'Écriture d'après Ori-*

gène).⁶ Com Orígenes são postas as premissas sistemáticas do duplo sentido das Escrituras: o sentido literal (ou *hitórico)* e o sentido *espiritual* (ver cap. 18 B. 6). A tensão entre os dois sentidos caracteriza as duas escolas do Oriente cristão, a Escola Antioquena e a Escola Alexandrina: uma mais atenta à fidelidade literal dos textos, a outra à busca do seu sentido profundo, espiritual. Todavia deve-se esclarecer que a "teoria" antioquena constitui "a verdadeira chave da mensagem espiritual profunda, ali onde ela não é perfeitamente explícita",⁷ e — como tal — a "teoria" se opõe não tanto à "alegoria" alexandrina, quanto aos seus exageros.

A mesma tensão, sob modalidades diversas, encontra-se também no Ocidente. São Jerônimo representaria bem a tendência literal; santo Ambrósio e santo Hilário, aquela espiritual. Santo Agostinho, pelo contrário, cujo influxo iria impor-se durante toda a Idade Média, parece sintetizar as duas correntes, literal e espiritual, colocando assim as bases de uma exegese particularmente fecunda.

3. A EXEGESE MEDIEVAL

A obra *Exégèse Médiévale* de H. De Lubac,⁸ definida por Grelot como "investigação monumental sobre a atitude do pensamento medieval diante da Bíblia",⁹ revelou tal riqueza de abertura exegética que o mesmo Grelot¹⁰ convida os exegetas a retomar o quádruplo sentido da Escritura precisamente dos medievais, e P. Ricoeur convida os filósofos a dar maior atenção à teoria geral da interpretação elaborada pela exegese bíblica medieval.¹¹

O "sentido literal e espiritual" dos Padres articula-se, efetivamente, na exegese medieval, num *esquema quadripartido*: *história, alegoria, tropologia, anagogia*, que representa "a fórmula verdadeira, aquela que de fato é a mais freqüente (...), aquela que exprime a doutrina autêntica na sua pureza (...), a única adequada ao mistério cristão".¹² Este esquema foi tipicamente enun-

6 Aubier, Paris 1950 (*Storia e spirito. L'inteligenza della Scrittura secondo Origene*).
7 G. Benedetti, o.p., p. 58.
8 Cit. na nota 1.
9 P. Grelot, recensão em *RB* 68 (1961), 423.
10 Id., *Exégèse, Théologie et pastorale*, in *NRT* 88 (1966) 3-13.132-148.
11 P. Ricoeur, *Della interpretazione. Saggio su Freud*, p. 38; cf. Id., *Il conflitto delle interpretazioni*, pp. 393-400.
12 H. de Lubac, *Exégèse médiévale*, t. I, p. 169.

ciado num famoso dístico do dominicano Agostinho de Dácia
(† 1282):
Littera gesta docet, quid credas allegoria,
Moralis quid agas, quo tendas anagogia.

Em outras palavras, no contexto global das Escrituras, o intérprete discerne antes de tudo uma *história:* a série das intervenções de Deus na história da salvação. Mas esta *história* oculta *o mistério de Cristo* (é o sentido *espiritual* dos Padres), que tem vários níveis: o que se refere à realidade histórica de Cristo e de sua Igreja, constitui a *alegoria* pura e simples; o que oferece uma doutrina capaz de regular a vida cristã, constitui a *tropologia;* o que, ao contrário, se refere às realidades celestes e escatológicas, objeto da nossa esperança, constitui a *anagogia.* Este tríplice sentido da letra e da história refere-se sobretudo aos textos do AT, mas é também aplicado, com as devidas proporções, àqueles do Novo, cujo elemento histórico também é significativo com relação à economia sacramentária (alegoria), à vida espiritual dos cristãos (tropologia) e ao objeto de sua esperança (anagogia).

A doutrina dos *quatro sentidos* da Escritura, todavia, não constituía apenas um método para a exegese e um quadro prático para expor a *doutrina.* A *Lectio divina* — e tal era a leitura da Bíblia especialmente na teologia monástica — não tinha o objetivo de conhecer um passado já desaparecido, nem de satisfazer uma curiosidade ávida apenas de "saber"; ela buscava na Bíblia "o alimento de uma fé que, partindo dos textos sagrados e dos fatos que estes referem, quer conhecer o mistério de Cristo e da Igreja, para que a Igreja se traduza em existência cristã e contemple já antecipadamente a eternidade para a qual está a caminho".[13]

A situação modificou-se já com Hugo de S. Vítor no século XII, mas sobretudo no século XIII quando, ao lado da "Lectio monastica" começa a desenvolver-se a *Lectio scholastica,* atenta às *Quaestiones* levantadas pela leitura e explicação da *Sacra Pagina.* O teólogo faz a *lectio cursiva* dos livros da Bíblia, sendo este seu curso habitual. Mas depois organiza nas *Summae* as *quaestiones* saídas da *lectio,* e deve procurar na Escritura uma *auctoritas* que fundamente a solução à qual ele chegou. Daqui deriva a nova apresentação do problema dos *sentidos* da Escritura e a valorização do *sensus litteralis,* que encontramos — por exemplo — em são Tomás, para o qual somente o *sensus littera-*

13 P. Grelot, *La Bible Parole de Dieu,* p. 196.

lis é demonstrativo em Teologia,[14] ao passo que o *sensus spiritualis* não saberia fornecer argumentos ao teólogo, visto que ele não oferece nada que não se encontre claramente expresso em alguma parte do *sensus litteralis* da Escritura.

De outro lado, para são Tomás, o conteúdo do sentido literal colocado por Deus na Escritura não exige apenas o recurso à gramática e à reflexão racional, mas exige também que o intérprete se coloque no interior da *Tradição* cristã e na luz da *Revelação total*, as únicas em condições de distinguir a relação dos textos bíblicos com Jesus Cristo.

4. A REFORMA PROTESTANTE E O CONCÍLIO DE TRENTO

R. Marlè escreve: "A Reforma devia devolver ao problema hermenêutico toda a sua urgência. Não somente porque sustentava novas teses que apelavam para a Escritura, e assim obrigava os teólogos a curvar-se novamente sobre a Bíblia para justificar de maneira crítica a interpretação que eles davam dela; nem unicamente em razão do renovado culto da Bíblia que a Reforma queria promover; mas sobretudo porque o 'princípio escriturístico' sobre o qual toda a Reforma pretendia fundar-se, o princípio da *sola Scriptura*, na realidade correspondia à introdução na cristandade de um novo princípio hermenêutico (...) Com efeito, o princípio da *sola Scriptura* não significava apenas a rejeição de toda regra de fé e de interpretação exterior à Escritura. Implicava na possibilidade para a Escritura de revelar por si mesma o seu significado. Diz-se que a Escritura é *per se certissima, facilima, apertissima, sui ipsius interpres, omnium probans, judicans et illuminans*".[15]

Valham, à guisa de exemplo, algumas frases de Lutero:

"Que só a Escritura reine e que não seja exposta por meu espírito ou por outros homens, mas seja compreendida por si mesma e por seu espírito". "Não posso suportar que se imponham limites ou modos de interpretar a Escritura, visto que a Palavra de Deus, que ensina toda liberdade, não deve nem pode ser nociva".[16]

14 Cf. *Quodlib.* 7, q. 6 aa. 14-16; *Summa Theol.* I, q. 1, a. 10.
15 R. Marlé, *Il problema teologico dell'ermeneutica*, p. 21.
16 Cit. in C. Miegge, *Lutero* (*Libertà del cristiano. Lettera a Leone* X), Claudiana, Turim 1970, pp. 11.15.

Por este motivo o Concílio de Trento sentiu a necessidade de opor-se à Reforma com outro princípio hermenêutico, tornando a propor aos crentes a Igreja e a Tradição como o lugar de preservação e de desenvolvimento da Palavra de Deus:

"Para reprimir os engenhos demasiadamente petulantes, (o sacrossanto Concílio) declara que ninguém, baseando-se na própria sabedoria, nos argumentos de fé e de costumes que dizem respeito à doutrina cristã, dobrando a Sagrada Escritura segundo os próprios modos de ver, ouse interpretá-la contra o sentido que (sempre) manteve e mantém a santa mãe Igreja, à qual compete julgar sobre o verdadeiro sentido e sobre a interpretação das sagradas Escrituras ou mesmo contra o unânime consenso dos padres, ainda que estas interpretações nunca devessem ser publicadas. Quem se opuser a isto seja denunciado pelos ordenadores e punido segundo o direito" *(EB 62; CE 526; FC 61).*

Mas o século XVI não foi apenas o século da Reforma protestante, foi o século do *Renascimento.* Se é verdade que a autoridade da Bíblia, ao lado daquela dos clássicos gregos e latinos, voltava à ribalta, é também verdade que os humanistas do século XVI inauguraram um modo novo de abordar os textos antigos. Para reencontrar neles a antiguidade viva no seu frescor original, à pesquisa e à publicação dos manuscritos eles acrescentaram um conhecimento profundo das línguas antigas (também orientais) e métodos de análise literária mais objetivos, e aperfeiçoaram progressivamente a crítica histórica com a finalidade de recuperar o autêntico passado. As modernas críticas "textual-literária-histórica", que explodiram nos séculos XIX e XX, são filhas do Renascimento.

Acontece que não só as obras clássicas e a Bíblia são abordadas com o mesmo método histórico-crítico, mas — e isto é ainda mais decisivo — "o homem moderno não se aproxima mais da Bíblia com a mesma atitude dos Padres da Igreja antiga ou dos teólogos medievais. As perguntas que lhe fazem não são mais apenas e nem, em geral, perguntas nascidas imediatamente da fé. A harmonia fundamental de antigamente entre a doutrina da fé nascida da Bíblia e a cultura não mais existe. O homem moderno faz suas interrogações a partir de um mundo que ele criou fora das realidades da fé. Neste contexto o problema hermenêutico assume uma nova dimensão, ou pelo menos um novo aspecto. Até então a busca do sentido dos documentos era pré-orientada pela natureza destes documentos, de modo que ela mesma não representava um problema. Havia como que uma disposição fundamental do problema à realidade à qual ele levava, e é somente com base nesta disposição fundamental que as diferenças relativamente secundárias de método e de atitude podiam encontrar lugar".[17]

A *ars interpretandi* dos antigos torna-se *hermenêutica*, torna-se problema *hermenêutico* e foge do âmbito eclesial, ou ao menos do âmbito da Igreja católica (ver cap. 17). A atitude predominante da exegese católica foi inicialmente de defesa, esperando que os tempos amadurecessem para uma mais serena e construtiva ciência hermenêutica católica, a começar pela *Divino Afflante Spiritu*, de Pio XII.

5. DO CONCÍLIO VATICANO I À ENCÍCLICA "SPIRITUS PARACLITUS"

O Vaticano I, no Proêmio da constituição dogmática *Dei Filius*, de 1870, fazia esta avaliação da atitude do Protestantismo liberal sobre a Bíblia:

"...E a Sagrada Bíblia, considerada antes como única fonte e único árbitro da doutrina cristã, começou a ser considerada não mais como divina, mas como um relato mítico. Nasceu depois, e se espalhou por todo o mundo, a doutrina do racionalismo ou naturalismo. Ela, contrariando em tudo a doutrina cristã, porque é sobrenatural, procura com todo esforço estabelecer o reinado da pura razão ou natureza — como o chamam — excluindo a Cristo, único Senhor e Salvador nosso, das mentes humanas e da vida e dos costumes dos povos" *(COD* 780; *CE* 759).

Para a hermenêutica católica da Bíblia, a mesma Constituição oferece apenas princípios gerais de caráter teológico, apelando para o Tridentino:

"...Nós, renovando tal decreto (isto é, do Tridentino), declaramos que a sua intenção era que naquilo que se refere à fé

---

[17] R. Marlé, *o.p.*, p. 24.

História da interpretação da Bíblia

e aos costumes, que pertencem ao edifício da doutrina cristã, deve-se declarar o verdadeiro sentido da Sagrada Escritura, aquele que a santa mãe Igreja sustentou e ainda sustenta, à qual pertence com exclusividade julgar qual seja o verdadeiro sentido e interpretação autêntica das Sagradas Escrituras, e que, por isso, não é lícito a ninguém interpretar a Sagrada Escritura contra aquele sentido e contra o consenso unânime dos padres" (Cap. II: *EB* 78; *CE* 763; *FC* 62).

A Encíclica *Providentissimus Deus* (1893) de Leão XIII, saída bem no meio da "Questão bíblica" (ver cap. 15, 1, c) abre — de certa forma — a renovação bíblica no campo católico. Ela se propõe indicar aos exegetas "o que parecia ser *o melhor (optima)* para encaminhar retamente os estudos bíblicos" *(EB* 100). Antes de mais nada, na linha do Vaticano I, oferece os critérios próprios de uma hermenêutica teológica: a) a Bíblia deve ser interpretada "com a luz e a graça do mesmo Espírito Santo que a inspirou" *(EB* 89); b) de conformidade com o "sentido que a Santa Mãe Igreja sustentou e sustenta" *(EB* 108); c) não contra "o unânime consenso dos Padres" *(ibid.);* d) levando em consideração a "analogia da fé" *(EB* 109).

A Encíclica oferece também preciosas indicações para aquilo que se pode chamar um equipamento "crítico" do exegeta católico que o torne capaz de defender contra os adversários (permanece, portanto, a colocação apologética) "a credibilidade ao menos humana da Escritura" *(EB* 116). Com efeito, ela recomenda "o estudo das línguas orientais e a ciência crítica" *(EB* 118), esta última aplicada tanto aos problemas literários sobre a "origem e a conservação dos livros sagrados" *(EB* 119), como aos problemas da relação entre a Bíblia e a ciência *(EB* 120-122; ver cap. 15, 3, a. 2); mais ainda, concede certos direitos também à "crítica histórica", quando afirma que "as mesmas coisas valem também para as disciplinas afins, especialmente para a história" *(EB* 122).

A *Providentissimus Deus* determinou na catolicidade do tempo um grande impulso nos estudos da Sagrada Escritura, sendo testemunhas disto os longos e apaixonados debates sobre a "questão bíblica" (sobretudo, F. von Hummelauer e M. J. Lagrange: ver cap. 15, 1, c). No dia 30 de outubro de 1902, Leão XIII instituía, com a carta apostólica *Vigilantiae,* a *Pontifícia Comissão Bíblica* que tinha antes de tudo o objetivo de favorecer o progresso dos estudos bíblicos, antes mesmo da função de controle e de juízo sobre os mesmos: baste pensar que no início se planejou escolher a *Revue Biblique*, fundada em Jerusalém pelo Pe. M. J. Lagrange (o primeiro número é de janeiro de 1892), como órgão da mesma Comissão bíblica.[18]

Mas aproximava-se a grande *crise modernista*, que foi como "uma geada que veio cobrir esta primavera hermenêutica",[19] e abriu um longo período de esterilidade hermenêutica. A. Loisy, iniciador do movimento modernista, seguindo as pegadas da crítica então praticada pelo protestantismo liberal, não adotou apenas seus métodos, mas acabou por desposar também seu espírito e suas conclusões teológicas, que foram condenadas por Pio X no Decreto *Lamentabili* de 1907 *(EB* 190-256; *FC* 72-75) e na Encíclica *Pascendi* do mesmo ano *(EB* 257-282).

Certo número de exegetas católicos, a começar por M. L. Lagrange, tinha percebido toda a vantagem que a apologética e a teologia podiam tirar da crítica literária e histórica e adotaram o seu *método* para aplicá-lo aos livros da Bíblia. Mas o clima de reação antimodernista realmente não era favorável. O Manifesto de Loisy *L'Évangile et l'Église* era de 1902; *La méthode Historique, surtout à propos de l'Ancien Testament* de Lagrange saiu em 1903. Embora afastando-se expressa e publicamente em várias ocasiões das posições de Loisy, Lagrange[20] e amigos tornaram-se triste alvo dos ataques da ala conservadora.[21] O programa de renovação da exegese católica sofreu inevitavelmente uma freada: "Os decretos da Comissão bíblica entre 1908 e 1915 mantiveram-se dentro de perspectivas estritamente conservadoras. e a Encíclica *Spiritus Paraclitus* de 1920 ainda põe os exegetas de sobreaviso contra os abusos da teoria dos gêneros literários. Com efeito, o abuso era mais que real na crítica independente e na exegese protestante neste período. Por isso tiveram que procurar manter-se constantemente longe destas perspectivas os artigos e os comentários mais ousados escritos por católicos entre 1910 e 1940, que por esta razão conservaram um tom bastante apologético".[22]

---

18 Cf. J. Levie, *o.p.*, p. 80ss.
19 A expressão é de Fr. Mussner, *Histoire de l'herméneutique*, p. 69.
20 Cf. F. M. Braun, *L'opera di Padre Lagrange*, Morcelliana, Brescia 1949.
21 Cf. *ibid.*, p. 100ss.
22 P. Grelot, *La Bibbia e la Teologia*, p. 155.

Para registrar um verdadeiro progresso na exegese e na hermenêutica em campo católico será necessário esperar a Encíclica *Divino Afflante Spiritu* de Pio XII em 1943 e, sobretudo, a segunda sessão do Concílio Vaticano II.

6. A ENCÍCLICA "DIVINO AFFLANTE SPIRITU" E A INSTRUÇÃO "SANCTA MATER ECCLESIA"

A Encíclica *Divino Afflante Spiritu* de Pio XII, de 30 de setembro de 1943, realmente abriu uma nova era para a pesquisa bíblica católica. A segunda parte da Encíclica, aquela sistemática, constitui uma verdadeira "carta constitucional" para a hermenêutica bíblica:

a. A primeira tarefa do intérprete da Bíblia é compreender "o sentido chamado literal do texto" e — partindo deste — descobrir toda a doutrina teológica ali contida. Para conseguir isto, ele deve conhecer as línguas originais da Bíblia (hebraico-aramaico-grego) e recorrer a todos os recursos da filologia, da arqueologia e da ciência histórica (cf. *EB* 547-551).

b. O intérprete se empenhará em "descobrir o sentido espiritual, desde que conste que Deus ali o inseriu", mas sempre preocupado em "não apresentar como genuíno sentido da Escritura outros valores figurativos das coisas" *(EB* 552-554).

c. "A norma suprema de interpretar é distinguir e estabelecer o que o escritor se propõe dizer"; e com este objetivo "o intérprete, com toda diligência, não negligencie aquelas novas luzes que as modernas investigações ofereceram, procure distinguir qual tenha sido a índole própria do autor sagrado, quais as condições de sua vida, em que tempo viveu, que fontes escritas ou orais usou, de que formas lançou mão. Assim poderá conhecer mais exatamente quem foi o hagiógrafo e o que quis dizer no seu escrito" *(EB* 557).

d. No âmbito da crítica literária deve-se dar uma atenção particular aos gêneros literários": "O que aqueles antigos quiseram significar com as suas palavras não pode ser determinado apenas com as leis da gramática ou da filologia, ou a partir do contexto; o intérprete deve como que voltar com a mente para aqueles remotos séculos do Oriente, e com o apoio da história, da arqueologia, da etnologia e das outras ciências, discernir claramente *que gêneros literários* quiseram empregar os escritores daquela remota era... Quais sejam eles, o exegeta *não* pode estabelecer *a priori*, mas só depois de um acurado reconhecimento das antigas literaturas do Oriente. Neste ponto, nos últimos decênios a investigação deu a conhecer mais claramente quais eram naquelas antigas idades as formas de expressão empregadas, seja nas composições poéticas, seja no ditar as leis ou as normas de vida, seja por fim no narrar os fatos da história... Das maneiras de falar de que entre os antigos, especialmente orientais, se servia a humana linguagem para exprimir o pensamento da mente, nenhuma é excluída dos Livros Sagrados, com a condição porém de que o gênero de falar empregado não esteja em contradição com a santidade de Deus nem com a verdade das coisas" *(EB* 558-559).

e. Os exegetas são convidados "a munir-se de coragem diante das muitas dificuldades ainda não superadas e resolvidas" *(EB* 363), e "assim não só rebater as objeções dos adversários, mas também tentar uma sólida explicação que se harmonize fielmente com a doutrina da Igreja e especialmente com o ensinamento tradicional sobre a imunidade de todo erro da Sagrada Escritura" *(EB* 564). Os exegetas estão livres com aquela "*verdadeira liberdade dos filhos de Deus* que mantém fielmente a doutrina da Igreja, e ao mesmo tempo acolhe com ânimo agradecido como dom de Deus e tira proveito dos resultados das ciências profanas. Esta liberdade, reforçada e sustentada pela boa vontade de todos, é a condição e a fonte de todo fruto verdadeiro e de todo sólido progresso na ciência católica" *(EB* 565).

A verdadeira e justa liberdade devê !vida aos exegetas foi ulteriormente sufragada pela *Carta* oficial, aprovada por Pio XII, do Secretário da Comissão Bíblica P. J. M. Vosté *ao Cardeal Suhard*, Arcebispo de Paris, no dia 27 de março de 1948. Ali, com referência às três respostas dadas nc anos 1905-1909 pela mesma Comissão sobre as "fontes do Pentateuco" e sobre a "historicidade dos primeiros 11 capítulos do Gênesis", afirma-se: "Tais respostas não se opõem de forma alguma a um ulterior exame verdadeiramente científico daqueles problemas segundo os resultados alcançados nestes últimos quarenta anos" *(EB* 579; *FC* 85-86); mais ainda, com base nos mesmos, são oferecidos também alguns esclarecimentos específicos sobre os dois problemas propostos *(EB* 580-581; *FC* 86-87).

Na mesma linha está um esclarecimento sobre o valor das intervenções anteriores da Comissão Bíblica, formulado pelo Secretário P.A. Miller e pelo seu Sub-Secretário P.A. Kleinhaus por ocasião da nova edição do *Enchiridion Biblicum* (1954). Eles escrevem[23] que os decretos da Comissão Bíblica dos inícios do século devem ser considerados como tomadas de posição, historicamente datadas, no contexto da crítica liberal e racionalista daquele tempo. Também através deste esclarecimento, à Comissão se havia dado a liberdade necessária para poder fornecer explicações mais adequadas aos problemas levantados pela exegese bíblica moderna.

O documento mais importante neste sentido foi, sem dúvida alguma, a *Sancta Mater Ecclesia,* ou seja, a "Instrução sobre a verdade histórica dos Evangelhos", do dia 21 de abril de 1964, que não só será citada mas até mesmo resumida no n. 19 da *Dei Verbum* (ver cap. 18, B, 4). Nesta Instrução, a Comissão Bíblica:

— faz referência à *Divino Afflante Spiritu,* na qual "Pio XII enuncia uma regra geral de hermenêutica, válida para a interpretação dos livros do AT como também do NT" *(FC* 91);

— pela primeira vez num documento oficial da Igreja, fala-se do "método da história das formas" e afirma-se que "será lícito ao exegeta examinar os eventuais elementos positivos oferecidos pelo 'método da história das formas' e servir-se devidamente dele para uma compreensão mais profunda dos Evangelhos. Todavia, fará isso com cautela porque com freqüência o mencionado método está relacionado com princípios filosóficos e teológicos que não podem ser admitidos, pois eles não raramente viciam tanto o próprio método, quanto as conclusões em matéria literária" *(FC* 91-92);

— "para afirmar o fundamento daquilo que os Evangelhos nos narram, o exegeta deve prestar diligente atenção aos três estágios através dos quais o ensinamento e a vida de Jesus chegaram até nós: *Cristo Senhor...; os apóstolos...; os evangelistas..." (FC* 92-94)

— "não vai contra a verdade do relato o fato de que os evangelistas narrem as palavras e os fatos do Senhor em ordem

---

[23] Cf. P. A. Miller (Secretário da P.C.B.) in *BM* 31 (1955); P. A. Kleinhaus (Sub-secretário da P.C.B.) in *Ant* 30 (1955) 63-65. As passagens mais importante dos dois artigos, quase idênticos, são apresentadas por J. Levie, o.p., p. 216ss. Cf. também E. Vogt, *De decretis Commissionis Biblicae distinguendis,* in *Bib* 36 (1955) 564-565.

diferente, e exprimam suas palavras não ao pé da letra, mas com alguma diversidade, conservando o seu sentido" *(FC 94)*. Com a *Sancta Mater Ecclesia* (1964) já estamos em pleno desenvolvimento do Concílio Vaticano II. Os tempos já estão maduros para um ulterior desenvolvimento das premissas hermenêuticas já postas pela Encíclica *Divino Afflante Spiritu*. A Constituição dogmática *Dei Verbum* do Concílio constitui o último posto avançado da hermenêutica bíblica católica contemporânea no ensinamento oficial do Magistério da Igreja (ver cap. 18).

17

O PROBLEMA HERMENÊUTICO NA ÉPOCA MODERNA[1]

O vocábulo grego *ermeneia* já há muito havia desaparecido da terminologia latinizada da ciência, quando, na esteira do Renascimento e da Reforma, a teoria da interpretação começou a se desenvolver como disciplina autônoma. Deve-se à moda da volta à terminologia originária grega, imperante no pseudoclas-

---

[1] *Bibliografia*

A. *Hermenêutica filosófica*

E. Castelli (coordenação de), *Atti dei Convegni indetti dal Centro internazionale di Studi Umanistici e dall'Istituto di Studi Filosofici dell'Università di Roma: Il problema della demitizzazione* (1961); *Demitizzazione e imagine* (1962); *Ermeneutica e tradizione* (1963); *Demitizzazione e morale* (1965); *Mito e fede* (1966); *Il Mito della pena* (1967); *L'Ermeneutica della libertà religiosa* (1968); *L'analisi del linguaggio teologico: il nome di Dio* (1969); *L'infallibilità* (1970); *La Teologia della storia* (1971); *La Testimonianza* (1972); *La critica della demitizzazione: ambiguità e fede* (1973); *Perspettive sul sacro* (1974); *Temporalità e alienazione* (1975); *Ermeneutica della secolarizzazione* (1976); E. Coreth, *Grundfragen der Hermeneutik*; G. Ebeling, *Hermeneutik*, in RGG, III, 242-262; G. Gadamer, *Il problema della coscienza storica*; Id., *Verità e metodo*; R. E. Palmer, *Hermeneutics. Interpretation Theory in Schleiermacher, Dilthey, Heidegger and Gadamer*; P. Ricoeur, *Dell'interpretazione. Saggio su Freud;* Id., *Il conflitto delle interpretazioni. Saggio d'ermeneutica;* Id., *La métaphore vive*.

B. *Hermenêutica teológica* (os autores aqui citados introduzem também na hermenêutica filosófica). AA. VV., *Esegesi ed Ermeneutica (Atti della XXI settimana biblica dell'A.B.I.;* P. Grelot, *Que penser de l'interprétation existentiale,* ETL 43 (1967) 420-443; Id., *L'exégèse biblique au carrefour,* NRT 98 (1976) 416-434-481-511; A.H.J. Gunneweg, *Vom Verstehen des Alten Testaments. Eine Hermeneutik;* L. Maldonado, *La predicazione,* primeira parte, *Il problema ermeneutico,* pp. 19-179; R. Marlé, *Il problema teologico dell'ermeneutica;* Fr. Mussner, *Histoire de l'hermeneutique;* A. Rizzi, *Letture attuali della Bibbia* (nas citações faço referência a este volume); Id., *Bibbia e interpretazione. L'incidenza del problema ermeneutico negli studi biblici,* in AA. VV., *I Libri di Dio,* pp. 273-321 (este ensaio é reproduzido em *Letture attuali della Bibbia,* pp. 9-72); J. M. Robinson-E. Fuchs, *La Nuova ermeneutica* (tr.

sicismo seiscentista, se, ao lado da expressão latina já em voga *(ars interpretandi* ou simplesmente *exegesis)*, foi introduzida a palavra de som grego hermenêutica.[2] "Mas a reviravolta radical das perspectivas veio sobretudo com a *Aufklärung (Iluminismo)* e com sua rejeição deliberada da distinção, que até então parecia evidente, entre hermenêutica sagrada e hermenêutica profana. O novo espírito não quer reconhecer na realidade humana algum tipo de hierarquia preexistente à sua pesquisa e que de alguma forma possa limitar *a priori a sua interpretação*. Se alguma ordem se manifesta, esta não deve surgir independentemente do próprio movimento da pesquisa. E é este movimento que a palavra *hermenêutica* queria traduzir e que a reflexão sobre a hermenêutica se propõe realizar".[3] A questão hermenêutica do problema técnico transforma-se em *problema filosófico*.

A trajetória da hermenêutica moderna como problema filosófico constitui a *primeira* parte deste capítulo; na *segunda* parte, ao contrário, veremos as repercussões que o processo da hermenêutica dos filósofos teve no outro campo, sempre próximo, dos exegetas e dos teólogos. Não foi por puro acaso se no filósofo-teólogo Schleiermacher os esforços em favor da hermenêutica tenderam em primeiro lugar a servir a interpretação da Escritura,[4] e se o próprio Heidegger reconheceu dever "a sua familiaridade com o termo 'hermenêutica' ao tempo em que estudava teologia".[5]

A) TRAJETÓRIA DA HERMENÊUTICA NA FILOSOFIA MODERNA

Na verdade, não é tarefa fácil descrever semelhante trajetória, se um filósofo da hermenêutica como H. G. Gadamer pôde escrever: "A hermenêutica é a arte de entender-se. Apesar disto,

it., parcial de AA. VV., *The New Hermeneutic,* Harper-Row, Nova York (1964); G. Savoca, *Lettura esistenziale della Parola di Dio;* G. Segalla-P. Grech, *Metodologia per uno studio della teologia del Nuovo Testamento;* P. Stuhlmacher, *Vom Verstehen des Neuen Testaments. Eine Hermeneutik.*
 2 O primeiro livro que no título trazia o vocábulo novo foi o do protestante J. C. Dannhauer, *Hermeneutica Sacra sive methodus exponendarum Sacrarum Litterarum,* Strasburgo 1654.
 3 R. Marlé, *o.p.,* p. 24ss.
 4 Ver a aplicação que Schleiermacher faz dos seus princípios hermenêuticos à interpretação da Bíblia, in F. D. E. Schleiermacher, *Lo studio della Teologia,* parágrafos 132-139.
 5 M. Heidegger, *In cammino verso il linguaggio,* p. 89.

parece particularmente difícil entender-se sobre problemas da hermenêutica..."⁶

Escolhi o caminho *de alguns* (entre os muitos) *nomes* prestigiosos da filosofia da hermenêutica, aqueles aos quais, parece-me, estão ligados contributos mais decisivos para a reflexão hermenêutica no campo bíblico e teológico.

1. DE F.D.E. SCHLEIERMACHER A M. HEIDEGGER, A G. GADAMER

Como já dissemos, F.D.E. Schleiermacher (1768-1834) é considerado de comum acordo o pai da hermenêutica moderna. Segundo uma sua definição, "Interpretar é uma arte, uma arte cujas regras só podem ser elaboradas a partir de uma fórmula positiva; esta consiste numa *reconstrução histórica* (ou comparativa) e *intuitiva* (ou divinatória), *objetiva e subjetiva do discurso ou texto estudado*".⁷

Portanto, a principal coisa para fazer uma autêntica interpretação é ter uma compreensão *divinatória*, que é a capacidade de *sentir-com*, de *com-penetrar-se* de *sin-tonizar*, de *entrar na vida* daquela pessoa que queremos compreender nos seus escritos. Trata-se, em outras palavras, de uma espécie de *intuição global*, não puramente intelectiva, mas cordial, afetiva.

Todavia a compreensão divinatória deve ser acompanhada por outro tipo de compreensão chamada *comparativa*, que trabalha com toda a variedade de notícias, dados positivos de caráter histórico, gramatical, etc. O resultado final e feliz da tarefa hermenêutica depende do emprego e da combinação de dois tipos de compreensão: o divinatório e o comparativo, os quais se influenciam reciprocamente de maneira que resulta como que um *círculo hermenêutico* (a expressão e, em certo sentido, o conceito de "círculo hermenêutico", que depois será retomado por todos até a saciedade, já está presente em Schleiermacher).

W. Dilthey (1833-1911) prossegue e aprofunda o horizonte aberto por Schleiermacher. Dilthey distingue entre *ciências da natureza* e *ciências do espírito*: as primeiras seguem o método da explicação *(erklären:* o *explicar),* as segundas aquele da *compreensão (verstehen:* o *compreender).* "Nós *explicamos* a natureza,

---

6 G. Gadamer, *Replica,* in AA. VV., *Ermeneutica e critica dell'ideologia* p. 284.
7 F. D. E. Schleiermacher, *Hermeneutik,* p. 87.

mas *compreendemos* a vida espiritual", escreve Dilthey;[8] "interpretar os vestígios de uma presença humana oculta nos escritos constitui o centro da arte de compreender".[9] Assim Dilthey encontra na *compreensão* o método apropriado às ciências humanas e históricas (as ciências do espírito) e com a compreensão dá um estatuto ao conhecimento do espírito. O que caracteriza a vida do espírito é trazer em si uma forma embrionária de saber, e a própria vida encarrega-se de exprimir aquela sua secreta consciência, entregando-a espontaneamente às manifestações da arte e da cultura. A estas se dirige a *compreensão*, e o faz para pedir-lhes a inteligência da vida. A hermenêutica é então "a ciência e a arte de compreender as expressões da vida fixadas por escrito".[10]

M. Heidegger (1889-1976) radicaliza a intuição diltheyana da imanência do conhecer à vida. O fato de que a vida do espírito é compreensão, cria a possibilidade não só das ciências históricas, mas também das ciências naturais. Com Heidegger a compreensão é colocada como fundamento da existência humana como tal: *ser homem significa compreender.*

Heidegger dedica os parágrafos 31-34 do seu *Sein und Zeit*[11] ao problema da hermenêutica, baseada no *compreender,* que para ele constitui "o existencial fundamental": "A compreensão é o ser existencial do poder-ser próprio do *Existir (Dasein)* e é tal que este ser revela a si mesmo como estão as coisas a propósito do ser que lhe é próprio".[12] A. Rizzi sintetiza assim o pensamento de Heidegger: "Ser homem significa compreender. Onde, do primeiro termo *(ser homem)* é preciso tirar a acepção substantivística, entendê-lo como autoprojetar-se segundo as próprias possibilidades; do outro termo *(compreender)* deve-se eliminar a concepção segunda de penetração conceitual de um projeto já dado, para recuperar a forma originária de inteligência vivida daquelas possibilidades próprias. Imanência recíproca de ser, compreender e agir: é esta que constitui a temporalidade existencial do ser humano e a possibilidade da história e do conhecimento histórico".[13]

A colocação heideggeriana, além de dar um incremento decisivo à total radicação histórica e ontológica do ato hermenêuti-

8 W. Dilthey, *Gesammelte Schriften,* Band V, p. 144.
9 *Ibid.,* p. 319.
10 *Ibid.*
11 *Essere e tempo,* pp. 182-211.
12 *Ibid.,* p. 184.
13 A. Rizzi, *o.p.,* p. 13.

co, "tem sua maior novidade na atribuição de um papel decisivo para a conexão do interpretar com o projetar: e por isso com as categorias do *futuro* e da *decisão*. Nesta perspectiva, o interpretar não coincide simplesmente com a 'recuperação' de um significado 'expresso', mas vem configurar-se estruturalmente como 'antecipação' existencial de um significado 'querido': a *atualização* hermenêutica é portanto simultaneamente recuperação e antecipação".[14]

Compreende-se portanto a influência que a analítica existencial heideggeriana e a hermenêutica com ela relacionada pôde ter sobre a hermenêutica de R. Bultmann (ver adiante, B, 1).

Todavia a reflexão hermenêutica de Heidegger não pára aqui. Nos escritos posteriores a *Sein und Zeit*, em particular aqueles do último período, e sobretudo em *Unterwegs zur Sprache* de 1959,[15] a interpretação não é mais colocada sob o signo da analítica existencial, mas sob o signo da *ontologia da linguagem*. Retomando a instância originária de refundar uma ontologia, Heidegger busca no homem o surgir do ser e o reconhece na linguagem. O homem-*Dasein* descobre, diz Heidegger, o grande milagre ontológico, isto é, vê que em torno de si "não há nada, mas existem os seres". Como os descobre? Não porque o homem, mediante uma reflexão racional, chegue até a substância metafísica subjacente às coisas que vê; pelo contrário, é o ser que vai para o homem-*Dasein*, se dá a ele, se revela a ele, e assim se realiza o *evento do ser*. O nada é apenas o véu do ser, o véu que oculta o ser, e o homem é o *Pastor do ser*. O ser chama o homem, interpela-o; e o homem o ouve, o entende, o decifra. O *Dasein* é o único existente em condições de captar os seres que estão em torno dele, é a antena que recebe as chamadas do ser. O *homem* é o *Pastor do ser*, e a *linguagem* é a *casa do ser*.

"No que se refere à *hermenêutica*, a conseqüência decisiva desta inversão de perspectiva é dada na tese que a essência da língua ainda não é compreendida quando é considerada como um 'sinal' ou como um 'significado', mas antes no momento em que ela é considerada como 'a presença — esclarecedora e ocultadora ao mesmo tempo — do mesmo *ser*. A língua é o fenômeno' do ser que ao mesmo tempo oculta e revela a sua presença: a interpretação é precisa-

14 P. A. Sequeri, in *DTI*, vol. 2, p. 62ss.
15 *In cammino verso il linguaggio*.

mente o modo pelo qual esta manifestação é acolhida e guardada através do 'pensar'... O primado atribuído à 'língua' frente ao 'sujeito' interpretante (que deve, antes de mais nada, considerar-se 'interpretado' pela própria língua) e a nova figura do compreender que disto deriva (a forma originária do 'compreender' é o 'pensar' autêntico no qual o ser se manifesta) representam os temas de fundo da "Nova hermenêutica" de certa forma inspirada no Heidegger tardio":[16] ver adiante, B, 2.

H. G. Gadamer, discípulo de Heidegger, no seu *Wahrheit und Methode*, de 1960,[17] e na linha do Heidegger tardio, elabora uma hermenêutica como ontologia *da* linguagem e *a partir da* linguagem. O seu influxo sobre a "Nova Hermenêutica" de E. Fuchs e de G. Ebeling será ainda bem mais importante.

O homem, diz Gadamer, não é unicamente pro-jetado *para* possibilidades futuras (como diz o primeiro Heidegger), mas também nasceu *de* um passado. Ele não só *vai para...*, mas *vem de...* Esta origem do ser-homem reveste-se para Gadamer de um significado hermenêutico particular, porque em virtude desta origem a pré-compreensão é alimentada por uma *tradição* e pelas *tradições:* "Não atingimos a realidade através de um conhecimento de tipo *imediato,* como quer o *empirismo.* Toda constatação de alguma coisa pressupõe um sujeito, e todo sujeito um contexto histórico. Daqui Gadamer chega a uma nova apreciação dos conceitos de *tradição* e de *autoridade,* não enquanto implicam submissão ou renúncia à própria razão, mas enquanto permitem uma pré-compreensão e, conseqüentemente, a compreensão, seja pela anterioridade histórica (tradição), seja pela maior capacidade de visão ou de juízo (autoridade")*.*[18]

Gadamer escreve — e é seu princípio hermenêutico: — *"A compreensão não deve ser entendida tanto como uma ação do sujeito, quanto como o inserir-se na realidade viva de um processo de transmissão histórica,* no qual passado e presente se sintetizam continuamente".[19] Assim o tempo, que separa o passado do presente, "não é antes de tudo um abismo que deva ser transposto porque separa e distancia, mas é ao contrário, na realidade, o fundamento básico do aceder, no qual o presente tem as suas

---

16 P. A. Sequeri, *ibid.,* p. 63.
17 *Verità e metodo.*
18 L. Maldonado, *o.c.,* p. 27.
19 *Verità e metodo,* p. 340.

raízes"; e a distância temporal "não é algo que deva ser superado (...); na realidade, trata-se de reconhecer na distância temporal uma positiva e produtiva possibilidade de compreender. Esta distância não é um abismo que se abre diante de nós, mas é preenchido pela continuidade da transmissão e da tradição, em cuja luz se nos mostra o que é objeto de comunicação histórica".[20]

A compreensão reveste-se necessariamente, para Gadamer, da forma da linguagem, que é o agente mediador da experiência hermenêutica. Cabe à linguagem unir os horizontes, isto é, realizar a síntese perene entre horizonte do passado (aquele do texto e da tradição que o traz) e o horizonte do presente (aquele do intérprete com a sua pré-compreensão).[21] Mas a linguagem está ligada ao *diálogo* e conseqüentemente à dialética entre a *pergunta* e a *resposta*.[22] Com um texto podemos e devemos entabular um "diálogo": ele nos "fala", responde as nossas perguntas, e nos faz ele mesmo perguntas. O diálogo entre o texto e o intérprete, embora permanecendo interminável, problemático e renovável, pode dizer-se realizado quando os interlocutores chegam à verdade da coisa, e esta os une a uma nova forma de comunhão. Para exprimir isto em termos bíblicos, o encontro com o texto pode e deve levar à *metanoia,* isto é, a uma mudança de mentalidade, a um novo e melhor conhecimento de si mesmo e a uma comunhão de experiência com aquele e com aquilo que está por trás do texto.

A hermenêutica filosófica do segundo Heidegger e de Gadamer servirá de suporte, no campo bíblico-teológico, à "Nova Hermenêutica" (ver adiante, B, 2).

2. A HERMENÊUTICA CRÍTICO-LIBERTADORA DE J. HABERMAS

A reação à hermenêutica, cuja exaltação de Schleiermacher a Gadamer havia chegado ao ponto de fazer dela uma espécie de filosofia fundamental, vem da Escola Sociológica de Frankfurt (que se proclama herdeira de um marxismo crítico-humanista), em particular de seu último representante J. Habermas. Já no seu *Zur Logik Sozialwissenschaften* de 1967,[24] Habermas reconhece valor e mérito à filosofia hermenêutica, mas opõe-se à sua preten-

20 *Ibid.,* p. 347.
21 Cf. *ibid.,* p. 436.
22 Cf. *ibid.,* p. 427ss.
23 Cf. *ibid.,* p. 344.
24 *Logica delle scienze sociali.*

são de universalidade. "Somente a crítica pode ter pretensão de universalidade, concretamente a filosofia como *crítica das ideologias*. A razão humana pode mais do que a hermenêutica julga. Pode não só ir para o que é estranho (distante) e compreendê-lo, mas também rejeitá-lo. A reflexão pode aceitar, mas pode também criticar... tem uma força transcendental enquanto descobre os limites de tudo, também da tradição (ver Gadamer). Além do mais, a conexão com a tradição é apenas um fator da trama complexa do significado e da vida cultural, que, se for comparado com outros fatores, por exemplo, com aquele do poder e do trabalho, mostra-se muito secundário... A tradição cultural depende do trabalho e do poder; este fato foge à hermenêutica, enquanto ela se move somente no âmbito da língua como veículo de comunicação... De outro lado, também a língua, como tradição, depende de processos sociais. Pode tornar-se um meio de dominação e de poder social. É instrumentalizada para compreender, camuflar, simular e legitimar relações de violência organizada. Então a língua é ideologia... Habermas serve-se sobretudo do exemplo da *psicanálise*. Como ela descobre uma deformação da capacidade comunicativa do paciente, produzida por uma força oculta, inconsciente, assim a crítica, a hermenêutica aberta a ela, devem reconhecer as forças ocultas na transmissão da tradição que deturpam sua linguagem e são estranhas a ela".[25]

A hermenêutica de Habermas como "crítica das ideologias" subjacentes também à linguagem, como também a filosofia marxista de E. Bloch (ver o diálogo de J. Moltmann e de J. B. Metz com E. Bloch), terão uma influência decisiva sobre a hermenêutica político-histórica e sobre a teologia política, tanto no campo protestante como católico (ver adiante, B, 3).

Todavia, a sociologia crítica de Habermas não constitui a única fonte de contestação com relação à filosofia hermenêutica e a sua pretensão totalizante. Contestação análoga provém-lhe dos recentes desenvolvimentos da teoria "psicanalítica" e das novas perspectivas abertas pela lingüística estrutural": tanto "no sentido de redirecionar o problema da interpretação na linha de um incremento dos instrumentos de desmistificação da linguagem e da cultura *(psicanálise)*, como no sentido de subtrair definitivamente o fato lingüístico ao campo hermenêutico da *intencionalidade* e da *historicidade*, referindo-o ao horizonte *estrutural* e *sincrônico*

25 L. Maldonado, *o.c.*, pp. 3032; cf. também AA. VV., *Ermeneutica e critica all'ideologia*.

das relações calculáveis entre os sinais *(estruturalismo)"*:²⁶ ver adiante, 3 e 4.

3. A HERMENÊUTICA PSICANALÍTICA

Com métodos e instrumentos próprios (também diferentes entre si: Freud ou Jung? Klein ou Lacan?...), a psicanálise se encarrega de explorar os impulsos mais profundos do psiquismo humano, em cujo âmbito toma forma e se desdobra toda esperança humana. Portanto, a psicanálise é uma hermenêutica desinibidora, que procura decifrar as efetivas pulsões inconscientes que determinam o nosso comportamento.
Sabemos também que a *palavra* é o único meio terapêutico ao qual recorre a psicanálise. No diálogo entre psicanalista e paciente, todo o tratamento consiste numa arte interpretativa do médico que, através do discurso rememorativo do paciente, descobre os significados ocultos que a inibição aprisionou nos sintomas corporais, nos ritos compulsivos, nas relações humanas perturbadas, nas lacunas e distorções do próprio falar do paciente. E Freud já havia elaborado este princípio terapêutico numa ciência da interpretação, que ele pensava poder transferir para todo tipo de discurso, falado ou *escrito*.
A experiência religiosa, de qualquer espécie, não constituiria exceção: ela mesma está mergulhada nos impulsos mais profundos da psique humana e lhes dá forma. Para Freud, a moral é somente *ilusão moral,* toda ela redutível à "introjeção das proibições parentais"; a religião é somente *ilusão religiosa,* nada mais do que um avanço infantil e arcaico da vida efetiva edipiana. Este a priori da religião entendida como "a substituição ilusória de um objeto que o homem não sabe mais alcançar, a confissão oblíqua de uma culpa originária mantida no estado reprimido, e a reconciliação não conseguida, realizada sob a forma de compromisso que repete, como os atos neuróticos, o crime e o seu cancelamento",²⁸ acompanha Freud quando ele se aproxima da Bíblia, a cuja leitura a sua tradição hebraica já o havia familiarizado. A interpretação psicanalítica de Freud e dos seus discípulos tem

---
26 P. A. Sequeri, *ibid.,* p. 66.
27 Cf. A. Vergote, *Psycanalyse et interprétation biblique,* in *DBS,* IX/49 (1973) e IX/49-50a (1975), col. 252-260; E. Fromm, *Psicanalisi e religione;* P. Ricoeur, *Dell'interpretazione. Saggio su Freud,* pp. 75ss. 377ss. Id., *Il conflitto delle interpretazioni,* pp. 113-221.
28 A. Vergote, *ibid.,* col. 257.

precisamente a pretensão de decifrar a linguagem inconsciente de desejos, de conflitos, de crimes que o texto bíblico viria ocultar, ainda que conservando traços indeléveis. Tais vestígios manifestar-se-iam nas lacunas e nas distorções ainda evidentes no texto, assim como soa.[29] Por exemplo, Theodor Reik, discípulo de Freud, dá esta interpretação do mito do nascimento de Eva em Gn 2,21-24: "O mito do nascimento de Eva parece ser um relato *distorcido e deslocado* do renascimento de Adão (através da circuncisão como rito de iniciação e como passagem à maturidade), seguido da união de Adão com uma mulher".[30] Assim Françoise Dolto, psicanalista parisiense, e Gérard Sévérin, teólogo e psicólogo da escola freudiana de Paris, dão da ressurreição do filho da viúva de Naim (Lc 7,11-16) esta interpretação: "Este órfão da primeira infância, para quem a mãe, órfã do cônjuge, se havia tornado companheira, reencontra a sua virilidade de filho, em todo o seu poder. A liberdade de adolescente chamado à vida canta nele promessas de amor".[31]

Como se vê, aqui estamos ainda no *décrytage redutivo* de Freud que coloca os textos sagrados sob a grade da teoria do complexo de Édipo. O problema está em saber se este inaceitável apriorismo redutivo pode ser dissociado do paradigma hermenêutico-psicanalítico, de modo que ele se torne um puro e simples *instrumento* de análise de textos sagrados, em todo caso não dissociável de outros instrumentos (ver adiante, B, 4).

4. A HERMENÊUTICA DO ESTRUTURALISMO LINGÜÍSTICO

O pai do estruturalismo lingüístico é o filólogo suíço F. de Saussure,[32] e o lema ou palavra de ordem do estruturalismo pode ser formulado assim: "O homem não fala, mas *é falado"*, entende-se pelo inconsciente social.

Saussure insiste em duas célebres distinções que estão em estreitíssima relação entre si e que são de importância primária para a hermenêutica estruturalista: a distinção entre *língua (langue)* e *palavra (parole),* entre lingüística sincrônica e diacrônica. A *palavra* é o ato do falar, é a atividade do sujeito falante, sem

---

29 Cf. S. Freud, *L'uomo Mosè e la religione monoteistica.*
30 Th. Reik, *Psicanalisi della Bibbia*, p. 119.
31 F. Dolto-G. Sévérin, *Psicanalisi del Vangelo*, p. 81; cf. Id., *La libertà d'amare.*
32 Cf. F. de Saussure, *Corso di linguistica generale.*

dúvida livre, mas no âmbito necessário e constringente que é a *língua*. A *língua* (ou *linguagem*) não é função do sujeito falante, não é uma sucessão de palavras que correspondem a outros tantos objetos ou idéias, mas uma combinação de sons e sinais equivalentes, é um sistema-estrutura de valores e forma. "O valor de cada sinal não depende de sua relação com objetos ou idéias, mas da relação que ele tem com os outros sinais que o precedem ou o seguem e com todo o resto do campo lingüístico de que faz parte. Portanto, a linguística pode ser uma ciência autônoma se se limita a tratar desta totalidade e dos seus elementos, sem referir-se às intenções dos falantes e dos objetos designados. O seu objeto, pois, será a linguagem em si mesma (a *língua*) enquanto composta de elementos formais, unidos em combinações variáveis segundo regras bem precisas, que são válidas para a comunidade lingüística como um conjunto de convenções por ela estabelecidas com a finalidade de permitir a comunicação verbal. A linguagem é considerada assim uma *estrutura*, sem nenhuma relação com as coisas ou as idéias".[33]

Por isso mesmo, visto que a língua é um sistema-estrutura fechada em si mesma e auto-regulada, o método de análise lingüística adequado à língua como tal é o método da *sincronia (contemporaneidade)*, isto é, que considera as relações intrínsecas e recíprocas dos elementos de um campo linguístico assim como estão no mesmo, e não no seu desenvolvimento através do tempo (é o método clássico da *diacronia)* que procura descobrir a gênese e a evolução dos conceitos, por exemplo, através da história das formas, das tradições, da redação.

Portanto, a primeira atitude hermenêutica do estruturalismo moderno implica na *suspensão* da dupla referência — usual até agora no intérprete — ao mundo histórico e à intencionalidade do sujeito; e isto, sempre com a finalidade de pôr em evidência a originalidade da linguagem como *dado,* a peculiaridade morfológica do documento escrito na sua organização semântica. Em resumo, enquanto a lingüística anterior tinha examinado a língua sob o perfil *histórico-genético* (ou *diacrônico),* a moderna lingüística estrutural estuda-a no seu aspecto *formal-horizontal* (ou *sincrônico).*

A análise lingüística estrutural teve uma espetacular difusão nos últimos anos, especialmente na França,[34] e o próprio P. Ricoeur reconhece-a legítima e fecunda para a exegese também bíbli-

---

[33] B. Mondin, *Curso de filosofia (I-II-III)*, Edições Paulinas, São Paulo.
[34] Cf. AA. VV., (R. Barthes-A. J. Greimas-Cl. Bremond-U. Eco-J. Gritti-N. Morenne-Ch. Metz-Tz. Todorof-G. Genette), *L'analisi del racconto.*

ca, mas desde que não seja absolutizada e entendida como alternativa à leitura 'diacrônica' dos textos. Através da explicação estrutural do texto (por outro lado não fácil nem improvisável), a compreensão do sentido e a apropriação do significado estão mais garantidas diante de fáceis arbitrariedades inerentes a toda reconstrução psicologística da intenção 'mental' do autor e ao excessivo envolvimento no texto da pessoa do intérprete, praticado pela exegese existencial. Para uma avaliação da análise estrutural aplicada à exegese bíblica, ver adiante, B. 5.

5. A HERMENÊUTICA NEOPOSITIVISTA

Para o empirismo lógico do "Círculo de Viena" (o *Wiener Kreis*), em particular para L. Wittgenstein,[35] afirmações significativas são apenas aquelas que podem ser *verificadas empiricamente*. Por isso as afirmações das *ciências* naturais são as únicas significativas, porque as únicas empiricamente verificáveis. Pelo contrário, todas as afirmações ou proposições éticas ou metafísicas (isto é, religiosas) são sem significado, porque a sua verdade ou não verdade não pode ser empiricamente verificada. Conseqüência lógica desta filosofia da linguagem é a rejeição radical do teísmo. O "Deus-jardineiro" do explorador crente, na "parábola do jardineiro" de J. Wisdom, elaborada por A. Flew e citada também por Van Buren, é o "nenhum jardineiro" do explorador cético: "Que diferença há entre um jardineiro invisível, intangível, que eternamente nos foge, e nenhum jardineiro?"[36] A conclusão é que o Deus-jardineiro desapareceu para sempre e que os homens do século XX estariam na impossibilidade de crer. Queiram ou não, os homens são ateus e verdadeiramente devem sê-lo.

Mas o mesmo Wittgenstein reconhece, contra a universalidade da verificação empírica, a *multiplicidade das linguagens*, cada uma dotada de uma lógica própria. Uma destas é a *linguagem religiosa*, para a qual surge a interrogação: qual é a estrutura lógica e qual o sentido das proposições religiosas? O discurso sobre a linguagem religiosa e sobre o seu significado se aprofunda enquanto o centro de análise lingüística se desloca de Viena para Oxford.[37] A análise lingüística vem cruzar-se com o empe-

35 Cf. D. Antiseri, *Filosofia analitica e semantica del linguaggio religioso*, pp. 33-46.
36 Cf. J. Bowden-J. Richmond, *Letture di teologia contemporanea*, (tradução ital. de E. Paschetto), LEF, Florença 1972, pp. 179-181).
37 Cf. D. Antiseri, *ibid.*, pp. 47-64; S. Welland, *La nuova teologia*, pp. 136-141.

nho hermenêutico bíblico: em 1957 aparece em Londres o volume *Faith and Logic (Fé e lógica)* como resposta de alguns filósofos e teólogos de Oxford (todos cristãos) ao desafio da nova filosofia,[38] e o volume de J. T. Ramsey, *Religious language. An empirical placing of theological phrases*.[39] Mantém-se uma *terminologia teística,* mas encaminha-se o processo à teologia-sem-Deus, que levará à teologia da morte-de-Deus (ver adiante B, 6).

B) O MOVIMENTO HERMENÊUTICO DA TEOLOGIA PROTESTANTE

Depois de ter descrito a trajetória da hermenêutica filosófica moderna, queremos agora — sempre de modo sintético — ver as suas repercussões na hermenêutica bíblico-teológica no campo protestante. Também aqui se impõe uma escolha; vou limitar-me aos teólogos mais prestigiosos que *tematizaram* o problema hermenêutico.

1. R. BULTMANN (1884-1976) E A HERMENÊUTICA EXISTENCIAL

"Reflexão sobre o homem e inteligência dos textos a partir do ser humano: são as duas pilastras sobre as quais repousa o discurso bultmanniano sobre a hermenêutica", escreve A. Rizzi.[40] Mas a reflexão bultmanniana sobre o homem é aquela do existencialismo; Bultmann tentou um empreendimento semelhante ao do tomismo com o aristotelismo: incorporar as categorias forjadas pelo existencialismo para vertebrar, articular e explicar a teologia contemporânea.[41]

a. Historicidade e hermenêutica

A analítica existencial que encontra a sua tematização definitiva em *Sein und Zeit* do primeiro Heidegger, serve de suporte à antropologia bultmanniana. Numa conferência de 1927, ano em que saiu o *Sein und Zeit*, Bultmann escrevia: "Julgamos entender mais adequadamente a existência do homem definindo-a como

---

38 Cf. AA. VV., *Faith and Logic.*
39 *SCM*, Londres 157 (trad. it., *Linguaggio religioso. Situazione empirica di frasi teologiche*).
40 *O.c.*, p. 15.
41 É este o elogio que o próprio Heidegger fez de Bultmann: cf. L. Maldonado, *o.c.*, p. 52ss.

histórica. E por *historicidade* do ser humano queremos dizer que tal ser é um *poder ser*. Isto significa que o ser do homem está subtraído à disponibilidade do próprio homem, está cada vez em jogo nas situações concretas da vida, avança por decisões, nas quais o homem não escolhe jamais *algo para si*, mas escolhe *a si mesmo como sua própria possibilidade*".[42]

Portanto, é este homem (entendido como um ser histórico, como um poder ser que se realiza através de decisões livres e factuais) que se exprime e se narra nos textos e nas fontes históricas. Os livros não são coletâneas de puros fatos, mas encerram um significado: ali está consignada aquela compreensão da existência que o escritor ganhou e factualmente cultivou.

Como ler os documentos do passado? Como simples *objeto*, comparável a um informe científico que trata de fatos e leis da natureza? Não. Se a história é a esfera em que se desenvolve a potencialidade do homem, em que o mundo humano assumiu forma, todo texto do passado é um documento de como o homem, no passado, compreendia a sua existência; e é esta a pergunta específica que se deve fazer a todo texto. Se a determinado texto nada pergunto, o texto permanece mudo; um texto me fala de acordo com o tipo de interesse ou de pergunta que me leva a abordá-lo.

Então o intérprete que se aproxima de um texto histórico, se permanece "homem" enquanto faz o papel de intérprete (isto é, se estiver movido pelo problema da *sua* existência), é animado por uma conivência, manifesta ou secreta, com o mundo humano que no texto assumiu forma. Em termos bultmannianos, o intérprete se abeira do texto com um *interesse prévio*, com uma *pré-compreensão (Vorverständnis)*, que pode ser definida "como o ângulo de abertura do leitor sobre o texto e o ângulo de incidência do texto sobre o leitor".[43] Mediante esta pré-compreensão que se situa na minha própria existência, pedirei a um texto histórico (trate-se de narração, de discussão, de exortação ou de outra coisa) uma resposta a problemas de vida ou de morte que me dizem respeito, os mesmos que empenharam o autor do texto. A compreensão de um texto resolve-se, para o intérprete, numa autocompreensão mais profunda das possibilidades existenciais do homem. E para ser uma *compreensão verdadeira e própria (eigentliches Verständnis)*, não pode permanecer simplesmente teórica; deve levar a uma decisão existencial.

42 R. Bultmann, *Credere e comprendere*, p. 131.
43 A. Rizzi, *o.c.*, p. 17.

b. Crer e compreender

R. Bultmann, ao contrário de Heidegger, é *crente* e resolve no âmbito da *fé* a autenticidade do homem e da sua existência. Para Heidegger, como para todo existencialismo 'ateu', a autenticidade do homem se exprime e se realiza na lúcida consciência de que o homem deve decidir livremente — e para sempre — sobre a própria existência, e que o torna fatalmente presa da angústia radical, até aquela que Kierkegaard chamava a "doença mortal", ou o desespero de não poder esperar nem mesmo na morte aquela libertação da angústia. Para Bultmann, crente luterano, este homem é ainda *inautêntico*, porque procura só em si mesmo o caminho de saída da própria situação de fracasso. A autenticidade e a salvação do homem são realidades que vêm unicamente de fora de si, da Palavra de Deus, que, única, o abre à salvação futura. Deus é o Outro em cuja presença, tornada possível por sua Palavra, o homem *decide* da própria existência como totalidade. Fora desta perspectiva há apenas a existência inautêntica do homem pecador, do homem que quer tomar o futuro nas próprias mãos e afirmar-se senhor da sua vida.

A Palavra de Deus para Bultmann é o Novo Testamento, porque nele se objetivou a inteligência autêntica da existência humana: *autêntica,* porque Deus a revelou no evento Jesus de Nazaré, porque Deus a resolveu no ato salvífico (morte e ressurreição) que ele operou em Jesus Cristo. O Cristo crucificado e ressuscitado é a resposta dada por Deus à interrogação viva da existência humana como espera de salvação: "Deus pronuncia o juízo de condenação sobre a suficiência do homem (crucificação) e declara a própria vontade de perdão e de graça como renascimento à vida autêntica para quem aceita morrer a si mesmo (ressurreição)".[44]

O ato que recebe esta Palavra de Deus para abrir-se a um futuro de salvação e a ela se entrega é a *fé,* que portanto se torna a única possibilidade verdadeira de uma existência autêntica do homem.

Então, no que se refere aos textos do Novo Testamento, o "crer" liga-se ao "compreender", ou vice-versa. *Crer e compreender,* além de dar o título à sua "coletânea de estudos" citada, é também a palavra de ordem da hermenêutica e da teologia de Bultmann. Como *pode* o homem *crer e compreender,* aventurando-

---

44 *Ibid.,* p. 21.

-se na interpretação do NT? Ele tem a possibilidade efetiva, porque a sua própria *existência*, como *necessidade constitutiva de salvação*, o dispõe ao encontro com a Palavra de Deus e lhe permite reconhecer nela o evento salvador. Bultmann faz sua repetidamente a expressão de santo Agostinho: *Inquietum est cor nostrum donec requiescat in te, Deus;* e não hesita em afirmar: "A vida do homem, tenha ou não tenha ele consciência disto, é agitada pelo problema de Deus".[45] Desta forma, o intérprete do Novo Testamento traz consigo uma pré-compreensão como *homem*, que é o problema de sua própria existência, e uma pré-compreensão (ou uma pré-compreensão mais radical) como potencial *crente*, que é o seu "cor inquietum", carregado da inquietação de Deus.[46]

c. A demitização

Mas a interpretação existencial do NT (o crer-compreender a Palavra de Deus) passa para Bultmann através de um último processo para ele ineludível: a *demitização*.[47] O querigma neotestamentário — diz Bultmann — não é crível para o homem do nosso século, porque ele se apresenta sob uma *forma mitológica*. O mundo do NT, como aquele do AT, é um mundo habitado por anjos e demônios, governado por potências cósmicas e percorrido por forças misteriosas, com Deus que faz o papel de dominador deste grande conjunto cósmico. O mito se torna denso em torno da pessoa de Jesus, apresentado no NT como Filho de Deus preexistente que se faz homem num nascimento virginal e, passando através de milagres e ciência sobre-humana, se encaminha para a ressurreição gloriosa, três dias depois da morte na cruz. Esta linguagem mítica, que provém de diversas fontes (idéias cosmológicas semíticas e gnósticas, categorias da apocalíptica judaica ou do helenismo), não só não diz mais nada ao homem de hoje, mas se torna um obstáculo para a compreensão da Palavra de Deus no NT, torna-se uma fonte de distorção do significado, em vez de ser instrumento de expressão.[48]

45 R. Bultmann, *Nuovo Testamento e mitologia*, p. 203.
46 Bultmann recupera aqui uma dimensão fundamental da antropologia bíblica: cf. V. Mannucci, *Ecco l'uomo. Appunti per una antropologia bíblica*, p. 39ss.
47 Cf. L. Randellini, verbete *Demitizzazione*, in *ER*, vol. 2, col. 623-635; Id., *L'ermeneutica esistenziale di Bultmann*, in AA. VV., *Esegesi ed Ermeneutica*, pp. 35-70.
48 É o que Bultmann censurava a Karl Barth e à intrepretação existencial que Barth dava à Carta aos Romanos de Paulo (K. Barth, *L'Epistola ai Roma-*

Para devolver ao NT toda a sua carga de interpelação para o homem moderno, deve interpretar existencialmente a linguagem mitológica, visto que o *mito* não é outra coisa senão a mensagem sobre uma realidade transcendente, expressa nos termos de objetividade imanente a este mundo. É preciso traduzir o mito em categorias existenciais, isto é, estudar a compreensão da existência humana que no mito se exprime, e fazer com que a mensagem do mito, oportunamente decifrado, possa conduzir o homem à decisão existencial do *Heilgeschehen*, do *evento de salvação*. Um exemplo: a afirmação de Jo 1,14: "O Logos (de Deus) se fez carne" emprega a linguagem mítica dos deuses que aparecem em forma humana. Para Bultmann, a encarnação do Logos-Filho de Deus em Jesus Cristo é um mito, que deve ser demitizado e traduzido. Isto significa: a Revelação *(o Logos)* é um evento de origem ultramundana (porque é *de Deus)*, mas, ao mesmo tempo, é algo que se realiza na esfera humana (porque *se fez carne)*. A afirmação mítica de João é apelo e escândalo para o homem: contradiz a pretensão do homem de encontrar em si mesmo a sua definitiva autocompreensão e conseqüente salvação, mas contradiz também a tentação humana de buscar revelação e salvação em ideais abstratos. A Revelação de Deus oculta-se e revela-se na pura humanidade de Jesus de Nazaré: o Revelador não é outra coisa senão um homem, este homem.[49]

2. A "NOVA HERMENÊUTICA" DE E. FUCHS E G. EBELING

Se Bultmann apela para o *Sein und Zeit* do primeiro Heidegger, os seus discípulos E. Fuchs e G. Ebeling inspiram-se, de um lado, no "segundo" Heidegger de *Unterwegs zur Sprache* (acentuando na interpretação o momento da *linguagem)*, e, de outro, em H. G. Gadamer (recuperando o valor da tradição): ver adiante, A, 1.

A preocupação teológica que move estes teólogos, fundadores da "Nova Hermenêutica", é o problema da comunicabilidade da revelação cristã ao homem contemporâneo. Se a mensagem cristã é válida também hoje, com que linguagem deve ser expressa? Não é por acaso que G. Ebeling fala de "uma comovente história do martírio secreto sofrido no ensino religioso e na

---

ni): cf. R. Marlé, *o.c.*, pp. 36-41; J. M. Robinson, *La Nuova Ermeneutica*, pp. 34-35.41-47.
49 Cf. R. Bultman, *Das Evangelium des Johannes*, pp. 38-43.

missão pastoral, cuja causa é a indolência dos cristãos...": "Se de um ponto de vista puramente objetivo a pregação do cristianismo constitui hoje uma tarefa extraordinariamente difícil, isto é devido ao fato de que esta pregação no mundo moderno se apresenta como uma língua estrangeira... A cristandade se acostumou a viver em dois campos, no campo da Igreja e naquele mundano, e a manter duas línguas uma ao lado da outra, a língua cristã — como a honrosa pátina de vinte séculos — e a língua da realidade atual... Não se trata (na língua da pregação) da compreensibilidade de cada palavra, mas do puro e simples compreender; não de um novo meio de expressão, mas do nascimento de uma nova língua".[50]

Seguindo as pegadas de Bultmann, seu mestre, Ebeling e Fuchs[51] concebem o homem como um poder-ser, que se encontra constantemente diante da escolha que lhe é oferecida pelo futuro e se torna autêntico se assume factualmente a decisão que a sua autocompreensão lhe oferece. Mas também para eles, cristãos crentes, o homem só encontra a sua autenticidade na sua relação com Deus e com a Palavra de Deus, ou então mediante a autocompreensão que lhe deriva desta Palavra e abrindo-se a um futuro de salvação mediante uma decisão que brota da fé. Somente então acontece um *Heilgeschehen (evento salvífico:* Bultmann), um *Wortgeschehen (evento da palavra:* Ebeling), um *Sprachereignis (evento da linguagem:* Fuchs). Para Fuchs e Ebeling o evento salvífico tem necessidade da palavra (da linguagem) para acontecer. Vamos esclarecer estes conceitos.

a. G. Ebeling

Também para Ebeling a *palavra humana* não é pura e simples transmissão de um conteúdo estático de idéias. A palavra remete a uma realidade viva que ela faz acontecer, e comunica essa realidade a quem escuta, fazendo com que participe dela. Desta forma, a palavra pessoal indica um sentido, orienta para um fim, isto é, abre as possibilidades existenciais do futuro: se alguém escolhe aquela autêntica, então se realiza mais uma vez o *Wortgeschehen,* o evento da palavra.

50 G. Ebeling, *La chiamata all'esistenza nella fede,* p. 19ss.; cf. também D. Bonhoeffer, *Resistenza e resa,* p. 237.
51 Cf. J. M. Robinson, *o.c.;* P. Grech, *La Nuova Ermeneutica*: Fuchs ed Ebeling, in *Esegesi ed Ermeneutica,* pp. 71-90; G. Savoca, *Lettura esistenziale della Parola di Dio,* pp. 11-37.

Também a *Palavra de Deus* na Bíblia não tem tanto a função de "informar" quanto a de mudar a existência; mais ainda, é a única palavra *verax* (e não *mendax*), capaz de iluminar toda a realidade do homem porque ela corresponde à vocação do homem e a leva à realização. A *fé*, como resposta à Palavra de Deus, é acolhimento factual desta Luz que ilumina a minha existência, e com ela, toda a realidade. O *mundo* é o lugar da existência crente, é o campo no qual cai e germina a semente da fé.

Então o problema hermenêutico nasce da necessidade de restituir à Palavra de Deus, fixada na condição de documento, a sua condição própria de Palavra viva, atual. Ebeling descreve assim a hermenêutica: "Enquanto antes éramos nós que interpretávamos o texto, agora é o texto que nos interpreta; com efeito, o texto não tem sua razão de ser em si mesmo, mas no evento da palavra. Nele está a sua origem e também o seu futuro. O evento da palavra é, efetivamente, o evento da interpretação que se realiza através da palavra. Em resumo, a palavra, que 'aconteceu' num determinado tempo e 'acontecendo' deu a vida ao texto, deve, com a ajuda do texto, tornar-se novamente palavra e assim realizar-se como palavra interpretadora".[52] Portanto, Ebeling não faz mais do que aplicar aos textos sagrados a hermenêutica do "segundo" Heidegger.

Segue-se que a interpretação não está completa enquanto o texto não for *proclamado*. Ebeling define a hermenêutica: "preocupação com a pregação", porque somente na pregação é levado a cabo aquele "serviço da Palavra", que consiste em devolver-lhe a sua eficácia, a sua presença vivificadora para a existência do homem e do mundo.

Por fim, à maneira de Gadamer, Ebeling recupera o valor da *Tradição* que, para ele, pode definir-se como a hermenêutica da Palavra de Deus na história da Igreja. A tradição, para Ebeling, não é a "tradição católica" (tradição dogmática, fundada na sucessão apostólica), mas somente tradição de fé (dos crentes) e tradição hermenêutica. A fé de hoje não cessa de alimentar-se do testemunho de fé dos muitos crentes que precederam o crente moderno, a começar pela primeira e perfeita testemunha da fé que é Jesus Cristo; e a interpretação moderna insere-se na tradição hermenêutica, naquela busca sempre aberta e nunca realizada do significado autêntico da Palavra de salvação.

52 Cit. in J. M. Robinson, *o.c.*, p. 87s; cf. G. Ebeling, *Parola e fede*, pp. 153-181.

b. E. Fuchs

Faço questão de sublinhar um ponto particular de E. Fuchs. Ele diz e repete que a autêntica linguagem é a *linguagem do amor*, e por isso o amor se torna o princípio hermenêutico por excelência.[53]

Já a linguagem humana cria uma afinidade, uma proximidade, uma comunhão: aquele que me ama, falando-me, convida-me a morar com ele. Com maior razão, a linguagem de Deus é linguagem de amor, porque Deus é aquele que ama, "Deus é amor". Então um dos pressupostos para entender a linguagem de Deus nas Escrituras é o *acordo:* somente Aquele que percebe o texto da Escritura como a linguagem de Alguém que o ama, chega à compreensão daquele texto, e — através dela — à autêntica interpretação do texto e de si mesmo. A hermenêutica, para Fuchs, constitui sempre um *processo vivo:* nós compreendemos a Deus e os textos da Escritura, não em primeiro lugar através da razão, mas através do *diálogo* que Deus mantém conosco em nossa vida.

3. A HERMENÊUTICA HISTÓRICO-POLÍTICA

Uma única matriz teológica preside à hermenêutica de Bultmann, Fuchs e Ebeling: "aquela que percebe o evento da salvação no encontro entre a Palavra de Deus e a existência do indivíduo, numa proximidade que transcende as determinações de ordem histórica tanto individual como social".[54] É verdade que Ebeling vê no *mundo* o espaço e o lugar da fé; mas este modo da fé não adquire em Ebeling nenhuma densidade histórica. A fé não muda a história, não transforma o conteúdo do futuro, mas muda e transforma apenas a minha atitude para com o futuro, diante da história. De resto, Bultmann, Ebeling e Fuchs são e permanecem teólogos *luteranos:* para eles a história é *lei,* oposta à *fé,* porque a história é o esforço do homem que busca auto-realizar-se, é o lugar da própria auto-afirmação.

A virada da hermenêutica filosófica, realizada pela Escola de Frankfurt e especialmente por Habermas, provoca uma virada paralela na hermenêutica teológica. Com Pannenberg e Moltmann

---

53 Cf. E. Fuchs, *Ermeneutica;* Id., *Il Nuovo Testamento e il problema ermeneutico,* in *La Nuova Ermeneutica,* pp. 99-140.
54 A. Rizzi, *o.c.,* p. 27.

a. A hermenêutica histórica de W. Pannenberg

Em 1961, um grupo de jovens teólogos e biblistas publica uma espécie de manifesto: *Offenbarung als Geschichte, Revelação como história;*[55] W. Pannenberg abre a série de contributos, como teólogo sistemático.

Herdeiros e devedores de G. Von Rad, e contra Bultmann, eles reafirmam a importância do fato não só do AT, mas também do NT. A história é o lugar primário da Revelação de Deus, o qual se manifesta através de acontecimentos históricos. Todavia a Revelação não vem de cada um destes acontecimentos considerados separadamente, mas do seu conjunto *(totalidade* e *globalidade* dos acontecimentos históricos fazem a revelação). Esta revelação universal de Deus é antecipada em Jesus de Nazaré, enquanto com ele se aproxima o fim de todo acontecimento histórico. Na ressurreição de Jesus Cristo, Deus realiza a auto-revelação universal e última, respondendo assim à esperança da humanidade: no Cristo ressuscitado, com efeito, todos os homens podem ver antecipada a condição final da história e, nela, a manifestação da divindade. Conseqüentemente o historiador, situado ele mesmo dentro da grande história e a caminho para a realização da história, pode e deve antecipar metodologicamente o futuro segundo projetos ou modelos utópicos, de modo a constituir um critério de leitura para fenômenos históricos de grande alcance; e o modelo por excelência para fazer isto é a ressurreição de Jesus, porque antecipação *real* (não apenas hipotética) do *fim* (não de um acontecimento parcial).

Baseado nas premissas desta colocação, Pannenberg procurou depois tirar algumas conclusões para a hermenêutica bíblico-teológica:

— visto que a história é o lugar primário da revelação, ela o é também para a hermenêutica e para a teologia; a hermenêutica é principalmente *hermenêutica histórica;*

— interpretar a história significa reconstruir a linha dos fatos, para que os fatos falem, para que neles e deles transpareça o significado objetivo para a existência no hoje, aberta ao futuro e à realização definitiva;

[55] W. Pannenberg-R. Rendtorff-T. Rendtorff-U. Wilkens, *Rivelazione come storia.*

— o ponto de vista ideal para a "fusão de horizontes" gadameriana (trazer o passado ao presente, em vista do futuro) seria o da história universal, que porém entra em choque com a inegável limitação de todo conhecimento humano;

— Pannenberg contorna o obstáculo com a categoria da antecipação, como aparece no caráter escatológico (definitivo) do evento Jesus que, de um lado, nos permite entrever este fim último, e, do outro, não elimina a dinâmica histórica precisamente por seu caráter puramente antecipador (inicial, obscuro, germinal);

— conseqüentemente, os eventos presentes — como os passados — podem e devem ser relacionados com este fato singular (a ressurreição de Jesus), se queremos compreendê-los na sua perspectiva histórica;[56]

— o Querigma do NT, isto é, a notícia do que aconteceu com Jesus de Nazaré, que é ao mesmo tempo *anúncio* e *promessa*, não tem um caráter neutro com relação à história presente e à futura, mas um caráter *provocador;* a ressurreição nos indica que tudo caminha para uma plenitude de transfiguração, de transformação. Do evento Jesus nasce uma dinâmica de mudança do presente; a ética cristã não é uma ética de ordem, mas de mudança; a hermenêutica bíblica adquire uma dimensão *política*.

b. A hermenêutica política de J. Moltmann

J. Moltmann, escrevendo a sua *Theologie der Hoffnung (Teologia da Esperança"*,[57] propôs também uma *hermenêutica política* da esperança. A sua posição hermenêutica está muito próxima daquela de Pannenberg, como ele mesmo reconheceu;[58] o confronto com Pannenberg ao menos obrigou Moltmann a aprofundar e precisar melhor a sua concepção do futuro, que ele quer *autêntico* e autenticamente construído pela esperança bíblico-cristã.

As categorias filosóficas que inspiraram a teologia e a hermenêutica de Moltmann são as do filósofo marxista E. Bloch, na

---

56 Era precisamente sob esta óptica que Giorgio La Pira lia biblicamente a história presente: cf. V. Mannucci, *Giorgio La Pira e la Bibbia*, um ensaio que será publicado brevemente num volume dedicado a G. La Pira, pela Edit. "Cultura", Florença.
57 J. Moltmann, *Teologia della speranza*.
58 Cf. J. Moltmann, *Risposta alla critica della "Teologia della speranza"*, in *Dibattito sulla 'teologia della speranza' di J. Moltmann*, p. 294, nota 19.

sua obra fundamental: *Das Prinzip Hoffnung*.[59] Também para Bloch o homem está alienado, mas não por motivos econômicos como pensava Marx. O homem é ontologicamente alienado porque, como o universo de que faz parte, é essencialmente incompleto e tende para a realização futura. O homem é por essência a criatura que se lança para o possível que está diante dele. *O Vermelho quente (Das warme Rot) do futuro*, no qual Bloch vê a razão fundamental da existência humana, impele o homem ao esforço permanente de transcender as situações presentes e os resultados alcançados, para conteúdos de esperança que permitirão uma pátria de identidade para tudo aquilo que aqui se sofre, se enfrenta e se busca. É preciso sublinhar também que na filosofia de Bloch tiveram um peso relevante as próprias fontes hebraico-cristãs (Bloch é de origem hebraica), especialmente o Êxodo, os Profetas e os Evangelhos, que ele relê em pauta marxista, descobrindo ali elementos explosivos de libertação que protestam contra o presente, em nome do reino futuro a construir já aqui, na nossa história.[60] A filosofia de Bloch torna-se para Moltmann o instrumento hermenêutico apto a oferecer uma interpretação cristã da Revelação bíblica em pauta de "esperança", conforme as exigências do homem contemporâneo, orientado para uma visão confiante no futuro da história, cuja construção está entregue em suas mãos.

Sobre esta visão da história como itinerário de esperança, Moltmann enxerta o seu discurso hermenêutico.[61] O *positivismo histórico*, também na exegese bíblica, estava em busca de puros fatos históricos, objetivados e libertados de toda experiência "subjetiva" que os tornou e ainda pode tornar significativos. A *interpretação existencial*, ao menos a de marca bultmanniana, desinteressa-se pela história e pelos fatos históricos para dedicar toda a sua atenção ao homem como sujeito e centro único de interesse da história, a fim de descobrir nela que tipo de "compreensão da existência humana" nos dão os documentos do passado, e, no caso dos textos bíblicos, com o fim de ouvir e proclamar a exemplar compreensão da existência humana que nos é oferecida pela Revelação. Ao positivismo histórico e à interpretação existencial, Moltmann opõe o conceito de *história* como *recordação (anamne-*

---

59 E. Bloch, *Das Prinzip Hoffnung*, 3 vol.
60 Cf. também E. Bloch, *Ateismo nel Cristianesimo*.
61 Cf. os ensaios de J. Moltmann, *Esegesi ed escatologia nella storia; La predicazione come problema dell'esegesi; Storia esistenziale e storia universale: Verso un'ermeneutica politica del Vangelo*, in *Prospettive della Teologia*, pp. 65-106.131-148.149-170.

sis) e como *promessa (epanghelia)*. A pura história, como ciência, separa os fatos da existência e do mundo de experiência dos homens que os recordam, os consideram, objetivamente, como "defuntos do passado". Pelo contrário, realmente *recordado* (é o conceito do *ziqqaron-anamnesis* da Bíblia) é o que por si mesmo e para o homem ainda é válido, porque ainda não concluído, ainda em processo, em devir. Recordado neste sentido, é o passado que indica, além de si mesmo, um futuro ainda não alcançado pelo presente: um passado que é promessa, esperança.

A história bíblica, como "história da salvação", é precisamente história deste tipo; não se trata de fatos cristalizados do passado, mas de um aberto "fieri" que está em curso e obriga à decisão. Isto vale em primeiro lugar para o AT, inteiramente carregado de "promessa" e voltado para o futuro, vale também para o NT, em que a história é abertamente vivida e lembrada sob forma de "promessa" daquilo que ainda não é real, que ainda falta e para o qual a promessa orienta. O *euangelion* do evento Jesus, da sua morte e da sua ressurreição, está indissoluvelmente ligado à *epanghelia*: uma *promessa* para todos nós e para toda a história. Precisamente por causa deste horizonte de promessa e de esperança, aquela história foi narrada, recordada e pregada, e da exegese-hermenêutica, de um texto bíblico deve brotar a exigência, a necessidade do anúncio atualizado nos fatos. A história como promessa leva por sua natureza à necessidade de proclamar esta promessa de um novo futuro ao tempo presente, à necessidade de testemunhar o futuro prometido e sentir-se responsável por ele, à necessidade da missão neste preciso horizonte.

As conclusões para a hermenêutica bíblica e para a pregação cristã tornam-se então claríssimas para Moltmann. Para a hermenêutica: "Se na Bíblia encontramos a promessa, tornada escrita, da liberdade e na pregação a missão desta liberdade, então a hermenêutica histórica deve elaborar os meios e os métodos de uma libertação prática. Por isto esta hermenêutica pode ser chamada *hermenêutica política*, porque percebe a política como o amplo horizonte de vida do homem".[62] Para a pregação: "Se procurarmos exprimir isto no que se refere à pregação, poderemos dizer: ela não acontece apenas como *querigma* e proclamação; ela não acontece apenas como *alocução* que põe existencialmente em decisão; ela acontece também como *utopia*. Não quer apenas levar aos homens o que em Cristo aconteceu para

[62] *Prospettive della Teologia*, p. 162.

eles. Ela não quer apenas introduzir os ouvintes na verdade. Quer também trazer para o presente o futuro do homem e do mundo".[63]

4. PSICANÁLISE E BÍBLIA

Já vimos que, ao contrário da exegese tradicional interessada nas intenções conscientes de um texto, a hermenêutica psicanalítica (ver supra, A, 3) está atenta às intenções propriamente *inconscientes* que censuram e remanejam um texto na sua formação, isto é, sublinham a dimensão social dos discursos anônimos que se infiltram e se ocultam dentro de enunciados individuais. É oportuno, ou ao menos útil, aplicar a psicanálise à Bíblia?

a. Hermenêutica psicanalítica aplicada à Bíblia

Antes de mais nada, para se emitir um juízo, é decisiva a abordagem de tipo freudiano ou de tipo junguiano que é aplicada aos textos bíblicos como textos religiosos. Em outras palavras, é bem diferente a avaliação com relação a quem — à maneira de Freud — vê na religião uma neurose obsessiva coletiva a superar através de uma iluminação educadora, ou — à maneira de Jung — percebe ali uma abertura à exigência de transcendência que pertence à humanidade do homem como tal, e que se articula numa linguagem simbólica arquétipa. Em outras palavras ainda, é decisiva a pré-compreensão que um intérprete psicanalista traz em si sobre a importância e a qualidade de mensagem dos textos e dos símbolos religiosos.

Além disto, também depois de ter removido o apriorismo que vê na religião, também bíblica, o reflexo de conflitos reprimidos, a apreciação será diferente dependendo do modo com que se recorre à psicanálise como instrumento hermenêutico. Pode-se abordar um texto bíblico sem nenhum conhecimento ou nenhum interesse pelos resultados de uma séria exegese histórico-crítica do mesmo, com o risco evidente de assumi-lo como puro pretexto para reproclamar, com aparências novas, temas clássicos da psicanálise, como aquele da emancipação ou autonomia com relação aos pais, aos amigos e ao próximo.[64] Pode-se também, embora considerando os resultados da crítica histórico-literária de um texto e partindo daqueles, acabar por prescindir totalmente deles e propor a interpretação psicanalítica como alternativa e defini-

63 *Ibid.*, p. 127.

tiva, quando ela pode no máximo iluminar a pré-história de um texto e dos seus símbolos, sem transpor o limiar do autor e da sua psique como se refletem no elaborado texto final.[65] P. Stuhlmacher propõe, como modelo de trabalho útil para evitar distorções de conteúdo e de perspectiva, aquele em que "se busca propor a interpretação histórica e psicanalítica numa relação correlativa, que deixe aos dois processos do trabalho a sua independência (...); deste modo, pode-se esperar e deixar aberto o problema sobre o material bíblico a ser utilizado do ponto de vista psicológico e sobre os métodos de interpretação psicológica que hoje são propostos para o encontro com a Bíblia (...) Trabalhando desta maneira correlativa, a psicologia pode ajudar-nos muito quanto ao problema de saber de que modo nós, homens, estamos escritos na Bíblia, que dimensões vitais o mundo bíblico do texto toca, e como devemos encontrar-nos com este mundo do texto num diálogo crítico".[66]

Em todo caso, doravante será preciso levar em consideração também esta nova abordagem psicanalítica, cuja finalidade hermenêutica se inscreve no interesse de construir uma ponte que, partindo do sentido histórico originário da Bíblia, leve ao homem e aos seus atuais problemas, não em último lugar aquele de compreensão e experiência de si mesmo.[67] Não há dúvida de que a aplicação seriamente conduzida da hermenêutica psicanalítica aos textos bíblicos ainda está no início e limitou-se aos âmbitos particulares: natureza simbólica de certos textos, como o relato do Paraíso, o relato de Caim, do dilúvio, da luta de Jacó com o anjo, o relato de Jonas etc.; conceitos antropológicos que transmitem o pensamento do autor, como a relação "eu-nós"-"carne-desejo"-"quereis-fazer" em Rm 6-7; personagens bíblicos como Moisés, Jacó, Sansão, Paulo etc.; fenômenos particulares, como o pecado original, possessões diabólicas, visões, glossolalia etc.[68] Portanto, ainda é cedo para poder fazer um balanço; sobretudo, a nova abordagem hermenêutica não é tarefa fácil, porque exigiria do exegeta uma dupla competência: além daquela do exegeta,

---

64 Parece-me ser o caso dos livros de F. Dolto-Sévérin (ver nota 31).
65 Parece-me ser o caso do livro de Th. Reik (ver nota 30).
66 P. Stuhlmacher, *o.c.*, p. 212s.
67 Cf. H. Barth-T. Schramm, *Selbsterfahrung mit der Bibel* (1977), obra elogiada por P. Stuhlmacher, (*o.c.*, p. 212).
68 Cf. uma bibliografia sobre o assunto em A. Vergote, *o.c.*, col. 259ss; P. Stuhlmacher, *o.c.*, p. 254. Dois ensaios interessantes de contribuição da psicanálise à hermenêutica bíblica sobre Gn 1,1-2,4a (da autoria de P. Ricoeur) e sobre *Rm* 7 (da autoria de A. Vergote), encontram-se no volume, AA. VV., *Exésèse et herméneutique*, pp. 55-173.

O problema hermenêutico na época moderna 351

aquela do analista. Mas a ciência psicanalítica, como observava Vergote,[69] só desde há pouco tempo faz parte da formação antropológico-filosófica das nossas Universidades teológicas.

b. A hermenêutica de P. Ricoeur[70]

A contribuição mais rigorosa da hermenêutica psicanalítica à exegese bíblica e à teologia cristã veio da releitura que dela fez o filósofo crente de confissão Evangélica, Paul Ricoeur, cuja reflexão hermenêutica "aponta precisamente para a integração crítica da hermenêutica 'desmistificadora' (sobretudo aquela psicanalítica) no âmbito mais compreensivo de uma hermenêutica 'restauradora' do sentido, e analogamente, à integração da análise estrutural da linguagem no interior de uma hermenêutica intencional e histórica do discurso".[71]

Ricoeur parte da leitura — tipicamente contemporânea — daqueles pensadores emblemáticos que ele chama — com uma expressão feliz — "os mestres da suspeita": Marx, Freud e Nietzsche, os quais nos acostumaram à idéia de que a nossa consciência é freqüentemente camuflada, mascarada, contrafeita, mistificada, numa palavra, *falsa*, e que também o *Cogito* pode ser mentiroso. P. Ricoeur escreve: "Depois da dúvida sobre a coisa, entramos na dúvida sobre a consciência. Mas estes três mestres da suspeita não são três mestres de ceticismo. Certamente são três grandes "destruidores", e contudo nem isto deve dar-nos a impressão de que estamos perdidos; a destruição, diz Heidegger em *Sein und Zeit*, é um momento de uma *fundação totalmente nova*... Ora, os três varrem o horizonte para uma palavra mais autêntica, para um novo reino da verdade, não só através de uma crítica 'destruidora', mas também com a invenção de uma arte de *interpretar*...; eles triunfam sobre a dúvida da consciência através de uma exegese do sentido. A partir deles a compreensão é hermenêutica".[72] E a hermenêutica se torna uma *decodificação*, isto é,

69 A. Vergote, in *DBS* cit., col. 252; Id., *Psicologia religiosa*.
70 P. Ricoeur (além das obras citadas na nota 1), *Ermeneutica filosofica ed ermeneutica biblica; Du conflit à la convergence des méthodes en exégèse biblique*, in *Exégèse et herméneutique*, p. 35-53; *Finitudine e colpa*. Sobre a hermenêutica de Ricoeur, cf. F. Marton, *L'interpretazione nel pensiero di P. Ricoeur*, in AA. VV., *Esegesi ed Ermeneutica*, pp. 91-107; B. Mondin, *Il problema del linguaggio teologico dalle origini ad oggi*, pp. 480-495.
71 P. A. Sequeri, o.c., p. 66.
72 *Il conflitto delle interpretazioni*, p. 164; cf. também *Dell'interpretazione. Saggio su Freud*, pp. 46-48.

a descoberta das significações ocultas por trás dos jogos lingüísticos.

A existência humana, no seu movimento de auto-realização, objetiva-se em "sinais" ("dados"), confia-se às obras, à representações e instituições que vêm formar a cultura; pensar é, então, ler estas obras, decifrar estes sinais, e neles compreender a realidade do homem: é a lição da "fenomenologia" que Ricoeur faz própria. A forma mais simples e profunda desta objetivação é o *símbolo*, que — explicado narrativamente — dá origem ao *mito*. E, neste nível elementar em que a linguagem assume uma dimensão *simbólica*, nasce a instância hermenêutica e nasce como decifração do símbolo. Para Ricoeur *"le symbole donne à penser"*, dá o *que pensar*, oferece a riqueza de sentido nele depositada, é uma estrutura de significado na qual um sentido direto, primário, literal, indica por superabundância, outro sentido indireto, secundário, figurado, que não pode ser captado a não ser através do primeiro.[74] Existe, pois, uma *arqueologia* do símbolo, mas também uma *teleologia*: todo símbolo tem uma face voltada para o passado, para a própria origem instintiva, mas tem também outra voltada para a frente, para o futuro do sujeito, significando as possibilidades que o esperam. Estando o símbolo carregado de um duplo sentido, é susceptível de uma dupla interpretação: *redutiva*, que o lê unicamente em função de sua gênese; *restauradora*, que capta sua virtualidade semântica mais plena, a palavra de promessa. Assim a interpretação pode ser definida como uma "meditação do sentido", uma "inteligência das significações de sentidos múltiplos, uma atividade do pensamento que tende a decifrar o sentido oculta no sentido aparente e a manifestar os níveis de sentido implicados no significado literal.[75]

Certamente, ao interpretar a arqueologia do símbolo, é preciso levar a cabo a "desmitologização" e também, em certo sentido, a "desmistificação". Para Ricoeur, todavia, "desmitologização" não é reconhecer o mito como mito para renunciar a ele (esta é a "desmitologização" de Bultmann, que Ricoeur rejeita), mas reconhecê-lo como mito para libertar seu fundo simbólico. A esta *pars destruens* da hermenêutica "restauradora" dos símbolos éticos e religiosos, Ricoeur aplica também a "desmistificação", mas não no sentido de Freud que reduz todos os conteúdos

---

73 É o título da Conclusão de *Finitudine e colpa*, pp. 623-634.
74 Cf. Dell'interpretazione. Saggio su Freud, pp. 15-33.
75 Cf. ibid., pp. 34-52.

ao mundo dos desejos instintivos, mas enquanto — a serviço da fé — ela "põe a descoberto o que na minha fé ainda não chegou à maturação, o que demorou nas imagens de uma afetividade infantil, pseudo-religiosa".[76] Ricoeur aplica a dinâmica do símbolo e da sua hermenêutica também à história e aos fatos históricos.[77] Todo fato é como que atravessado por dois vetores de direção contrária e complementar: um que o remete ao seu passado histórico, à sua arqueologia, e o outro que o refere a seu futuro, com seu *télos*, com sua teleologia. Aqui também se constitui um "círculo hermenêutico" que remete continuamente de um a outro pólo do acontecimento histórico; um ir e vir do *arché* ao *télos*, mas só se estiver inserido no *arché*. Continua de pé o fato de que a palavra sobre o termo final da história pertence à esperança, alimentada pela revelação cristã. A esperança afirma ao mesmo tempo o sentido e o mistério da história: o sentido que dá a coragem de viver na história; o mistério que é o ocultamento do sentido, o não poder dizê-lo integralmente nem poder dispor dele.

5. ANÁLISE ESTRUTURAL E EXEGESE BÍBLICA

O uso na exegese bíblica da análise estrutural propriamente dita,[78] isto é, aquela que procura descobrir as estruturas profundas que presidem, em virtude de uma lógica interna, à produção de um texto (ver supra, A, 4), já conheceu uma primeira experimentação também na exegese católica destes últimos anos.[79]

No estado atual da pesquisa, um balanço parece poder exprimir-se nos seguintes termos:[80]

---

76 A. Rizzi, *o.c.*, p. 36.
77 Cf. P. Ricoeur, *Histoire et verité*.
78 Deve ser distinguida da análise literária de superfície, como a de U. Vanni ao Apocalipse: *La struttura letteraria dell'Apocalisse*, Morcelliana, Brescia 1980.
79 Cf. D. Patte, *What is structural exegesis?*, D. e A. Patte, *Pour une exégèse structurale* (com aplicação a Mc 15-16): R. Barthes-I. Courtès-L. Marin, com aplicação a At 10-11, in AA. VV., *Exégèse et herméneutique*, pp. 177-265; AA. VV., (Groupe d'Entrevernes), *Signes et paraboles. Sémiotique et texte évangéliques;* R. Lack, *Letture strutturaliste dell'Antico Testamento;* E. Charpentier e Outros, *Introduzione alla lettura strutturalista della Bibbia*. Podem-se percorrer as "Revistas Bíblicas" especializadas destes últimos dez anos para uma resenha das várias tentativas de exegese 'estruturalista' a passagens do AT e do NT: cf. "Elenchus Bibliographicus" de *Biblica* e as Bibliografias bíblicas de *Ephemerides Theologicae Lovanienses*.
80 Substancialmente nestas linhas de avaliação concluiu-se, em setembro de 1979, um Encontro em Camaldoli sobre *Analisi strutturale ed esegesi bibli-*

— Seria necessário falar de "análises estruturais" no plural, dada a diversidade dos métodos (por exemplo, R. Barthes, A. J. Greimas). Sobretudo, um é o método estruturalista de análise semântica, outro é o estruturalismo filosófico. O "método" pode e deve ser separado da ideologia ou filosofia estruturalista, ou do positivismo filosófico dos estruturalistas filósofos. Por exemplo, para nós o homem não pode ser "une chose entre les choses" (Lévy-Strauss); a operação que tende a eliminar o sujeito do *homem* e a reduzir o homem a *objeto* não pode ter a nossa aceitação.

— Os próprios exegetas estruturalistas concordam em que a atitude *sincrônica* não é o único e exclusivo método de pesquisa, mas deve estar conjugado com a dimensão *diacrônica* da exegese tradicional. O método da análise estrutural vem depois dos outros métodos, é o último método da exegese. Pode-se ser um bom estruturalista no exame de um texto, e não ser um bom hermeneuta do mesmo.

— Na exegese bíblica, depois de ter percorrido a via diacrônica da história da formação de um texto (pense-se nas tradições do Pentateuco, nas três etapas da tradição evangélica antes de chegar ao Evangelho), deve-se atacar o texto como tal, como *dado*, na sua unidade acabada. Assim leram a Bíblia Jesus e a Igreja primitiva ("Assim diz a Torá", e não: "Assim diz a tradição J"...), a exegese rabínica e aquela dos Padres da Igreja. Portanto, se a análise estrutural consegue dar à dimensão sincrônica do texto uma transparência mais profunda e adequada, porque faz emergir suas estruturas profundas também inconscientes, bem-vinda seja. É um contributo ulterior para fazer o texto falar.

— A exegese tradicional, com todos os seus instrumentos, sempre se interessou pela *intentio auctoris;* a análise estrutural, pelo contrário, afirma estar atenta à busca do *inconsciente* do texto. Haverá contradição nisto? Creio que não. Seja como for, um fato é certo: o texto é o primeiro e o último campo de indagação que me é oferecido para remontar à intenção do autor, precisamente como se manifesta (e se oculta, ao mesmo tempo) no texto. O autor não está à nossa disposição para que lhe possamos dirigir a pergunta: "O que quiseste dizer neste texto"? E, mesmo que estivesse, sua resposta seria *outro texto* a ser interpretado e compreendido. O texto de que dispomos é a única resposta

ca promovido pelos professores de Sagrada Escritura da Itália central, inscritos na Associação Bíblica Italiana (ABI): cf. as *Atas do Encontro*, em RBI 28 (1980) 243-379.

apropriada àquela pergunta sobre o *sensus auctoris*. De outro lado, será realmente indispensável que o sentido do autor, como se exprime num texto, deva ser sempre em cada aspecto, *conscientemente reflexo* nele? Um texto, uma vez escrito, inicia uma história viva, com um potencial de significado que — sem contradizer o significado querido pelo autor — se explicita e se aprofunda no confronto com o novo leitor, em situações sempre novas. A arte de interpretar é — para usar as palavras de Gadamer — "um diálogo" nunca acabado "com o texto": é o texto (mais que seu autor) que nos faz perguntas, é ao texto (mais do que ao seu autor) que nós por nossa vez fazemos perguntas, para que o texto responda. O importante é que se façam ao texto perguntas "pertinentes", às quais o texto (como nasceu e como foi vivido na interpretação da Tradição) possa responder. Se o significado descoberto pela análise estrutural for aderente ao texto (e isto deve ser demonstrado crítica e cientificamente, pois a análise estrutural quer ser uma ciência!), ele não poderá contradizer o sentido indicado pela exegese literária e histórica no sentido tradicional, mas aparecerá como um enriquecimento ulterior. Não se verifica aqui *uma certa* analogia com o *sensus plenior?* Certamente, é apenas uma analogia, porque o ulterior ou mais profundo sentido de um texto bíblico, de que o autor não estava consciente, está indissoluvelmente ligado ao fato da Inspiração de toda a Bíblia, que permite fazer dizer mais a um texto humano porque nele se oculta e se revela o *sensus divinus,* que, embora passando através daquele autor humano, pode também transcendê-lo.

6. DA INTERPRETAÇÃO SECULAR DO EVANGELHO AOS TEÓLOGOS DA "MORTE DE DEUS"

Foi o empirismo lógico da filosofia do "círculo de Viena" e do "círculo de Oxford" (ver supra, A, 5) que determinou, na hermenêutica bíblica anglo-saxã, a rejeição do teísmo que, através da interpretação secular do Evangelho, levou até aos teólogos da morte-de-Deus.

Já no *Honest to God* de J. A. T. Robinson,[81] embora ele dependesse mais de D. Bonhoeffer do que dos filósofos da linguagem de Oxford, abre-se caminho para uma hermenêutica não teísta de Deus e do Evangelho. Deus está "na altura, na profundida-

---

81 Trad. it., *Dio non è così*; cf. também, do mesmo Robinson, *Questo non posso crederlo.*

de e no próximo"; o Transcendente é o nosso próximo que encontramos em nosso caminho. Mas, a fronteira entre Deus e o homem não estará já desfeita neste Evangelho de Robinson, reduzido à situação-ética?

J. T. Ramsey,[82] pelo contrário, leva a sério a análise lingüística de Oxford e, embora admitindo que as preposições da linguagem religiosa só podem ser verificadas pela fé, sustenta que elas não são completamente privadas de sentido para a razão humana. A linguagem religiosa é a expressão de uma singular situação que é a *situação religiosa:* surge desta e, por sua vez, tende a fazê-la surgir. A situação religiosa é determinada por uma abertura cósmica, isto é, por uma intuição que desvenda o fundo da realidade e leva a uma entrega total e universal: "Estas aberturas cósmicas revelam o que é *diferente* de nós, embora sendo ao mesmo tempo situações em que nós chegamos a nós mesmos e realizamos uma subjetividade bem distinta".[83] Nesta linha, que é também a de Fr. Ferré[84] e de J. Macquarrie,[85] parece estar salva uma objetividade da linguagem religiosa no âmbito daquela que nós chamamos a *analogia*.[86]

Nos Estados Unidos a análise lingüística de Oxford conduz à interpretação *secular* da linguagem religiosa. A interrogação que move a busca de P. van Buren é: "De que maneira um cristão, que é ele mesmo homem secular, pode chegar a comprender o Evangelho de maneira secular?"[87] Com base na análise lingüística, devem-se distinguir dois tipos de proposições: *cognitivas*, que se referem a um objeto, e *não-cognitivas*, que exprimem uma perspectiva sobre a existência humana. As afirmações do NT são deste segundo tipo. *Deus* não quer exprimir uma realidade transcendente, mas *a profundidade da existência do homem;* Jesus Cristo, em quem se manifestou esta profundidade, foi o homem soberanamente livre e por isto plenamente disponível para os outros. Em Jesus Cristo de van Buren está o *homem-para-os-outros:* "Ele emerge como um homem excepcionalmente livre nas parábolas, nos ditos ou episódios que nos foram transmitidos, e na maneira pela qual a comunidade cristã primitiva falou dele (...) Ele era livre da ansiedade e da necessidade de definir a

---

82 J. T. Ramsey, *Linguaggio religioso*; Id., *Parlare di Dio*.
83 *Parlare di Dio*, p. 174.
84 Fr. Ferré, *Linguaggio, logica e Dio*.
85 J. Macquarrie, *Ha senso parlare di Dio?*
86 Cf. B. Mondin, *A linguagem teológica*, Edições Paulinas, São Paulo, 1979.
87 P. van Buren, *Il significato secolare dell'Evangelo*, p. 22.

sua identidade pessoal, mas era sobretudo livre para o seu próximo (...), livre de dar-se aos outros, quaisquer que fossem. Assim viveu e assim foi morto, porque era um homem deste gênero no meio de homens medrosos e apavorados.[88]

The secular city de H. Cox,[89] também ele de 1965, segue na mesma linha secularizante de van Buren, mas, em vez da linguagem ética, escolhe a linguagem *política* para traduzir a mensagem evangélica para o homem moderno. Deus deve ser encontrado na revolução na qual o velho mundo é demolido; não devemos imaginar a Deus como o onipotente que habita no céu, mas como o Deus que nos precede nos eventos revolucionários da história e nos chama a segui-lo. Devemos falar de Deus "politicamente": "Falamos de Deus politicamente sempre que damos ocasião ao nosso próximo de tornar-se agente o adulto, responsável, o homem plenamente pós-tribal e pós-cidadão que Deus espera... Nós lhe falamos de Deus toda vez que as nossas palavras fazem com que ele se liberte em parte de sua cegueira e do preconceito da imaturidade, e aceite uma função mais vasta e mais livre na formação dos instrumentos de justiça humana e de visão cultural. Não lhe falamos de Deus procurando torná-lo religioso, mas pelo contrário, encorajando-o a emancipar-se completamente, pondo de lado as coisas infantis".[90]

O passo para a hermenêutica dos teólogos da morte de Deus é curto. O veredicto apocalíptico de Nietzsche "Deus está morto" torna-se o motivo dominante de G. Vahanian, W. Hamilton e Th. J. J. Altizer.[91] Para Hamilton, Deus está morto e Jesus é o Senhor da vida: não o homem-Deus do dogma cristão, mas o Jesus de Nazaré, como aquele que está presente no mundo e entre os homens nesta luta pela justiça e pela boa ordem. Ele está presente, mas aparentemente velado: nossa tarefa é a de tirar-lhe o véu que o oculta no homem, não mediante a fé e a esperança, mas mediante o amor.

Para Altizer a morte de Deus é o *evangelho* (a boa notícia) *da morte de Deus*, porque com a morte do estrangeiro (Deus), com o qual o homem deve sempre confrontar-se, abre-se o acesso à "grande e divina Humanidade". O homem não deve olhar para o presente nem para o passado, mas em direção ao futuro,

---

88 *Ibid.*, pp. 151-153.
89 Trad. it., *La città secolare*.
90 *Ibid.*. p. 256.
91 G. Vahanian, *La morte di Dio* (tr. it.), Ubaldini, Roma 1966; W. Hamilton, *The new essence of christianity*, Assoc. Press, Nova York 1966; Th. J. J. Altizer, *Il vangelo dell'ateismo cristiano*, Ubaldini, Roma 1969.

lá onde nos espera a *coincidentia oppositorum*, que são o sacro e o profano, Deus e o mundo. Desde que Deus se auto-aniquilou em Cristo, também Deus está a caminho: o homem e Deus estão a caminho para a sua identidade, para o ponto em que Deus será "tudo em todas as coisas" (1Cor 15,28). Portanto, a hermenêutica neopositivista levou, primeiro, à interpretação secular da mensagem bíblico-cristã, e depois, à releitura secular do nietzscheano "Deus está morto". Desta hermenêutica, em última instância radicalmente atéia, o que pode sobrar para o exegeta e um leitor crente da Bíblia? Reler agora esta literatura dos anos 60 dá-nos a impressão de algo muito velho e ultrapassado. Que a linguagem religiosa em geral, e a bíblica em particular, tenham necessidade de uma *tradução* para que o homem contemporâneo a compreenda; que a mensagem bíblica tenha um grande valor ético-político etc.: tudo isto é certo, e nem é novo. Mas quando o empreendimento se resolve na dissolução da Transcendência comete-se infidelidade mais contra o homem do que contra Deus.

# 18
O PROBLEMA HERMENÊUTICO NO CONCÍLIO VATICANO II E NA EXEGESE CATÓLICA CONTEMPORÂNEA[1]

O leitor terá ficado admirado ao constatar (ver cap. 17) que o problema hermenêutico, também em campo bíblico, tenha explodido no nosso século fora da órbita católica. Sem dúvida, vários fatores influenciaram negativamente a exegese e a teologia católico pós-tridentina. Da parte *católica:* a acentuação unilateral no caráter intelectualista da fé, que não permitiu aos teólogos sublinhar suficientemente também o caráter existencial de livre opção diante da Palavra de Deus e da graça; o atraso com que o catolicismo integrou na sua exegese a crítica

1 Bibliografia

Além das obras citadas na nota 1 do cap. 17, cf. em particular: L. Alonso Schökel, *Il dinamismo della tradizione,* pp. 17-65.67-194; P. Grelot, *La Bible Parole de Dieu,* pp. 179-391; Id., *La Bibbia e la Teologia,* pp. 142-194; A. Grillmeier, *La verità della Sacra Scrittura e la sua scoperta. Sul terzo capitolo della costituzione dogmatica 'Dei Verbum' del Vaticano II,* in AA. VV., *La 'verità' della Bibbia nel dibattito attuale,* pp. 181-264; R. Lapointe, *Les trois dimensions de l'herméneutique;* R. Marlé, *Ermeneutica e Scrittura,* in AA. VV., *Problemi e prospettive di Teologia Fondamentale,* pp. 95-114; Fr. Mussner, *Histoire et l'herméneutique de Schleiermacher à nos jours;* Id., *Aufgaben und Ziele der biblischen Hermeneutik.* in AA. VV., *Was heisst Auslegung der Heiligen Schrift.* pp. 7-28; A. Rizzi, *Letture attuali della Bibbia;* G. Savoca, *Lettúra esistenziale della Parola di Dio;* G. Stachel, *Die Neue Hermeneutik.* Sobre a *atualização* de um texto bíblico, o seu fundamento e os complexos problemas da sua correta aplicação. cf. em particular F. Dreyfus, *Exégèse en Sorbonne, exégèse en Église.* in RB 82 (1975) 321-359; Id., *L'actualisation à l'intérieur de la Bible.* in RB 83 (1976) 161-202; Id., *L'actualisation de l'Écriture. I. — Du texte à la vie; II. — L'action de l'Esprit; III. — La place de la Tradition,* in RB 86 (1979) 5-58. 161-193 321-384; G. Leonardi e AA. VV., *Lettura e interpretazione della Parola di Dio a partire dalla situazione,* in "Studia Patavina" 26 (1979) 241-373.

literária e histórica; o endurecimento dos teólogos na problemática escolástica, que lhes dificultou um diálogo com as filosofias contemporâneas. Da parte *não católica:* a filosofia deísta e atéia do século XVIII, que havia acabado por negar o próprio princípio da religião revelada; a crítica literária-histórica do século XIX, que, aplicada à Bíblia não sem uma evidente extrapolação (o *método* crítico transformado em *sistema* explicativo, baseado em premissas filosófico-teológicas não inerentes ao método), não só questionava a origem literária das fontes bíblicas e o seu valor histórico (pense-se em J. Wellhausen, para o Pentateuco), mas acabava por desembocar numa reinterpretação radical e destrutiva da religião de Israel e do cristianismo primitivo, com a exclusão do sobrenatural e da revelação histórica.

Tudo isto determinou na catolicidade uma atitude prevalentemente negativa de *defesa apologética* e um atraso no diálogo entre exegese-teologia e a *virada* cultural, constituída pelo advento da crítica em todas as suas formas. A primeira urgência era constituída, necessariamente, pela defesa dos dogmas contra o protestantismo e a defesa da historicidade da Bíblia contra o racionalismo. Ainda estava distante um clima mais sereno e construtivo, necessário para poder chegar a uma leitura de fé da Palavra de Deus com os métodos rigorosos da crítica literária-histórica e com as interrogações feitas ao anúncio da fé pelas várias correntes da filosofia contemporânea. Era preciso esperar a *Divino Afflante Spiritu* de Pio XII, em 1943, para que a exegese e a hermenêutica bíblica em campo católico reencontrassem confiança e iniciativa próprias, ulteriormente sustentadas e promovidas pela Instrução *Sancta Mater Ecclesia* sobre a verdade dos Evangelhos, promulgada pela PCB em 1964, durante o Concílio Vaticano II (ver cap. 16).

Fundando-se nestas premissas e neste novo espírito, o Concílio propunha-se formular — em síntese — um projeto católico de hermenêutica bíblica. Antes de mais nada, na *DV* 12, o Concílio propõe os *grandes princípios* que devem presidir à exegese bíblica católica (ver adiante, A); mas, no contexto de toda a *DV*, ele oferece também uma série de *indicações* preciosas e susceptíveis de desenvolvimento, precisamente na linha das instâncias novas levantadas pela hermenêutica filosófica contemporânea.

A) PRINCÍPIOS DE UMA HERMENÊUTICA BÍBLICA CATÓLICA

Os três parágrafos da *DV* 12 descrevem um itinerário hermenêutico preciso:
1. Necessidade de uma pesquisa exegética séria.
2. Conseqüente necessidade da crítica literária e histórica.
3. Os princípios de uma hermenêutica teológica.

1. NECESSIDADE DE UMA PESQUISA EXEGÉTICA SÉRIA

O Concílio parte de um pressuposto de *fé*, que não é apenas: "Na Sagrada Escritura foi *Deus quem falou*", e por isso o escopo de toda interpretação é "entender o *que Deus quis* comunicar--nos". É também, indissoluvelmente: "Deus falou *por meio de homens e segundo o modo humano*"; por isso, "o intérprete deve buscar com atenção *o que os hagiógrafos quiseram* efetivamente significar e a Deus aprouve manifestar *com as suas palavras*".

A necessidade de uma investigação exegética séria das páginas bíblicas deriva da própria natureza da inspiração, para a qual a *DV* já havia posto em evidência a atividade literária integralmente humana dos escritores sagrados, chamados *verdadeiros autores* (*DV* 11). Aquilo que da Sagrada Escritura interessa à fé certamente é a mensagem de Deus para todos os homens, consignada na Bíblia; mas o intérprete não chega a entender corretamente essa mensagem, sem ter feito antes a si mesmo uma pergunta muito precisa: "O que quer dizer este texto, conforme a intenção do seu autor humano?", e ter respondido adequadamente a isto. "Todo recurso apressado ao Espírito contra a *letra* do texto é ao mesmo tempo uma traição à Palavra de Deus e às leis do falar humano: infiel a Deus e ao homem".[2] O primeiro critério ineludível, para não incorrer no *subjetivismo hermenêutico* e sobretudo para entender a Palavra de Deus na Bíblia, é a fidelidade ao texto e ao seu sentido literal.

No texto definitivo da *DV* 12, a conexão entre "o que os autores sagrados realmente quiseram significar" e o que "a Deus aprouve manifestar através de suas palavras" é expressa simplesmente com *et* = *e*. Tal conexão supõe uma certa distinção entre a intenção dos escritores sagrados e a intenção de Deus, mas não

---

[2] B. Maggioni, *Esegesi*, in DTI, vol. 2, p. 103.

põe uma fratura entre as duas: a Palavra de Deus na Escritura inspirada é completamente penetrada na palavra humana, e o que Deus quer comunicar exprime-se naquilo que os hagiógrafos têm a intenção de comunicar. Todavia a distinção permanece e é rica em conseqüências (ver adiante, B, 6), ainda que a Comissão doutrinal encarregada da redação do texto tenha declarado expressamente que não queria dirimir a questão do *sensus plenior*, livremente debatido na Igreja.[3]

Por fim, falando daquilo "que Deus quis comunicar-*nos*" (portanto não só aos primeiros destinatários dos escritos sagrados), o Concílio abre o caminho às instâncias da hermenêutica moderna para uma atualização da mensagem bíblica, e atribui — ao menos deste ponto de vista — uma dimensão nova às próprias palavras dos escritores e ao seu significado.

2. CONSEQÜENTE NECESSIDADE DA CRÍTICA LITERÁRIA E HISTÓRICA

A fidelidade ao texto e ao seu sentido literal, que já é plenamente teológico porque é o sentido pretendido por Deus (como também pelo escritor sagrado), exige no intérprete o recurso a uma *rigorosa crítica literária e histórica*, como também à *crítica textual*.

a. O escopo da *crítica textual* é reconstruir um texto quanto mais próximo possível do original, partindo de testemunhas do texto hoje à disposição (cap. 7,7). A *DV*, na sua brevidade, pressupõe o trabalho de crítica textual no exegeta; a sua necessidade é um dado adquirido pela ciência bíblica, já expressa-

---

[3] Na relação ao n. 12 do 'Textus emendatus' de 1964 lê-se: "Abstrahitur autem a solvenda quaestione de *sensu pleniore*" (*Acta Synodalia*, vol. III, pars III, p. 92). Na relação ao n. 12 do 'Textus denuo emendatus' de 1965 lê-se "Secundum E/3222 in lin. 28 textus prioris post *et* repetendum esset *quid*, ita ut clarius appareat S. Synodum abstinere a solvenda quaestione de 'sensu pleniore' S. Scripturae, sicuti in relatione ad n. 12 textus prioris sub littera D monetur. Commissioni visum est non repetendum esse illud *quid*; iterum tamen inculcandum esse quaestionem de sensu pleniore non dirime" (*Acta Synodalia*, vol. IV, p. 359). Na votação de 21 de setembro de 1965, "tredecim Patres petunt ut, loco *et*, scribatus *quidque*, ut appareat quaestionem de sensu pleniore non dirimi". No dia 29 de outubro, a Comissão responde: "Omnes concordant de non dirimenda hac quaestione. Si scribitur *quidque*, quaestio in sensum positivum dirimeretur. Expressio *et* est neutralis" (*Acta Synodalia*, vol. IV, pars V, p. 710). Sobre o exórdio do parágrafo 12 da "Dei Verbum", sua história no debate conciliar e o seu significado, cf. também L. Alonso Schökel, *Il dinamismo della tradizione*, pp. 105-121.

mente ordenado pela *Divino Afflante Spiritu*" (cf. EB 548, citado no cap. 7, nota 18).

b. Sobre a *crítica literária*, que é o estudo crítico da linguagem humana da Bíblia e das formas literárias (em sentido amplo) usadas pelos hagiógrafos e correspondentes à sua personalidade, aos seus fins didáticos e ao ambiente histórico e cultural em que viviam, é evidente que a *DV* não podia dar-nos um tratado sistemático. Em vez disto, dá uma espécie de 'estatuto teológico', com aquele exórdio do parágrafo segundo: "Para descobrir a intenção dos hagiógrafos..." Isto significa que a crítica literária não tem apenas nem primariamente a finalidade de resolver as objeções levantadas contra a Bíblia (esta preocupação apologética ainda estava presente na *Divino Afflante Spiritu*), mas participa *positivamente* da interpretação doutrinal da Bíblia: com efeito, o sentido que o hagiógrafo tem em vista, à descoberta do qual se dedica a crítica literária, é sempre um sentido teológico porque é também o sentido pretendido por Deus. Além disto, a *DV* está consciente de descrever apenas de maneira sumária os instrumentos de uma crítica literária: "Para descobrir a intenção dos hagiógrafos, devem-se ter em conta, *entre outras coisas (inter alia)* os 'gêneros literários' ".

Sobre os "gêneros literários" a *DV* evoca positivamente o ensinamento da *Divino Afflante Spiritu* (ver cap. 16,6), formulando assim o problema: "A verdade é proposta e expressa de modos diferentes, segundo se trata de textos históricos *de várias espécies*, ou de textos proféticos ou poéticos ou *ainda doutros modos de expressão*". É retomada a classificação tradicional, aquela da versão grega Setenta, em "livros históricos, proféticos, poéticos", mas sem nenhuma pretensão exclusiva;[4] acrescenta-se, com efeito: "e ainda outros modos de expressão", deixando assim o caminho aberto a ulteriores especificações: ver cap. 6,3, onde propus uma classificação hoje possível dos gêneros literários do AT e NT. De outro lado, a própria categoria de "livros históricos" é susceptível de variações internas: "*textos históricos de várias espécies*", e sabemos como é importante esta abertura positiva ao pluralismo do gênero histórico da Bíblia.

---

[4] Na relação ao n. 12 do 'Textus emendatus' de 1964, lê-se: "Non videtur bonum omnia genera litteraria enumerare. Propterea pauca tantum nominantur et additur *et aliis dicendi generibus*, secundum E/2396, et in genere litterario historico additur *vario modo historicis*, ne fiat regressus ad statum ante Encycl. 'Divino Afflante' et 'Humani generis' datum" (*Acta Synodalia*, vol. III, pars III, p. 92s).

A *DV* 12, no parágrafo segundo, depois do segundo período sobre os "gêneros literários", prossegue: "Importa *além disso* (*Oportet porro*) que o intérprete busque o sentido que o hagiógrafo — *em determinadas circunstâncias (in determinatis adiuntis)*, segundo as condições do seu tempo e da sua cultura — pretendeu exprimir e de fato exprimiu usando os gêneros literários" então em voga. Para entender retamente o que o autor sagrado quis afirmar por escrito, deve atender-se bem quer *aos modos peculiares de sentir, dizer ou narrar (nativos sentiendi; dicendi narrandive modos)* em uso nos tempos do hagiógrafo, quer àqueles que na mesma época costumavam empregar-se nos intercâmbios humanos".

Com o *porro* (= além disto, e não *pois*) indica-se que agora não se trata mais das formas ou gêneros literários. Com efeito, a Comissão Teológica, na votação dos 'modos' de 21 de setembro de 1985, a um padre conciliar que queria substituir o *porro* por *ergo*, respondeu: "Quia inducitur *nova idea* de variis adiuctis conscriptionis librorum, servandum est *porro*".[5] Ora, "modos peculiares de sentir, dizer ou narrar", todos ligados à condição do tempo e da cultura daqueles que escrevem, são algo mais radical que antecede a redação escrita, ainda que também a escolha do gênero literário (e por isso são mencionados de novo os "gêneros literários") possa ser por eles influenciada.

Os "*determinata adiuncta*" são as circunstâncias ou situações particulares nas quais o texto toma vida e expressão. Pode-se pensar no variado *Sitz im Leben* de H. Gunkel (cap. 6,3 a): culto e liturgia para os Salmos; núpcias, nascimento, morte, funerais para as tradições e narrações da família; elevações ao trono, expedição militar, celebração de vitória etc., para a narração dos eventos destinada ao povo. Mas, ao lado destas situações *periódicas* que — para Gunkel — determinam a escolha do gênero literário, a *DV* acena também para as condições *permanentes*, dentro de certa época ou cultura: "segundo a condição de seu tempo e de sua cultura". Pense-se na judaização e helenização da mensagem cristã do NT, na própria primeira helenização que o NT sofre através da tradução grega da Setenta (ver cap. 7).

c. A *crítica histórica* não procura somente colocar o livro no seu ambiente (problemas de autor, de data de composição, autenticidade literária etc.), mas procura também descobrir o valor histórico daquilo que o texto narra, reconstruir a história

---

5 Cf. *Acta Synodalia*, vol. IV, pars V, p. 710s.

dos dois Testamentos sintetizada pela *DV* 3-4 com aquela precisão que os métodos da crítica histórica moderna tornam possível.

Certamente o exegeta, como já dissemos várias vezes, não é um puro e simples historiador que estuda o texto unicamente como fonte para reconstruir a história do passado. Ele emprega a crítica histórica como etapa para o significado do texto, no qual a história é narrada e expressa com aquele significado que é inerente aos eventos salvíficos do passado. Deus se revelou na história e através da história (ver cap. 3), e a história da Bíblia é "história da salvação".

A *crítica histórica* não é expressamente mencionada pela *DV*. Todavia, o que se afirma no n. 12 sobre a diversidade interna do gênero literário "histórico", já introduz uma crítica histórica, e a relação do escritor sagrado com o contexto cultural do seu tempo não pode ser corretamente estabelecida e reconhecida sem ao menos a ajuda de um *método histórico*. Além disto, a *DV* 19, falando dos Evangelhos, pelo simples fato de descrever as etapas da tradição evangélica (conforme a *Sancta Mater Ecclesia*) implicitamente já abre o caminho de retorno (dos Evangelhos a Jesus) que a exegese bíblica deve percorrer para colocar em termos adequados a questão básica do valor histórico dos fatos e das palavras de Jesus narrados nos Evangelhos.

Para a historicidade dos Evangelhos, a moderna crítica histórica aplica geralmente *três ordens de critérios:*[6] o critério da *múltipla atestação* (deve-se considerar autêntico um dado evangélico sobre o qual concordam fontes diversas e entre si independentes); o critério da *descontinuidade* (deve ser considerado autêntico um dado evangélico que constitui algo único e original com relação a toda outra literatura, algo irredutível tanto às concepções do judaísmo como às da Igreja primitiva); o critério da *conformidade* ou *continuidade* (deve considerar-se autêntico um dado evangélico que está de acordo com o ambiente palestinense e judaico do tempo de Jesus, que conhecemos pela história, arqueologia e literatura, como também um dado que está de acordo com os materiais obtidos com o critério da descontinuidade).

3. **PRINCÍPIOS DE UMA HERMENÊUTICA TEOLÓGICA**

O dado de fé: "*Deus falou* na Sagrada Escritura por meio de homens e de maneira humana", além de fornecer um estatuto

6 Cf. R. Latourelle, *A Gesù attraverso i Vangeli*, pp. 242-271.

teológico à exegese crítica, determina os princípios de uma exegese teológica, em última instância a única verdadeiramente adequada ao objeto que se quer interpretar, precisamente a Bíblia como "Palavra de Deus em linguagem humana". Estes princípios são sinteticamente formulados pelo terceiro parágrafo da *DV* 12.

a. Um princípio geral: leitura "no Espírito"

A *DV* 12 o introduz com uma frase subordinada:

"Mas, como a Sagrada Escritura deve ser lida e interpretada com a ajuda do mesmo Espírito que levou à sua redação, ao investigarmos o sentido bem exato dos textos sagrados..."

A frase, que ainda não aparecia no *Textus denuo emendatus* de 1964, foi introduzida na última sessão do Concílio. No fascículo distribuído aos padres, no dia 25 de outubro de 1965, a Comissão doutrinal aprovava este acréscimo,[7] que havia sido proposto por diversos padres com uma motivação precisa:

"1. Isto foi proposto em aula conciliar por Dom Edelby; 2. Exprime a doutrina vigente em toda a antiga Tradição da Igreja e que permaneceu viva até nossos dias entre os Orientais; 3. É oportuno mencionar o Espírito Santo também com referência à interpretação da Sagrada Escritura, que deve ser feita "sub lumine fidei".[8]

A referência ao arcebispo Melquita de Edessa era obrigatória: Dom Edelby havia sido o primeiro a solicitar tal integração, no famoso discurso em Aula conciliar de 5 de outubro de 1965, ao qual já nos referimos (ver cap. 2,5 e cap. 9 nota 12) e o citaremos mais extensamente (ver adiante, c).

O princípio geral sancionado pela *DV*, segundo o qual "a Sagrada Escritura deve ser *lida* e *interpretada* com a ajuda do mesmo Espírito mediante o qual foi escrita", vale tanto para os leitores como para os exegetas. A Escritura nasceu sob o influxo do Espírito Santo, por isso deve ser lida e interpretada no Espírito Santo.

A própria experiência nos diz que se pode ler e estudar a Escritura sem perceber nela a Palavra de Deus. Para usar as pa-

---
7 Cf. *Acta Synodalia*, vol. IV, pars V, p. 712.
8 *Acta Synodalia*, vol. IV, pars II, p. 996; cf. *ibid.*, p. 983.

lavras de são Paulo: "O homem natural *(psychicos* = o homem deixado na dependência exclusiva dos recursos do seu espírito humano) não compreende as coisas do Espírito *(pneuma)* de Deus; elas são loucura para ele, e não é capaz de conhecê-las, porque só se deixam julgar por meio do Espírito. Ao contrário, o homem espiritual *(pneumatikos* = o homem animado pelo Espírito de Deus) julga todas as coisas e não é julgado por ninguém" (1Cor 2,14-15). O Mistério de Deus vai refletir-se nas Escrituras inspiradas, e até mesmo no leitor-crente: ele entra na esfera do Espírito, torna-se enigma para quem não o atinge mediante o Espírito de Deus. Como o espírito-consciência do homem é a única antena interna capaz de captar as chamadas do ser no homem e nas coisas, assim o Espírito de Deus, dom gratuito de Deus ao homem espiritual, é a única antena capaz de sintonizar-se com a Revelação de Deus no Livro sagrado e de captá-la na leitura-interpretação. "Da mesma forma como a Escritura nasceu da colaboração vital entre a inspiração divina e a atividade do autor humano, com fé obediente e liberdade de expressão, assim ela volta a falar por meio da colaboração da contínua assistência do mesmo Espírito e da atividade do homem que escuta e indaga com fé".[9]

Fique bem claro: a interpretação "no Espírito Santo" não é um segundo momento, posterior à interpretação histórico-crítica acima descrita. O princípio geral informa todo o processo hermenêutico, a partir do momento em que a própria exegese crítica, trabalhando com método racional-científico, vai em busca do *sensus auctoris* que é o teológico, porque é o *sensus divinus in verbo et sensu humano,* isto é, o sentido de Deus oculto na palavra humana e no sentido pretendido pelo autor humano. Com o

---

9 R. Gögler, cit. in L. Alonso Schökel, *Dinamismo della Tradizione,* p. 163. K. Rahner escreve: "A automanifestação de Deus na palavra humana da revelação anularia a si mesma, se não estivesse unida à luz interior da graça e da fé estritamente sobrenatural... Embora o homem já como espírito natural seja absoluto ser-aberto ao ser em geral e com isso a Deus como princípio e razão desse espírito, a comunicação de Deus referente a si mesmo, se fosse acolhida sem a graça, seria contudo entendida apenas como um elemento desta imanente auto-realização do homem... Uma palavra divina viva e própria só tem sentido se for dirigida a uma audição divina. Por isso, à declaração está relacionado o Espírito Santo como autocomunicação estritamente sobrenatural de Deus, não apenas como fiador da exatidão ou como autor de uma causa eficiente de Deus... mas como objeto próprio da declaração, junto ao qual somente a palavra humana expressa pode ser autodeclaração de Deus" *(Reflessioni sull'evoluzione dei Dogmi,* in *Saggi Teologici,* vol. I, Paoline, Roma 1965, pp. 344-345: ver todo o parágrafo "O Espírito Santo e a graça", pp. 344-350).

sensus auctoris já estamos, e logo, em plena "teologia", porque entramos em contato com a Revelação salvífica de Deus.

Leitura e interpretação da Escritura "eodem Spiritu quo scripta est" significam para o leitor-intérprete uma *docilidade à direção do Espírito Santo*, como atitude adequada ao caráter pneumático da Bíblia. Pensando bem, estamos na linha daquela "congenialidade" com o texto e com o seu autor que também a hermenêutica moderna propõe como premissa necessária para um autêntico "compreender". O leitor e o intérprete da Bíblia devem saber que a corrente pneumática, que deu lugar aos livros sagrados (ver cap. 9), alcança a eles mesmos e os atravessa, num processo de sin-tonização e de com-penetração crescente, em vista de uma compreensão sempre mais profunda dos textos bíblicos. A dimensão *objetiva* da inspiração deve ser conjugada com a dimensão *subjetiva*, ou com a ação do Espírito Santo no coração do leitor que se verifica através da própria Escritura (ver cap. 11,7).

b. Três critérios concretos de uma hermenêutica teológica

O princípio geral da interpretação da Bíblia "com a ajuda do mesmo Espírito mediante o qual ela foi escrita" é depois especificado pela *DV* em três critérios concretos, que devem presidir a uma hermenêutica teológica:

> "...ao investigarmos o sentido bem exato dos textos sagrados, não devemos atender menos ao conteúdo e à unidade de toda a Escritura, tendo em conta a Tradição viva de toda a Igreja e a analogia da fé" *(DV* 12).

b1. O conteúdo e a unidade de toda a Escritura

É o *Cânon das Escrituras* como tal que exige que toda página da Bíblia seja lida à luz de todo o mistério da mensagem bíblica: "Os livros do AT e NT acolhidos no Cânon, apesar de sua longa história e pré-história, formam uma *unidade*. Quem dá unidade a livros tão diversos, a escritos tão distantes entre si e à história de sua compreensão, é o único Espírito de Deus, sob cuja inspiração foram escritos, para que ele nos deixasse como herança a sua verdade salvífica especialmente segura e sem erro".[10]

10 Grillmeier, *o.c.*, p. 235.

Já tratei amplamente deste aspecto, falando da verdade de cada texto bíblico no conjunto de toda a mensagem bíblica. Quero apenas sublinhar que a unidade da Sagrada Escritura como critério hermenêutico para interpretar determinados livros ou trechos não é apenas uma premissa dogmática, uma premissa de fé. Fazendo isto não abandonamos *totalmente* o campo de uma hermenêutica científica, que — a partir de Schleiermacher — trabalha com esta premissa da "visão global do conjunto literário" (ver cap. 17, A).

O conteúdo e unidade da Escritura, como critério hermenêutico para interpretar cada unidade literária da Bíblia, levanta de novo (ver, A, 1) o problema do *sensus plenior* da Escritura, constituindo mesmo uma premissa para ele. O olhar para a unidade de Escritura mostra que a interpretação histórica da Bíblia deve levar em consideração o fato seguinte: o autor particular pode não estar consciente daquilo que na sua afirmação está *implicitamente* presente com relação à completa revelação de Deus. O sentido tencionado e expresso pelo autor humano num texto e o sentido querido por Deus através da inspiração que abraça a inteira revelação bíblica e é funcional no Cânon completo das Escrituras, não são simplesmente a mesma coisa. Num texto interpretado historicamente, que é ao mesmo tempo — em virtude da inspiração — expressão do homem e expressão de Deus, oculta-se da parte de Deus algo mais com relação ao que o autor humano podia compreender. O problema do *sensus plenior* surge inevitavelmente, para além da questão, controvertida entre os teólogos e que o Concílio não quis derimir, de como se deva entender mais precisamente a relação entre o *sensus divinus* e o *sensus litteralis*: alguns desejariam reduzir o *sensus plenior* quanto possível ao sentido historicamente demonstrável e portanto a uma inteligência mais completa do mesmo, ao passo que os outros quereriam vê-lo num *ulterior grau de profundidade* do *sensus litteralis*, que — embora não sendo completamente estranho a ele — todavia o supera, o transcendente (ver adiante, B, 6).

b2. A Tradição viva de toda a Igreja

A *DV* 12 fala propositalmente da Tradição com letra maiúscula, e não de *t*radição e *t*radições eclesiásticas.[11] Trata-se daque-

---

11 Um 'modus' ao art. 12 na votação de 21 de setembro de 1965, proposto por 13 padres, sugeria: "...ut scribatur *Traditio* cum maiuscula quia non agitur tantum de traditionibus ecclesiasticis. Insuper addere volunt *Magiste*-

la mesma Tradição de que a *DV* fala amplamente no cap. II: é "a Tradição de origem apostólica", "expressa de maneira especial nos livros inspirados"; que "deve ser conservada com sucessão contínua até o fim dos tempos"; mediante a qual "a Igreja, na sua doutrina, na sua vida e no seu culto, perpetua e transmite a todas as gerações tudo o que ela é, tudo o que ela crê"; que "progride na Igreja com a assistência do Espírito Santo..."; "na qual (Tradição) as próprias Sagradas Letras são (pela Igreja) mais profundamente compreendidas e ininterruptamente tornadas operantes"; que está "estreitamente relacionada e em comunhão com a Sagrada Escritura" *(DV* 8-9).

Dizer que no interpretar a Escritura "se deve levar na devida conta a Tradição viva de toda a Igreja", significa — numa palavra — que a Bíblia deve ser interpretada *na Igreja,* porque a Escritura é filha da Igreja e constitui uma estrutura fundamental dela (ver cap. 11,2-4), porque a Igreja guarda da Escritura, em virtude do mesmo Espírito que opera em ambas, está em sintonia natural com a Sagrada Escritura, possui seu sentido *como por instinto.*

Certamente, é preciso perguntar: *qual Tradição* em *qual Igreja?* A *noção católica de Igreja* dita uma concepção precisa de "viva Tradição de toda a Igreja", que pode também definir-se "continua re-lectio Sacrae Scripturae in Ecclesia", mas não deve omitir *nenhum* dos temas "tradendi" da Tradição: "as afirmações dos santos Padres (que) atestam a vivificante presença desta Tradição...", no período mais próximo às origens cristãs; "a reflexão e o estudo de todos os crentes, que meditam em seu coração as coisas e as palavras transmitidas", como também "a profunda inteligência que lhes provém do fato de experimentar as realidades espirituais"; "a pregação daqueles que com a sucessão apostólica receberam um carisma seguro de verdade" *(DV* 8).

Também aqui podemos dizer que não nos afastamos das exigências da hermenêutica científica, quando apelamos para a Tradição e a autoridade como critérios de uma boa hermenêutica, ensina Gadamer (ver cap. 17, 1); mas, ainda uma vez, devemos prestar atenção à *noção católica de Tradição.* Para o leitor

rium et *sensum fidei Populi Dei.* Alius vult citari *Patres Eclesiae...".* A Comissão teológica respondia em 29 de outubro de 1965: "Scribatur '...vivae *totius* Ecclesiae *Traditionis* et analogiae fidei'. Ita ut in totius Ecclesiae Traditione iam cointelliguntur *Patres* et *sensus fidei..."* (Acta Synodalia, vol. IV, pars V, p. 712). Sobre a relação entre Tradição e tradições cf. G. O'Collins, *Criteri per l'interpretazione delle tradizioni,* in AA. VV., *Problemi e prospettive di Teologia Fondamentale,* pp. 397-441.

e o exegeta católico, ela tem o valor e a função de *norma-regra de interpretação*, que todavia não deve ser confundida com uma espécie de "prisão dogmática", segundo um modelo legalista. Permanecer no contexto da Tradição significa, hermeneuticamente, aceitar determinada compreensão da pessoa de Jesus Cristo, realização da Tradição, como ela se desenvolveu no determinante e autorizado início da comunidade apostólica, e como se desenvolveu autorizadamente (ver os Concílios ecumênicos) no decurso da tradição pós-apostólica. Aceitar aquela compreensão não para parar nela, mas para assumi-la como ponto de referência necessário a todo ulterior desenvolvimento de compreensão. Em outras palavras, a Tradição tem uma função hermenêutica de guia e norma, porque ela nos fornece um "horizonte de compreensão": é como que o leito por onde corre o rio da Palavra de Deus e da sua ininterrupta compreensão. "Isso não significa esterilidade hermenêutica... 'O poder que é confiado à Igreja e que ela constantemente mereceu mediante a sua estável fidelidade e também as suas provações, não é o poder do guarda de um museu ou de um arquivo...; ela tem antes a autoridade e dignidade da Esposa: *viva coniux, dimidium Christi vivi...* Para atrair os homens ao corpo da Igreja, é sempre mais necessário abrir-lhes a alma da Igreja' ".[12]

No contexto da Tradição viva de toda a Igreja retamente entendida compreende-se melhor tanto o papel dos exegetas na Igreja (penúltima frase da *DV* 12), como o papel do Magistério em matéria de exegese (última frase). A relação entre o trabalho dos exegetas e o Magistério da Igreja é expresso em termos de colaboração *positiva:* "É tarefa dos exegetas contribuir segundo estas normas para uma inteligência e exposição mais profunda do sentido da Sagrada Escritura, fornecendo os dados prévios, a partir dos quais possa amadurecer o juízo da Igreja". A *Divino Afflante Spiritu*, parecia ainda indicar aos exegetas, depois de ter-lhes encorajado o trabalho, um campo especial de pesquisa, isto é, "as passagens que ainda têm necessidade de uma interpretação segura e clara" *(EB* 109). A *DV*, pelo contrário, atribui aos exegetas, como seu ministério específico, *toda a Escritura* no seu conjunto e com o escopo de investigar-lhe, do seu ponto de vista e sempre mais profundamente, o significado. O fim da Tradição da Igreja com relação à Escritura é, pois, comum a todos os seus filhos: uma compreensão sempre mais profunda e uma

[12] M. Blondel, cit. in Fr. Mussner, *Aufgaben und Ziele der biblischen Hermeneutik,* p. 26.

conseqüente exposição do sentido da Escritura. Aos exegetas a Igreja do Concílio indicou seu caminho específico; é seu dever percorrê-lo seriamente de ponta a ponta, para "fornecer os dados prévios a partir dos quais amadureça o juízo da Igreja".
Qual é, por fim, o papel específico do Magistério em matéria de exegese? O Magistério da Igreja "não é superior à Palavra de Deus, mas está a seu serviço, ensinando apenas o que foi transmitido..." (DV 10); o seu "ofício é interpretar autenticamente a Palavra de Deus escrita ou transmitida" *(ibid.)*. Então, enquanto proclama a Palavra de Deus *a partir da Escritura* na qual a Palavra se cristalizou, ʊ Magistério realiza de alguma forma uma função exegética, ainda que a pesquisa exegética propriamente dita não seja a sua especialização. A função específica do Magistério é outra: "Com efeito, tudo quanto diz respeito à interpretação da Escritura, está sujeito ao juízo último da Igreja, que tem o divino mandato e ministério de guardar e interpretar a palavra de Deus" (DV 12). Encarregado de "guardar e interpretar a palavra de Deus" em virtude do "mandato divino" recebido de Cristo (cf. também *DV* 10), o Magistério recebe deste mesmo mandato a *autoridade* de intervir em matéria exegética, não para criar obstáculo ao trabalho de uma autêntica e verdadeira exegese, mas para mantê-la no justo caminho e para pronunciar sobre os resultados exegéticos a *última*, definitiva palavra de juízo: "Não há razão para se temer — escreve P. Grelot — que as duas operações (a dos exegetas e a do Magistério) entrem em conflito, se ambas forem efetuadas segundo as regras próprias de cada uma. As tensões ocasionais que poderiam manifestar-se convidariam simplesmente os seus responsáveis a estudar mais profundamente os textos que criam dificuldades, até que apareça a solução harmoniosa em que as contribuições respectivas da Tradição e da exegese se fecundem mutuamente a fim de enriquecer o patrimônio da Igreja".[13]

b3. A analogia da fé

Por fim, como último critério hermenêutico teológico, a *DV* 12 indica a *analogia* da fé, ou a consciência da unidade da Revelação e da fé da Igreja. Todas as expressões da Revelação e da fé estão estreitamente coordenadas e se iluminam mutuamente; toda expressão, portanto, deve ser vista à luz das outras e com

---

13 P. Grelot, in AA. VV., *La Révélation divine*, tom. II, p. 378.

elas relacionada, se quiser ser retamente entendida e permanecer aberta a uma compreensão mais profunda.

4. A INTELIGÊNCIA "ESPIRITUAL" DA ESCRITURA NA VOZ DA IGREJA DO ORIENTE (Dom N. Edelby)

Considero útil, como conclusão deste parágrafo dedicado aos "princípios de uma hermenêutica teológica", citar quase por completo a intervenção no Concílio de Dom Neófito Edelby, arcebispo Melquita de Edessa,[14] eco fiel da tradição da Igreja oriental, particularmente preocupada com a dimensão pneumática de toda leitura e interpretação da Bíblia.

Ele reconhecia na *DV* 12 "elementos excelentes acerca do contributo das ciências auxiliares da exegese, particularmente da crítica literária", mas parecia-lhe que o parágrafo "sobre a interpretação da Escritura no contexto da Tradição viva da Igreja etc., era muito fraco com relação ao anterior", e pedia "alguns desenvolvimentos de conformidade com os princípios contidos na *DV,* cap. II". Segundo o arcebispo de Edessa, o Concílio deveria ter afirmado (ver 3, a) "a necessidade da leitura espiritual, isto é, no Espírito Santo, da Sagrada Escritura" e com este objetivo oferecia "o testemunho da Igreja do Oriente sobre os princípios propriamente teológicos da interpretação da Escritura", nos quais "também os irmãos ortodoxos se reconhecem plenamente".

Dom Edelby começava por acentuar a problemática pós-tridentina que, no Ocidente, acabou por obscurecer o verdadeiro centro e o verdadeiro problema da hermenêutica bíblica:

"A timidez deste parágrafo explica-se, sem dúvida, pela dificuldade que têm as Igrejas latinas de sair da problemática pós-tridentina. Agora, a época da controvérsia com a Reforma passou. Esta preocupação é estranha às Igrejas orientais, como o é para as jovens Igrejas da África e da Ásia. É necessário sair definitivamente desta espécie de obsessão e entrar na totalidade do Mistério da Igreja. Com efeito, neste esquema se trata da Igreja integral, e não de debates escolásticos sutis e estéreis.
Sem dúvida, os Reformadores opuseram a Escritura à Igreja; e isto foi possível porque a Igreja latina, em que nasceram, havia deixado atrofiar-se de alguma forma o sentido autên-

14 *Acta Synodalia,* vol. III, pars III, pp. 306-309.

tico da Tradição, que o Oriente e o Ocidente tinham vivido juntos no primeiro milênio (...), levando à esterilidade do século XVI e aos pseudoproblemas que nos incomodam, especialmente sobre a interpretação da Sagrada Escritura".

Era preciso voltar aos grandes princípios propriamente teológicos da interpretação da Sagrada Escritura, que sempre guiaram a leitura da Bíblia na Tradição da Igreja do Oriente:

Primeiro princípio — A Escritura e a Tradição não são realidades separáveis; a Escritura deve ser situada no centro do Mistério da Igreja:

"O grande remédio consiste em recolocar-se no centro do *Mistério da Igreja*, rejeitando aquela mentalidade demasiadamente jurídica, quase nominalista, em que se encerrou a teologia tanto dos reformadores como dos latinos. É esta mentalidade que, já na Idade Média, opunha a consagração à epiclese, e que, recentemente, ainda considerava o Primado e Colegialidade como realidades separadas. É a mesma mentalidade que reaparece na justaposição da Escritura e da Tradição. A questão está mal colocada. É preciso voltar ao Mistério da Igreja, que é o centro e o eixo deste Concílio. Com efeito, não se pode separar a missão do Espírito Santo da missão do Verbo encarnado. É este o *primeiro* princípio teológico de toda interpretação da Sagrada Escritura.

Também não se deve esquecer que, para além das ciências auxiliares de qualquer gênero, o objetivo último da exegese cristã é a *inteligência espiritual da Escritura à luz do Cristo ressuscitado*, como o próprio nosso Senhor ensinou aos Apóstolos, conforme o relato de Lucas 24".

Segundo princípio — A Escritura é uma realidade litúrgica e profética; o lugar privilegiado de sua interpretação é a liturgia:

"A Sagrada Escritura é uma realidade *litúrgica* e *profética*. Ela é uma proclamação, mais do que um livro escrito. É o testemunho do Espírito Santo sobre o evento Cristo, cujo momento principal e privilegiado é a celebração da Liturgia eucarística. Mediante este testemunho do Espírito Santo a Economia do Verbo revela o Pai. A controvérsia pós-tridentina vê na Sagrada Escritura antes de tudo uma norma escrita. A Igreja oriental, ao contrário, vê antes na Sagrada

Escritura uma consagração da História da salvação sob as espécies da palavra humana, mas inseparável da consagração eucarística, na qual se recapitula todo o Corpo de Cristo".

Terceiro princípio — A escritura deve ser interpretada no contexto da Tradição viva da Igreja, que assume o valor de epiclese da história da salvação:

"Esta consagração exige uma *Epiclese*, isto é, uma *invocação e ação do Espírito Santo*. A Sagrada Escritura é precisamente esta epiclese. *A Tradição é a epiclese da História da salvação*, isto é, a Teofania do Espírito Santo sem a qual a história do mundo é incompreensível e a Sagrada Escritura permanece letra morta (...)".

Quarto princípio — A Escritura deve ser interpretada no contexto da totalidade da história da salvação:

"Disto deriva um quarto princípio: a Sagrada Escritura deve ser interpretada *na totalidade da História da Salvação*. Num primeiro tempo, o Espírito Santo suscita os eventos salvíficos e uma comunidade de homens que seja ao mesmo tempo testemunha e autora destes eventos. Os livros do Antigo Testamento são como a primeira epifania de Deus no meio do seu povo. Num segundo tempo, o evento salvífico e a comunidade realizam-se, de maneira definitiva, em Jesus Cristo: esta é a economia do Verbo encarnado, da qual os livros do Novo Testamento constituem como que a única epifania. Finalmente, num terceiro tempo, isto é, nos últimos tempos em que vivemos, o Espírito Santo é derramado pessoalmente para tornar presente a toda a história a economia do Verbo encarnado e o poder da sua ressurreição: esta é a economia do Espírito, ou a Sagrada Tradição no tempo da Igreja.

Com isto vê-se que a Tradição, isto é, a Igreja, no transmitir a efusão da economia do Verbo, é essencialmente litúrgica. *Lex orandi, lex credendi* (...) Uma das aplicações à interpretação da Escritura refere-se ao critério vivo desta interpretação, porque o Espírito não é desencarnado, mas o Espírito do Corpo de Cristo. A Tradição deve ser contemplada e vivida antes de tudo *na luz do sacramento da apostolicidade, isto é, do episcopado*. Este sinal litúrgico e profético é também uma epiclese da unidade infalível da fé do povo de Deus. Neste sentido seria desejável que a infalibilidade do sucessor de Pedro fosse mais bem explicada de acordo com este mistério de epiclese. Com efeito, a autoridade na Igreja, como realidade jurídica, brota da autoridade como realidade litúrgica e profética, e não vice-versa; do mesmo modo que a missão canônica que não é a fonte da Ordem episcopal.

Por fim, um *quinto princípio* — A interpretação da Escritura deve respeitar o sentido do Mistério:

"Com efeito, o Deus que se revela é o 'Deus absconditus'. A Revelação não deve fazer-nos esquecer *a dimensão abissal da vida de Deus*, Uno e Trino, que o povo crente vive mas de nenhuma forma pode esgotar. A Igreja oriental afirma que a *Revelação* é antes de tudo *apophatica*, isto é, uma realidade que se vive antes mesmo que seja proclamada em palavras. Esta nota 'apophatica' da Revelação é na Igreja o fundamento de todas aquelas riquezas da Tradição que estão sempre vivas. E uma das causas das dificuldades que a Igreja experimentou nestes últimos séculos consiste precisamente no fato de que os teólogos quiseram encerrar o Mistério em fórmulas. Pelo contrário, a plenitude do Mistério não só supera a formulação teológica, mas também os limites da leitura da Sagrada Escritura.

Por esta razão, embora o Concílio não tenha querido dirimir a questão do 'sensus plenior' da Sagrada Escritura, dever-se-ia apesar disso afirmar — se não me engano — a necessidade de reler a Escritura 'spiritualiter', isto é, no Espírito. Não se trata apenas da 'analogia fidei', mas da totalidade do Cristo ressuscitado, em que o Espírito Santo realiza progressivamente na Igreja tanto o testemunho como a parusia".

B) INDICAÇÕES DO CONCÍLIO VATICANO II NO SENTIDO DA HERMENÊUTICA MODERNA[15]

Já ao comentar os "princípios" hermenêuticos autorizadamente propostos pela *DV* 12 (ver A), acenei para algumas pre-

[15] Retomo aqui, integrando-o, o esquema de Fr. Mussner, *Histoire de l'herméneutique*, pp. 78-85.

ciosas indicações do Concílio no sentido da temática que, a partir de Schleiermacher foi levantada pela moderna hermenêutica. Quero agora tornar a propô-las e completá-las com outras indicações oferecidas pela *DV* no seu conjunto e por outros documentos do Vaticano II, como também pelos documentos pós--conciliares do Magistério ordinário. Com base nelas, pode ser encaminhada uma solução das mais recentes instâncias hermenêuticas e das suas repercussões (aplicadas ou simplesmente projetadas) no campo da exegese e da hermenêutica bíblica.

1. UMA HERMENÊUTICA A SERVIÇO DO CARÁTER INTERPELATIVO DA PALAVRA DE DEUS

A interpretação *existencial* de R. Bultmann, mas também dos seus discípulos E. Fuchs e G. Ebeling (ver cap. 17, B, 1 e 2) insiste acertadamente no caráter de interpelação e de apelo da Sagrada Escritura, que quer levar o homem à descoberta da própria autenticidade e a uma verdadeira compreensão de si diante de Deus. *O que é o homem?*: não é apenas a pergunta que está de atalaia na experiência diária do homem e que, provocada pela dor ou promovida pela alegria, o acompanha sempre. É também a pergunta da Bíblia (cf. Sl 8,4-5; Jó 7,16-17 etc.), que vê o mistério do homem neste seu ser ao mesmo tempo o *interrogante* de um Deus "desconhecido", e contudo sempre vigilante, e o *interrogado* por este mesmo "Deus".[16]

O caráter de interpelação da Revelação bíblica é expressamente e em várias ocasiões sublinhado pela *DV* (ver cap. 2): "Com efeito, com esta Revelação o Deus invisível... fala *adloquitur = dirige-se a)* aos homens como a amigos e se entretém com eles para *convidá-los (ut... eos invitet)* e admiti-los à comunhão consigo" *(DV* 2); Deus, mediante a Tradição que é a intérprete ativa da Palavra bíblica, "continua sempre a falar com a Esposa do seu amado Filho" *(DV* 8). "Nos Livros Sagrados, com efeito, o Pai... vem amorosamente ao encontro de seus filhos, e conversa *(sermonen confert)* com eles" *(DV* 21).

Portanto, compreender a Escritura significa fazer saltar, no processo hermenêutico, aquele destinatário preciso da Revelação que somos *nós, aqui e agora* (cf. *DV* 12: "o que Deus quis comunicar-nos"): "...A fidelidade à prova encarnada exige tam-

---

16 Cf. V. Mannucci, *Ecco l'uomo. Appunti per una 'antropologia biblica'*, p. 33.

bém, em virtude da dinâmica da Encarnação, que a mensagem seja tornada presente, na sua inteireza, *não ao homem em geral mas ao homem de hoje,* àquele a quem a mensagem é anunciada agora. Cristo é o fato contemporâneo de alguns homens e falou na sua linguagem. A fidelidade a ele exige que esta *contemporaneidade* continue. Aqui está toda a obra da Igreja, com a sua Tradição, o Magistério, a pregação. Os exegetas devem contribuir nesta tarefa. A fidelidade ao homem moderno é difícil e exige empenho, mas é necessário se quisermos ser fiéis até o fundo à mensagem..."[17]

A *DV* indica também o escopo último do conversar de Deus conosco através dos Livros Sagrados: "...para convidá-los e admiti-los à *comunhão consigo" (DV* 2). Isto significa que Deus quer fazer os homens entrar no espaço de sua comunhão e do seu amor. Desta forma, encontram lugar, parece-me, as aspirações hermenêuticas de um Schleiermacher (compreender é *compenetrar-se, sin-tonizar, entrar-na-vida* do texto e do seu autor), de um Gadamer (compreender significa, através de um *diálogo* com o texto, chegar a um *consensus de re),* de um Fuchs (compreender é um *processo vivo,* cujo pressuposto é uma forma particular de acordo com o texto e com o seu autor, um acordo no âmbito do amor): ver cap. 17.

Falar de *hermenêutica existencial* implica necessariamente uma certa *subjetividade* da hermenêutica, que apela para a subjetividade do leitor, mobiliza-o com todos os seus recursos intelectuais, psicológicos, religiosos e morais. Não se dá verdadeira compreensão sem uma pré-compreensão: "Para compreender o outro devo encontrar-me ou colocar-me em sintonia com ele, devo superar tudo o que em mim constitui um fechamento, uma dilação em acolher genuinamente suas palavras, um impulso a contrafazê-las".[18] Mas, como evitar o escolho do *puro subjetivismo* numa hermenêutica existencial, também depois que salvei a objetividade da mensagem bíblica, seja a vertical (isto é, Deus), seja a horizontal (isto é, a história)? A interpretação existencial deve ser verificada com *dois critérios:*

a. O critério hermenêutico *literário* — Um sério e crítico apego ao texto bíblico deve sempre justificar e fundar a minha interpretação existencial. O leitor não pode construir com as

---

17 Discurso de Paulo VI aos professores da Sagrada Escritura do ABI, de 26 de setembro de 1970, por ocasião da semana bíblica nacional sobre "Exegese e hermenêutica": AAS, 62 (1970), 618.
18 A. Rizzi, *Letture attuali della Bibbia,* p. 264.

palavras do texto aquele sentido que mais lhe agrade; o leitor sério esforça-se por compreender o que o autor diz, e o lugar para tal compreensão é o próprio texto. Uma interpretação existencial apressada, que não passe através de uma exegese crítica e séria do texto ou que de qualquer forma prescinda dela, corre o risco de meter-se no alegorismo, numa interpretação fantasiosa, sentimental, acomodatícia.

b. O critério da *Tradição* — A minha interpretação deve procurar e encontrar uma dimensão de *verificação eclesial* no âmbito da pequena Tradição e da grande Tradição. Isto significa confrontar criticamente a minha interpretação com aquela dos irmãos na fé, até aquela verificação mais ampla oferecida pelo horizonte hermenêutico, constituído pela "Tradição viva de toda a Igreja" (ver A, 3, b2.).

2. ATENÇÃO HERMENÊUTICA À LINGUAGEM HUMANA DA BÍBLIA

A hermenêutica moderna, ainda que na variedade de suas propostas, é unânime em considerar o problema hermenêutico sob o ângulo da filosofia da linguagem: essência da palavra, essência da linguagem, estrutura da linguagem.

A *DV,* sempre partindo do pressuposto de fé da Inspiração bíblica, chamou os escritores sagrados "verdadeiros autores" *(DV* 11) e sublinhou todo o valor e a espessura da linguagem humana da Bíblia: "Deus falou por meio de homens e de maneira humana *(DV* 12); "As palavras de Deus, expressas em línguas humanas, tornaram-se intimamente semelhantes à linguagem humana, como outrora o Verbo do Eterno Pai, tomando a carne da fraqueza humana, se tornou semelhante aos homens" *(DV* 13). Com isto o Concílio não só convidou os exegetas a levar a sério toda a espessura da linguagem humana da Bíblia, mas também indicou-a como o *único* caminho a percorrer se se quiser compreender o *sensus auctoris,* que é também o *sensus divinus* na Escritura: ver A, 1.

Os métodos e os instrumentos de linguagem humana não são fornecidos pela Igreja, mas pelas ciências humanas; o exegeta deve servir-se deles sem exclusões, desde que se trate de "métodos" e "instrumentos" enquanto tais. A mesma *DV* 12, com aquele "inter alia" (ver A, 2b) indicou nos gêneros literários *um* caminho, mas não o único. Ficam abertos muitos outros, como afirmou explicitamente Paulo VI no discurso aos membros da

Pontifícia Comissão Bíblica, em 17 de março de 1974: "Parece que a nota distintiva e dominante da exegese contemporânea é a reflexão sobre as profundas relações que unem entre si Escritura e Igreja da primeira hora. As pesquisas sobre a *história das tradições, das formas, da redação (Tradition-Form-Redaktionsgeschichte)* que nós encorajamos, com as necessárias correções metodológicas, na recente Instrução *Sancta Mater Ecclesia* sobre a verdade histórica dos Evangelhos, não entram acaso nesta perspectiva? E as instâncias contemporâneas sobre a necessidade de integrar uma leitura *'diacrônica'*, isto é, atenta aos desenvolvimentos históricos do texto, com uma consideração *'sincrônica'* que dá a devida importância às conexões literárias e existenciais de todo texto com relação ao conjunto lingüístico e cultural no qual ele se insere, não introduzem também elas claramente na vida da Igreja?"[19]

Portanto, a própria análise lingüística estrutural, que estuda a linguagem como *dado*, no seu aspecto *formal-horizontal (sincrônico)*, constitui um dos instrumentos de análise da linguagem humana da Bíblia (ver cap. 17, A, 4 e B, 5).

3. EXPERIÊNCIA E PROCESSO HERMENÊUTICO

Foi sobretudo G. Gadamer (ver cap. 17, A, 1) quem chamou a atenção para a função e importância da *experiência* no processo hermenêutico. A experiência nunca é pura ciência, mas algo existencial que proporciona maturidade e sabedoria àquele que, partindo da primeira experiência fundamental da "limitação humana" em virtude da qual o homem "sabe que não é senhor do tempo e do futuro",[20] se abre tanto à tradição em que se exprime a experiência passada e que o enriquece, como às experiências novas que esperam a ele e aos outros. A experiência, para Gadamer, é "experiência *dialética*": "A verdade da experiência sempre contém uma referência a novas experiências. Por isso aquele que chamamos homem perito não é somente alguém que se tornou tal *através* das experiências feitas, mas também está *aberto a* outras experiências (...) A dialética da experiência

---

[19] *AAS* 66 (1974) 236.
[20] G. Gadamer, *Verità e metodo*, p. 413; cf. termo "experiência" no índice dos temas, *ibid.*, p. 573.
[21] *Ibid.*, p. 411.

não tem a sua realização num saber, mas naquela abertura à experiência que é produzida pela própria experiência".[21] A *DV* recuperou o valor da *experiência* no processo hermenêutico da Sagrada Escritura. O antigo Israel "*experimentou (experiretur)* qual era o plano de Deus com os homens", e por este caminho também "o *compreendeu* com profundidade e clareza sempre maiores" *(DV* 14); os Apóstolos "depois da Ascensão do Senhor, transmitiram aos seus ouvintes o que Jesus tinha dito e feito com aquela mais plena inteligência de que eles, *ensinados pelos eventos gloriosos* de Cristo e iluminados pelo Espírito de verdade, gozavam" (DV 19). Sobretudo, um dos fatores que, na Tradição da Igreja, presidiram ao "crescimento da compreensão, tanto das coisas quanto das palavras transmitidas", é precisamente a *intima spiritualium rerum quam (credentes) experiuntur intelligentia,* isto é, *a profunda compreensão das realidades espirituais que (os crentes) experimentam (DV* 8: para a história deste texto conciliar, ver cap. 3, nota 29). Leitores e exegetas da Bíblia sabem, pois, que a *experiência da fé* — porque é desta que se trata — é instrumento hermenêutico primário para quem realmente quer compreender a Palavra de Deus.

4. A HERMENÊUTICA BÍBLICA A SERVIÇO DA HISTORICIDADE
E DA VERDADE DA ESCRITURA

O ceticismo histórico da exegese liberal do século passado, que de certa forma se prolonga em R. Bultmann, não constitui mais *o* problema da hermenêutica bíblica moderna aplicada à história. Os discípulos de Bultmann, E. Fuchs e G. Ebeling, para não falar do grupo de Pannenberg (ver cap. 17, B, 1-3), contestaram o negativismo histórico de Bultmann em nome dos mesmos princípios do mestre: o conhecimento do "Jesus da história" apareceu como uma exigência da fé no *Querigma.*

O problema novo provém hoje, para a hermenêutica bíblica, da evolução que a concepção da história e o método histórico sofreram. O positivismo histórico está superado, a pretensa "neutralidade" daquilo que se pôde chamar "a história-ciência" revelou-se fictícia. O historiador tem que se haver com uma *objetividade* da história todo particular, porque nela se exprimiu a *subjetividade* das pessoas, dos grupos e da sociedade que foram seus protagonistas. Além disto, a concepção da existência e do mundo, própria do historiador como pessoa, reflete-se fatalmente sobre a maneira pela qual o historiador conduz seu trabalho, isto é, avalia os documentos, elabora hipóteses, interpreta os dados observáveis etc. Por fim, o intérprete dos documentos históricos não pode evitar a pergunta e relativa resposta: "Por que o homem de hoje se interessa pela história?" Por simples curiosidade, aquela de recuperar arqueologicamente um passado sepultado? Para compreender a si mesmo como "ser histórico" por natureza? Para compreender a história presente, filha da história do passado? Para encontrar na experiência do passado lições úteis à construção moderna da sociedade? Para orientar o presente da história em vista da construção do futuro da história?

A partir de Schleiermacher, o estatuto da hermenêutica em campo histórico mudou. A compreensão "divinatória" (Schleiermacher), a ciência histórica como "ciência do espírito" (Dilthey), a "consciência histórica" como "situação hermenêutica" enquanto o intérprete de uma obra ou de uma tradição está inevitavelmente sujeito "às influências da história das suas (obras e tradição) influências" (Gadamer): tudo isto complica, mas também aprofunda o estatuto hermenêutico aplicado à história e obriga o intérprete — também o intérprete da Bíblia — a colocar em termos novos o antigo problema da *verdade* da história.

Bem sabemos quanto o problema da *"verdade* que Deus, *em vista da nossa salvação,* quis fosse consignada nas Sagradas Letras" *(DV* 11) exigiu dos trabalhos do Vaticano II (ver cap. 15) e, falando da crítica histórica (ver A, 2, c), voltamos a sublinhar — contra toda des-historicização de tipo bultmanniano — a importância decisiva dos *eventos* da história da salvação sobretudo evangélica, como também a possibilidade de sua recuperação histórico-crítica na exegese. O que nunca existiu, nunca aconteceu, não pode significar nada, nem para mim, nem para a história presente e futura.

Todavia a própria *DV* parece consciente de que a *verdade* dos eventos narrados no AT e no NT, precisamente em virtude de sua especificação formal nos termos do "nostrae salutis causa", não coincide *sic et simpliciter* com a sua historicidade objetiva, que também é indispensável e como tal deve ser afirmada e assegurada. A trabalhosa elaboração do parágrafo referente à verdade histórica dos Evangelhos,[22] que depois levou ao texto

---

22 Cf. entre os vários comentários ao cap. V da *DV*: X. Léon Dufour, in AA. VV., *La Révélation divine*, tom. II, pp. 401-431; L. Randellini, in AA. VV., *Commento alla Cost. Dogmatica sulla divina Rivelazione*, Milão 1967, pp. 186-236; M. Zerwick, in AA. VV., *La Bibbia nella Chiesa dopo la Dei*

definitivo da *DV* 19, demonstra a preocupação dos padres conciliares, de um lado, em salvaguardar a historicidade objetiva dos eventos narrados pelos evangelistas, e, de outro, de explicar também a história da tradição evangélica que confluiu nos Evangelhos escritos e o caráter de pregação que os Evangelhos mantêm.

Não foi por acaso que a Comissão introduziu *in extremis*, depois de uma carta do Sumo Pontífice Paulo VI, com data de 8 de outubro de 1965,[23] um *inciso* no início do parágrafo 9: "A Santa Mãe Igreja defendeu e defende, firme e constantemente, que estes quatro Evangelhos, *cuja historicidade afirma sem hesitar*, transmitem *com fidelidade* o que Jesus, Filho de Deus, realmente operou e ensinou para a salvação eterna dos homens, durante a sua vida terrena etc.". O termo *historicitas* (= historicidade), que até então tinha sido evitado, é aqui introduzido para afirmar mais decididamente a inequívoca historicidade dos Evangelhos. De outro lado, os três períodos do parágrafo 19, equivalentes às três etapas da tradição evangélica (Jesus — os Apóstolos — os Evangelistas) descritas pela *Sancta Mater Ecclesia* e introduzidas na *DV* 19 (ver cap. 16,6), "indicam as fontes sobre que repousa a historicidade dos evangelhos e indicam também a índole precisa de tal historicidade".[24]

A *DV* 19 afirma, com efeito, que os Evangelhos "transmitem fielmente o que Jesus Cristo, durante a sua vida entre os homens, efetivamente realizou e ensinou para a sua salvação eterna": e já aqui "historicidade" não parece ser a pura e simples atenção ao dado objetivo da história, mas à *verdade de sentido* dos eventos e das palavras da vida de Jesus, a qual todavia parte de eventos realmente sucedidos e de suas palavras realmente proclamadas e neles se funda. Além disto, *os Apóstolos*, pregando Jesus, "transmitiram aos seus ouvintes o que ele havia dito e feito com *aquela inteligência mais plena (ea pleniore intelligentia)* de que eles gozavam, ensinados que foram pelos eventos gloriosos de Cristo e iluminados pelo Espírito de verdade": portanto a sua interpretação da vida de Jesus, refletida depois nos Evangelhos, é alimentada por sua mais madura experiência de fé, e sujeita à "história das influências" que o evento-Cristo tivera sobre eles e sobre a Igreja primitiva. Por fim, os mesmos

---

Verbum, pp. 135-156; E. Galbiati, in AA.VV., *La Cost. Dogmatica sulla divina Rivelazione*, pp. 367-415.
23 Cf. G. Caprile, *Tre emendamenti allo schema sulla Rivelazione. Appunti per la storia di un testo*, in *CC*, 117 (1966), I, pp. 214-231.
24 L. Randellini, o.c., p. 210.

evangelistas não realizam trabalho de puros colecionadores ou de antiquários literários, mas são também eles pregadores por escrito, arautos e testemunhas do Mistério de Jesus Cristo, cada um segundo sua maneira particular, cada qual com seu objetivo preciso, também em vista das necessidades e exigências dos seus destinatários leitores, pessoas e comunidades. Segundo a *DV* 19, eles "selecionam..., sintetizam..., explicam..., conservando o caráter de pregação": por isso, em sua profissão de historiadores, o interesse é pelo profundo significado da história de Jesus, exposto de maneira poderosa, visual, comovente, à luz da própria experiência, sobretudo para iluminar, guiar e construir a fé e a cumunidade dos crentes, isto é, a Igreja do seu tempo, em ambientes diversos, "de acordo com as situações particulares das Igrejas", destinatárias dos Evangelhos. A preocupação do inciso inicial volta na última frase do terceiro período: "Mas sempre de modo a narrar sobre Jesus com *sinceridade e verdade* (lit. *coisas verdadeiras e sinceras: vera et sincera)*", onde se afirma a dimensão *objetiva* (coisas *verdadeiras*) e *subjetiva (coisas sinceras)* da verdade dos relatos evangélicos. Com esta frase se relaciona o último período da *DV 19:* "Eles (os Evangelistas), quer relatassem aquilo de que se lembravam bem, quer se baseassem no testemunho daqueles 'que desde o princípio viram e foram ministros da palavra', escreveram sempre com intenção de que nós conhecêssemos *a verdade* (cf. Lc 1,2-4) *das coisas* a respeito das quais fomos instruídos".

Concluindo — O caminho seguido pela tradição evangélica (de Jesus aos Evangelhos) não compromete a "historicidade" dos Evangelhos, a "verdade e sinceridade" dos Evangelistas, a "verdade das coisas" transmitidas; mas é também verdade que "historicidade-verdade-sinceridade" devem ser compreendidas à luz da história da tradição evangélica e à luz da finalidade específica das narrações evangélicas. Pode-se concordar com quem considera que a "verdade" de que fala a *DV* deva ser mais claramente compreendida no significado do contexto semítico e bíblico de verdade, que é a revelação bíblico-cristã, a doutrina do Evangelho, a mensagem da salvação;[25] também deve ficar claro, para além de todo equívoco, que a verdade divina da revelação afirmada pela Bíblia se revelou na história concreta e que a

---

25 Cf. O. Loretz, *La verità della Bibbia. Pensiero semitico e cultura greca;* I. de la Potterie, *La vérité dans Saint Jean,* tom. I, pp. 1-36 e tom. II, pp. 1019-1060.

exegese não está dispensada da discussão dos problemas históricos, sobretudo no caso das pesquisas referente à vida de Jesus.

5. DIMENSÃO HISTÓRICO-POLÍTICA DA HERMENÊUTICA BÍBLICA

O mundo e o futuro da história foram devolvidos ao homem contemporâneo e ao seu compromisso na história, num espírito daquela sadia *secularidade* que é a justa autonomia da criatura e do mundo, bem diferente de um secularismo fechado em si mesmo e que tende a absolutizar-se. O futuro não deve apenas ser esperado, mas construído. A hermenêutica da história encarrega-se de fazer com que os fatos do passado falem à existência e à história de hoje, abertas a um futuro renovado que deve ser *provocado* não só com o anúncio, mas também com uma *praxe* dinâmica (ver cap. 17, B, 3).

Não é este o lugar de propor um debate crítico sobre a "teologia política" e as várias "teologias da libertação", que empenhou protestantes e católicos no pós-concílio. Quero apenas sublinhar que tudo isto não constitui um *novum* absoluto com relação ao Concílio Vaticano II: a Constituição pastoral *Gaudium et spes* (1965) já havia posto as premissas de uma "teologia política da libertação e da salvação", em coerência com a dimensão histórico-salvífica da mensagem do AT e do NT, e em continuidade com as Encíclicas *Mater et Magistra* (1961) e *Pacem in terris* (1963) de João XXIII. Outros documentos do Magistério, posteriores ao Concílio, aprofundaram e esclareceram ulteriormente a dimensão histórico-salvífica-libertadora da mensagem cristã, da fé e do compromisso da Igreja, como instituição e também como indivíduos ou grupos de crentes. Para recordar os principais, a Encíclica *Populorum progressio* (1967) de Paulo VI, a Carta Apostólica *Octogesima Adveniens* (1971) de Paulo VI, o Documento do III Sínodo dos Bispos sobre a *Justiça no mundo* (1971), a Exortação Apostólica *Evangelii Nuntiandi* (1975) de Paulo VI, até a primeira Encíclica do Papa João Paulo II, a *Redemptor Hominis* (1979), e aos seus discursos na América Latina (1980).

Nossa tarefa, aqui, é ver seus reflexos na hermenêutica bíblica. A "teologia da esperança" e a "teologia (ou as teologias) da libertação" sem dúvida provocaram uma ulterior *virada hermenêutica* também no campo católico, para quem quer aproximar-se da Bíblia com as perguntas urgentes e dramáticas provocadas pela história presente que prepara a história de amanhã.

Vamos propor algumas reflexões e alguns critérios-guias para uma leitura da Bíblia nesta chave.[26]

a. A exegese e a teologia bíblica contemporâneas focalizaram — muito mais do que no passado — o potencial de apelo a uma salvação e libertação factuais na história, inerente à mensagem bíblica do AT e do NT.

A tradição do povo de Israel e o seu diálogo com Iahweh na história manifestam um sentido tão unitário da fé na sua relação com o mundo que a realidade material e social, política e cívica, numa palavra, toda a atividade temporal da comunidade humana, entra completamente na história da salvação que Deus conduz junto com Israel, é a sua urdidura, a sua atmosfera normal e natural. Ali a história não é de forma alguma 'espiritualística': é história portadora de liberdade, é história de *êxodo* da escravidão para uma terra prometida que já é "nova terra" para homens renovados, porque libertados da escravidão para serem livres para servir a Deus e servir-se reciprocamente na justiça e na paz. A palavra dos Profetas é, de maneira todo particular, *protesto* e *crítica* contra um falso *establishment* que negligencia a abertura social e priva os homens da liberdade, é ao mesmo tempo *promessa* carregada de esperança e de iniciativa histórica.

A mesma pregação de Jesus, certamente, "anunciava o *éschaton* (cf. Mc 1,15), e este se realizava no seu agir (Lc 11,20, no seu morrer e no seu ressuscitar). Mas sua mensagem escatológica era, ao mesmo tempo, *crítica* com relação à sociedade: contra o farisaísmo (Mt 18), contra os ricos (Lc 6,24), contra Herodes (Lc 13,31s), contra toda forma de cesaropapismo (Mc 12,17), contra a fraqueza do mundo na doença e na morte e contra as potências inimigas de Deus que ali se exprimiam (cf. Jo 11, 33.38)".[27]

b. Mas, diante das unilateralizações às quais pode conduzir (e às vezes conduziu) este tipo de leitura "crítico-histórico-política" aplicado à Bíblia,[28] é preciso ter presentes, dentro e ao lado dos critérios gerais acima expostos e que valem para todo tipo de leitura (ver A), alguns pontos específicos:

26 Cf. H. Schürmann, *Il servizio critico-sociale della Chiesa e dei cristiani in un mondo secolarizzato*, in AA. VV., *Dibattito sulla 'teologia politica'*, pp. 61-83; AA. VV., *Liberation des hommes et salut en Jésus Christ. Une étude biblique* (primeira e segunda parte), in *Cahiers "Evangiles"* 6-7, Du Cerf, Paris 1973-1974.
27 H. Schürmann, *o.c.*, p. 65.

1º — A dimensão *religiosa* de toda a mensagem bíblica, AT e NT, exclui toda leitura unilateralista, tendente a dissolver toda intencionalidade de *transcendência* (transcendência entendida como *abertura a Deus e ao mistério do homem*, não esgotável no tempo e na história), inerente a toda página bíblica.

2º — O homem da antropologia bíblica não é apenas um "cor inquietum",[29] carregado de inquietação por Deus, mas — para usar mais uma vez as palavras de Agostinho — é também um "cor incurvatum in seipsum", isto é, um *coração pecador*.[30] Apesar de todo seu empenho e de suas revoluções que têm por objetivo tornar mais humana a vida e mais humano o mundo, o homem descobre que em todas as suas ações só constrói a si mesmo e envenena egoisticamente a sua obra. Somente a *fé*, que é o centro da mensagem bíblico-cristã, liberta o homem da prestação "em nome próprio"; a revelação quer antes de tudo o homem libertado e salvo por Jesus Cristo, no *coração*, que é precisamente a interioridade da qual nascem os pensamentos, os projetos e as ações.

3º — A dimensão trans-histórica da salvação cristã[31] constitui o último horizonte hermenêutico inelutável de toda leitura "política" da Escritura. A economia da salvação bíblico-cristã dificilmente se deixa homologar apenas pelo aspecto histórico, pois se trata de uma salvação que, embora atravessando a história e inscrevendo-se na história, a ultrapassa para introduzir a humanidade na participação da vida divina. *Deus é o futuro do homem e da história:* a identificação entre a história do mundo e a "História da Salvação" jamais será completamente alcançada no tempo, mas se realizará plenamente na transfiguração da história, no reino escatológico de Deus.

Afirmar a Transcendência como fundamento e como realização última do homem e da liberdade, significa lançar as bases mais sólidas para a *guarda* do homem, da humanidade e de toda a criação cósmica numa medida totalmente singular. Com efeito, desta forma nos tornamos *responsáveis* pelo homem e pelas realidades humanas *diante de Deus*, em vista do *novo mundo*

---

[28] Cf. a Declaração da "Comissão Teológica Internacional" sobre *Promoção humana e salvação cristã*, de 30 de junho de 1977, in *Regno/Docum.* 19 (1977) 457-463.
[29] S. Agostinho, *Confissões*, 1,1,1. Edições Paulinas, São Paulo, 1984.
[30] Cf. a teologia do pecado em Gênesis 1-11: V. Mannucci, *La storia delle origini*, in *Parole di vita* 24 (1979) 175-192.
[31] Cf. V. Mannucci, *Storia della salvezza*, in *ER*, vol. 5, col. 1355-1387.

de Deus no fim dos tempos, que não será em total descontinuidade com a nossa velha terra, com o nosso velho mundo. Esperamos *"novos céus e nova terra"* (Is 65,17;66,22; 2Pd 3,13; Ap 21,1): mas tratar-se-á sempre de *céus* e de *terra!*[32] Esperar, com expectativa ativa e responsável, a ordem definitiva do *eschaton* através da esperança cristã, significa colocar uma *reserva escatológica* sobre toda utopia intramundana e intra-histórica, a partir da qual o presente é freqüentemente ideologizado, como acontece com a sociedade sem classe da utopia marxista e com a sociedade universal do bem-estar da utopia capitalista.

4º — A esperança cristã ordena, critica e junta as esperanças humanas, mas é também capaz de superá-las e de levá-las à realização precisamente lá onde elas têm o seu limite; ela perdura até a possibilidade do fracasso no plano humano, ela não decai nem mesmo na morte. Na mensagem cristã e na fé católica da Igreja, ao lado do *confessor-eloqüente* que é o *profeta,* crítico perene e perturbador de todo *establishment,* há lugar também para o *silêncio-eloqüente* da *testemunha-mártir:* "Dá-se uma vitória na derrota, da qual somente a fé se dá conta olhando para a cruz de Cristo. A oposição sofrida, a resistência passiva é um ácido que mina as bases de argila das potências estabelecidas e totalitárias".[33] No termo de seu compromisso com a salvação--libertação da vida e da história, o cristão está bem alegre em cantar o cântico dos libertados:

> Quando Iahweh fez voltar os exilados de Sião,
> ficamos como quem sonha:
> a boca se nos encheu de riso,
> e a língua de canções...
> Até entre as nações se comentava:
> 'Iahweh fez grandes coisas por eles!'
> Iahweh fez grandes coisas por nós,
> por isso estamos alegres" (Sl 126,1-3).

Mas, estando sob o domínio dos poderes que podem até crucificá-lo, o autêntico cristão, do alto da cruz do seu martírio pela justiça humanamente falida, sabe entoar o novo "Cântico dos Cânticos" da liberdade:

32 Cf. V. Mannucci, *La Nuova Gerusalemme,* in *Parole di vita,* 25 (1980) 424-440.
33 H. Schürmann, *o.c.,* p. 79.

"Se Deus está conosco, quem estará contra nós...?
Quem nos separará do amor de Cristo...?
Mas em todas estas coisas nós somos mais do que vencedores por virtude daquele que nos amou. Pois estou convencido de que nem a morte nem a vida, nem os anjos nem os principados, nem o presente nem o futuro, nem os poderes, nem a altura, nem a profundeza, nem nenhuma outra criatura poderá nos separar do amor de Deus manifestado em Cristo Jesus, nosso Senhor" (Rm 8,21-39).

6. O "COMPREENDER" NA FÉ E O PROBLEMA DOS "SENTIDOS BÍBLICOS"[34]

O *compreender (inteligere)*, como era entendido pela *DV*, refere-se antes de tudo e diretamente ao "significado o que escritor sagrado... quis exprimir e de fato exprimiu" no texto. Esta afirmação hermenêutica é de capital importância também para uma leitura da Bíblia *na fé*, que não queira acabar num alegorismo arbitrário. Como já lembrei várias vezes, o sentido teológico-espiritual da Escritura entendido por Deus, é antes de tudo o significado entendido e expresso pelo autor humano, isto é, o *sentido literal* do texto.

Todavia, a própria distinção e a aproximação com o "et" na *DV* 12 (ver A, 1) entre "o que os autores sagrados realmente quiseram significar *e* o que a Deus aprouve manifestar através de suas palavras", deixa entrever uma *tensão positiva* entre a intenção dos hagiógrafos e aquela de Deus. Sobretudo, o apelo da *DV* 12 aos critérios hermenêuticos teológicos para uma leitura da Bíblia "no mesmo Espírito mediante o qual foi escrita" (ver A, 3), levanta inequivocamente o problema da *complexidade* ou *densidade* do significado bíblico, que a compreensão dos crentes não pode negligenciar.

Se, em razão das experiências pascais, os Apóstolos foram encaminhados "a uma compreensão mais profunda *(pleniore intelligentia)* daquilo que Jesus tinha dito e feito" *(DV* 19); se "os livros do AT... adquirem e manifestam o seu pleno signifi-

---

[34] Cf. J. Coppens, *Il problema dei sensi biblici*, in *Conc* 10 (1967) 135-150 (com bibliografia); L. Alonso Schökel, *Dinamismo della Tradizione*, pp. 17-65 (com bibliografia).

cado *(significationem completam)* no NT, que eles por sua vez iluminam e explicam" *(DV* 16); se a Tradição, mediante os seus instrumentos articulados de viva transmissão, é tempo e lugar de "crescimento de compreensão *(crescit perceptio)* tanto das coisas como das palavras transmitidas" *(DV* 8): então a própria hermenêutica bíblica se torna um itinerário progressivo, e o "compreender" bíblico significa uma penetração sempre mais profunda do sentido das Escrituras, na sua complexidade e densidade.

Ademais, também por este aspecto, não estamos longe das exigências da hermenêutica filosófica contemporânea. Schleiermacher e Dilthey nos recordaram que o intérprete pode compreender um texto do passado, melhor e mais profundamente do que seu autor; para Gadamer, a explicação de um texto dentro da tradição que o trouxe até nós resolve-se num *plus de inteligibilidade* do mesmo. Um texto, uma vez escrito, adquire o seu valor 'autônomo', isto é, não está mais ligado de maneira exclusiva ao tempo e aos interesses em que se moviam seu autor e seus destinatários imediatos; nas novas situações dos outros leitores, o texto adquire uma ressonância mais ampla, uma intelibilidade maior.[35] Este potencial de significado nunca esgotado explica a *perene* validade das grandes obras literárias e filosóficas, de todas as grandes obras de arte em geral.

Se o texto literário não morre, mas se abre a vários momentos de vida e de mais ampla compreensão, isto vale com mais razão para o texto bíblico. A Inspiração que faz de Deus o autor da Bíblia, como também a unidade do desígnio revelador e salvífico que inclui não só o tempo do Antigo e Novo Testamento mas também o tempo da Igreja e da humanidade até a parusia, fazem com que o texto bíblico possua *"ao menos* dois significados ou dois níveis de significado: um relativo ao texto imediato histórico-literário no qual surgiu; e outro relativo ao mais amplo contexto da Bíblia e de toda a história da salvação".[36] A complexidade ou densidade de significado das páginas bíblicas é uma *constante* hermenêutica em toda a Tradição, a começar pelas "re-leituras" internas ao AT, até a mais recente teoria do *sensus plenior* ou *senso pleno*. Com base neste princípio, podem ser avaliadas as diversas técnicas de interpretação que foram sendo adotadas, e podem ser identificadas outras novas.

35 Cf. A. Rizzi, *Letture attuali della Bibbia*, p. 59.
36 C. Buzzetti, *Esegesi ed Ermeneutica*, in *DTI*, vol. 2, p. 121.

a. Diversidade de técnicas para uma constante hermenêutica

Já o AT, com as suas "re-leituras" ou "re-interpretações", fazia emergir um certo tipo de *compreender* os textos do passado, baseado no seu significado *antigo e novo* ao mesmo tempo. A mesma intuição estava na base da exegese do judaísmo, com o seu *Midraxe (halacá e hagadá)* e o seu *Pesher* (ver cap. 16, 1 a-b).

Os autores do NT, a exemplo de Cristo, lêem o AT segundo o *princípio-esperança*, e redigem os seus escritos segundo a *estrutura normativa 'promessa-cumprimento-superação'* (ver cap. 16, 1 c). A constante hermenêutica é uma leitura cristológica e cristã do AT (cf. DV 15-16); mas ela se conjuga nos escritos do NT com um elemento contingente, que são os processos técnicos do tempo. E aqui é o caso de perguntar se o impasse em que se encontrou a técnica do *sentido tipológico* (que depois se procurou superar com a técnica sucessiva do *sentido pleno)* não deriva precisamente do fato de que se transformou em *sistema* o que o AT propunha apenas como um *princípio* hermenêutico geral (= a Antiga economia tem um valor *exemplar* com relação à Nova), não redutível a uma única técnica exegética, a do sentido tipológico. Não é por acaso que no NT se emprega a terminologia muito variada de "typos, anti-typos, ypodeigma, parabole, skia, eikon", com significados também diversos (ver *typos* em *Hb,* diferente de *Paulo* e *1Pd);* não é por acaso que a *DV* 15 e 16, embora falando de "tipos", evita a categoria de "sentido tipológico".

Na época patrística, a *teoria* antioquena e a *alegoria* alexandrina, embora com diferente acento e diversa medida, colocam as premissas do duplo sentido da Escritura: o sentido *literal* ou histórico e o sentido *espiritual* (ver cap. 16, 2). A exegese medieval desenvolve a intuição origeniana do admirável conjunto hermenêutico quadripartido *(história, alegoria, tropologia, anagogia)* ou bipartido *(história + alegogia, tropologia e anagogia),* aplicável primariamente ao AT mas também ao NT (ver cap. 16, 3).

S. Tomás (ver cap. 16, 3), querendo reagir contra os exageros de tipo alegorístico de uma parte da exegese patrística e daquela medieval, distingue um *duplo sentido* da Escritura: o sentido *das palavras,* que ele chama *sentido literal* e que já é teológico e é o único válido em teologia; o sentido *das coisas* ou das realidades expressas pelas palavras, que ele chama *sentido espiritual* e que pode subdividir-se em *alegórico, moral* e *anagógico.*

Este duplo sentido aparece claramente na *Summa Theologica* I, q. 1, a. 10; mais difícil e problemático é estabelecer se são Tomás admitiu ou não a multiplicidade do sentido literal.[37] Precisamente no texto citado da *Summa*, se de um lado o Angélico parece convir com santo Agostinho "que também segundo o sentido literal num mesmo texto escriturístico há vários sentidos", de outro ele afirma que "todos os outros sentidos se fundam *num só sentido*, aquele literal: *"super unam, scilicet litteralem"* (ad 1.), e "aqueles três modos de expor a Escritura... pertencem ao *único sentido* literal: *ad unum litteralem sensum"* (ad 2).

b. As técnicas mais recentes: o sentido tipológico e o sentido pleno

A técnica do *sentido tipológico* e aquela ainda mais recente do *sentido pleno* (ou *sensus plenior*) têm seu ponto de partida, em última análise, na distinção de são Tomás entre o sentido das *palavras* e o sentido das *coisas* ou *realidades*. A densidade ou mutiplicidade do significado dos textos bíblicos seria assim satisfeita e descrita. Além do *sentido literal* tencionado e expresso pelo autor humano, teríamos um duplo sentido complementar, sobretudo do ponto de vista da intenção de Deus, Autor da Escritura mediante a inspiração: um *sentido* literal *pleno* que tem como objeto as *palavras* do texto bíblico, um *sentido tipológico* que tem por objeto as *coisas* ou *realidades* expressas pelo texto.

Semelhante distinção entre "palavras" e "realidades" parece sempre mais problemática. Não existem na Bíblia "realidades" (eventos, estruturas, personagens) distintas das "palavras" que as narram ou descrevem; não existe uma economia da História da Salvação separada da palavra escrita da Revelação que o Livro inspirado nos transmite: "Visto que a velha economia passou (aquela do AT) e os fatos são irrepetíveis, resta-nos apenas o seu registro escrito na Bíblia; por isso para nós se trata sempre de uma realidade verbal carregada de sentido, da Escritura; quando muito, nos será possível afirmar que o novo significado bíblico tem ou não um fundamento na estrutura significativa da realidade".[38] E isto vale tanto para as realidades registradas no

---

37 Cf. G. Benedetti, in *I Libri di Dio*, pp. 114-117 (com bibliografia); C. Spicq, *Esquisse d'une histoire de l'exégèse latine au Moyen Age*, Paris 1944; Id., *DBS*, vol. IV, col. 608-626; R. M. Grant, *A Short History of the interpretation of the Bible*, Nova York, 1963.
38 L. Alonso Schökel, *Il dinamismo della Tradizione*, p. 34.

Antigo Testamento, como para aquelas registradas no Novo Testamento.

O *sentido típico* desenvolveu-se em torno das realidades do AT na sua referência prefigurativo-exemplar às realidades correspondentes do NT, transformando em sistema aquilo que no NT era apenas um princípio geral de leitura cristã do AT, muito mais global em comparação com a categoria redutiva da "tipologia". A partir de A. Fernandez,[39] começou-se a falar de *sensus plenior* dos textos do AT (principalmente), para explicar ulteriormente a densidade de significado dos textos bíblicos, não esgotável apenas com o sentido típico. Acabou-se depois por aplicar ambos os sentidos, *típicos* e *plenior*, tanto ao AT com referência ao NT, como ao NT com referência à existência cristã e à existência escatológica.[40]

R. E. Brown, embora consciente da problemática de toda a questão (ele tinha dedicado ao *sensus plenior* a sua tese de doutorado: *The Sensus Plenior in Sacred Scriptures*), propõe a seguinte descrição escolático-manualística dos dois sentidos:[41]

"O sensus plenior é o significado mais profundo, tencionado por Deus, mas não tencionado com clareza pelo autor humano, que se descobre nas *palavras da Escritura* quando elas são estudadas à luz de uma revelação ulterior e do desenvolvimento na compreensão da revelação".

"O sentido típico é o significado mais profundo *que as coisas (pessoas, lugares e eventos) da Escritura* possuem pelo fato de que, segundo a intenção do autor divino, ocultam realidades futuras.

O sentido típico difere do sentido literal e do sentido plenior enquanto não é o sentido das palavras da Escritura, mas está relacionado com as coisas descritas pela Escritura. Como o sensus plenior, ele só pode ser captado por meio de uma revelação ulterior ou através de um desenvolvimento da compreensão da revelação".

39 *De hermeneutica*, in AA. VV., *Institutiones Biblicae*, PIB, Romae, 1926.
40 Cf. J. Coppens, *Les harmonies des deux Testaments;* P. Benoit, *La plénitude de sens des Livres Saints*, in *RB* 67 (1960) 161-196 (= *Exégèse et Théologie*, vol. III, pp. 31-38); R. E. Brown, *The 'sensus plenior' of Sacred Scriptures*, St. Mary's University, Baltimore 1955 (é a sua tese de Doutorado); Id., *The 'sensus plenior in the Ten Years*, in *CBQ* 25 (1963) 262-283; Id., *Ermeneutica*, in *Grande Commentario Biblico*, pp. 1623-1634; P. Grelot, *La Bible Parole de Dieu;* Id., *La Bibbia e la Teologia*.
41 R. E. Brown *Ermeneutica*, in *Grande Commentario Biblico*, pp. 1630-1633s.

E, como conclusão, Brown afirma:

"Como sumário podemos dar um esquema daquilo que vimos sobre os três sentidos fundamentais da Escritura. Se os dividirmos segundo as intenções do autor humano, eles constituem duas categorias principais:
1. Significado pretendido pelo autor = *sentido literal.*
2. Significado pretendido por Deus, e que vai além daquele que o autor humano tencionava:
   a) quando deriva das 'palavras' da Escritura = *sensus plenior*
   b) quando deriva das 'coisas' descritas na Escritura = *sentido típico*".

Aproximei as duas definições propostas por Brown, porque elas coincidem nos critérios que fundam o sentido pleno e o sentido típico: uma revelação ulterior, ou um desenvolvimento na compreensão da Revelação. A distinção baseia-se unicamente no objeto material dos dois significados: "as coisas" para o sentido típico, "as palavras" para o sentido pleno. Mas tal distinção, como dissemos, constitui um ponto de partida extremamente discutível, hoje, para não dizer errado.

Portanto, parece-me que, se queremos manter a terminologia de "sentido pleno" e "sentido típico", as duas técnicas não devem ser consideradas distintas com o critério das "palavras" e das "realidades" e paralelamente operantes. Não seria mais oportuno vê-las subordinadamente e considerar o "sentido típico" como uma concreta e particular aplicação do "sensus plenior"? Isto é, teríamos o *sentido literal* já teológico do texto bíblico tencionado tanto pelo autor sagrado como por Deus, mas com um potencial de significado, especialmente na mente de Deus Autor, que é precisamente o *sensus plenior* confiado à leitura na fé com critérios eminentemente teológicos. O "sentido típico", que parte da estrutura significativa da realidade, não seria outro sentido, mas apenas um aspecto ou um momento do sentido pleno.

c. A obra literária e o símbolo

L. Alonso Schökel, falando da atualização do AT, julga "descobrir nas quatro técnicas (alegoria, teoria, sentido típico, sentido pleno) uma convergência central de fato, ainda que não formulada... Trata-se da estrutura simbólica da *realidade* da antiga economia, da sua *experiência* na fé, da sua *formulação* inspirada, da nossa *percepção* no Espírito.[42]

Ele parte daqui para uma colocação alternativa do problema do significado cristão do AT. O ponto de partida da sua tese é a categoria rahneriana de *Cristo proto-símbolo* ou *símbolo primário*, na sua qualidade de Filho do Pai *feito homem:* Ele é a primeira (em sentido ontológico, não cronológico) exteriorização de Deus, e como tal, está co-presente na criação e na história inteira. "Este centro (Cristo), cronologicamente tardio, ontologicamente primário, gera uma espiral simbólica de história, para tornar-se presente a distância, por antecipação. Para chegar ao centro, é preciso percorrer os círculos externos. Antes da plenitude central de Cristo feito homem sobre a terra, está a onda histórica que já o contém e o manifesta simbolicamente. Esta onda histórica, isto é, a economia antiga nos seus eventos, instituições e pessoas, é símbolo de Cristo".[43]

O prof. Alonso delineia depois as etapas do processo de simbolização do AT, que justificam uma leitura simbólica cristã: *Realidade* (pessoas, sociedade, instituições, eventos pertencem ao povo que é *de Deus,* são uma história que realiza e manifesta *salvação);* 2. *Percepção* (os crentes em Israel vivem aquela história *na fé,* conscientes de receber e realizar uma salvação eterna, aberta ao futuro e ao universal); 3. *Formulação* (a experiência de fé da história, captada na sua complexidade, ou com a profundidade futura que está inserida no presente, se torna comunicável e repetível através da linguagem oral e escrita, necessariamente simbólica); 4. *A obra literária* (a precedente formulação dinâmica e progressiva se torna obra literária duradoura, que desafia o tempo e se entrega à vida da comunidade para uma leitura-interpretação viva em simbiose com a própria vida: recebendo e dando); 5. *Cristo* (o Verbo feito carne manifesta definitivamente o significado simbólico do AT, que ele mesmo ontologicamente constituiu); 6. *Leitura e interpretação* (a comunidade cristã lê e acolhe o AT, possuindo a chave dos seus livros que é Cristo, com uma leitura de tipo *contemplativo* a qual, para evitar um subjetivismo incontrolável, adere ao exemplo de leitura que Cristo e os Apóstolos fizeram do AT, à unanimidade das liturgias sobre os grandes temas, à convergência das escolhas hermenêuticas sobre alguns pontos fundamentais).

42 L. Alonso Schökel, *Il dinamismo della tradizione,* p. 52.
43 *Ibid.,* p. 55; cf. 56-65.

d. Verdade plena do NT no tempo da Igreja, que é o tempo do Espírito

Pode-se aplicar o "modelo-Alonso" também ao NT, como potencial de símbolo disponível para a leitura da comunidade cristã, até o último dia da história? Creio que sim. O *princípio-esperança* e a estrutura hermenêutica *promessa-cumprimento-superação* não se apagam com o NT, mas penetram tudo e põem os seus escritos em tensão hermenêutica durante toda a história da Igreja e da humanidade, até a parusia.

Mais ainda, é este o tempo privilegiado de uma leitura da Bíblia "no Espírito", cuja tarefa é precisamente a de aproximar os tempos, tornar presentes ao homem e à história, *hic et nunc*, tanto Deus como Jesus e o Evangelho: "Sem o Espírito Santo Deus está longe, e Cristo permanece no passado, o evangelho uma letra morta, a Igreja uma simples organização, a autoridade um poder, a missão uma propaganda, o culto um arcaísmo, e o agir moral um agir de escravos" (Atenágoras). A existência histórica de Cristo *não* é um *parêntese* na história dos homens, mas estende-se, para trás e para diante, a toda a sua história, contém--na totalmente e a dispõe para a assunção divinizadora. O *Cristo proto-símbolo*, realizado, expresso e transmitido a nós no NT, liberta todo o seu poder de significado (eis o *sensus plenior* do NT) para aqueles que, segurando numa mão o livro do NT e na outra o livro vivo da história da Igreja (Tradição) e de toda a história humana, se propõem decifrar, com a "percepção da fé", não só a perene atualidade do advento-mensagem de Cristo, mas também a sua futuridade.

É evidente, por fim, que os critérios hermenêuticos para a verificação desta *parábola viva* que é o NT são mais uma vez de tipo "literário" e de tipo "teológico". O *critério literário* consiste numa suficiente homogeneidade do latente significado "simbólico" com sentido já teológico entendido pelos autores do NT e *expresso nos respectivos textos,* cujo sentido ulterior ou mais profundo aparece como um desenvolvimento também qualitativo, mas não em descontinuidade com o primeiro. Para evitar um psicologismo estreito e perigoso, deve-se sempre prestar atenção ao fato de que Deus nas Sagradas Escrituras quer comunicar a Si mesmo e o seu Mistério de salvação, não só através da intenção dos escritores sagrados, mas também *através de suas palavras* (cf. o "eorum verbis" da *DV* 12). O *critério teológico,* além disso, é constituído pela Tradição no sentido mais amplo do termo, compreendida "a totalidade da história da salvação" de que falava no Concílio Dom Edelby, que constitui lugar privilegiado para um *plus de inteligibilidade* dos textos bíblicos.

7. A HERMENÊUTICA BÍBLICA, UMA TAREFA SEM FIM

A hermenêutica como tal é uma tarefa sem fim, como nos ensinaram Schleiermacher e Gadamer.

Para Schleiermacher, a arte de interpretar envolve a pessoa do intérprete. Mas o homem-intérprete é um "espírito em contínuo desenvolvimento"; portanto a compreensão se torna um perpétuo movimento. De outro lado, trata-se sempre de interpretar a *palavra* humana a cuja essência pertence o ser algo *infinito*, porque *individual, e individuum est ineffabile;* o conhecimento da palavra não conhece fim.

Para Gadamer, a situação hermenêutica que contradistingue o intérprete na presença de um texto é necessariamente uma *situação histórica*, isto é, historicamente limitada; por isso a reflexão hermenêutica nunca leva a uma conclusão definitiva, mas a enriquecer a nunca completada *tradição* hermenêutica.

A hermenêutica bíblica tem, para o crente, ulteriores motivos para definir-se uma *tarefa sem fim*. Se a Escritura é Palavra de Deus em linguagem humana — e tal é para o crente — ela participa de alguma forma da inesgotável plenitude de Deus, do insondável e indizível mistério de Deus. Apesar da Revelação que nos foi feita, o Deus da Revelação permanece sempre o *Deus oculto* (Is 45,15), absoluto e infinito mistério, do qual participa o próprio Logos feito carne, precisamente porque é o *Logos de Deus* (cf. Jo 1,1). "De Deus conhecemos mais aquilo que ele não é, do que aquilo que é", diz são Tomás. À questão: "Se a Escritura deve falar com imagens", responde afirmativamente apresentando como último e definitivo argumento: "Porque tal modo de proceder está mais de acordo com o conhecimento que temos de Deus nesta vida. Com efeito, de Deus conhecemos mais o que não é do que o que é; e por isso as figuras das coisas que estão mais distantes de Deus nos fazem entender melhor que Deus está acima de tudo aquilo que nós podemos dizer ou pensar dele".[44]
Com o conhecimento de Deus, e por isso também com a compreensão da Palavra de Deus na linguagem humana da Bíblia,

---

[44] *Summa Theol.,* I, q. 1, a. 9.

nós estamos sempre a caminho: um caminho que só terminará na *visão* beatífica.
É o que reconheceu explicitamente o Concílio Vaticano II.

A *DV*, depois de ter falado do progresso da Tradição, que é "crescimento da compreensão tanto das coisas como das palavras transmitidas", e também dos fatos que presidem o tal desenvolvimento, conclui:

"Isto é, a Igreja, no decurso dos séculos, caminha continuamente para a plenitude da verdade divina, até que nela se realizem as palavras de Deus" *(DV 8)*.

Isto significa que a plena maturidade da Igreja só acontecerá com a parusia de Jesus Cristo, e todo instante da Igreja terrena é um tender para aquela plenitude. A dimensão escatológica exige que a Igreja nunca se considere satisfeita com a compreensão já adquirida do Mistério de Cristo na sua totalidade e nas suas múltiplas articulações, assim como ele se revela e ao mesmo tempo se oculta nas Sagradas Escrituras. À dilatação, através do tempo, do desígnio salvífico de Deus, realizado uma vez por todas em Jesus Cristo, mas que se inscreve nos dados sempre novos emergentes no decurso da história, corresponde um dilatar-se do nosso conhecimento da Revelação, conhecimento que no tempo se desdobra e se aprofunda. Mais do que qualquer outro capítulo, portanto, aquele da hermenêutica permanece um *capítulo aberto*.

Também as propostas feitas depois do Concílio para um *projeto* de interpretação bíblica capaz de assumir todas as instâncias hermenêuticas hoje conhecidas, são e permanecem uma *tentativa* de configurar uma hermenêutica em constante desenvolvimento. O risco, aliás inevitável, é o de preparar uma roupa que, depois de algum tempo, dá a impressão de estar apertada. Por exemplo, os *três parâmetros* da proposta de R. Lapointe e os *três níveis* da proposta de Fr. Mussner, atentos à hermenêutica existencial cujas instâncias queriam abarcar, seriam ulteriormente potenciados. Para R. Lapointe,[45] a exegese-hermenêutica bíblica deveria mover-se em três parâmetros distintos, mas não separá-

---

45 R. Lapointe, *Les trois dimensions de l'herméneutique;* cf. G. Savoca, *Lettura esistenziale della Parola di Dio,* pp. 38-60 (nas pp. 61-114, Savoca aplica os três "parâmetros" de Lapointe — que ele chama "uma tríplice operação" — a diversos textos do AT e do NT, com particular atenção ao "significado existencial" dos mesmos).

veis entre si: a. o *parâmetro estético*, equiparável à crítica literária: é a leitura da linguagem e dos símbolos lingüísticos; b. o *parâmetro ontológico*, equiparável à crítica histórica: aquele que permite alcançar o conteúdo, isto é, os fatos da história e da fé subjacentes ao texto a interpretar; c. o *parâmetro existencial*, no qual o intérprete toma consciência do seu ser na história e se pergunta que significado tem aquele texto para a sua existência. Analogamente, Fr. Mussner[46] propõe três níveis hermenêuticos, que todavia não coincidem com os três parâmetros de Lapointe: a. o *nível histórico-crítico* (corresponde aos dois primeiros parâmetros de Lapointe): procura colocar o texto no ambiente que o viu nascer, com base em pesquisas lingüísticas, arqueológicas, para compreender o que a Bíblia nos diz sobre as realidades do povo hebraico, sobre a vida de Jesus e sobre as vicissitudes da Igreja primitiva; b. o *nível existencial:* é a tomada de consciência do significado da própria existência à luz da Palavra de Deus; quer descobrir os valores espirituais perenes em ordem à existência do homem que a Bíblia traz em si, está atento às grandes atitudes existenciais que a mensagem bíblica induz no leitor e exige no leitor-intérprete; c. o *nível querigmático:* é o encontro com a Bíblia em nível do mistério, porque a Revelação bíblica não quis proclamar apenas *alguma coisa para o homem*, mas quis narrar ao homem — embora através de palavras e sinais humanos — algo do *inefável mistério de Deus,* da sua vida íntima trinitária, a cuja participação os homens são chamados, e do seu real amor pelos homens manifesto através da Encarnação do Filho.

Uma última observação. Diante das questões novas que as ciências humanas põem continuamente à hermenêutica bíblica, também o exegeta profissional com freqüência se encontra desorientado: ser-lhe-ia necessária, ao lado da competência exegética, uma competência filosófico-científica muito vasta e variada para poder ser improvisada. A hermenêutica bíblica não é mais um monolito, e requer dentro de si a especialização: especialização e interdisciplinaridade serão o futuro da hermenêutica? Todo exegeta faz a sua escolha, coerente com a sua geografia intelectual e cultural. No interior dos princípios gerais que presidem a toda exegese séria e daquele amplo horizonte hermenêutico no qual a Igreja com a sua inteira Tradição coloca em nossas mãos a Sagrada Escritura, há lugar para uma multiforme tecnicidade

---

46 Fr. Mussner, *Aufgaben und Ziele der biblischen Hermeneutik*, in *o.c.,* pp. 8-20.

científica com a qual os exegetas abordam profissionalmente os textos sagrados; mas sempre subentendendo que a sua abordagem exegética não elimina as vias mais diretas, mais simples, mais intuitivas que o idêntico Espírito Santo promove sempre no corpo vivo da Igreja.

Concluindo — O discurso de Paulo VI aos membros da Pontifícia Comissão Bíblica, pronunciado no dia 14 de março de 1974,[47] de grande rigor e ao mesmo tempo de serena e confiante abertura às instâncias da exegese bíblica católica contemporânea, pareceu-me uma conclusão oportuna para todo o problema hermenêutico. Transcrevo as principais passagens:

"...Não ignorais que a Sagrada Escritura, e em particular o Novo Testamento, assumiram forma no seio da comunidade do povo de Deus, da Igreja reunida em torno dos Apóstolos... Por isso é justo dizer que, se a Palavra de Deus convocou e gerou a Igreja, a mesma Igreja foi de algum modo a matriz das Sagradas Escrituras, esta Igreja que exprimiu ou reconheceu nelas, para todas as gerações futuras, a sua fé, a sua esperança, a sua regra de vida neste mundo.

Os estudos dos últimos decênios contribuíram de maneira importante para pôr em destaque a relação íntima e o vínculo que unem indissoluvelmente a Escritura e a Igreja. Eles focalizaram a estrutura essencial, o ambiente vital *(Sitz im Leben)*, a oração, a adesão calorosa ao Senhor, a coesão em torno dos Apóstolos, as dificuldades com relação ao mundo circundante, a tradição oral e literária, o esforço missionário e catequético como também os primeiros desenvolvimentos nos ambientes religiosos e culturais diferenciados. Parece também que a nota distintiva e dominante da exegese contemporânea é a reflexão sobre as relações profundas que unem a Escritura e a Igreja da primeira hora. A pesquisa sobre a história das tradições, das formas, da redação *(Tradition-Form-Redaktionsgeschichte)* que Nós encorajamos, embora com as correções metodológicas necessárias, na recente Instrução *Sancta Mater Ecclesia* sobre a verdade histórica dos Evangelhos, não entram nesta perspectiva? E as instâncias contemporâneas sobre a necessidade de integrar uma leitura 'diacrônica', isto é, atenta aos desenvolvimentos históricos do texto, com uma considera-

47 *AAS* (1974) 235-239.

ção 'sincrônica' que concede o devido lugar às conexões literárias e existenciais de todo texto com relação ao conjunto lingüístico e cultural no qual ele se insere, não introduzem claramente na vida da Igreja? O mesmo discurso sobre a 'pluralidade das teologias' ou melhor, sobre os aspectos diversos e complementares sob os quais são apresentados e ilustrados diversos temas fundamentais do Novo Testamento, como a salvação, a Igreja e o próprio mistério da pessoa de Cristo, não evoca de novo a sinfonia coral da comunidade viva, com as suas múltiplas vozes que professam, todas, a fé no único mistério? A função hermenêutica, por fim, que desde há um decênio se impôs colocando-se ao lado da exegese histórico-literária, não convida o exegeta a ultrapassar a pesquisa do 'puro texto primitivo' e a lembrar-se de que é a Igreja, comunidade viva, que 'atualiza' a mensagem para o homem contemporâneo...?
Esta conexão essencial entre a Bíblia e a Igreja ou, se preferis, esta leitura da Sagrada Escritura *in medio Ecclesiae*, confere aos exegetas da Sagrada Escritura... uma função importante ao serviço da Palavra de Deus. Também Nós nos sentimos encorajados a olhar com simpatia, mais ainda, a sustentar e dar vigor a este caráter eclesial da exegese contemporânea. Portanto, o vosso trabalho não consiste simplesmente em explicar textos antigos, narrar fatos de maneira crítica ou remontar à forma primitiva e original de um texto ou de uma palavra sagrada. É dever primordial do exegeta o de apresentar ao povo de Deus a mensagem da revelação, de expor o significado da Palavra de Deus em si mesma e com relação ao homem contemporâneo, de dar acesso à Palavra, para além do revestimento dos sinais semânticos e das sínteses culturais, às vezes alheios à cultura e aos problemas do nosso tempo..."

Depois de ter elogiado o padre M. J. Lagrange, definindo-o "um grande mestre da exegese, um homem no qual brilharam de maneira excepcional a sagacidade crítica, a fé e o apego à Igreja", Paulo VI prosseguia com uma citação tirada do mesmo:

" 'Tudo o que nós pedimos à exegese independente é que ela seja puramente científica. Ela não o será inteiramente, a não ser corrigindo-se de outro defeito comum a todas as escolas que mencionei. Todas foram *enseitig*, capazes de olhar numa só direção'. O padre Lagrange evocava outro caráter das críticas: o preconceito de não aceitar o sobrenatural. Estas anotações conservam, ainda hoje, um caráter de urgência e de atualidade. Pode-se também acrescentar, para esclarecê-las, um convite a não exagerar nem a transgredir as possibilidades do método exegético adotado, a não fazer dele um método absoluto como se ele permitisse, e somente ele, aceder à Revelação divina. É preciso também evitar um questionamento sistemático que tenha em vista libertar toda expressão da fé de um sólido fundamento de certeza.

Estes caminhos aberrantes serão evitados se se seguir a regra áurea da hermenêutica teológica enunciada pelo Concílio Vaticano II, que pede que se interpretem os textos bíblicos "prestando atenção ao conteúdo e à unidade de toda a Escritura, levando em consideração a Tradição viva de toda a Igreja e a analogia da fé" *(DV 12)*...

Cabe a vós, a vós exegetas, atualizar, conforme o sentido da Igreja viva, a Sagrada Escritura, para que ela não seja apenas um monumento do passado, mas se transforme em fonte de luz, de vida e de ação. Somente deste modo os frutos da exegese poderão servir à função querigmática da Igreja, ao seu diálogo, oferecer-se à reflexão da teologia sistemática e ao ensino moral, e tornar-se úteis para a pastoral no mundo moderno..."

# 19 (Conclusão)

A SAGRADA ESCRITURA NA VIDA DA IGREJA[1]

A "Dei Verbum" dedica a este tema o seu último capítulo, o sexto. A Bíblia, nascida da Igreja e sua expressão privilegiada, volta à Igreja, ao povo de Deus para edificá-lo, alimentá-lo, iluminar o seu caminho até o fim dos tempos. Ela não volta à Igreja porque a alguém devia ser entregue, mas porque a Igreja é a extensão da Encarnação, é Cristo *Deus-homem* que se torna *Deus-humanidade = Igreja* e na Igreja continua a falar através do Livro Sagrado.

Aqui seria necessário abrir outra secção articulada em diversos capítulos. Mas o volume já é bastante amplo, e ao tema da "Bíblia na vida da Igreja" dedicarei em breve um pequeno volume. Portanto, vou limitar-me, como conclusão do trabalho, no qual de resto não faltam sugestões nesta direção, a esboçar em breves traços a trajetória da Bíblia na vida da Igreja, os lugares privilegiados nos quais a Sagrada Escritura espera os crentes.

1 *Bibliografia*

Além dos vários comentários à "Dei Verbum" (ver Bibliografia geral): AA. VV., *Incontro con la Bibbia*, LAS, Roma 1978, AA. VV., *Lettura popolare della Bibbia*, EMI, Bolonha 1979; L. Alonso Schökel, *Il dinamismo della tradizione*, pp. 229-256 e 257-280; E. Bianchi, *Pregare la Parola*, Gribaudi, Turim 1975; D. Barsotti, *Il mistero cristiano e la Parola di Dio*, LEF, Florença 1954; D. Grasso, *L'Annuncio della salvezza*, D'Auria, Nápoles 1970; M. Magrassi, *La Bibbia nella vita della Chiesa*, in AA. VV., *I Libri di Dio*, pp. 594-618; O. Semmerloth, *Teologia della Parola*, Paoline, Bari 1968.

1. BÍBLIA E IGREJA. BÍBLIA E LITURGIA

"A Igreja sempre venerou as Divinas Escrituras, como também o próprio Corpo do Senhor; sobretudo na sagrada Liturgia, nunca deixou de tomar e distribuir aos fiéis, da mesa tanto da palavra de Deus como do Corpo de Cristo, o pão da vida. Sempre considerou as Divinas Escrituras e continua a considerá-las, juntamente com a Sagrada Tradição, como regra suprema de sua fé..." *(DV 21).*

Aquele *sobretudo na Sagrada Liturgia* é a primeira coisa que se deve compreender. Não há dúvida de que a Palavra de Deus está destinada, em última análise, ao coração de todo homem e nele deve frutificar "trinta, sessenta, cem por um" (Mc 4,20). Mas se trata de saber se a palavra de Deus foi escrita para que cada qual, individualmente, a leia e se esforce por compreendê-la e tê-la presente, ou se esta Palavra deve ser *antes de tudo* proclamada para que cada qual, *dentro da comunidade,* a escute com os próprios ouvidos e a acolha como palavra sempre viva e criadora, Palavra de um Vivente que a proclama *hic et nunc.* No primeiro caso, teríamos uma religião do Livro, no segundo temos uma religião da Palavra viva de Deus: e o cristianismo quer ser precisamente isto.

O povo de Deus é sempre o *qeehal Iahweh,* a *Ekklesia,* a assembléia dos convocados pela Palavra de Deus. Uma massa caótica de fugitivos, antes escravos, toma consciência de ser *um povo* quando Deus, através de Moisés, convoca os israelitas no Sinai para que ouçam a Sua palavra e exprimam comunitariamente a fé na Aliança que ele oferece (Ex 19-24). A Aliança se obscurece no coração do povo e então, numa grande assembléia litúrgica e pascal, o livro da *Torá* há pouco encontrado é proclamado a todo o povo, que renova na fé a Aliança (2Rs 22-23). Depois do exílio, a *Ekklesia* mais uma vez se reconstitui em virtude da proclamação da Palavra de Deus escrita em torno do resto de Israel, que novamente se empenha a serviço de Iahweh (Ne 8-10). A alegre notícia do Evangelho tem em si a força de edificar a Igreja (At 20,32), e o crescimento da Palavra coincide com o crescimento da Igreja (At 6,7): os apóstolos e os profetas da nova Aliança "pregarão o Evangelho, suscitarão a fé em Jesus, Cristo e Senhor, e congregarão a Igreja" *(DV 17;* cf. *LG* 19). Como os Apóstolos naquela época, hoje os bispos, os seus sucessores, "pregam a Palavra da verdade e geram as Igrejas" *(AG* 1).

Mas a Igreja, edificada pela Palavra proclamada nas assembléias litúrgicas, é também o lugar privilegiado em que os cristãos entram em contato com a Palavra de Deus viva e eficaz. O primeiro pregador cristão foi Jesus na Sinagoga de Nazaré: "Levantou-se para ler o rolo do profeta Isaías... Os olhos de todos estavam fixos nele..." (Lc 4,16-30). Reencontramos o mesmo esquema litúrgico em Ap 1,3: ali há *um* que lê e proclama oficialmente a Palavra de Deus escrita (o verbo *anaginosko* = *ler oficialmente* é o mesmo que em Lc 4,16) e há *muitos* que escutam as palavras da profecia escrita para pô-las em prática. O escutar e o compreender a Palavra para vivê-la, encontram-se de maneira privilegiada na assembléia litúrgica, porque Jesus Cristo ressuscitado e vivo "está presente de maneira especial nas ações litúrgicas" *(SC* 7). Jesus Cristo preside pessoalmente não só à proclamação da Palavra, mas também à sua audição e à sua compreensão por parte dos fiéis. Com efeito, "é ele que fala, quando na Igreja se lê a Escritura" *(SC* 7), é ainda ele que abre o coração e a mente à inteligência das Escrituras, como um dia no caminho de Emaús (Lc 24,25-27).

Escutar para viver, comer para viver. Esta é a Eucaristia bíblica e cristã: "Ouvi-me com toda atenção e comei o que é bom; haveis de deleitar-vos com manjares revigorantes. Escutai-me e vinde a mim, ouvi-me e haveis de viver" (Is 55,2-3). "Eu sou o pão da vida; quem vem a mim não terá mais fome e quem crê em mim não terá mais sede... Se alguém comer deste pão viverá para sempre..." (Jo 6,35-51). O pão da vida, Jesus Cristo, é oferecido ao mesmo tempo à manducação da fé e àquela do sacramento: "tanto na mesa da Palavra de Deus como naquela do Corpo de Cristo" *(DV* 21; cf. *DV* 26). Aqui a Palavra se torna presença de um Vivente, para a vida de todos. A plena participação dos crentes não é tanto da Palavra quanto na *vida* da Palavra.

2. BÍBLIA E PREGAÇÃO

"É preciso, pois, que, do mesmo modo que a religião cristã, também a pregação eclesiástica seja alimentada e dirigida pela Sagrada Escritura".
"Na mesma Palavra da Escritura encontra alimento são e vigor santo o mistério da palavra, isto é, a pregação pasto-

ral, a catequese, e toda espécie de instrução cristã na qual a homilia litúrgica deve ter lugar principal" *(DV* 21 e 24).

Não posso tratar aqui de uma teologia da pregação cristã nas suas várias formas: anúncio, catequese, diálogo com o mundo (ver Bibliografia na nota 1). Vou limitar-me apenas a um aceno sobre o anúncio homilético, que constitui a primeira translação da Palavra de Deus na boca da Igreja.

A homilia — mas isto vale para toda pregação eclesial — deve estar antes de mais nada impregnada de linguagem bíblica, eu diria à maneira dos Padres que viviam com a Bíblia, pensavam e falavam com a Bíblia. Não se trata de frio biblismo que lança mão mnemonicamente de fraseado bíblico e de fórmulas biblescas. Trata-se, ao contrário, de uma apresentação da substância bíblica e de uma profunda sintonia com a alma e a linguagem da Bíblia, provenientes de uma freqüentação do livro sagrado meditativa e contemplativa. Somente então, quase que por instinto, a pregação tira da Palavra de Deus escrita as características do falar de Deus: um falar *interpessoal e dialógico, atualizado e concreto, criativo.*

Visto que "nos livros sagrados o Pai que está nos céus vem amorosamente ao encontro de seus filhos e *se entretém com eles" (DV* 21; cf. *DV* 2: ver cap. 2), a pregação cristã deve ser um eco daquele diálogo perenemente atual. O diálogo acontece entre pessoas. Pelo contrário, quando a pessoa do pregador é estranha e está ausente no seu falar; quando ele fala ao homem em geral que não existe, em vez de falar às pessoas que estão diante dele e que têm o direito de se sentirem pessoalmente interpeladas pela Palavra de Deus na sua existência concreta e na sua busca de *sentido:* neste caso não há diálogo e a pregação se torna terrivelmente chata ou ao menos sonolenta, contradizendo não só as leis psicológicas e pedagógicas da palavra, mas também o caráter de *evento* do próprio Evangelho.

O falar de Deus na Bíblia acontece *na história e através da história* (ver cap. 3): não se trata de exposição de verdades abstratas, mas de projeto de história entre Deus e os homens, uma proposta de vida nova lançada em rosto de pessoas concretas, de uma comunidade precisa comprometida numa história de salvação. O profeta Jonas não fez sua pregação de penitência sobre os muros da emblemática cidade de Nínive, gritando palavras na periferia, mas "começou a percorrer a cidade por um dia de caminho e pregava..." (Jn 3,4ss). A pregação cristã deve

penetrar na esfera da cidade humana, onde a vida recebe seus impulsos. Como a samaritana, dever-se-ia sair da pregação confessando: "Cristo me disse tudo o que fiz" (Jo 4,29), o que devo ser e o que devo fazer. Na "Presbyterorum Ordinis" lê-se: "A pregação sacerdotal — não raro dificílima, nas circunstâncias hodiernas do mundo, se deseja mover eficazmente as mentes dos ouvintes — não deve expor, apenas de modo geral e abstrato, a palavra de Deus, mas sim aplicando às circunstâncias concretas da vida a verdade perene do Evangelho" *(PO* 4).
A Palavra de Deus é "viva e eficaz..." (Hb 4,12), é "poder de Deus para a salvação de todo aquele que crê" (Rm 1,16), é "palavra da vida" (Fl 2,16), é "palavra da reconciliação" (2Cor 5, 19). Como a Palavra de Deus faz acontecer o que proclama, assim também a pregação cristã é evento eficaz e criativo, desde que "quem fala o faça com Palavras de Deus" (1Pd 4,11). A experiência de Paulo de "qual é a extraordinária grandeza do poder de Deus (na sua Palavra) para conosco crentes segundo a eficácia de sua força" (Ef 1,19), está aberta aos pregadores da Palavra desde que o seu dizer, como aquele da Bíblia, seja eminentemente vivo e dominador da história, virtualmente compenetrado pelos acontecimentos do dia, pelos problemas atuais. S. Kierkegaard pensava que um verdadeiro pastor não pode pregar verdadeiramente mais do que uma só vez na sua vida: diante do poder de sua palavra a igreja paroquial ruiria! Semelhante fé, rica de tanto entusiasmo, nunca deveria abandonar o arauto da Palavra de Deus.

3. BÍBLIA E TEOLOGIA

"A Sagrada Teologia apóia-se na palavra de Deus escrita e juntamente na Sagrada Tradição, como no seu fundamento perene; neste encontra toda a sua firmeza e sempre rejuvenesce, investigando, à luz da fé, toda a verdade encerrada no mistério de Cristo. As Sagradas Escrituras contém a palavra de Deus, e, pelo fato de serem inspiradas, são verdadeiramente Palavra de Deus; por isso o estudo destes Sagrados Livros deve ser como que a alma da Sagrada Teologia" *(DV* 24; cf. também *OT* 16).

"A teologia apóia-se na palavra de Deus escrita como no seu fundamento perene": a afirmação soa de maneira tão óbvia que parece supérflua. Não o é quando se pensa que, depois da exemplar experiência patrística que elaborava a teologia por meio dos comentários aos livros da Bíblia e depois da grande Escolástica (pense-se em são Tomás de Aquino) que mantinha um contato vivo com os Livros Sagrados, a teologia especialmente pós-tridentina se foi afastando sempre mais do dado bíblico: seja por causa da polêmica contra a "Sola Scriptura" dos Reformadores, seja por causa da crescente aversão por toda filosofia que não fosse a "philosophia perennis", como instrumento de reflexão sobre o dado revelado. Nos manuais de teologia sistemática pré--conciliares, a Escritura reduzia-se mais ou menos à categoria de matéria auxiliar de "prova" dos temas dogmáticos.[2] Desta forma, a Bíblia corria o risco de reduzir-se a um compêndio de proposições doutrinais ligadas a um ou mais textos bíblicos isolados; a linha progressiva da revelação bíblica era esquecida também nos grandes temas fundamentais da teologia; o primado da Palavra de Deus obscurecia-se numa teologia construída em boa parte sobre fundamentos não bíblicos.

Nas modernas escolas de teologia, depois do Concílio Vaticano II, a orientação teológica esboçada pela "Optatam Totius" no n. 16 já deveria ser experiência adquirida: temas bíblicos, contributo dos Padres da Igreja, história do Dogma, aprofundamento do mistério mediante a especulação filosófica que tem em são Tomás seu primeiro docente, confronto da teologia com a liturgia e com a vida da Igreja, projeção dos temas teológicos sobre o hoje dos homens e da história. Quando a teologia parte da Bíblia e nela se funda, ela "se consolida vigorosamente e se rejuvenesce sempre". Visto que a divina Revelação é iluminação dos homens até a Parusia e ao mesmo tempo nunca é saudável e dizível na totalidade do seu mistério, a teologia como "ciência da Revelação" torna-se uma contínua e renovada leitura das Sagradas Escrituras, uma hermenêutica sem fim da Palavra de Deus e da Tradição viva de toda a Igreja. Para ser um projeto vivo, a teologia tem necessidade de uma alma: "Seja, pois, o estudo das Sagradas Páginas como que a alma da Sagrada Teologia" *(DV* 24). Para ser coerente com a Revelação bíblica, a teologia deve ser mais *histórica* (ver cap. 3, 7 a).

---

[2] Cf. L. Alonso Schökel, *o.c.*, pp. 268-275; M. Flick-Z. Alszeghi, *Como se faz teologia*, Edições Paulinas, São Paulo; R. Latourelle, *Teologia, ciência da salvação*, Edições Paulinas, São Paulo.

4. LEITURA PESSOAL DA BÍBLIA

"É necessário, por isso, que todos os clérigos — sobretudo os sacerdotes de Cristo, mas também os restantes que, como os diáconos e os catequistas, são encarregados do ministério da palavra — mantenham contato íntimo com as Escrituras, mediante leitura assídua e estudo acurado, a fim de que nenhum deles se torne 'por fora pregador vão da palavra de Deus, sem dentro a ouvir'... Do mesmo modo, o sagrado Concílio exorta, de maneira insistente e particular, todos os fiéis, mormente os religiosos, a que aprendam "a eminente ciência de Jesus Cristo" (Fl 3,8) com a leitura freqüente das divinas Escrituras. 'Desconhecer as Escrituras é ignorar a Cristo' " *(DV 25).*

Embora a Encíclica "Divino Afflante Spiritu" de Pio XII em 1943 tivesse recomendado usar todos os meios para suscitar entre os católicos o amor, o conhecimento, a difusão e a leitura diária dos Livros Sagrados, P. Claudel podia lamentar ainda em 1948: "O respeito dos católicos pela Sagrada Escritura é sem limites: mas ele se manifesta sobretudo permanecendo longe dela".[3] Hoje, vinte anos depois do Concílio, a situação se inverteu, embora ainda reste muito caminho a fazer para que todo cristão inclua, na sua bibliografia para a vida a consultar diariamente, aquela pequena biblioteca de volumes que é a Bíblia.

A liturgia permanece o ambiente privilegiado (ver o *speciatim in sacra Liturgia* da *DV* 25), mas não o único ambiente em que os fiéis se aproximam dos Livros Sagrados. A leitura-meditação pessoal, os grupos bíblicos e as iniciativas de renovação bíblica, a que acena a *DV* 25, em vez de colocar-se como alternativas, devem ser concebidos como um prolongamento e uma preparação da proclamação litúrgica da Palavra de Deus. Não foi por acaso que a renovação litúrgica e a renovação bíblica cresceram juntas. O indivíduo ou o grupo que lê e interpreta a Palavra de Deus escrita, não só deve estar em sintonia com a respiração "católica" da Igreja e da sua Tradição viva (ver cap. 18), mas deve lê-la como uma espécie de "a priori litúrgico" que coloca a ele e a Bíblia na Igreja, de cuja vida a Liturgia é "culmen et simul fons" *(SC* 10).

A relação vital entre o momento litúrgico e o momento pessoal da leitura da Bíblia pode ser descrita como "preparação,

---

3 P. Claudel, in *"La vie intelectuelle",* maio 1948, p. 10.

aprofundamento e personalização".[4] A proclamação litúrgica da Igreja pede um ânimo "saturado de leitura" das páginas bíblicas, compreendidas e saboreadas através de uma familiaridade diária. A audição vital da Palavra na liturgia tem necessidade de uma meditação saturada do texto sagrado, para que ele se abra ao crente em todas as suas potencialidades. O diálogo comunitário entre Deus e o seu povo na assembléia litúrgica se torna pessoal e único na "Lectio divina" pessoal que o prolonga.

5. REZAR A PALAVRA

"Lembrem-se, porém, que a oração deve acompanhar a leitura da Sagrada Escritura, para que haja colóquio entre Deus e o homem; pois "com Ele falamos quando rezamos, e a Ele ouvimos quando lemos os divinos oráculos" (DV 25).

A oração é como a resposta à Palavra de Deus, a prova última de sua audição e da sua compreensão. Na oração "o 'quando escutas, Deus te fala; quando oras, tu falas a Deus' de santo Agostinho (como também de santo Ambrósio, citado pela DV 25) se realiza: o movimento se fecha, está completo".[5] Mais ainda, é a própria página bíblica que sugere a correspondente oração: "Se o texto é oração, rezai; se é gemido, gemei; se é reconhecimento, estai alegres; se exprime o temor, temei. Porque as coisas que sentis no texto são o espelho de vós mesmos".[6] Uma oração que brota da leitura da Bíblia faz ressoar a própria Palavra de Deus, como o Benedictus de Zacarias, o Magnificat de Maria e o Nunc dimittis de Simeão. A oração não é mais do que um eco humilde da Palavra que ressoou dentro do leitor-orante.

Por fim, o diálogo-oração abre para o vértice do encontro pessoal com Aquele que fala, abre à contemplação. A primeira palavra de Deus ao homem é uma pergunta-busca: "Adão, onde estás?" (Gn 3,9). Na Bíblia, tudo acontece como se Deus tivesse perdido desde o primeiro instante o homem saído de sua mão criadora e se pusesse a procurá-lo sem descanso. A resposta do homem crente, na expectativa da visão de Deus, é a busca do seu rosto pessoal:

4 Cf. M. Magrassi, o.c., pp. 614-616.
5 E. Bianchi, o.c., p. 57.
6 S. Agostinho, cit. in E. Bianchi, ibid.

"Ó Deus, tu és meu Deus, eu te procuro.
Minha alma tem sede de ti,
minha carne te deseja com ardor,
como terra seca, esgotada, sem água" (Sl 63,2).

A Revelação-Palavra de Deus aproximou Deus do homem, Deus com a sua Palavra se fez *Deus-conosco*. A resposta à Palavra, que culmina na oração-contemplação, aproxima o homem de Deus, e o faz *homem-com-Deus*.

BIBLIOGRAFIA GERAL

Apresentamos aqui em ordem alfabética as obras por nós citadas, de forma mais ou menos abreviada, mais de uma vez e em diferentes notas, especialmente na nota 1 (Bibliografia) de cada capítulo do livro. Para as obras citadas uma só vez, os dados bibliográficos completos são fornecidos nas respectivas notas.
Para utilidade do estudante-leitor, a Bibliografia geral é dividida em quatro secções:
1. Obras de "Introdução geral à Sagrada Escritura".
2. Ccmentários à Constituição Dogmática "Dei Verbum" do Concílio Vaticano II.
3. Obras de "Introdução especial aos livros do AT e do NT".
4. Outras obras referentes aos temas de "Introdução geral" tratados neste volume.

1. OBRAS DE "INTRODUÇÃO GERAL À SAGRADA ESCRITURA"

AA. VV., *Grande Commentario Biblico* (sob a direção de E. R. Brown, J. A. Fitzmeier, R. E. Murphy, ed. ital. coordenada por A. Bonora, R. Cavedo, F. Maistrello), Queriniana, Brescia 1973; parte II/b, pp. 1478-1651, *Artigos temáticos*, da autoria de R. F. Smith (*Ispirazione e verità della Bibbia*), J. C. Turro-R. E. Brown (*Canonicità*), R. E. Brown (*Apocrifi: rotoli del Mar Morto e altri giudaici*), P. W. Skehan-G. W. Mac-Rae- R. E. Brown (*Testi e versioni*), A. Suelzer (*La critica moderna del VT*), R. E. Brown (*Ermeneutica*), T. A. Collins-R. E. Brown (*Dichiarazioni del Magistero*).
AA. VV., *I Libri di Dio. Introduzione generale alla Sacra Scrittura* (sob a direção de M. C. Martini e de L. Pacomio), com a colaboração de G. Benedetti, R. Latourelle, M. Magrassi, A. Marangon, C. M. Martini, R. North, L. Pacomio, A. Rizzi), Marietti, Turim 1975.
AA. VV., *Mysterium salutis, Nuovo corso di Dogmatica come Teologia della storia della salvezza*, vol. 1, *I Fondamenti di una dogmatica della storia della salvezza* sob a direção de J. Feiner e de M. Löhrer), com a colaboração de A. Darlap, H. Fries, R. Latourelle, P. Lengsfeld, H. Haag, Queriniana, Brescia 1972.[2]
ALONSO SCHÖKEL L., *La Parola ispirata*, Paideia, Brescia, 1969, 2ª ed.
AUZOU G., *La Parole de Dieu. Approches du mystère des Saintes Écritures*, De L'Orante, Paris 1960.
CHARLIER C., *La lettura cristiana della Bibbia*, Paoline, Roma 1956.
GRELOT P., *La Bibbia e la Teologia*, Desclée, Roma 1969, segunda parte, *La Sacra Scrittura*, pp. 81-194. No volume, dividido em duas partes, P. Grelot reapresenta de forma resumida duas obras suas: *Sens Chrétien de l'Ancien Testament*, Paris 1962, 2ª ed. (na primeira parte), *La Bible Parole de Dieu*, cit., (na segunda parte).
GRELOT P., *La Bible Parole de Dieu. Introduction théologique à l'étude de l'Écritude Sainte*, Desclée, Paris 1965.
HARRINGTON W., *Chave para a Bíblia*, Ed. Paulinas, São Paulo, 1985.
HÖPFL H-LELOIR L., *Introductio generalis in Sacram Scripturam*, D'Auria-Arnodo, Neapoli-Romae, 1958, 6ª ed.
MARTINI C. M.-BONATTI P., *Il Messaggio della Salvezza*, vol. 1, *Introduzione Generale*, LDC, Turim-Leumann 1976, 4ª ed.

MESTERS C., *La Parola dietro de parole. Uno studio per trovare la porta de ingresso nel mondo della Bibbia*, vol. 1, Queriniana, Brescia 1975.
PARRELLA G. M.-VAGAGGINI L. *Introduzione alla Bibbia*, vol. I, *Introduzione generale*, Marietti, Turim 1960.
SPADAFORA F.-ROMEO D.-FRANGIPANE D., *Il Libro Sacro*, vol. I, *Introduzione generale*, Messaggero, Pádua 1958.

2. COMENTÁRIOS À CONSTITUIÇÃO DOGMÁTICA "DEI VERBUM" DO CONCÍLIO VATICANO II

ACTA SYNODALIA, *Acta Synodalia Sacrosancti Concilii Oecumenici Vaticani II*, vol. I-IV (periodus prima-periodus quarta), Polyglottis Vaticanis, Romae 1970-1980 (no conjunto são 26 volumes incluídos os 'Índices').
AA.VV., *Commento alla Costituzione dogmatica sulla divina Rivelazione* (introdução de S. Em. Card. E. Florit), com a colaboração de U. Betti, A. Grillmeier, A. Kerrigan, R. Latourelle, L. Randellini, O. Semmerloth, Massimo, Milão 1967.
AA. VV., *Costituzione conciliare Dei Verbum*, "Atti della XX Settimana Biblica", ad ABI, Paideia, Brescia 1970.
AA. VV., *La Bibbia nella Chiesa dopo la "Dei Verbum"*, com a colaboração de L. Alonso Schökel, K. Hruby, S. Lyonnet, C. M. Martini, I. de la Potterie, M. Zerwick, Paoline, Roma 1969.
AA. VV., *La Costituzione dogmatica sulla divina Rivelazione*, com a colaboração de U. Betti, P. Dacquino, E. Galbiati, A. M. Javierre, C. M. Martini, A. Penna, LDC, Turim-Leuman 1967, 3ª ed. renovada e ampliada.
AA. VV., *La Révélation divine. Constitution dogmatique "Dei Verbum"* (sob a dir. de B.-D. Dupuy), Comentários de L. Alonso Schökel, K. Barth, D.-D. Dupuy, J. Feiner, P. Grelot, A. Grillmeier, A. Kniazeff, X. Léon-Dufour, J. L. Leuba, H. de Lubac, Ch. Möller, E. Schlink, R. Schutz, A. Scrima, M. Thurian, tom: I-II, "Unam Sanctam" 70a-70b, Du Cerf, Paris 1968.
AA. VV. *La 'verità' della Bibbia nel dibattito attuale*, GdT 21, edit. de I. de la Potterie, com a colaboração de P. Benoit, S. Cipriani, J. Coppens, P. Grelot, A. Grillmeier, N. Lohfink, I. de la Potterie, Queriniana, Brescia 1968.
ALONSO SCHÖKEL L., *Il dinamismo della tradizione*, Paideia, Brescia 1970.
ALONSO SCHÖKEL L., e AA. VV., *Comentarios a la Constitución Dei Verbum sobre la Divina Revelación*, ed. dirigida por L. Alonso Schökel, Autores Cristianos, Madrid 1969.
BEA A., *La Parola di Dio e l'umanità*, Cittadella, Assis 1967.
BETTI U., *La Rivelazione divina nella Chiesa* (La trasmissione della Rivelazione nel cap. II della Costituzione dogmatica Dei Verbum), Città Nova, Roma 1970.
LATOURELLE R., *La Costituzione dogmatica sulla divina Rivelazione*, in AA. VV., *I Libri de Dio*, pp. 242-269.
LATOURELLE R., *O Vaticano II e a Constituição "Dei Verbum"*, in *Teologia da Revelação*, Edições Paulinas, São Paulo 1973.
PACOMIO L., *Dei Verbum (Genesi della Costituzione sulla divina Rivelazione. Schemi annotati in sinossi)*, Marietti, Turim 1971.
RATZINGER J.-GRILLMEIR A.-RIGAUX B., *Dogmatische Konstitution über die göttliche Offenbarung*, in *Das Zweite Vatikanische Konzil* LTK 2 (1967) 497-583.
SCHUTZ R.-THURIAN M., *La Parole vivante au Concile (Texte et commentaire de la Constitution sur la Révélation)*, Presses de Taizé 1966.

3. INTRODUÇÕES ESPECIAIS AOS LIVROS DO AT E DO NT

Antigo e Novo Testamento

AA. VV., *Grande Commentario Biblico*, Queriniana, Brescia 1973.
AA. VV., *Il messaggio della salvezza*, sob a direção de G. Canfora, F. Festorazzi e P. Rossano), vol. 2 (AT e NT), vol. 3.4.5 (AT), vol. 6.7.8. (NT), LDC, Turim-Leumann 1976-1978.
AA.VV., Instroductions à la Bible (*Catholiques, Juifs, Orthodoxes, Protestants lisent la Bible*), tom. I-III, Du Cerf, Paris 1970.
AA. VV., *Introduzione alla Bibbia* (sob a direção de T. Ballarini, S. Virgulin, S. Lyonnet), vol. II/1-2 (AT), vol. IV-V/1-2 (NT), Marietti, Turim 1962-1971; vol. III (*Ultimi storici. Salmi Sapienziali*) Dehoniane, Bolonha 1978.
AUZOU G., *La Tradition biblique* (*Histoire des écrits sacrés du peuple de Dieu*), De L'Orante, Paris 1957.
GRELOT P., *Introdução à Bíblia*, Edições Paulinas, São Paulo 1976.
HARRINGTON W., *Chave para a Bíblia*, Ed. Paulinas, São Paulo, 1985.
MARCONCINI B., *Antico Testamento* (1979) e *Nuovo Testamento* (1980), Centro "Ut unum sint", Roma.

Antigo Testamento

AA. VV., *Introduction à la Bible*, tom. 2: *Introduction critique à l'Ancien Testament*, sob a direção de H. Cazelles, Desclée, Paris 1973.
AA. VV., *Parola e Messaggio. Introduzione teologica e critica ai problemi dell'AT* (coordenação de J. Schreiner), Paoline, Bari, 1970.
CHILDS BR. S., *Introduction to the Old Testament as Scripture*, SCM, Londres 1979.
EISSFELDT O., *Einleitung in das Alte Testament*, J. C. B. Mohr, Tübingen 1964.
JACOB E., *L'Ancien Testament*, PUF, Paris 1967.
RENDTORFF R., *La formazione dell'AT*, Claudiana, Turim 1968.
SCHREINER J., *Palavra e Mensagem. Introdução teológica e crítica aos problemas do Antigo Testamento*, EP, 1978, 584 pp.
SOGGIN J. A., *Introduzione all'AT*, Paideia, Brescia 1975.
WESTERMANN Cl., *Primo approccio all'Antico Testamento*, Marietti. Turim 1977.
WOLFF H. W., *Bibbia. L'Antico Testamento. Introduzione agli scritti e ai metodi di studio*, Morcelliana, Brescia 1974.

Novo Testamento

AA. VV., *Forma ed esigenze del Nuovo Testamento* (coordenação de J. Schreiner), Paoline, Bari 1973.
AA. VV., *Introduzione al NT* (coordenação de G. Rinaldi e P. de Benedetti), Morcelliana, Brescia 1971.
AA. VV., *Introduzione al NT* (coordenação de A. George e P. Grelot), ed it. dirigida por R. Fabris, vol. 1 (*Agli inizi dell'Èra cristiana*), vol. 2 (*L'annuncio del vangelo*), vol. 3 (*Le lettere apostoliche*), vol. 4 (*La tradizione giovannea*), vol. 5 (*Il compimento delle Scriture*), Borla, Turim 1977-1978.
BORNKAMM G., *Bíblia: Novo Testamento. Introdução aos seus escritos no quadro da história do cristianismo primitivo*, EP, 1981, 152 pp.
CULLMANN O., *Il Nuovo Testamento*, Il Mulino, Bolonha 1968.
KÜMMEL W. G., *Introdução ao Novo Testamento*, EP, 1982, 798 pp.
WIKENHAUSER A., *Introduzione al NT*, Paideia, Brescia, 1966, 2ª ed.

4. OUTRAS OBRAS REFERENTES AOS TEMAS DE "INTRODUÇÃO GERAL" TRATADOS NESTE VOLUME

AA. VV., *Catholiques et Protestants — Confrontations théologiques*, Du Seuil, Paris 1963.
AA. VV. *Das Neue Testament als Kanon. Dokumentation und kritische Analyse zur gegenwärtigen Diskussion* (coord. E. Käsemann), Vandenhoek-Ruprecht, Göttingen-Zürich 1970.
AA. VV., *Dibattito sulla 'teologia della speranza' di J. Moltmann*, GdT 73, Queriniana, Brescia 1973.
AA. VV., *Dibattito sulla 'teologia politica'*, GdT 51, Queriniana, Brescia 1972.
AA. VV., *Discussione sulla Bibbia*, GdT 1, Queriniana, Brescia 1966.
AA. VV., *Ermeneutica e critica dell'ideologia*, GdT 117, Queriniana, Brescia 1979.
AA. VV., *Esegesi e Dommatica* (tr. it.), coord. de H. Vorgrimmer, Paoline, Roma 1967.
AA. VV., *Esegesi ed Ermeneutica* ("Atti della XXI settimana biblica" da ABI), Paideia, Brescia 1972.
AA. VV., *Exégèse et herméneutique*, Du Seuil, Paris 1971.
AA. VV., *Faith and Logic*, Allen-Unwin, Londres 1957.
AA. VV., *Incontro con la Bibbia. Leggere, pregare, anunciare*, LAS, Roma 1978.
AA. VV., *Introduzione alla lettura strutturalista della Bibbia*, "Bibbia Oggi" 6, Gribaudi, Turim 1978.
AA. VV., *L'analisi del racconto* (tr. it.), com a colaboração de R. Barthes, A. J. Greimas-Cl. Bremond-U. Eco-J. Gritt-V. Morenne-Ch. Metz-Tz. Todorof-G. Genette, Bompiani, Milão 1977.[3]
AA. VV., *La Révélation*, com a colaboração de Cornelis E., Geffré Cl., Haulotte E., Levinas E., Ricoeur P., Facultés universitaires Saint-Louis, Bruxelles 1977.
AA. VV., *Les relations de l'Église avec les Religions non chrétiennes. Déclaration "Nostra Aetate"*, "Unam Sanctam" 61, Du Cerf, Paris 1966.
AA. VV., *Libri Sacri e Rivelazione* (coordenação da "Faculdade Teológica Inter-regional" de Milão), La Scuola, Brescia 1975.
AA. VV., *Los Géneros Literarios de la Sagrada Escritura*, J. Flors, Barcelona 1957.
AA. VV., *Nuovo Libro della Fede* (tr. it.), coordenação de J. Feiner e L. Vischer, Queriniana, Brescia 1975.
AA. VV., *Problemi e prospettive di Teologia Fondamentale*, L. Latourelle e G. O'Collins, Queriniana, Brescia 1980.
AA. VV., *Questions Théologiques aujourd'hui*, tomos, I-II, Desclée, Paris 1964.
AA. VV., *Research Seminar on non-Biblical Scripture* (coord. de D. S. Amalor-Pavadas), publicado por "National BCL Centre", Bangalore 1975.
AA. VV., *Rethinking non-Biblical Scripture*, VidyzJyoti 1975.
AA. VV., (Groupe d'Entrevernes), *Signes et paraboles. Sémeiotique et texté évangélique*, Du Seuil, Paris 1977.
AA. VV., *Was heisst Auslegung der Heiligen Schrift?*, Pustet, Regensburg 1966.
ADRIANI M., *Tradizione*, in ER, vol. 5, col. 1848-1852.
ALONSO SCHÖKEL L., *Estudios de poética hebrea*, Barcelona 1963.
ALONSO SCHÖKEL L., *Poésie hébraique*, in DBS, vol. VIII, col. 47-90.
ALT A., *Ursprünge des israelitischen Rechts*, Leipzig 1934.
ANTISERI D., *Filosofia analitica e semantica del linguaggio religioso*, GdT 31, Queriniana, Brescia 1974.
APPEL N., *Kanon und Kirche, Die Kanonkrise im heutigen Protestantismus als kontroverstheologisches Problem*, Paderborn 1964.
AUVRAY P., Poulain P., Blaise A., *Le lingue sacre* (tr. it.), Paoline, Catania 1959.

Bibliografia geral 417

AUZOU G., *Dalla servitù al servizio. Il libro dell'esodo* (tr. it.), Dehoniane, Bolonha 1975.
BALTHASAR H. URS VON, *Gloria* (tr. it.), vol. 1, Jaca Book, Milão 1975.
BARR J., *Semantica del linguaggio biblico* (tr. it.), Il Mulino, Bolonha 1968.
BARTH K., *Dogmatique*, vol. I (*La Doctrine de la Parole de Dieu*), tom. 1 e tom. 2, Labor et Fides, Genève 1953-1955.
BARTH K., *L'Epistola ai Romani* (tr. it.), Feltrinelli, Milão 1962.
BENI A., *Teologia fondamentale*, 2ª ed. rev. e ampl., LEF, Florença, 1980.
BENOIT P., *Exégèse et théologie*, tomos I-II, Du Cerf, Paris 1961 (tr. it. parcial), *Esegesi e teologia*, Paoline, Roma 1964.
BENOIT P., *Ispirazione e Rivelazione*, in *Conc* 4 (1965) 15-33.
BENOIT, P., *Les analogies de l'Inspiration*, in *Sacra Pagina* (Miscellenea Biblica congressus internationales catholici de re biblica), Gadalda-Ducolot, Paris-Gembloux, vol. I, pp. 86-99.
BENOIT P., *Rivelazione e ispirazione*, Paideia, Brescia 1966.
BEYER H. W., *Kanon*, in GLNT, vol. V, col. 169-186.
BEUMER J., *L'inspiration de la Sainte Écriture*, (tr. fr.), Du Cerf, Paris 1972.
BLOCH E., *Ateismo nel Cristianesimo* (tr. it.), Feltrinelli, Milão 1976, 3ª ed.
BLOCH E., *Das Prinzip Hoffnung*, vol. I-III, Berlim 1954-1959.
BLOCH E., *Midrash*, DBS, vol. V, col. 1263-1281.
BONHOEFFER D., *Resistenza e resa* (tr. it.), Bompiani, Milão 1969.
BOUILLARD H., *Karl Barth.* 3 vol., Aubier, Paris 1957.
BOUTTIER M., *Catholicité et canonicité. Remarques sur un récent débat oecumenique*, in *ETR* 40 (1965) 187-192.
BRIGHT J., *História de Israel*, EP, 1981, 2ª ed., 692 pp.
BRUNNER E., *Dogmatique*, tomos I-III, Labor et Fides, Genebra 1964-1967.
BÜHLER K., *Sprachtheorie. Die Darstellungsfunktion der Sprache*, Jena 1934.
BULTMANN R., *Credere e comprendere* (tr. it.) de *Glauben und Verstehen*, Queriniana, Brescia 1977.
BULTMANN R., *Das Evangelium des Johannes*, Vandenhoek, Göttingen 1964 (com Suplemento).
BULTMANN R., *Die Geschichte der Synotischen Tradition*, Göttingen 1921 (tr. fr. *L'Histoire de la tradition synoptique*, Du Seuil, Paris 1973).
BULTMANN R., *Gesù*, Queriniana, Brescia 1972.
BULTMANN R., *Nuovo Testamento e mitologia*, Morcelliana, Brescia 1970.
BULTMANN R., *Theologie des Neuen Testaments*, Mohr, Tübingen 1954.
CALVINO G., *Istituzione della Religione cristiana* (trad. it.), coord. de G. Tourn, 2 vol. UTET, Turim 1971.
CAPRILE G., *Tre emendamenti allo schema sulla Rivelazione. Appunti per la storia di un testo*, in *CC* 117 (1966) I, 214-231.
CASTELLI E. (coordenação de), AA. VV., *Atti dei Convegni indetti dal Centro internazionale di Studi Umanistici e dall'Istituto di Studi Filosofici dell'Università di Roma*, 1961-1976.
CAVEDO R., *Libro Sacro*, in NDT, pp. 753-778.
CAZELLES H., *Loi Israelite*, in *DBS*, vol. V, col. 497-530.
CITRINI T., *Tradizione*, in *DTI*, vol. 3, pp. 448-463.
CONGAR Y. M., *La tradizione e le tradizioni* (tr. it.), vol. 2, Paoline, Roma 1965.
CONZELMANN H., *Die Mitte der Zeit*, J. C. B. Mohr, Tübingen 1957, 2ª ed.
CONZELMANN H., *Teologia del Nuovo Testamento* (tr. it.), Paideia, Brescia 1972.
COPPENS G., *Il problema dei sensi biblici*, in *Conc* 10 (1967) 135-150.
COPPENS J., *Les harmonies des deux Testaments*, Casterman, Paris-Tournay 1949, 2ª ed.
CORETH E., *Grundfragen der Hermeneutik*, Freiburg 1969.
COX H., *La città secolare* (tr. it.), Vallecchi, Florença 1968.

CULLMAN, O., *Cristo e il tempo* (tr. it.), Il Mulino, Bolonha 1965, 2ª ed.
CULLMANN O., *Il mistero della redenzione nella storia* (tr. it.), Il Mulino, Bolonha 1966.
CULLMANN O., *Il Nuovo Testamento* (tr. it.), Il Mulino, Bolonha 1968.
DILTHEY W., *Critica della ragione storica* (tr. it. parcial dos escritos de W. Dilthey), Einaudi, Turim 1954.
DILTHEY W., *Gesammelte Schriften*, vol. I-IV, Göttingen.
DOLTO F.-SÉVÉRIN G., *La libertá d'amare*, (tr. it.), Rizzoli, Milão 1979.
DOLTO F.-SÉVÉRIN G., *Psicanalisi del Vangelo* (tr. it.), Rizzoli, Milão 1978.
DREYFUS F., *Exégèse en Sorbonne, exégèse en Église*, in *RB* 82 (1975) 321-359; *L'actualisation à l'intérieur de la Bible*, in *RB* 83 (1976) 161-202; *L'actualisation de l'Écriture*. I. — *Du texte à la vie;* II. — *L'action de L'Esprit;* III. — *La place de la Tradition*, in *RB* 86 (1979) 5-58.161-193.321-384.
DUNN J. D. G. *Unity and diversity in the New Testament*, SCM, Londres 1977.
DUVAL R., *Parole, Expression, Silence. Recherche sur la parole comme révélatrice d'autrui*, in *RSPT* 60 (1976) 266-260.
EBELING G., *Hermeneutik*, in *RGG*, 3ª ed., III, 242-262.
EBELING G., *La chiamata all'esistenza nella fede* (tr. it.), Gribaudi, Turim 1971.
EBELING G., *Parola e fede* (tr. it.), Bompiani, Milão 1972.
FERRÉ FR., *Linguaggio, logica e Dio*, GdT 58, Queriniana, Brescia 1972.
FOHRER G., *História da religião de Israel*, EP.
FREUD S., *L'uomo Mosè e la Religione monoteistica* (tr. it.), Boringhieri, Turim 1977.
FROMM E., *Psicanalisi e Religione* (tr. it.), Comunità, Milão 1971, 2ª ed.
FUCHS E., *Ermeneutica* (tr. it.), Celuc, Milão 1974.
GADAMER G., *Il problema della coscienza storica* (tr. it.), Guida, Nápoles 1974, 4ª ed..
GADAMER G., *Verità e metodo* (tr. it.), Fabbri, Milão 1972.
GEISELMANN J. R., *Écriture, Tradition, Église. Un problème oecuménique*, in AA. VV., *Catholiques et Protestants. Confrontations théologiques*, Du Seuil, Paris 1963, pp. 48-79.
GEISELMANN, J. R., *La Tradition*, in AA. VV., *Questions théologiques aujourd'hui*. tom. I, Desclée, Paris 1964, pp. 95-148.
GEISELMANN J. R., *Tradizione*, in *DT*, vol. III, Queriniana, Brescia 1968, pp. 521-532.
GERSTENBERGER, *Wesen Herkunft des Apodiktischen Rechts*, Neukirchen 1965.
GHERARDINI B., *La seconda Riforma*, 2 vols., Morcelliana, Brescia 1970.
GRASSO D., *L'annuncio della salvezza*, D'Auria, Nápoles 1970.
GRECH P.- SEGALLA G., *Metodologia per uno studio della teologia del Nuovo Testamiento*, Marietti, Turim 1978.
GRELOT P., *L'exégèse biblique au carrejour*, in *NRT* 98 (1976) 416-434. 481-511.
GRELOT P., *Sens chrétien de l'Ancien Testament*, Desclée, Paris, 1962. 2ª ed.
GRUNNEWEG A. H. J., *Vom Verstehen des Alten Testaments. Eine Hermeneutik* ("NDT Ergänzungsreihe" 5), Vandenhoek-Ruprecht, Göttingen 1977.
GUSDORF G., *Filosofia del linguaggio* (tr. it.), Città Nuova, Roma 1970.
HABERMES J., *Zur Logik Sozialwissenschaften*, Frankfurt 1970, 2ª ed. (tr. it.), *Logica delle scienze sociali*, Il Mulino, Bolonho 1970).
HARNACK A. VON., *L'essenza del Cristianesimo*, GdT 121, Queriniana, Brescia 1980.
HEIDEGGER M., *Essere e tempo* (tr. it.), Longanesi, Milão 1976, 3ª ed.

Bibliografia geral

HEIDEGGER M., *In cammino verso il linguaggio* (tr. it.), Mursia, Milão 1973.
HERMANN S., *Storia di Israele. I tempi dell'Antico Testamento* (tr. it.), Queriniana, Brescia 1977.
JEREMIAS J., *Teologia do Novo Testamento*, Edições Paulinas, São Paulo, 1977.
KÄSTLI J. D., *L'eschatologie dans l'oeuvre de Luc. Ses Caracteristiques et sa place dans le développment du Christianisme primitif*, Labor et Fides, Genebra 1969.
KLEINKNECHT H.-BAUMGÄRTEL F.-BIEDER, W.-SJÖBERG E.-SCHWEIZER E., *Pneuma, Pneumatikos, Theopneustos*, in *GLNT*, vol. X, col. 767-1108.
KÜMMEL W. G., *La teologia del Nuovo Testamento. Gesù, Paolo, Giovanni* (tr. it.), Paideia, Brescia 1976.
KÜNG H., *Dio esiste?* (Tr. it.), Mondadori, Milão 1979.
KÜNG H., *Essere cristiani* (tr. it.), Mondadori, Milão 1976.
KÜNG H., *La Chiesa al Concílio* (tr. it.), Borla, Turim 1964.
KÜNG H., *Strutture della Chiesa* (tr. it.), Borla, Turim 1965.
LACK R., *Letture strutturaliste dell'Antico Testamento*, Borla, Roma 1978.
LAPOINTE R., *Les trois dimensions de l'herméneutique* ("Cahiers de la Revue Biblique" 8), Gabalda, Paris 1967.
LATOURELLE R., *A Gesù attraverso i Vangeli. Storia ed ermeneutica* (tr. it.), Cittadella, Assis 1979.
LATOURELE R., *Teologia da Revelação*, Edições Paulinas, São Paulo, 1973.
LEIMAN S. A., *The Canonization of Hebrew Scripture: The Talmudic and Midraschic Evidence*, Archon Books, Hamden (CT) 1976.
LENGSFELD P., *Tradition, Écriture et Église dans le dialogue oecumenique* (tr. fr.), Paris 1964.
LEVIE J., *La Bible parole humanine et message de Dieu*, Desclée, Paris-Louvain 1958.
LOHFINK G., *Agora entendo a Bíblia. Para você entender a Crítica das Formas*, EP, 1978, 2ª ed. 174 pp.
LOHFINK N., *Esegesi biblica in cambiamento I* (tr. it.), Queriniana, Brescia 1973.
LORETZ O., *La verità della Bibbia. Pensiero semitico e cultura greca* (tr. it.), Dehoniane, Bolonha 1970.
LUBAC H. DE., *Exégèse médiévale. Les quattre sens de l'Écriture*, tomos I-IV, Du Seuil, Paris 1959-1964 (tr. it. parcial, *Esegesi Medievale*, Paoline, Roma 1962).
LUBAC H. DE, *Histoire et Esprit. L'intelligence de l'Écriture d'après Origène*, Aubier, Paris 1950.
MACQUARRIE J., *Ha senso parlare di Dio?* (tr. it.), Turim 1969.
MAGRASSI M., *La Bibbia nella vita della Chiesa*, in *I Libri di Dio*, pp. 594-618.
MALDONADO L., *La Predicazione*, GdT 72, Queriniana, Brescia 1973.
MANNUCCI V., *Ecco l'uomo. Appunti per una antropologia biblica*, in "Punti di Riferimento" (Rivista culturale fiorentina), Tipografia Nazionale — LEF, Florença 1979, pp. 33-46.
MANNUCCI V., *Evangelo di Giovanni*, in ER, vol. 2, col. 1442-1483.
MANNUCCI V. e AA.VV., *Gesù Cristo*, in *ER*, vol. 3, col. 2-149.
MANNUCCI V., *Introduzione e commento a Romani e Galati*, in AA. VV., *La Bibbia Parola di Dio scritta per noi*, Marieti, Turim 1980, vol. 3, pp. 575-619.691-710.
MANNUCCI V., *La Nuova Ermeneutica*, in *Bibbia*, in *ER*, vol. 1, col. 1101-1107.
MANNUCCI V., *La storia delle origini*, in *Parole di vita* 24 (1979) 175-192.
MANNUCCI V., *L'ora della conversione. La Parola di Dio nel Sacramento della Penitenza*, coordenação de CAL, Marietti, Turim 1975.

MANNUCCI V., *Storia della Salvezza*, in *ER*, vol. 5, col. 1355-1387.
MARLÉ R., *Ermeneutica e Scritura*, in AA. VV., *Problemi e Prospettive di Teologia Fondamentale*, coordenação de R. Latourelle-G. O'Collins, Queriniana, Brescia 1980.
MARLÉ R., *Il problema teologico dell'ermeneutica*, GdT 24, Queriniana, Brescia 1968.
MESTERS C., *Estudo sobre Isaías Junior* (Is 40-55), EP São Paulo.
MESTERS C., *A interpretação popular da Bíblia*, EP, São Paulo.
MILANO A., *Spirito Santo*, in *NDT*, pp. 1533-1558.
MOLARI C., *Linguaggio*, in NDT, pp. 778-814.
MOLTMANN J., *Prospettive della teologia*, (tr. it.), Queriniana, Brescia 1973.
MOLTMANN J., *Theologia della speranza*, (tr. it.), Queriniana, Brescia, 1970.
MONDIN B., *Filosofi dell'occidente. Corso di Storia della Filosofia*, vol. I-III, Massimo, Milão.
MONDIN B., *Os grandes teólogos do século XX*. Vol. 1: *Os teólogos católicos;* vol. 2: *Os teólogos protestantes e ortodoxos*. Edições Paulinas, São Paulo, 1981.
MONDIN B., *Il problema del linguaggio teologico delle origini ad oggi*, Queriniana, Brescia 1971.
MONDIN B., *I teologi della morte di Dio*, Borla, Turim 1970.
MONDIN B., *O homem, quem é ele? — Elementos de antropologia filosófica*, Edições Paulinas, São Paulo 1980.
MUSSNER FR., *Aufgaben und Ziele der biblischen Hermeneutik*, in AA. VV., *Was heisst Auslegung der Heiligen Schrift?*, Pustet, Regensburg 1966, pp. 7-28.
MUSSNER FR. *Histoire de l'hermeneutique de Schleiermacher à nos jours*, (tr. fr.), Du Cerf, Paris 1972.
NEHER A., *L'existence juive. Solitudes et affrontements*, Du Seuil, Paris 1962.
NOLA A. M. DI, *La Bibbia nel Giudaismo*, in *ER*, vol. 1, col. 1107-1120.
OHLIG K. O. L., *Woher nimmt die Bibel ihr Autorität?*, Patmos, Düsseldorf 1970.
PALMER R. E., *Hermeneutics. Interpretation Theory in Schleiermacher, Dilthey, Heidegger and Gadamer*, Evanston 1969.
PANNENBERG W., RENDTORFF R., RENDTORFF T., WILKENS U., *Rivelazione come storia* (tr. it.), Dehoniane, Bolonha 1969.
PATTE D., *What is structural exegesis?*, Fortress, Philadelphia 1976.
PATTE D. e A., *Pour une exégèse structurale*, Du Seuil, Paris 1976.
POTTERIE I. DE LA, *La vérité dans Saint Jean*, tomos I-II ("Analecta Biblica" 73-74), PIB, Romae 1977.
POTTERIE I. DE LA, *Le problème oecumenique du Canon et le protocatholicisme*, in "Axes" (Recherches pour un dialogue entre Christianisme et Religions) 4 (1972) 7-19.
PROCKSCH O.-KITTEL G., *Lege*, in *GLNT*, vol. VI.
RAD G. VON, *Teologia dell'Antico Testamento* (tr. it.), vol. I: *Teologia delle tradizioni storiche d'Israele;* vol. II: *Teologia delle tradizioni profetiche d'Israele*, Paideia, Brescia 1972-1974.
RAHNER K., *Corso fondamentale sulla fede* (tr. it.), Paoline, Alba 1977.
RAHNER K., *Sull'Ispirazione della Sacra Scrittura* (tr. it.), "Quaestiones Disputatae" 1, Morcelliana, Brescia 1967: a monografia já havia sido publicada com o título *Über die Schriftinspiration*, in *ZKT* 78 (1956) 137-168.
RAMSEY J. T., *Linguaggio religioso. Situazione empirica di frasi teologiche* (tr. it.), Il Mulino, Bolonha 1970.
RAMSEY J. T., *Linguaggio religioso* (tr. it.), Il Mulino, Bolonha 1970.
RAMSEY J. T., *Parlare di Dio* (tr. it.), Milão 1970.
REIK TH., *Psicanalisi della Bibbia* (tr. it.), Garzanti, Milão 1978.
RICOEUR P., *Ermeneutica filosofica ed ermeneutica biblica*, "Studi Biblici", 43, Paideia, Brescia 1977.

RICOEUR P., *Finitudine e colpa* (tr. it.), Il Mulino, Bolonha 1970.
RICOEUR P., *Histoire et vérité*, Paris 1964.
RICOEUR P., *Il conflitto delle interpretazioni* (tr. it.), Jaca Book, Milão 1977.
RICOEUR P., *La métaphore vive*, Du Seuil, Paris 1975.
RICOEUR P., *L'Interpretazione. Saggio su Freud* (tr. it.), Il Saggiatore, Milão 1967.
RIZZI A., *Letture attuali della Bibbia*, Borla, Turim 1978: os dois primeiros capítulos do ensaio *Bibbia e interpretazione* (pp. 9-72) já haviam saído em AA. VV., *I Libri di Dio* (coordenação de C. M. Martini-L. Pacomio), Marietti, Turim 1975, pp. 273-321.
ROBINSON J. A. T., *Dio non è così* (tr. it.), Vallecchi, Florença 1965.
RUGGIERI G., *Rivelazione*, in *DT*, vol. 3, pp. 148-166.
SACCHI P., *Alle origini del Nuovo Testamento*, Le Monnier, Florença 1965.
SALGUERO J., *El Concilio Vaticano I y la doctrina sobre la inspiración de la S. Escritura*, in *Ang* 47 (1970) 308-347.
SANDERS J., *Torah and Canon*, Fortress, Philadelphia 1972 (tr. fr. *Identité de la Bible. Torah et Canon*, "Lectio Divina" 87, Du Cerf, Paris 1975).
SAUSSURE F. DE, *Corso di linguistica generale* (tr. it.), Laterza, Bari 1972.
SAVOCA G., *Lettura esistenziale della Parola di Dio. La nuova ermeneutica biblica*, Dehoniane, Nápoles 1974.
SCHARBERT J., *La Bibbia: storia, autori, messaggio* (tr. it.), Dehoniane, Bolonha 1972.
SCHIFFERS N.-RAHNER K.-FRIES H., *Rivelazione*, in SM, vol. 7, pp. 191-226.
SCHILDENBERGER J., *Realtà storica e generi litterari nell'AT* (tr. it.), Paideia, Brescia 1965.
SCHLEIERMACHER F. D. E., *Lo studio della Teologia*, GdT 110, Queriniana, Brescia 1978.
SCHLEIERMACHER F. D. E., *Hermeneutik* (ed. crit. de H. Kimmerle), Göttingen 1959.
SCHLIER H., *Il tempo della Chiesa* (tr. it.), Il Mulino, Bolonha 1965.
SEMMERLOTH O., *Teologia della Parola* (tr. it.), Paoline, Bari 1968.
SKEHAN P. W., *Littératura de Qumran. Textes bibliques*, *DBS*, vol. IX, col. 805-822.
STACHEL G., *Die neue Hermeneutik: eine Überblick*, Kösel, München 1968.
STUHLMACHER P., *Vom Verstehen des Neuen Testaments* (NDT Ergänzungsreihe 6), Vandenhoek-Ruprecht, Göttingen 1979.
SUNBERG A. C., *The Old Testament of the Early Church*, Harvard Univ. Press., Cambridge (Mass.) 1964.
TRESMONTANT CL., *Essai sur le pensée hébraïque* ("Lectio Divina" 12), Du Cerf, Paris 1953.
VAUX R. DE, *Histoire d'Israel. Des origines à installation en Canaan*, Gabalda, Paris 1971.
VEMPENY I., *Inspiration in the non-biblical Scriptures*, "Theological Publications in India", Bangalore 1973.
VERGOTE A., *Psicologia religiosa* (tr. it), Turim 1967.
VERGOTE A., *Psycanalyse et interpretation biblique*, in DBS IX/48 (1973) e IX/49-50a (1975), col. 252-260.
WEGER K. H., *Tradizione*, in *SM*, vol. 8, col. 398-410.
WEILAND J. S., *La Nuova Teologia*, GdT 32, Queriniana, Brescia 1969.
WEILAND J. S., *La Nuova Teologia II*, GdT 86, Queriniana, Brescia 1975.
WOLFF H. W., *Antropologia dell'Antico Testamento* (tr. it.), Queriniana, Brescia 1975.
WRIGHT G. E., *God Who acts. Biblical Theology as Recital*, SCM, Londres, 1969, 9ª ed.
ZIMMERMANN, *Metodologia del Nuovo Testamento* (tr. it.), Turim 1971.

ABREVIATURAS DOS LIVROS DA BÍBLIA

Ab	Abdias	Jr	Jeremias
Ag	Ageu	Js	Josué
Am	Amós	Jt	Judite
Ap	Apocalipse	Jz	Juízes
At	Atos dos Apóstolos	Lc	Evangelho de Lucas
Br	Baruc	Lm	Lamentações
		Lv	Levítico
Cl	Colossenses		
1Cor	1.ª Coríntios	Mc	Evangelho de Marcos
2Cor	2.ª Coríntios	1Mc	1.º Macabeus
1Cr	1.º Crônicas	2Mc	2.º Macabeus
2Cr	2.º Crônicas	Mq	Miquéias
Ct	Cântico dos Cânticos	Ml	Malaquias
		Mt	Evangelho de Mateus
Dn	Daniel		
Dt	Deuteronômio	Na	Naum
		Ne	Neemias
Ecl	Eclesiastes	Nm	Números
Eclo	Eclesiástico		
Ef	Efésios	Os	Oséias
Esd	Esdras		
Est	Ester	1Pd	1.ª Pedro
Ex	Êxodo	2Pd	2.ª Pedro
Ez	Ezequiel	Pr	Provérbios
Fl	Filipenses	Rm	Romanos
Fm	Filêmon	1Rs	1.º Reis
		2Rs	2.º Reis
Gl	Gálatas	Rt	Rute
Gn	Gênesis		
		Sb	Sabedoria
Hab	Habacuc	Sf	Sofonias
Hb	Hebreus	Sl	Salmos
		1Sm	1.º Samuel
Is	Isaías	2Sm	2.º Samuel
		Tb	Tobias
Jd	Judas	Tg	Tiago
Jl	Joel	1Tm	1.ª Timóteo
Jn	Jonas	2Tm	2.ª Timóteo
Jó	Jó	1Ts	1.ª Tessalonicenses
Jo	Evangelho de João	2Ts	2.ª Tessalonicenses
1Jo	1.ª de São João	Tt	Tito
2Jo	2.ª de São João		
3Jo	3.ª de São João	Zc	Zacarias

ABREVIATURAS E SIGLAS

I. Revistas, Coletâneas, Dicionários, etc.

AAS	Acta Apostolicae Sedis, Roma
Ang	Angelicum, Roma
Ant	Antonianum, Roma
Aug	Augustinianum, Roma
Bib	Biblica, Roma
BM	Benediktinische Monatschrift, Beuron
BZ	Biblische Zeitschrift, Freiburg, Paderborn
CBQ	The Catholic Biblical Quarterly, Washington
CC	La Civiltà Cattolica, Roma
CE	Concili Ecumenici (G. Alberigo), Milão
COD	Conciliorum Oecumenorum Decreta, Roma
Conc	Concilium, Vozes, Petrópolis
DB	Dicionário Bíblico (J. McKenzie), Edições Paulinas, São Paulo, 1984.
DBS	Dictionnaire de la Bible: Supplément, Paris
DTB	Dizionario di Teologia Biblica (X. Léon-Dufour), Turim
DTI	Dizionario Teologico Interdisciplinare, 3 vol., Turim
EB	Enchiridion Biblicum, Nápoles-Roma
ER	Enciclopedia delle Religioni, 6 vol., Florença
ETL	Ephemerides Theologicae Lovanienses, Louvain
ETR	Études Théologiques et Religieuses, Montpellier
FC	La Fede della Chiesa nei documenti del Magistero (Neuner Roos Rahner), Roma
GdT	Giornale di Teologia, Brescia
GLNT	Grande Lessico del NT, Brescia (alem. = TWNT)
JBL	Journal of Biblical Literature, Philadelphia
LTK	Lexicon für Theologie und Kirche, 2ª ed., Freiburg
NDT	Nuovo Dizionario di Teologia, Roma
NRT	Nouvelle Revue Théologique, Louvain
NTS	New Testament Studies, Cambridge (Inglat.)
PG	Patrologia Greca (Migne), Paris
PL	Patrologia Latina (Migne), Paris
RB	Revue Biblique, Paris
RBI	Rivista Biblica Italiana, Brescia
RdT	Rassegna di Teologia, Roma
RGG	Die Religion in Geschichte und Gegenwart, 3ª ed., Tübingen
RSPT	Revue des Sciences Philosophiques et Théologiques, Paris
RSR	Rescherches des Sciences Religieuses, Strasburgo
SC	Sources Chrétiennes, Paris
ScE	Sciences Ecclésiastiques, Montreal
SM	Sacramentum Mundi, vol. 8, Brescia
TQ	Theologische Quartalschrift, Tübingen, Stuttgart
TS	Theological Studies, Woodstock (Md.)
TWNT	Theologisches Wörterbuch zum NT, Stuttgart
ZTK	Zeitschrift für Theologie und Kirche, Tübingen

II. Abreviaturas dos documentos do Vaticano II

AG	*Ad Gentes*: decreto sobre a atividade missionária da Igreja
DV	*Dei Verbum*: constituição dogmática sobre a Divina Revelação
GS	*Gaudium et spes*: constituição pastoral sobre a Igreja no mundo contemporâneo
LG	*Lumen Gentium*: constituição dogmática sobre a Igreja
NAe	*Nostra aetate*: declaração sobre as religiões não cristãs
OT	*Optatam totius*: decreto sobre a formação sacerdotal
SC	*Sacrosanctum Concilium*: constituição sobre a Sagrada Liturgia
UR	*Unitatis redintegratio*: decreto sobre o Ecumenismo

III. Abreviaturas várias

AA. VV.	Autores vários
a.c.	artigo citado
a.C.	antes de Cristo
AT	Antigo Testamento
cap.	capítulo
ca.	cerca de
cf.	confira, conforme
col.	coluna
d.C.	depois de Cristo
ibid.	para obras já citadas
Id.	para autor já citado
LXX	Versão grega dos LXX
ms. mss.	manuscrito, manuscritos
n.	número
NT	Novo Testamento
o.c.	obra citada
p. pp.	página, páginas
s. ss.	seguinte, seguintes
séc.	século
TM	Texto Massorético (hebraico)
trad.	tradução
Vg	Versão Latina Vulgata
Vl	Vetus Latina
vol.	volume
v. vv.	versículo, versículos

ÍNDICE

5 Apresentação
9 Prefácio à primeira edição
12 Prefácio à segunda edição

Primeira parte
A PALAVRA DE DEUS

15 Cap. 1 O MUNDO DA PALAVRA HUMANA
16 1. "Homo loquens"
18 2. As três funções da palavra humana
18   a. A palavra é "informação"
19   b. A palavra é "expressão"
20   c. A palavra é "apelo"
20 3. A palavra é criativa
21 4. A linguagem da amizade e do amor

24 Cap. 2 A PALAVRA AMIGA DE DEUS
25 1. O conceito de Revelação nos Concílios Vaticano I e II
29 2. A Bíblia testemunha do caráter dialógico-amigável da Revelação
32 3. O ditado da "Dei Verbum"
34 4. Revelação e aliança
36 5. Conseqüências para a leitura e a compreensão da Bíblia
36   a. A Bíblia não é redutível à pura função informativa
37   b. O primado da "audição"
38   c. Leitura sapiencial
38   d. O Magistério da Igreja a serviço da Palavra de Deus

41 Cap. 3 REVELAÇÃO NA HISTÓRIA E ATRAVÉS DA HISTÓRIA
42 1. História e Revelação
44 2. A relação múltipla entre Revelação e história
45   a. A Revelação pode ser localizada e datada
46   b. A Revelação tem como objeto não verdades abstratas, mas eventos concretos
47   c. A Revelação consegue credibilidade através de alguns eventos
48 3. A história é reveladora
50 4. Gesta e palavras intimamente conexas
51   a. Gesta e palavras
52   b. "Primeiro" a palavra, "depois" o evento
53   c. Relação íntima e orgânica
55   d. Gesta, palavras e presença salvífica
55 5. Caráter cristocêntrico e trinitário da Revelação
56 6. O progresso da Revelação. Revelação e Salvação definitivas?
58 7. Conseqüências teológicas e pastorais
59   a. Uma teologia mais histórica
59   b. Uma fé obediente na vida
60   c. Experiência de fé e compreensão da Palavra
61   d. Existência e história reveladoras?
61   e. Os "sinais dos tempos"

Segunda parte
A TRANSMISSÃO DA PALAVRA DE DEUS

65 Cap. 4. A TRADIÇÃO NO TEMPO DO AT E DO NT
65   1. A tradição, estrutura humana e estrutura da religião
67   2. A tradição na religião de Israel
69   3. A tradição nas origens cristãs
70   a. *A tradição "de Jesus"*
70   b. *A tradição dos Apóstolos "sobre Jesus"*
71   c. *A tradição da Igreja apostólica*
72   4. Tradição no AT e no NT em confronto

74 Cap. 5. A BÍBLIA É A MEMÓRIA ESCRITA DO POVO DE DEUS
75   A) *COMO SE FORMOU O ANTIGO TESTAMENTO*

75   1. De Abraão a Moisés
77   2. De Josué a Salomão
79   3. Os profetas pré-exílicos
80   4. O período do exílio da Babilônia
81   5. O período do Judaísmo
83   6. O helenismo

83   B) *COMO SE FORMOU O NOVO TESTAMENTO*

84   1. Jesus de Nazaré
85   2. A pregação dos apóstolos. Os escritos de Paulo
86   3. Os evangelhos sinóticos
88   4. As cartas católicas
88   5. Os escritos joaninos

91 Cap. 6. A LINGUAGEM HUMANA DA BÍBLIA
92   1. As línguas da Bíblia
94   a. *O hebraico*
97   b. *O aramaico*
97   c. *O grego bíblico*
98   2. O gênio hebraico
100   3. As formas literárias
101   a. *A pesquisa sobre os gêneros literários*
102   b. *Uma classificação dos gêneros literários na Bíblia*
105   4. Os escritores bíblicos são verdadeiros autores
106   a. *A história da redação*
106   b. *A fadiga pessoal e o estilo do escritor*

108 Cap. 7. O TEXTO DA BÍBLIA
108   1. Papiros e pergaminhos
109   2. Textos originais (perdidos) e testemunhas do texto
111   3. O texto hebraico e aramaico do AT
111   a. *Testemunhas diretas*
112   b. *Versões antigas do AT*
112   b.1 Versão grega Setenta
113   b.2 Versões de Áquila, Símaco e Teodoção
113   b.3 Versões aramaicas, ditas "Targumin"
114   b.4 Outras versões antigas
114   4. Breve história do texto hebraico do AT
116   5. O texto grego do NT
116   a. *Testemunhas diretas*
116   a.1 Códices maiúsculos mais importantes
117   a.2 Papiros mais importantes

118 b. *Versões latinas antigas*
118   b.1 A Vetus Latina
119   b.2 A Vulgata
119 6. Breve história do texto grego do NT
120   a. *Texto alexandrino*
120   b. *Texto ocidental*
120   c. *Texto cesareense*
120   d. *Texto bizantino*
121 7. Noções de crítica textual
122   a. *Algumas regras de crítica textual*
122   b. *Dois exemplos concretos*
123 8. As edições críticas do texto da Bíblia

Terceira parte
A BÍBLIA É PALAVRA DE DEUS

127 Cap. 8. OS LIVROS DA BÍBLIA SÃO PALAVRA DE DEUS
127 A) *ANTIGO TESTAMENTO*

127 1. A Lei de Deus (a Torá)
128   a. *O documento do pacto sinaítico"*
128   b. *A carta constitucional do Rei*
129   c. *A Lei exaltada*
129 2. Os livros dos profetas
130   a. *O rolo queimado de Jeremias* (Jr 36)
130   b. *O rolo comido* (Ez 2,3-3,11)
131 3. A literatura sapiencial
133 4. Os Livros Sagrados
133   a. *Para o judaísmo bíblico e extrabíblico*
133   b. *Para Jesus e para a Igreja primitiva*

134 B) *NOVO TESTAMENTO*

135 1. Os Evangelhos
135   a. *Jesus é a Revelação definitiva de Deus*
136   b. *Os Evangelhos são Palavra de Deus*
137 2. Os escritos apostólicos
137   a. *A pregação dos apóstolos*
137   b. *Os escritos dos apóstolos*

139 Cap. 9. A INSPIRAÇÃO DA SAGRADA ESCRITURA

140 1. O poderoso e libérrimo Espírito de Deus
142 2. O Espírito de Deus na Revelação em eventos e palavras
142   a. *Antigo Testamento*
143   b. *Novo Testamento*
144 3. A Sagrada Escritura é inspirada por Deus
145   a. *2 Pedro 1,16-21*
146   b. *2 Timóteo 3,14-17*
150 4. O Espírito de Deus sempre em ação

154 Cap. 10. A IGREJA SE INTERROGA SOBRE O MISTÉRIO DA BÍBLIA

155 1. O judaísmo e os autores do NT
155   a. *A inspiração divinatória do mundo greco-helenístico*
156   b. *A inspiração no judaísmo*
159   c. *Testemunhos bíblicos*
161 2. A voz dos Padres da Igreja
161   a. *O escritor sagrado é "instrumento" de Deus*

163 b. *Deus é "autor" das Sagradas Escrituras*
164 c. *A Escritura "ditado" divino* → *A Escritura é "a carta de Deus"*
165 d. *O autor e os seus personagens*
167 3. S. Tomás e o carisma da profecia
167 a. *Autor principal e autor instrumental*
169 b. *O carisma da profecia e a sua dinâmica*
171 4. Os Concílios Florentino e Tridentino
173 5. Do Concílio de Trento ao Concílio Vaticano I
176 6. Para o Concílio Vaticano II
177 a. *Da "Providentissimus Deus" à "Divino Afflante Spiritu"*
178 b. *O modelo "leonino"*
179 7. O Concílio Vaticano II
180 a. *O esquema "De fontibus Revelationis"*
181 b. *O texto definitivo da "Dei Verbum"*

183 Cap. 11. PROBLEMAS ABERTOS

183 1. Não um, mas muitos autores inspirados
184 2. O carisma da inspiração bíblica não é um carisma isolado
186 3. Dimensão comunitária da inspiração, mas não inspiração coletiva
188 4. Deus "autor" da Bíblia e homens "escritores": uma relação a aprofundar (a tese de K. Rahner)
191 5. Autores inspirados, mas também obra literária inspirada
191 a. *O modelo "Benoit"*
193 b. *O modelo "Alonso Schökel"*
193   b.1 A obra inspirada
195   b.2 Um modelo mais literário
196 6. Sagrada Escritura e Palavra de Deus
197 a. *A Palavra de Deus é uma realidade analógica*
199 b. *A Bíblia é Palavra de Deus*
201 7. A Escritura "inspirada por Deus" também "inspira Deus"?
201 a. *Lutero e Calvino*
202 b. *K. Barth e E. Brunner*
206 c. *Dimensão "objetiva" e "subjetiva" da inspiração*
209 8. Os livros sagrados das grandes religiões
210 a. *Revelação e as grandes religiões não cristãs*
211 b. *Inspiração e livros sagrados das outras religiões*
215 c. *Palavra de Deus e Espírito de Deus inseparáveis*

Quarta parte

O CÂNON DAS SAGRADAS ESCRITURAS

221 Cap. 12. O CÂNON DO ANTIGO TESTAMENTO

221 1. História e significado de uma terminologia
223 2. O Cânon do AT junto aos hebreus
223 a. *O prólogo do Eclesiástico*
224 b. *Existe um Cânon "alexandrino"?*
225 c. *Existe um Cânon "palestinense"?*
227 d. *Há um Cânon em Qumran?*
227 e. *Foi estabelecido um Cânon em Jâmnia?*
228   f. *Conclusão*
229 3. O Cânon do AT junto aos cristãos
229 a. *Os escritores do NT*
230 b. *Os Padres da Igreja*
232 c. *As decisões do Magistério da Igreja, até o Concílio de Trento*

235 Cap. 13. O CÂNON DO NOVO TESTAMENTO
235 1. O período da era apostólica
237 2. A Tradição pós-apostólica e o Cânon do NT
237   a. *Para o conceito de NT*
238   b. *Explicitação progressiva da extensão do NT*
240   c. *Causas das incertezas sobre os deuterocanônicos*
242 3. Caráter definitivo do Cânon de Trento
243 4. O critério definitivo da fixação do Cânon dos Livros Sagrados
244   a. *O critério na teologia protestante*
245   b. *O critério na teologia católica*
245   b.1 A relação entre Escritura e Tradição
247   b.2 O critério da Tradição na definição do Cânon
251 5. Podem existir livros "inspirados", mas não "canônicos"?
251   a. *Cartas perdidas de Paulo*
252   b. *O caso de livros "apócrifos" citados no NT*
253   c. *A versão grega Setenta*

258 Cap. 14. O CÂNON DA BÍBLIA NO PROTESTANTISMO MODERNO
260 1. As Bíblias protestantes, hoje
261 2. O "Cânon no cânon". O "Protocatolicismo" no NT
262   a. *O "Protocatolicismo": de Harnack a Käsemann*
264   b. *Critérios de um "Cânon no cânon". O Cânon do NT e as confissões cristãs*
266 3. Uma resposta ao problema do "Cânon no cânon"
266   a. *Uma resposta protestante*
268   b. *Uma resposta católica*
272 4. Importância do problema do "Cânon no cânon" para o Ecumenismo

275 Cap. 15. A VERDADE DA BÍBLIA
276 1. Breve história do problema
276   a. *Das origens ao século XVI*
279   b. *O "caso Galilei"*
280   c. *Em direção ao Concílio Vaticano II*
285 2. A verdade da Sagrada Escritura segundo o Concílio Vaticano II
285   a. *Do esquema pré-conciliar ao esquema IV*
288   b. *Rumo ao texto definitivo (esquema V)*
289   c. *A verdade da Bíblia segundo a "Dei Verbum"*
291 3. Princípios fundamentais que presidem à verdade da Bíblia
291   a. *O objeto formal da Revelação e da verdade bíblica*
292   a.1 No âmbito da metafísica
293   a.2 No âmbito das ciências naturais
294   a.3 No âmbito da história
295   b. *Os "gêneros literários" e a verdade da Bíblia*
297   c. *Progresso da Revelação e verdade das afirmações bíblicas*
298   c.1 Do ponto de vista dogmático
298   c.2 Do ponto de vista moral
299   c.3 Algumas dificuldades "morais" concretas na leitura do AT
301   d. *A verdade de cada texto na globalidade de toda a mensagem do AT e do NT*
303   e. Valor perene do AT

Quinta parte
A INTERPRETAÇÃO DA SAGRADA ESCRITURA

309 Cap. 16. HISTÓRIA DA INTERPRETAÇÃO DA BÍBLIA (DAS ORIGENS AO CONCÍLIO VATICANO II)
309 1. A Bíblia como primeiro momento hermenêutico

309 a. *Antigo Testamento*
311 b. *O Judaísmo*
312 c. *O Novo Testamento*
312   c.1 A exegese de Jesus de Nazaré
312   c.2 A exegese da Igreja apostólica
313 2. A época dos Padres da Igreja
314 3. A exegese medieval
316 4. A Reforma protestante e o Concílio de Trento
318 5. Do Concílio Vaticano I à Encíclica "Spiritus Paraclitus"
321 6. A Encíclica "Divino Afflante Spiritu" e a Instrução "Sancta Mater Ecclesia"

325 Cap. 17. O PROBLEMA HERMENÊUTICO NA ÉPOCA MODERNA
326 A) *TRAJETÓRIA DA HERMENÊUTICA NA FILOSOFIA MODERNA*

327 1. De F.D.E. Schleiermacher a M. Heidegger, a G. Gadamer
331 2. A hermenêutica crítico-libertadora de J. Habermas
333 3. A hermenêutica psicanalítica
334 4. A hermenêutica do estruturalismo lingüístico
336 5. A hermenêutica neopositivista

337 B) *O MOVIMENTO HERMENÊUTICO DA TEOLOGIA PROTESTANTE*

337 1. R. Bultmann (1884-1976) e a hermenêutica existencial
337   a. *Historicidade e hermenêutica*
339   b. *Crer e compreender*
340   c. *A demitização*
341 2. A "Nova Hermenêutica" de E. Fuchs e G. Ebeling
342   a. *G. Ebeling*
344   b. *E. Fuchs*
344 3. A hermenêutica histórico-política
345   a. *A hermenêutica de W. Pannemberg*
346   b. *A hermenêutica política de J. Moltmann*
349 4. Psicanálise e Bíblia
349   a. *Hermenêutica psicanalítica aplicada à Bíblia*
351   b. *A hermenêutica de P. Ricoeur*
353 5. Análise estrutural e exegese bíblica
355 6. Da interpretação secular do Evangelho aos teólogos da "morte de Deus"

359 Cap. 18. O PROBLEMA HERMENÊUTICO NO CONCÍLIO VATICANO II E NA EXEGESE CATÓLICA CONTEMPORÂNEA

361 A) *PRINCÍPIOS DE UMA HERMENÊUTICA BÍBLICA CATÓLICA*

361 1. Necessidade de uma investigação exegética séria
362 2. Conseqüente necessidade da crítica literária e histórica
365 3. Princípios de uma hermenêutica teológica
366   a. Um princípio geral: leitura "no Espírito"
368   b. Três critérios concretos de uma hermenêutica teológica
368   b.1 O conteúdo e a unidade de toda a Escritura
369   b.2 A Tradição viva de toda a Igreja
372   b.3 A analogia da fé
373 4. A inteligência "espiritual" da Escritura na voz da Igreja do Oriente (Dom N. Edelby)

376 B) *INDICAÇÕES DO CONCÍLIO VATICANO II NO SENTIDO DA HERMENÊUTICA MODERNA*

377 1. Uma hermenêutica a serviço do caráter interpelativo da Palavra de Deus
379 2. Atenção hermenêutica à linguagem humana da Bíblia
380 3. Experiência e processo hermenêutico

381 4. A hermenêutica bíblica a serviço da historicidade e da verdade da Escritura
385 5. Dimensão histórico-política da hermenêutica bíblica
389 6. O "compreender" na fé e o problema dos "sentidos bíblicos"
391   a. *Diversidade de técnicas para uma constante hermenêutica*
392   b. *As técnicas mais recentes*: o sentido tipológico e o sentido pleno
394   c. *A obra literária e o símbolo*
396   d. *Verdade plena do NT no tempo da Igreja, que é o tempo do Espírito*
397 7. A hermenêutica bíblica, uma tarefa sem fim

403 Cap. 19 (CONCLUSÃO): A SAGRADA ESCRITURA NA VIDA DA IGREJA

404 1. Bíblia e Igreja. Bíblia e liturgia
405 2. Bíblia e pregação
407 3. Bíblia e teologia
409 4. Leitura pessoal da Bíblia
410 5. Rezar a Palavra
413 Bibliografia geral
423 Abreviaturas e siglas